KB237627

미국학

미국학

김형인 외 12인 공동집필

살림

서문

4년 전 한 작은 세미나에서 미국학을 가르치던 사람들이 한데 모여서 그동안 강단과 교실에서 느낀 문제점들에 대해 서로 의견을 교환하는 기회를 가졌다. 거기에 모인 사람들은 미국학 강의를 위한 교과서 집필이 우선 시급하다는 나의 견해에 동의하였고, 그 결과 이 책이 나오게 되었다.

이에 따라 참석자 모두 자신의 전문분야에 대해 강의를 위한 논문 한 편씩을 쓰기로 했다. 논문 서술의 지침은 미국에 대한 전문분야 한 가지를 교육하는 시간에 학생들에게 독서 과제를 줄 수 있는 동시에 그것에 준거하여 교수가 강의할 수 있는 기본적이고 포괄적인 논문이었다. 이러한 학제적 공동집필이야말로 미국의 사회와 문화 전체에 대한 포괄적인 이해를 추구하는 미국학을 위한 최선의 교과서 집필방법일 것이다.

이 책은 1부에서 미국학이란 무엇인가로 말문을 열면서 미국의 지리와 역사에 대한 개관을 다룬다. 그리고 미국의 지적 전통에 대한 고찰로 2부가 이어지면서, 미국 지성사, 문학, 포스트모더니즘과 실용주의에 대한 논의가 제공된다. 3부는 미국의 정치, 외교, 경제, 언론에 대한 기본적 지식을 연마할 수 있는 장을 마련하였다. 4부는 미국의 다문화적 특성에 초점이 맞추어지면서 그 안에 내재된 이민, 남부지역, 흑인, 여성에 대한 문제점들을 짚어보았다.

단지 대학교재로서 뿐만 아니라 미국에 대해 심층적으로 이해하고자 하

는 모든 이에게 교양서로도 이 책을 권하고 싶다. 결코 짧지 않았던 편집
과정을 참을성 있게 기다려주신 모든 필진에게 감사드리고, 또한 이 책의
출판에 쾌히 응해 주신 살림출판사에 감사드린다.

2003년 9월
김형인

차례

1부 역사와 지리적 조건

United States of America

미국학의 역사, 정의 및 이론

정연선

　1960년대 초에 미국학이 처음으로 한국에 소개된 이후 미국학에 대한 우리의 일반적인 인식은 그때나 지금이나 별 차이가 없는 것 같다.[1] 즉, 미국학이란 미국에 관한 것은 무엇이나 연구의 대상으로 삼는 분야이고 그 방법은 학제적이라는 것[2], 또한 미국학은 정규학문분야가 아니라 여러 개의 전통적인 학과들의 집합체인 프로그램의 형태로 존재하며 그 프로그램에서 개설되는 몇 개의 핵심과목과 기존 학과의 과목들을 이수함으로써 학위과정을 마치게 되는 연구분야라는 것, 그리고 한국에서의 미국학은 지역연구의 일환으로 연구되어야 하며 그렇기 때문에 미국에 대한 이해를 통해서 궁극적으로 한미관계의 문제를 조명하는 데 그 연구의 목적을 두어야 한다는 것이다. 사실 미국학의 연구대상, 학제적 방법, 프로그램으로서의 존재 등에 대한 이러한 인식은 미국에서도 마찬가지여서 미국학 프로그램이 시작된 1930년대부터 지금에 이르기까지도 미국학의 정의와 연구방법에 대한 논의가 계속되고 있는 실정이다. 따라서 이 글에서는 미국에서 지금까지 논의된 미국학에 대한 논의를 중심으로 미국학의 역사, 미국학의 정의, 미국학의 학제적 연구방법, 미국학의 이론과 쟁점들을 중심으로 미국학 전반에 관한 개론적 고찰을 시도해 본다.

1. 미국학의 등장과 배경

　미국학은 1920년대에 미국의 민족문화에 대한 종합적 연구를 위한 노

력의 일환으로 일부 영문학자들과 역사학자들 사이에서 산발적으로 시작
되었다. 1930년대에 하버드, 예일, 펜실베이니아, 스미스 등의 대학에서
미국문명이라는 프로그램으로 최초의 학위과정이 개설되면서 정식으로
그 형태가 갖추어졌으며, 제2차 세계대전의 종전과 함께 40년대에 급속히
팽창하여 1970년대에는 306개의 미국 대학교들에 미국학 학과 내지는 프
로그램이 설치되기에 이른다. 1949년에는 미국문화연구의 이론과 방법,
그리고 미국학이 추구해야 할 방향을 제시해주는 학회지 「*American
Quarterly*」가 창간되었으며 2년 뒤인 1951년에는 <미국학회(ASA: American
Studies Association)>가 정식으로 결성되었고 메릴랜드대학교의 카알 보우
드(Carl Bode) 교수가 초대 학회장으로 취임하면서 미국학운동의 기틀이
마련되었다.3)

  그렇다면 미국학은 구체적으로 어떠한 목적을 가지고 어떠한 배경 속에
서 생겨나게 되었는가? 우선 미국학은 지역연구라는 개념과는 달리 미국
의 국가적 자아발견과 자아인식에서 출발한 자생적 학문연구분야이다.4)
미국학의 창시자 중의 한 사람인 펜실베이니아대학의 로버트 스필러
(Robert Spiller) 교수에 의하면 미국학운동은 20세기 초 미국이 국가적으로
문화적 자긍심을 자각한 데서 비롯되었다는 것이다.(Spiller, 611) 사실 20
세기 초는 미국이 세계의 강국으로 서서히 부상하면서 정치·경제·사회·
문화적으로 세계의 선도적 역할을 담당하기 시작했던 때이다. 이러한 미
국의 역할이 제1차 세계대전 참전으로 구체화되었고 전후 풍요와 번영의
시대를 구가하면서 미국은 강대국으로 부상하게 된다. 이를 계기로 미국
은 국가적 자부심을 느끼기 시작하였고 이러한 민족주의적 분위기가 사회
각계각층은 물론 대학의 거의 모든 학문분야에까지 확산된다. 미국문학을
연구하는 사람들이 미국의 과거를 문학사적 관점에서 다시 연구하면서 실
제로 그러한 문학을 생성시킨 직접적인 요인을 규명하려는 시도가 대대적
으로 전개되었는가 하면, 역사학과에서는 미국역사, 미학과 및 인류학과에
서는 미국의 예술과 고고학, 사회학과에서는 미국사회 등 미국의 소재와

분야에 관한 관심이 증가하고 자국연구를 목적으로 하는 많은 교과과정들이 개설되기 시작했다.

20세기 초엽까지만 해도 미국의 문화는 단편적인 것으로 경시되어 왔던 것이 사실이다. 미국문학은 영국문학의 일부이며 미국의 역사도 고작해야 대영제국 역사의 한 모퉁이에 불과한 것이며 15~16세기 대탐험의 산물일 뿐이라는 인식이 지배적이었다. 또한 미국의 정치이론은 대륙의 합리주의의 한 산물이라든가 미국사회는 소위 소수민족들에 의해 WASP(White Anglo-Saxon Protestant)의 전통이 허물어진 사회라는 생각이 지배적이었다. 따라서 독특한 '미국의 문명' 또는 '미국의 문화'라는 것 자체가 존재하지 않는 것으로 생각되었다. 이러한 시대적 배경 속에서 미국문화의 존재를 인정한다는 것이 쉬운 일이 아니었다. 더구나 미국의 경험이라는 것도 자연발생적으로 생성된 것이 아니라 세계의 도처로부터 유입된 것이었다. 따라서 미국적인 경험이라는 것은 동질적이라기보다는 이질적이었고 유기적이라기보다는 파편적이었다.

미국인들의 이러한 문화적 사대주의에도 불구하고 20년대와 30년대에 걸쳐 미국문화에 대한 인식이 확산되면서 맹목적인 국수주의가 아닌 국가적 차원에서 미국의 과거를 재조명하려는 작업에 많은 학자들이 관심을 기울이게 되었다. 이 시기에 벌써 학자들은 문화를 인류학적 관점에서 보았으며 '미국의 생활방식'이니 '미국의 정신'이니 '미국의 꿈'이니 하는 총화적 표현들을 보편화시켰던 것이다. 워렌 서스만(Warren Susman)은 이러한 현상이 당시 미국문화의 존재에 대한 뚜렷한 인식의 발로이며, 미국을 하나의 문화로서 정의하고, 정형화된 생활방식의 존재를 규명하려는 노력을 반영하는 것이라고 말한다.(220) 이 같은 인식의 저변에는 이제 미국도 그리스와 로마의 문화와 같이 세계의 다른 민족들의 문화와 구별되는 "총체적이고도 자주적인 미국의 독특한 문화가 존재"하며 그것을 깊이 연구할 때가 되었다는 공통된 인식이 자리하고 있었다.(Spiller, 611~612) 다시 말해 '미국적'이라는 것이 무엇이며 미국의 특징적인 문화란 무엇인가에 초점을 맞추고 미국이라는 하나의 거대한 경험을 정의하려는 노력이 이 시기의 주된 관심사였다고 볼 수 있다. 미국학운동이 등장하게 된 또 하나의 이유는 제2차 세계대전과 밀접한 관계가 있다. 대전 전인 30년대에는 나치즘과 파시즘의 대두로 인해 서구의 민주주의 이념이 심각한 위협을 받게 됨에 따라 서구문화와 민주주의의 보루로서 미국이 하나의 이상으로 간주되었고, 그 존재를 인정할 필요가 있었다. 민주주의 이념은 곧 미국의 이념과 동일시되었으며 그러한 민주이념에 대한 연구가 곧 미국학 연구의 핵심이 되었다는 것이다.(Gleason, 351) 이와 같이 미국학의 등장은 민족주의적이고 애국적인 일종의 학문적 문화국수주의에서 비롯된 것임을 부인할 수 없다.

미국학운동이 미국의 국가적 자아발견과 정체성 추구의 과정에서 출발한 것이었다면 보다 중요한 요인은 전통적인 학문분야, 특히 문학과 역사의 연구방법론의 한계를 발견한 순수한 학문적 동기에서 비롯된 것이라 말할 수 있겠다. 로버트 워커(Robert Walker) 교수는 미국학의 등장요인의 하나로 "전통적인 학과의 계속적인 폐쇄성에 대한 반작용"(307)을 꼽으면서 1958년의 한 조사에서 거의 대부분의 미국 대학의 미국학 프로그램이 영문학과와 사학과의 주도로 설립되었음을 확인한 바 있다. 지인 와이즈(Gene Wise) 교수도 구세계에 대한 반발에서 신생 미국이 탄생하였듯이 미국학도 기존 학문분야의 제한적 연구방법에 대한 반발에서 비롯되었다고 주장한다.(293-294) 이 같은 주장은 두 가지 측면에서 설명이 가능하다. 하나는 앞에서도 설명한 바와 같이 미국의 위상 변화에 따른 자아인식의 결과 이를 학문적으로 추구하고자 하는 사람들에게 전통적인 문학과 역사의 연구방법이 한계점을 드러냈다는 것이다. 예를 들어 미국의 문화와 사회의 한 요소인 미국의 정신이나 사상과 같은 주제를 연구할 때 이는 어느 단일 학문분야로서는 밝혀내기가 쉽지 않을 뿐 아니라 연구한다 하더라도 불완전한 연구가 될 수밖에 없을 것이다.

또 하나는 기존 연구방법의 폐쇄성을 꼽을 수 있다. 예를 들어 사학과에

서는 '민족주의'와 같은 전통적인 주제는 다루려 하지만 '국민성'과 같은
예민하면서도 규명하기에 애매한 문제들은 좀처럼 다루지 않았다. 마찬가
지로 영문과에서도 '민속'과 같은 주제는 그 연구방법이 복잡하고 뚜렷하
지 못할 뿐 아니라 하부문화를 지향한다는 이유로 다루려 하지 않았다.
좀더 개방적인 사회과학 분야에 비해 영문과와 사학과를 비롯한 인문과학
분야의 학문들은 일정한 틀에 얽매여 새로운 이론과 방법론을 개발하지
못했다. 결과적으로 교과과정 내에서 미국의 역사와 문학이 상대적으로
낮은 위치를 차지하는 데 불만을 가진 학자들이 새로운 학제 간 프로그램
을 개설하기에 이른다.5)

  문학과 역사 등의 기존 연구방법론에서 탈피하고자 했던 초기의 미국학
프로그램들은 주로 문학사와 사상사의 연구에 중점을 두었다. 그러나 이
들 두 분야는 서로 중복되기 때문에 단일 연구영역으로 합쳐질 수 있는
것들이었다. 로버트 스클라(Robert Sklar) 교수는 이들 문학사 및 사상사의
통합형태를 '고급문화사(High Cultural History)'라고 정의하고 이것이 자
아인식과 정체성 추구라는 미국학운동의 목적과 결부되어 1930년대 후반
부터 1960년대 중반까지 미국학의 주된 연구대상이 되었다고 말한다.(598)
앞에서도 언급했거니와 인문과학 분야에서 한계를 느끼며 새로운 연구방
법을 찾으려 했던 1930년대 후반의 '고급문화사' 연구는 예술작품과 예술
가, 사상과 사상가들에 대한 학제적인 접근 방법을 통해서 미국문화에 대
한 총체적 경험을 이해할 수 있게 해주었던 것이다.

  특히 30년대 후반에 등장한 신비평은 영국문학의 그늘에서 벗어나고자
했던 미국문학의 산물이었고 이러한 신비평과 사상사의 결합은 미국문학
과 역사연구에 대한 혁신적인 연구방법을 제시해 주었던 것처럼 보인다.
따라서 초기 미국학운동은 문화의 중심요소로서 '사상'의 중요성을 강조
한 고급문화사 연구에 크게 영향을 받았으며 페리 밀러(Perry Miller)의 『뉴
잉글랜드 정신(*The New England Mind*, 1939)』과 매시슨(F. O. Matthiessen)
의 『미국의 르네상스(*American Renaissance*, 1941)』와 같은 작품들이 그 운동

의 형성 및 성장에 크게 기여하였다. 특히 1950년대와 1960년대 중반까지 미국학운동을 주도한 '신화-상징-이미지 학파'의 학자들에 이르러 고급문화사 연구는 그 절정을 이루게 된다. 이들은 미국의 다양성에도 불구하고 오랜 시간에 거쳐 독특한 문화적 특성이 형성되어온 원인을 상징과 이미지를 통해 밝히려고 노력하였다. 이들은 특히 '순진'이라는 말이 미국의 경험 속에서 지니는 문화적 의미를 정의하려고 하였고 그 미국적 경험을 에덴의 원초적 신화에 비유하기도 하였다. 신화-상징-이미지 학자들은 대부분이 영문학과와 사학과 출신들로 문화를 총체로서 정의하려고 했으며 미국학운동의 가장 중요한 '패러다임'을 형성함으로써 초기에 미국학이 나아갈 방향을 정립했던 사람들이다.

여기에서 우리는 미국학의 등장으로 미국 대학 교단 내에서 학문질서의 변화가 초래되었음을 언급할 필요가 있겠다. 1940년 하버드에서 헨리 내쉬 스미스(Henry Nash Smith)가 「1803년부터 1850년까지 서부와 로키산맥에 대한 미국인들의 정서적 및 상상적 태도」라는 논문으로 최초의 미국학 박사학위를 수여받은 이후 1958년부터 1971년까지 매년 121명의 석사와 31명의 박사가 쏟아져 나왔다.(Basset, 307) 이렇게 미국학으로 훈련된 학자들이 대량 배출되면서 이들 대부분이 대학에서 미국학 프로그램을 개설하고 가르치게 되었다. 다시 말하면 폐쇄적이고 정원이 한정되어 있는 기존의 학과에 교수로 진출한다는 것은 상당히 어려운 일이었지만 미국학의 등장으로 많은 교수직이 생기게 되었고 이를 계기로 지금까지 소외되었던 소수민족의 학자들이 대학 강단에 진출할 수가 있었다. 이러한 현상은 미국학운동이 가져온 부수적 산물이었지만 제2차 세계대전 전에 WASP 문화가 지배적이었던 미국 대학에서는 특기할 만한 일이었다. 리오 막스(Leo Marx)에 의하면 인문분야의 교수직은 거의 예외 없이 중산층의 WASP 출신 남성이었다. 따라서 소위 '소수인종학자'들은 기존의 학과보다는 미국학과 같은 신생 학문분야로 진출하고 그곳에서 인정을 받는 것이 오히려 쉬운 일이었다.(1979, 399) 다시 말하면 소위 미국의 본류 속에 자리를 굳히고 있는 기존의 교수들과는 달리 이들 신진 교수 희망자들은 미국의 경험이라고 하는 아직 정립되지 않은 무한한 주제에 강한 개인적 흥미를 가지고 있었다는 것이다. 그러나 이러한 신진 미국학 학자들의 대거 등장은 오히려 기존의 교수들로 하여금 미국의 대중문화연구를 저급한 것으로 간주하여 외면케 하는 결과를 초래하기도 한 부정적 측면도 있었다. 어떤 의미에서 미국학은 전통적인 인문교육과정, 특히 영문학 전통의 가치체계가 표방하는 문화적 헤게모니에 대한 중대한 위협이었고 그런 점에서 미국학은 이미 초기부터 기존의 학문질서를 전복시키고 있었다고 생각된다.

2. 미국학의 정체성을 찾아서

미국학이 이론 및 방법에 있어서 파편적이며 다른 학문분야와의 관계정립에도 상당한 문제점을 내포하고 있는 것은 주지의 사실이다. 사실 미국학은 처음부터 기존의 학문분야, 즉 모(母)분야가 없이는 존재할 수 없는 하나의 '기생분야'처럼 뚜렷한 위상을 찾지 못하고 있었다는 것이 일반적인 견해이다. 학문적 위상을 정립하지 못하고 있는 미국학의 위치는 "길가에 서 있는 어린아이"에 비유된다.[6] 그럼에도 불구하고 미국학은 스스로를 정의하려는 끝없는 자기성찰의 과정을 거쳐 왔다. 사실 미국학만큼 스스로의 학문적 정의를 내리기 위해서 논의가 많았던 분야도 없을 것이다.[7] 미국학에 대한 정의는 우선 스탠리 베이리스(Stanley Bailis) 교수의 다음과 같은 말로 정리될 수 있을 것이다. 즉, "미국학은 하나의 학문분야로서가 아니라 학문분야 간의 만남의 장소로서 그리고 새로운 주제를 탐구하기 위한 발진기지로서 출발"하였으며 "미국학은 무엇이든 배제하지 않고 항상 시작하고 있는 휘트먼식의 포용으로 미국을 껴안고 있다"(203)라는 것이다. 이 같은 정의의 타당성은 점차 논의하기로 하고 우선 여기서 미국학이 과연 학문분과(discipline)인가 하는 문제, 미국학의 연구대상은 무제한인가 하는 문제를 좀더 구체적으로 고찰해봄으로써 미국학의 정의를 정리해볼 수 있을 것이다.

우선 미국학은 '미국에 관한 모든 것(Things American)'을 연구대상으로 하는 것은 아니라고 생각한다. 물론 미국학이 미국이라는 지역을 연구하는 분야라는 입장에서 보면 미국에 관한 모든 것-구체적 및 추상적-이 연구대상이 된다고 볼 수 있다. 그러나 미국학이 지금까지 지향하고 있는 목표는 미국의 문화를 연구하는 데 있다. 1949년에 창간된 미국학회지 「*American Quarterly*」는 그 창간 목적을 "과거와 현재의 미국문화 연구에 대한 방향제시"라고 밝히고 있는가 하면 1957년에 발표된 미국학 이론에 관한 가장 중요한 개척자적인 논문의 하나인 「미국학은 하나의 방법을 발전시킬 수 있는가?」라는 논문에서 헨리 내쉬 스미스는 미국학은 "과거와 현재의 미국문화를 전체로서 연구"(197)하는 것이라고 정의한 바 있다. 같은 해 1957년 로이 하비 피어스(Roy Harvey Pearce)도 「학문분과로서의 미국학」이란 논문에서 미국학의 목적은 미국의 문명을 연구하는 것이고 그 방법은 '전체적'(182)이어야 한다고 주장하였다. 리처드 사이키스(Richard Sykes)는 「미국학과 문화개념: 이론과 방법」이라는 논문에서 미국학은 "미국문화에 대한 연구이다. 문화는 핵심 개념이고 통합적인 개념이다. 미국학은 문화인류학의 한 갈래이다"(254)라고 말하고 이론적으로 인문과학보다는 사회과학에 더 가깝다고 정의하였다. 또한 미국 대학의 대부분의 미국학과와 미국학 프로그램에서도 미국학 연구의 목적을 "미국의 문화와 사회를 이해하는 데 필요한 통합적 지식을 부여하는 데 있다"라고 명시하고 있다. 한 마디로 말해서 미국학은 미국의 문화와 사회를 전체로서 연구하는 하나의 학문분야이다. 여기에서 우리는 '미국의 문화(American Culture)'와 '전체로서(as a whole)'라는 미국학의 가장 중요한 두 가지의 핵심 명제를 발견하게 된다. 즉, 미국학은 미국의 문화를 연구대상으로 하되 그 방법은 전체적 접근 방법을 채택하는 학문분야이다.

문제는 문화에 대한 정의이다. 여기에서 '미국의 문화'란 무엇인가. 헨리 내쉬 스미스를 비롯한 신화-상징-이미지 학파의 학자들에게 있어서 미국의 문화란 미국적 경험이 만들어낸 상징적 의미 또는 미국의 정신 및 가치체계를 뜻한다. 따라서 그들에게 미국의 문화를 연구한다는 것은 바로 그러한 미국의 정신, 가치 및 이상을 발굴하고 규명하는 것이다. 그런데 이러한 규명은 어느 한 학문분야를 통해서는 이루기가 힘들다. 그렇기 때문에 기존의 학문분야는 미국이라는 전체 문화를 발견하기 위한 하나의 수단이나 도구가 되며 그러한 분야들 간의 학제적 협동과정을 통해 미국의 문화에 포괄적으로 접근할 수 있다는 것이다. 이와 같이 초기의 미국학의 중심개념이 '문화'이고 그 접근방법이 '이념적'이라면, 1960년대 이후 지금까지의 미국학의 중심 개념은 '사회'이고 그 접근방법은 '사회과학적'이 된다. 초기의 미국학이 문학과 역사 중심의 프로그램이었다면 후기에는 정치·경제·사회·인류학 등 사회과학의 과목들 중심의 프로그램으로 바뀌었음을 보게 된다. 초기에는 미국문화의 지주를 형성하는 미국의 정신을 규명하기 위한 지성사와 문학이 주된 연구대상이었다면 지금은 사회사와 문화적인 현상의 사회학적 해석이 주된 연구대상이 된다. 심지어 지성사 학자들도 국민성·가치·정신과 같은 추상적 개념보다는 계급·인종·성 등의 구체적인 사회현상과 제도에 더 관심을 갖는다.

그러나 문제는 미국학 프로그램의 방법론 과목들에서 문화라는 개념에 대해 분명한 정의를 내리지 못해 왔듯이 사회라는 개념 또한 뚜렷하게 정의되지 못하고 있다는 것이다. 그렇게 본다면 미국학은 그 연구대상의 모호함과 마찬가지로 명확한 정의를 회피하며 뚜렷한 방법론의 정립을 거부하는 학문적인 위상을 갖지 못한 분야인 것처럼 보인다. 사실 미국학의 이러한 이론적, 방법적 모호성과 무질서 때문에 일부 미국학 학자들은 미국학이라는 말 대신에 '미국문명(American Civilization)'이라는 말을 사용할 것을 주장하기도 한다.(Marcell, 11) 로이 하비 피어스도 일찍이 문화현상을 좀더 통합된 전체로서 볼 수 있는 관점을 제시해 준다는 의미에서 미국문명이라는 말이 더욱 타당하다고 주장한 바 있다.(181)[8] 이 말의 사용은 미국학의 연구대상을 구체화시키고 조직화시키기 위한 것일 뿐만 아니라 실제로 미국문명의 존재를 인정하고자 했던 데서 비롯된 것이라 볼 수 있다. 맥스 러너(Max Lerner)와 같은 역사학자는 『하나의 문명으로서의 미국(*America as a Civilization*)』이라는 책에서 미국문명이 서구문명의 하나의 사생아라는 스펭글러나 토인비의 주장을 반박하며 미국도 그리스와 로마, 중국, 마야 등의 문명과 같이 인간 경험의 깊숙한 일부가 되어버린 하나의 고유한 생활방식과 세계관을 가지고 있으며 독자적인 사고와 행동패턴이 존재한다는 의미에서 미국문명이라는 용어의 사용은 적절하다고 주장한다.(60-61)

한편 미국학 프로그램에서 학위를 받은 소위 정통 미국학 학자들은 미국학의 독자성을 강조하면서 미국학을 정의할 때 흔히 사용하는 형용사들인 '학과 간' '교차학문 간' '다학문 간' 등의 용어가 부적절하다고 지적한다. 왜냐하면 이 같은 용어들은 다른 학문과 학과가 주된 것이고 미국학은 '기생분야'라는 인상을 줄 수 있기 때문이라는 것이다. 따라서 그들은 그러한 용어의 사용을 거부하며 미국학이란 말 대신 구체적으로 '문화학(Culturology)' 또는 '미국문화학(American Culture Studies)'이라는 말을 사용할 것을 주장하기도 한다.(Mechling, 370; Wise, 1-10) 그러나 이 같은 극단적인 주장은 소수정예의 주류문화와 국민성 연구에 중점을 두었던 과거의 미국학 연구에 대한 반발로 비주류의 대중문화 및 사회를 중점적으로 연구하고자 했던 학자들이 과거와의 차별화를 위해 주장하는 것일 뿐만 아니라 특히 미국 대학 내에 대두한 지역연구와는 다른, 그 자체가 하나의 학문분야로서 독자성을 갖추고 있다는 것을 강조하기 위해 나온 자구책이 아닌가 생각된다.

그렇다면 과연 미국학이 하나의 학문분과(discipline)인가 하는 것을 고찰해 볼 필요가 있을 것이다. 결론부터 말하자면 미국학은 문학이나 역사학, 사회학과와 같은 전통적인 학문분과는 아니다. 미국학은 근본적으로 독자적인 학문분과가 되기 어려운 성질을 가지고 있다. 우선 미국학운동이 출발할 때부터 기존 학과들의 연구방법의 제한성과 편협성에서 탈피하고 미국의 문화와 사회라는 규명하기 복잡한 연구대상을 종합적으로 연구하고 자 한 것이기 때문에 근본적으로 학제적이지 않으면 안 되었다. 다시 말하 면 문화·문명·사회라는 주제는 그 자체가 복합적인 양상을 띠고 있기 때 문에 어느 단일 분야를 통해서 연구될 수 있는 성질의 것이 아니다. 기존 의 학문분과들은 이러한 복합적인 각각의 양상들을 전체적으로 연구함에 있어서 하나의 부분이 될 수밖에 없다. 그런 의미에서 미국학은 미국문화 와 사회를 연구하는 통합학문이며 바로 이러한 통합성, 종합성, 포괄성, 무제한성이라는 미국학의 특성 때문에 하나의 독자적 학문분과로서의 입 지는 영원히 불가능할지도 모른다. 그리고 로버트 스클라가 말한 대로 미 국학은 "미국학이 무엇이라고 주장하기보다는 무엇을 하고 있는가를 통해 서, 또한 어떤 목표에 도달하기 위한 점진적인 성장보다는 필요한 순간에 존재함으로써 스스로를 정의해 왔다"(597)라는 말로 만족해야 될지도 모 르겠다.

로이 하비 피어스는 1957년 「하나의 학문분과로서의 미국학」이라는 논 문에서 미국학을 하나의 학문분과로 정의하기 위한 시도를 하였다. 그에 의하면 하나의 학문분과가 되기 위해서는 우선 '주제(subject-matter)'가 있 어야 하고 그것을 연구하는 일정한 방법적 '형식(form)'이 있어야 한다는 것이다. 여기서 주제는 '미국의 문명'이고 그 방법적 형식은 '전체적'이라 는 것이며, 따라서 문명에 대한 전체적 연구방법의 개념 정립이 미국학을 하나의 학문분과로 만드는 필수조건이라고 보았다. 이러한 관점에서 피어 스는 미국학은 하나의 학문분과로서의 정립 가능성을 가지고 있으며 또 현재 그러한 방향으로 나아가고 있다고 낙관하였다.(181-182) 그러나 그 러한 낙관이 지난 50여 년의 미국학 역사 속에서 과연 실현이 되었는가? 그 대답은 부정적이다. 비록 수많은 대학에서 피어스의 낙관대로 연구가 이루어졌고 미국학 프로그램은 설립이 되었지만 기존의 학문분과와 같은 위상은 정립하지 못한 듯하다. 미국의 문화, 문명이라는 뚜렷한 주제는 있 지만 그것을 설명하는 전체적이라는 방법적 형식은 어느 문명이나 문화의 연구에도 모두 해당되는 것이다. 게다가 '전체적'인 방법, '학제적'인 방법이란 과연 어떻게 하는 것인가에 대해서도 만족할 만한 해답이 나오지 못했다. 그래서 일찍이 헨리 내쉬 스미스는 미국학은 그 연구방법이 따로 있는 것이 아니라 꾸준히 연구하는 과정에서 "일종의 원칙이 있는 임기응변을 통한"(207) 새로운 방법을 기다릴 수밖에 없다는 다소 체념적인 결론을 내린 것이 아닌가 생각된다.

따라서 엄밀한 의미에서 미국학은 전통적 의미의 학문분과는 아니다. 사실 하나의 학문분과가 되기 위해서는 근본적으로 지식체계를 구성하고 있어야 하며 어떤 구체적인 분야 및 주제에 대한 이론과 방법론을 가지고 있는 하나의 체계가 되어야 한다. 좀더 구체적으로 '학문분과'란 "일련의 연구대상과 주제를 일관되게 설명하는 도구·방법·절차·표본·개념과 이론을 의미한다. 그것들은 외부적인 우연과 내부적인 지적 요구에 의해 오랜 시간에 걸쳐 형성되고 수정되어온 것들이다."(Klein, 104) 이와 같은 방법으로 하나의 학문분과는 특정 분야의 경험을 조직하고 응집시킴으로써 상호 다른 독특한 세계관을 가진 지식체계를 형성하게 된다. 요컨대 각각의 학문분과는 그 나름의 독특성을 가지고 있는 것이다. 그러나 미국학은 하나의 정해진 지식체계라기보다는 미국의 총체적 경험을 체계화하기 위한 하나의 인식의 방법이자 방향의 재설정이며 동시에 하나의 준거틀일 뿐이다. 다시 말하면 미국의 경험이라는 무형의 명제를 규명할 목적을 가진 하나의 접근 수단이며 미국의 문화라는 리얼리티를 전체로서 연구하는 다학문적 접근 방법이다. 그렇다면 미국학은 학문분과라기보다는 하나의 지적인 운동이고 동시에 하나의 연구분야라고 보는 것이 타당할 것이다. 좀더 구체적으로 학제적 특성을 지닌 연구분야이다. 그렇기 때문에 미국의 거의 모든 대학들에서 미국학은 하나의 '학과'로 존재하는 것이 아니고 '프로그램'으로 존재하는 것이다.

그러나 문제는 미국학이 기존의 학문분과와 같은 위치를 갖기 위해 그 정의를 부단히 찾고 있는 것은 아니며 그것이 미국학의 목표도 아니라는 것이다. 미국학은 미국의 문화―그것이 경험이건 사상 및 가치체계이건 또는 구체적 예술작품이건―를 연구대상으로 하며 그것을 연구함에 있어서 기존 학문분야의 제한성을 탈피하고 다양한 관점에서 접근할 것을 주장하는 연구분야라는 것이다. 결국 미국학이 지금까지의 방황에도 불구하고 미국학운동의 제1세대(신화-상징-이미지 학파)의 활동을 앞으로의 기준으로 삼을 수밖에 없고 또한 그에 대한 수용과 비판, 그리고 그와 관련된 분야가 연구대상이 되어야 한다고 생각한다.

여기에서 한 가지 제기해야 할 문제는 학문분과적 경계를 탈피하고 미국문화를 총체적이며 범분야적으로 연구하려는 노력이 지금까지 어떤 결과를 낳았는가 하는 것이다. 미국학의 상표와도 같은 '학제적' 방법이 과연 그것이 목표로 했던 인문과학적 방법과 사회과학적 방법의 결합을 이루어 놓았는가? 50여 년 전에 미국학의 방법을 논하면서 "다양한 연구를 통해 하루하루 노력해 가는 과정에서 새로운 방법이 서서히 나타날 것"(207)이라고 낙관했던 헨리 내쉬 스미스의 말대로 과연 미국학은 하나의 방법을 발전시켰는가? 사실 이러한 일련의 질문들에 대해서 미국학은 아직 명쾌한 답변을 내리지 못하고 있다.

3. 하나를 위한 여럿, 학제적 연구방법

미국학이 그 연구방법에 있어서 학제적이라는 것은 이제는 하나의 상투어가 되어버렸다. 사실 학제적이라는 말은 비단 미국학의 전유물만은 아니다. 어떤 학문분야이든 정도의 차이는 있지만 학제적이지 않은 분야는 거의 없다. 사실 지식이라는 것이 점점 더 학제적이 되어가고 있으며 학문 간의 경계선을 넘는 것은 흔한 일이 되었다. 더구나 학제적 접근 방법이라는 말이 무엇을 뜻하는지에 대해 명확한 정의를 내리지 못하면서 종종 학제적 접근방법이 만병통치인 것처럼 찬양되고 있다는 사실이다. 그런 의미에서 미국학의 하나의 상표와도 같은 학제적이라는 말은 미국학 연구에서 이제는 그 창의성과 신선함이 상당히 감소되었음은 부인할 수 없는 사실이다. 그럼에도 불구하고 모든 미국 대학의 미국학 프로그램들의 소개서에서 자신들의 프로그램을 설명하는 핵심 단어는 '특성상 학제적인(interdisciplinary in nature)'이란 말이 여전히 사용된다. 이 말은 대체로 학생들이 기존의 학문분과에 가서 많은 과목들을 수강하고 미국학 프로그램에서 그러한 과목들을 보완하고 종합하기 위해 개설된 방법론 세미나나 논문작성을 통해서 자신의 프로젝트를 완성한다는 뜻으로 사용된다. 그러나 여전히 '어떻게'라는 문제는 해결되지 않고 있다. 그러면 미국학에서 학제적이라는 말이 무엇을 의미하는 것인가, 또한 학제적 연구방법은 과연 어떻게 하는 것인가. 이것에 대한 답을 내리기 전에 먼저 '학제적'이란 말의 일반적인 정의에 대해서 살펴보고 미국학에서의 학제적 방법을 논의해 보기로 한다.

우선 '학제적'이란 말은 플라톤, 아리스토텔레스, 라블레, 칸트, 헤겔 등과 같은 철학자들의 사상에 뿌리를 둔 아주 오랜 개념이라는 이론에서부터 현대의 교육 이론과 응용연구 그리고 학문적 경계를 뛰어넘으려는 운동으로 순전히 20세기의 현상이라는 이론에 이르기까지 의견이 분분하다. 여하튼 학제적이라는 개념은 아주 오래된 것이 분명하지만 실제로 학제적이라는 말을 학문연구에 사용하기 시작한 것은 20세기에 들어와서부터라는 데에는 의견이 일치하는 것 같다. 이 같은 오랜 역사에도 불구하고 학제적이란 말의 정의를 분명하게 내린 곳을 찾아보기란 쉽지 않다. 이러한 정의의 어려움은 우선 무엇보다도 학제적 연구방법에 대한 보편적 인식의 결여를 그 요인으로 꼽을 수 있다. 즉, 학제적 연구가 그 이상(理想)과는 달리 실제에서는 뚜렷한 연구방법의 부재 때문에 그 훌륭한 명분에도 불구하고 널리 사용되고 있지 못한 실정이다. 더구나 학제적 연구에 대한 통일된 담론이 부족하다는 것이다. 다시 말하면 그 방법에 대한 일반적인 회의(懷疑)와 실제적인 전문적 정체성의 부족 그리고 모호한 담론 등이 학제성의 정의를 어렵게 하는 현실들이다. 심지어 『학제성(*Interdisciplinarity*,

1990)』이란 제목으로 한 권의 책을 쓴 줄리 톰슨 클라인(Julie Thompson Klein) 교수도 그 책 속에서 학제적이란 말의 뚜렷한 정의를 내리기보다는 그 말의 역사와 연구현황을 설명하는 데 초점을 맞추고 있다.9) 다만 결론에서 클라인은 "학제성이라는 말은 주제나 지식체계가 아니라 완전한 통합을 달성하기 위한 하나의 과정"(188)으로서 기존의 담론에 대한 문제를 제기하고 어떤 토픽이나 쟁점에 대해 새롭게 접근하는 과정이라고 말할 뿐이다.

그러나 클라인 교수의 책은 미국학의 학제적 연구방법의 의미를 파악하는 데 중요한 참고서로 사용될 수 있다고 본다. 클라인 교수에 의하면 우선 학제적 연구의 목적은 다섯 가지―(1) "복잡한 문제를 해결하기 위해서", (2) "광범위한 쟁점들을 논하기 위해서", (3) "학문과 실제의 관계를 탐구하기 위해서", (4) "어떤 단일 학문분과의 한계를 넘는 문제들을 해결하기 위해서", (5) "제한된 지식이든 그렇지 않든 지식의 통합을 달성하기 위해서"(Klein, 11)―로 요약이 된다. 즉, 학제적 연구는 점점 더 세분화됨으로써 고립을 자초하고 있는 전문성에 대한 불안과 전체적 통합의 달성을 위한 거시적 목적을 가진 하나의 방법이라고 볼 수 있을 것이다. 또한 학제적 연구는 어떤 사람들에게는 지식의 첨단에 대한 탐구이기도 하고 혁신과 변화와 동일시되기도 하며 또 어떤 사람들에게는 협동과 공동연구를 뜻하기도 한다. 동시에 학제적인 방법은 오히려 대학에서보다는 바깥에서 더욱 그 효용성이 발휘될 수 있는 방법이기도 하다.

지금까지의 논의를 요약하면 학제적이라는 말은 첫째 어떤 커다란 주제 또는 연구대상에 대한 기존의 학문분과의 한계성을 인식한 학문분과 간의 상호보완적 교류이며, 둘째 지식의 통합을 달성하기 위한 전체적이면서도 종합적인 노력이며, 셋째 기존의 지식과 가치에 대한 의문을 제기하고 혁신적인 패러다임의 창조를 위한 도전이며, 넷째 학문과 학문, 대학과 사회, 개인과 개인, 집단과 집단, 제도와 제도 사이의 연결과 협동을 위한 노력이다. 이러한 관점에서 학제적이라는 말이 함축하고 있는 의미는 창의성과 통찰력, 협동성과 유연성, 실험성과 도전성 등을 그 특징으로 한다. 학제적이라는 방법을 이야기할 때 주의할 것은 학문분과 간의 경계를 넘거나 자신의 학문적 연구영역을 넓히기 위해서 단순히 다른 학문분야의 이론과 방법론을 가져와 연결시킨다고 학제적 목적을 달성하는 것은 아니다. 중요한 것은 여러 가지 자료들을 어떻게 종합하고 통일된 결론을 도출하는가 하는 것이다. 비록 미국학의 학제적 방법에 대한 구체적인 설명을 하고 있지는 않지만 클라인 교수의 이 같은 연구는 미국학의 학제적 방법의 논의에 하나의 방향을 제시해 준다.

그렇다면 미국학에서 학제적이란 의미는 어떤 것인가? 미국학에서의 학제적이란 말은 종종 다학문적(multidisciplinary)이라는 말과 혼용되어 사용된다.10) 비록 초기의 미국학운동이 문학과 역사 간의 협동연구를 통해 시작되었지만 현재는 어느 특정한 두 개의 학문 간의 연결로만 미국학의 학제적 방법을 논하는 사람은 많지 않다. 미국 대학의 학부 및 대학원 프로그램에서도 최소한 세 개 이상의 학과에서 수강하고 종합할 것을 요구하고 있다. 초기의 미국학의 연구대상은 미국의 사상이나 정신 그리고 이념 및 가치체계였는데 이러한 대상들은 어느 단일 학문분과를 통해서 연구될 수 있는 성질의 것이 아니다. 따라서 그러한 커다란 연구대상의 분석은 몇 개의 다양한 학문분야를 통해서 접근이 되어야 하며 각각의 분야는 전체를 이해하는 데 필요한 하나의 기능적인 요소가 될 수밖에 없다. 사실 정신이나 사상을 연구함에 있어서 어느 한 분야의 접근만을 통해서 연구가 이루어진다면 그 연구는 획일적이 될 우려가 있으며 이것은 예를 들어 소위 '미국정신의 폐쇄(The Closing of American Mind)'와 같은 위험을 초래할 수도 있다. 그렇기 때문에 학제적 연구는 바로 이러한 정신의 단순화를 배제하고 다양한 방향에서 접근함으로써 종합적이면서도 올바른 결론을 도출하기 위한 하나의 수단이 된다. 그렇다고 학제적 연구방법이 관련 학문 간의 경계를 완전히 무너뜨리고 어떤 새로운 방법을 도입하는 것은 아니다. 자일스 건(Giles Gunn) 교수가 주장하듯 학제적 연구를 한다는 것은 학문 간의 경계를 완전히 없앤다는 뜻이 아니다. 어떤 학문이건 경계라는 것은 항상 존재하며 여러 방향에서 보고 접근하도록 되어 있는 근본적인 성질이 있다.(Gunn, 190) 경계를 없애서는 안 되는 이유는 경계라고 하는 것은 사실은 두 개의 다른 체제가 만나는 곳이고 그곳에서 상호 작용을 통해서 의미를 생산해 내는 곳이기 때문이다.

스미스와 막스의 이론

미국학에서 학제적이라고 말할 때는 일차적으로 상이한 학문분과 사이에서 서로가 가지지 못한 부분을 서로 보완함으로써 연구대상에 대한 전체적인 결론을 도출해 낸다는 의미를 가지고 있다. 미국학의 학제적 방법은 문화에 대한 전체적 접근이라는 대전제에서 출발한다. 미국학운동 초기에 학제적 연구방법에 대한 실제적인 예를 보여준 사람이 헨리 내쉬 스미스와 리오 막스이다. 스미스는 우선 미국학이 학제적 접근을 해야 되는 이유로서 미국문화를 '전체로서' 연구해야 하는데 기존의 학문분과의 전통적인 방법으로는 그러한 연구가 어렵다는 전제에서 출발한다. 스미스는 문학과 역사와 같은 기존의 학문분과가 임의로 그어놓은 경계선을 뛰어넘어 미국문화의 전체적 양상을 다룰 수 있는 방법을 발전시키도록 노력할 것을 주장한다.11) 스미스는 문화연구의 가장 핵심적인 주제를 가치라고 생각한다. 문화라는 개념 속에는 문학과 사회학과 같은 분야들에서 다루는 분명하게 상이한 가치들이 혼합되어 있는데 미국학은 바로 이러한 문화 속의 내재적 가치들에 대한 가정과 전제를 통해서 하나의 연구방법을 발전시킬 수 있다고 생각한다. 스미스가 문제시하는 대상은 문학을 역사와 동떨어진 텍스트 자체로만 보는 신비평주의자들의 방법이다. 그에 의하면 신비평주의자들의 문학연구방법은 여러 가지 공헌을 했지만 문화연구에는 장애요인으로 작용했다고 말한다. 대표적인 예가 T. S. 엘리엇이다. 스미스에 의하면 엘리엇은 문학을 시간을 초월한 영원의 대상으로 정의함으로써 역사와 문화적 배경으로부터 문학을 분리시켜 놓았다는 것이다.

　　그렇다면 사회과학적 방법이 미국문화 연구에 적절한 방법인가? 반드시 그렇지는 않다. 스미스는 사회과학적 방법이 경험적 사실에 치중한 나머지 미국문화의 정신적, 사상적 측면을 다룰 수 없다고 말한다. 신비평주의자들이 사회적 사실과 미적 가치를 별개로 보듯이 사회과학자들은 예술작품 속에 투영된 의식 세계를 다룰 수 있는 방법을 갖고 있지 못하다는 것이다. 다시 말해서 통계적으로 분석이 어려운 현상들은 사회과학자들에게 의미가 없을 것이기 때문에 자료로서의 필요성에 관계없이 분석대상에서 제외시킬 수도 있다는 것이다. 그러므로 기껏해야 대중적 작품들의 내용만을 분석할 수 있을 뿐 소위 걸작이라고 간주되는 예술작품에 대해서는 내용분석 방법을 적용하지 못한다는 것이다. 예술작품들을 획일적으로 체계화시키고 단순화시키는 사회과학적 방법으로는 절름발이 문학연구밖에는 될 수 없다는 주장이다. 따라서 스미스는 문학적(신비평적) 방법과 사회과학적 방법을 상호 보완적으로 사용하지 않으면 안 된다고 말한다. 예를 들어 마크 트웨인의 문학적 발전은 그가 살아온 문화적 배경 속에서 이루어진 것이기 때문에 그의 문학을 문화적 배경과 분리해 놓고는 이해할 수 없다는 것이다.[12] 바로 이것이 미국학에서의 문학연구방법이라고 볼 수 있을 것이다.

　　한편 리오 막스 교수는 전체적 접근방법이라는 용어를 사용하지는 않는다. 그러나 그에게 학제적이란 의미는 스미스와 마찬가지로 문학적 및 사회학적 방법을 상호보완적으로 사용함으로써 좀더 정확하면서도 포괄적으로 문화를 이해할 수 있다는 뜻이다. 막스는 「미국학: 비과학적 방법에 대한 옹호」라는 논문에서 인문학자(문학비평가)와 사회과학자 사이의 학제적 노력을 강조한다.[13] 막스는 두 가지 측면에서 두 분야의 방법론을 비교한다. 첫째 사회과학자들은 연구 자료의 선택에 있어서 내용분석이 가능한 자료만을 선택하며 과학적 표본처리 원칙에 따라 관련된 자료를 조사한다. 이들은 어떤 자료의 질을 선택의 기준으로 삼지 않는다. 그렇기 때문에 이들은 주요 예술작품, 철학적 사상 또는 고급문화의 산물에 대해 특별히 관심을 두지 않는다. 심지어 예술적 가치를 인정받는 주요 문학작품들은 대중여론에 별로 중대한 영향을 미치지 않는다는 이유로 자신들의 표본 수집대상에서 제외시켜 버리기도 한다. 사실 오늘날 정전 속에 포함된 주요 문학작품들이 출판 당시에는 별로 인기가 없었던 경우가 많았기 때문에 오히려 문학작품의 선택 기준에서 대중적 인기가 있었던 베스트셀러 작품들을 분석대상으로 선택하는 경우가 많다. 반면에 인문학자들은 하나의 추상적 모델을 설정하고 그 모델로부터 자료 분류 기준을 끌어낸다. 한 가지 단점이 있다면 그러한 모델이나 가정을 분명히 밝혀내기가 어렵고 또한 연구주제를 선택함에 있어서 다른 사람의 판단에 의존한다는 것이다. 다시 말하면 아무리 미국문학의 전문가라 하더라도 방대한 양의 미국문학을 모두 다 알 수는 없을 것이기 때문에 기존의 정전 속에 들어있는 작품들을 통해 연구를 시작하게 된다는 말이다.

둘째 내용분석 방법에 있어서 사회과학자는 수량적인 결과를 고집한다. 그들은 일정한 양의 자료 속에서 제한된 수의 내용들을 분석함으로써 문제를 해결할 수 있다고 가정한다. 모든 자료 속에는 분명한 메시지가 들어있다고 가정하고 그것을 발견하려고 한다. 반면에 인문학자들은 문제를 양적인 관계로 단순화시킬 수 없다. "양적인 관계를 도출할 수 없다면 어떻게 가정을 증명할 수 있겠는가" 라는 사회과학자들의 반박에 인문학자들은 학문적인 공감을 궁극적으로 이룩하는 것이 목적이라고 말한다. 다시 말해서 객관적인 비평과정을 통해서 부적절한 견해는 수정되거나 제거되고 적절한 비평은 수렴되어 결국에 가서는 유용한 결론으로 귀착된다는 것이다. 사회과학자들이 언어의 추론성을 강조한다면 인문학자들은 언어의 상징성을 강조한다. 사회과학자의 내용분석은 어떤 특정한 시기에 존재했던 집단적 여론의 패턴을 외적 가치판단에 영향을 받지 않고 재구성할 수 있게 해준다. 그리고 정확하고 객관적인 지식을 얻기 위해서 내용분석가는 문학작품과 같은 것은 제외시키기도 한다. 그러나 인문학자들에게 이것은 있을 수 없는 일이다. 예를 들어 국민성을 고찰하려고 할 때 문학

을 고려하지 않는다는 것은 옳지 않다. 다시 말해서 어느 한쪽의 방법으로
는 전체적인 문화를 명확하게 기술하지 못한다는 것이다. 인문학자들에게
도 내용분석을 통한 대중여론이 필요할 수 있는가 하면 사회과학자들도
허구의 문학작품으로부터 얻은 안목을 통해 그들의 경험적 자료 분석으로
는 얻지 못할 중요한 문화적 의미의 패턴을 찾는 데 도움을 받을 수 있을
것이다. 막스는 두 학문적 방법의 상호보완적 기능의 필요성을 다음과 같
이 이야기한다.

> 만약 미국학운동의 뚜렷한 목표가 있다면 그것은 전통적 학문의 장
> 벽을 뛰어넘어 두 가지 종류의 지식 사이를 의미 있게 연결하는 것이다.
> 두 가지 방법이 상호보완적이라 간주되는 것은 바로 이 때문이다.(82)

위 두 사람의 의견을 종합하면 미국학에서 학제적이라는 의미는 우선
인문학과 사회과학의 경계를 뛰어넘어 서로의 부족한 기능을 보완하고 연
결하는 노력을 말한다. 위에서 언급한대로 상호 간의 연구대상에 대한 어
느 단일 학문분과의 노력은 부분적인 결과만을 얻을 수 있기 때문에 관련
학문들의 다양한 접근방법이 필요한 것이다. 그리고 대상에 대한 가정은
혁신적이고도 실험적 연구태도의 일환으로 시작되며 학제적인 노력은 그
러한 실험정신을 뒷받침하는 종합적 연구방법이다. 한마디로 스미스와 그
의 제자인 막스 교수의 학제적 방법은 도전과 실험정신을 가지고 인문학과
사회과학의 연결, 텍스트와 컨텍스트의 연결, 상상의 산물과 사회적 실제
의 연결을 통해서 종합과 통일을 이루어내려는 노력이라고 볼 수 있다.
하지만 학문 간의 경계를 넘어, 특히 인문학과 사회과학의 종합을 이루
어내기 위한 상호보완적 노력을 미국학의 학제적 방법이라고 한다면 사실
그것은 과거나 지금이나 새로울 것이 없다고 보인다. 앞에서도 간헐적으
로 언급했지만 미국학이 1960년대 중반 이후 그 이론과 방법에서 위기를
맞게 된 것은 미국학의 방법이나 기존의 학문분과들에서 사용되는 방법이

크게 다를 것이 없었다는 데에서 비롯된 것이기도 하다. 그런 점에서 자일스 건 교수의 제안에 귀를 기울일 만하다. 그는 미국학이 미국과 해외의 많은 대학에 개설되어 있고 새로운 연구영역들을 제시하고 있다는 것과 무엇보다도 "미국학이라는 이름으로 생산된 연구업적들의 창의성·순수성·통찰력·유연성"(196)을 높이 평가하면서 이 때문에 미국학은 성공을 거두었다고 단언한다. 그러나 건 교수에 의하면 무엇보다도 미국학의 학제적 연구가 성공을 거둔 "가장 중요한 요인은 미국학이 과거의 해석적 패러다임에 도전하고 새로운 패러다임을 만들어냈기"(196) 때문이라는 것이다. 예를 들어 WASP 문화로 대표되는 19세기 미국의 정체성 추구의 시발점으로 연구되던 미국의 식민지 시대에 관한 문화연구가 이제는 다양한 문화 간의 대립과 갈등에 의해 정의되는 민족지학적 분야로 재해석되고 있다는 것이다. 문화를 인류학적 측면에서 재정의하는가 하면 예술작품의 전체적 접근을 위한 사회적 배경을 강조한다든가 전체적인 접근보다는 다원적인 접근, 문화적 경험에서 본질보다는 균형에 대한 강조라든가 문화의 상대성을 인정하고 비교문화적 방법을 강조하는 등의 새로운 패러다임들이 등장하였다. 특히 유럽의 문화이론의 영향으로 최근 20년간 많은 패러다임들이 미국학 연구에 등장하였다. 그리고 그러한 패러다임들은 '위기'의 미국학을 활성화시키는 역할을 했다.

그러나 "구체적으로 학제적 연구를 한다는 것은 어떻게 하는 것인가"라는 문제는 여전히 남아 있다. 조엘 존스(Joel M. Jones) 교수는 「방법론의 신비」라는 글에서 방법만을 찾으려는 학자들의 맹목적 성향을 꼬집으면서 막연한 '다원적 절충주의'나 '원칙이 있는 임기응변'(382-387) 식의 접근을 학제적이라고 보는 것은 잘못이라고 지적한다. 결국 학제적이란 말은 실제 연구방법에 적용되는 방법으로서의 중요성보다도 어떤 면에서는 학제적이라는 '사고방식'이 더욱 중요한 것 같다. 다시 말하면 미국학에서 학제적 연구가 실질적인 업적을 생산해냈다기보다는 특정 연구대상에 대한 다학문적 접근이 중요하다는 그러한 의식과 사고를 정착시킨 것이 성공이라고 보아야 할 것이다. 그래서 아주 최근의 한 연구서에서도 학자들은 여전히 우리는 "연구와 교육에 있어서 학제적이라는 것은 어떻게 해야 되는 것인가라는 어려운 문제에 봉착해 있다"고 말하면서 미국학의 중요성은 "미국의 경험에 대한 학제적 사고"라고 말한다. 그들은 "'학제성'은 성공했지만 소위 '학제적'이라는 '실질'면에서는 미흡했다"고 말하고 "'학제적'이라는 것은 교수나 학자가 어떤 특정한 문화연구에 대해 생각할 때 그들로 하여금 많은 관련 학문분과로부터 끌어내올 준비를 시키는 도구와 마음자세를 가지는 것이다"라고 정의하였다.(Rowe, 14) 결국 미국학에서의 학제적 연구는 문화연구에 있어서 특정 학문 분과들 간의 경계선 넘기와 연결·교환·종합 등의 구체적인 방법을 말하는 것이지만 무엇보다도 학제적이기 위한 마음가짐과 의식과 노력이 중요하다고 생각된다.

4. 미국학의 이론과 쟁점

'미국학의 이론'이라고 말할 때 우리는 무엇을 의미하는가? 우선 그 '이론'에는 여러 가지가 있을 수 있다. 미국학의 정의에 대한 이론, 연구방법에 대한 이론, 등장과 배경에 대한 이론, 연구대상에 대한 이론, 미국학을 어떻게 가르칠 것인가에 대한 교수법의 이론, 학교 및 외부에서의 미국학 프로그램의 설치 및 운용에 관한 이론 등 그것의 의미는 끝이 없을 것이다. 그러나 여기서 '이론'이라고 하는 것은 학문분야로서의 미국학의 정체성을 찾기 위해 지금까지 논의되어 온 모든 담론들을 총칭하는 의미로 사용하고 있다. 그렇다면 과연 미국학에 이론이 있는가? 하나의 학문연구분야로서의 미국학에 대한 지금까지의 일반적인 담론을 간단히 요약하면 우선 미국학은 미국의 문화를 전체로서 연구하는 것이다. 초기에 미국의 국가적 정체성을 규명하기 위한 문학과 역사의 종합으로 시작한 미국학이 제2차 세계대전 이후 상징과 신화로 압축된 미국 정신의 규명에서부터 예술 및 대중문화, 미디어 등 구체적인 문화적 산물들에 대한 연구로 그 연구대상이 확대되었고 점차 인종·성·계급·소수민족 등의 문화적 정체성의 문제로 그 연구의 중심이 옮겨갔다. 그리고 1990년대 말부터 미국학은 캐나다와 라틴아메리카, 아시아 등과의 비교문화 연구로 확장되었으며 특히 최근에는 미국문화에 대한 다문화적이고 초국가적이며 전 세계적인 관점에서 미국의 문화를 비교·연구하는 방향으로 진행되고 있다.

미국학의 학문적 연구경향에 대한 이와 같은 시대적 변천에도 불구하고 미국학은 근본적으로 초기부터 지금까지 미국문화와 미국의 정체성을 연구한다는 대전제 아래 총화에 대한 갈망과 다양성의 추구라는 상호 보완적이면서도 상충되는 두 가지의 전통 속에 자리하고 있음을 볼 수 있다. 이 같은 갈등은 미국학의 담론에서 시대의 변화에 따라 여러 가지 용어상의 이분법적 대립구조를 형성해 왔다. 즉, 전체론/다원론·총화/갈등·통일성/다양성·고급문화/대중문화·중심/주변부·미국학/신미국학·보편주의/다문화주의, 특히 최근의 민족주의/탈민족주의 등이 그것이다. 그러나 이 모든 담론의 중심에는 미국학의 유일한 이론이라고 할 수 있는 '지성사 종합(Intellectual History Synthesis)' 이론과 '상징-신화-이미지' 이론이 있다. (Wise, 306-307)[14] 다시 말해서 지성사 종합이론과 상징-신화 이론은 미국의 문화 또는 경험을 규명하는 접근 방법을 말하는 것으로 이분법적 대립구조의 핵심쟁점이 된다. 이 두 가지 이론의 타당성 여부에 대한 논의가 지금까지 미국학의 주된 쟁점이었다고 해도 과언이 아니다.

지성사 종합이론

지성사 종합이론은 1930년대부터 1950년대 사이, 그리고 상징-신화 이론은 1950년대 이후 1960년대 중반까지의 미국학의 지배적인 연구방법이었다. 우선 지성사 종합은 '패링턴(Parrington) 패러다임'으로 명명되기도 하는 것으로 버논 패링턴과 페리 밀러 등의 학자들에 의해 주도된 것으로 연구대상과 연구방법에 대한 합일을 바탕으로 한다. 이것은 미국의 경험을 규명함에 있어서 우선 다음과 같은 몇 가지의 기본적인 전제를 가지고 있다. 첫째, '미국의 정신'이라는 것이 존재한다. 이 정신은 동질적인 특성을 나타내고 있다. 비록 미국사회는 다양한 계층이 복합적으로 구성되어 있는 것 같지만 실은 하나의 단일한 실체를 형성하고 있다. 둘째, 미국의 정신을 특별히 하나의 존재로 인정하게 되는 것은 바로 신세계에 미국이 위치한다는 '미국의 예외주의'라는 선민 인식 때문이다. 이 때문에 미국인들은 특징적으로 낙관적이며 순진하고 개인주의적이며 실용적이고 이상주의적이다. 그들이 살고 있는 세계는 특이하게도 무한한 기회의 세계이다. 이와 반대로 유럽인들은 구세계의 한계와 제약 그리고 부패 속에 갇혀 있기 때문에 기질적으로 비관적이다. 셋째, 미국의 정신은 이론적으로 어느 미국인에게서나 발견되는 공통된 가치이며 경험이지만 조나단 에드워즈·벤자민 프랭클린·쿠퍼·에머슨·소로·호손·멜빌·휘트먼·트웨인·듀이·니버 등 미국의 문학작가 및 사상가들 속에서 대표적으로 나타난다. 그러므로 미국학 프로그램에서는 이들의 소위 '대작'들을 주로 다루어야 한다. 넷째, 미국의 정신은 미국 지성사의 지속적인 주제를 형성하고 있는데 청교주의·개인주의·이상주의·실용주의·초절주의·진보주의 등이 미국의 역사 속을 흐르는 주된 사상이다. 다섯째, 일반 대중의 의식, 예를 들어 데이비 크로켓, 대니얼 웹스터, 버팔로 빌 등과 같이 대중적 영웅에 관한 연구는 학문적으로 충분한 가치가 있기는 하지만 어디까지나 이것은 대중문화에 속할 뿐이다. 다시 말하면 '고급문화'가 미국의 문화를 대표한다고 볼 수 있기 때문에 위대한 미국문학과 그 속에 내포된 사상 등이 미국학의 주된 연구대상이 되어야 한다는 것이다. 이러한 가정들은 미국의 근본적인 의미를 찾고 미국인의 정체성을 확인하려는 미국학운동의 근본 목적에 아주 부합하는 것들이었다. 미국의 정신, 미국인의 성격은 하나의 통합된 전체로서 어느 특정 분야만을 통해서 연구될 수 있는 것이 아니고 학제적 방법을 통해서 기존의 다양한 학문분과들의 방법을 종합할 때 가능한 것이었다.

상징-신화-이미지 이론

이러한 지성사 종합이론은 상징-신화-이미지 이론에 의해 그 절정에 이르게 된다. 1950년 헨리 내쉬 스미스의 책 『처녀지: 상징과 신화로서의 미국의 서부』의 출판을 계기로 미국학운동은 하나의 획기적 전기를 마련하게 된다. 왜냐하면 이 책은 아직 학문분야로서의 방법을 찾지 못했던 미국학운동에 하나의 뚜렷한 방법론을 제시하여 주었고 이후에 나타난 많은 책들의 선구자가 되었기 때문이다. 미국의 지성사 연구가 미국학 프로그램의 주류를 이루던 당시의 미국문화연구가 미국학의 근본 목적이라고 하는 것을 이론과 실제를 통해서 보여준 최초의 책이었다. 스미스를 정점으로 존 윌리엄 워드·R. W. B. 루이스·앨란 트락텐버그·찰스 샌포드·로이 하비 피어스·리오 막스 등은 모두 상징과 신화를 통해 미국의 문화, 정신, 경험을 규명하려 하였는데 이들의 연구 활동으로 '미국'이라는 주제가 학문적 연구의 합법적 대상이 되었고 미국학이라는 분야의 학문적 위상이 확립되는 계기가 되었다. 이들의 학문적 방법이 1950년대부터 1960년대 중반까지 미국학운동을 주도하였는데 '상징-신화-이미지 학파'라는 명칭은 1970년대에 이들의 이론과 방법에 의문을 제기하고 미국학의 새로운 방법론을 모색하던 학자들에 의해 붙여진 이름이다.

그렇다면 상징-신화 학자들의 이론은 구체적으로 무엇인가? 간단히 요약하면 상징-신화 학자들은 우선 미국의 문화(또는 국민정신)는 하나의 통일된 전체로서 그 속에 많은 부분들이 존재하지만 모두 중심으로 수렴되는 하나의 단일한 실체라고 생각하며 그러한 문화는 상징과 신화에 의해 표현된다고 가정한다. 즉, 상징과 신화의 개념은 미국의 문화를 해석하는 데 하나의 통일된 준거틀이다. 이들 학자들은 기본적으로 의식과 사회 또는 의식과 문화가 어떻게 연결될 수 있는가를 규명하기 위해 신화, 상징, 이미지라는 개념을 사용한다. 신화와 상징은 유기적이고 무의식적 속성을 지니는 문화의 자연발생적 산물이며 또한 인간과 문화, 인간 상호간의 관계에서 생성되는 개념이다. 스미스는 『처녀지』에서 신화와 상징은 "똑같은 종류로 구성된 크고 작은 단위들"이며 "생각과 감정을 이미지로 융합시키는 지적 구성"(1950, xi)이라고 정의하였다. 그리고 신화와 상징은 사상을 응축시키고 사회적 행동을 촉진시키는 '집단적 표현'(xi)이라는 것이다. 즉, 신화와 상징은 어느 일정한 시대, 일정한 문화 속에 사는 많은 사람들에 의해 창조된 것이고 그것은 사회 전체의 공통된 무의식적 바람과 소망의 집단적 표현이다. 스미스는 『처녀지』에서 미국의 서부는 19세기 미국문화를 하나의 개념 또는 사상으로 정의할 수 있는 결정적 역할을 했다고 주장한다. 알레게니 산맥 서쪽의 거대한 빈 땅덩어리인 서부는 미국인의 정신 속에 심대한 영향을 끼쳤는데 그 영향은 두 가지의 이미지로 미국인들의 마음속에 구체화되었다는 것이다. 하나는 유럽과 인도를 연결하는 거대한 하이웨이로서의 이미지이고 다른 하나는 내륙에 존재하는 농업의 이상향으로서의 서부의 이미지라는 것이다. 이러한 두 개의 이미지가 중요한 의미를 가지는 것은 그것이 미국의 서부에 대한 두 개의 신화—'인도항로'와 '세계의 정원'—를 만들었기 때문이다. 또한 스미스는 부활과 재생이라는 신화의 개념을 사용하여 점점 더 물러나는 변경 개척지와 밀려오는 문명과의 끊임없는 충돌을 통해서 미국문화의 특성을 설명하려 하였다. 이러한 스미스의 신화와 상징은 미국의 국민성, 미국의 정신, 전체적인 미국의 문화를 표현하는 핵심 개념이었다.

스미스의 '미국의 서부'는 미국인의 의식 속에 하나의 지배적인 사고로 존재하는 개념이다. 그러나 서부라는 상징에 의해 형성된 신화—'인도항로'와 '세계의 정원'—는 19세기 미국인들의 염원을 구현하는 집단적 표현일 뿐 실제적 사실과는 같지 않을 수 있다. 그렇기 때문에 미국학 학자들에게 신화는 어느 사회의 지배적 사고의 패턴이기는 하나 그것은 어떤 구체적 리얼리티의 표현이 아니라 '상상의 산물'이며 '복잡한 정신의 구축'(Smith, v)이 된다. 신화는 어떤 한 사람의 개인에 의해 창조된 것이 아니고 한 문화집단의 문화적 소산이며 정서의 표현이기 때문에 사회적 응집력을 가지고 있어서 사회를 하나의 기능하는 전체로서 묶어주는 역할을 한다.

그렇다면 문화연구에 신화가 왜 중요한가? 우선 스미스가 말한 대로 신화는 '집단적 표현'으로서 어느 하나의 문화 속에 살고 있는 사람들에 의해 만들어진다. 신화는 그 사회의 가장 신성한 가치와 소망을 표현하고 그 사회 내면의 지배적인 정신을 반영하기 때문에 그러한 신화를 연구함으로써 그 사회와 문화 전반을 이해할 수 있다는 것이다. 그러나 무엇보다도 신화를 연구하는 가장 중요한 이유 중의 하나는 신화가 문화적 행위에 영향을 미칠 수 있는 능력이 있기 때문이다. 『처녀지』의 서문에서 스미스는 신화와 경험적 사실과의 일치여부는 별로 중요하지 않다고 말한다. 왜냐하면 신화란 "다른 차원에 존재하지만 그러나 때때로 실질적인 사건들에 결정적인 영향을 행사"(1950, vii)하기 때문이다. 예를 들어 19세기 미국의 지배적인 신화, 즉 '세계의 정원'이라는 신화는 농업의 낙원으로서의 미국의 서부라는 이미지를 형성했으며 이러한 이미지가 미국사회의 의식을 대변하였고 미국의 사상과 정치에 하나의 원동력으로 오래 지속되었음을 볼 수 있다. 또한 이러한 이미지는 너무나 강력하게 지속되어 19세기 말까지 미국의 중심적인 사상을 표현하였던 것이다. 물론 후에 스미스는 서부개척이 가져온 비극적인 면 – 원주민과 멕시코인 및 노예의 문제, 자연에 대한 파괴 – 들을 간과함으로써 너무도 순진하게 '신화'라는 개념을 사용해 왔음을 고백하면서 신화보다는 '이데올로기'라는 용어가 더 적절할 것이라고 자신의 이론을 수정하기도 했다.(Bercovitch, 21-32) 하지만 초기의 상징-신화 학자들에게 신화는 곧 미국의 정신의 표현이며 이 정신이 미국의 복잡하고도 다양한 문화적 양상들을 하나로 묶는 구심점이 된다.

간단히 요약하면 상징-신화 학자들에 따르면, 첫째 상징과 신화는 이미지이며 경험적인 사실을 반영할 뿐 결코 그 자체가 사실적일 수는 없는 상상의 산물이다. 둘째, 상징-신화 학자들은 의식과 현실을 뚜렷하게 구분한다. 다시 말해서 상징과 신화는 경험적 사실과는 다른 차원에 존재한다고 보는 것이다. 셋째, 이미지와 상징은 어느 한 곳에서 독자적으로 발생하는 존재가 아니고 많은 사람들의 마음속에서 발생하는 집단적 표현이다. 바로 이러한 집단적 이미지와 상징의 연구를 통해서 미국인들의 행동, 즉 문화를 설명할 수 있다는 것이다. 이 모든 것이 의미하는 것은 미국의 경험은 '예외적'이고 독특한 것이며 그러한 독특성 때문에 그 많은 다양성에도 불구하고 미국인들과 미국의 정신의 동질성이 유지된다고 보는 것이다.

그러나 지성사 종합이론과 상징-신화 학파에 의해 표방된 미국학의 연구 방법론, 즉 전체론적 문화관, 하나의 단일한 실체로서의 미국의 정신의 인정, 소수의 고급문화(정예문학)를 통한 미국문화의 이해, 소수의 사상가와 정예작가들의 지적 및 상상적 산물의 역사가 곧 미국문화의 주류라는 가정, 이 모든 것들이 시대의 흐름에 따라 많은 논의와 도전에 직면하게 된다. 1960년대 중반쯤에 이러한 전체론적 문화관과 총화의 신화는 깨지고 만다. 우선 외부적으로는 미국사회의 격변을 통해서 과연 미국의 문화가 소위 '이음새 없는' 모든 부분들이 공통된 중심으로 수렴된 하나의 단일체인가 하는 데 대한 의구심이다. 즉, 인권운동·흑백분규·신좌파운동·월남전 반대운동·여성해방운동·이민법의 개정으로 인한 다양한 민족의 유입, 그리고 반문화운동 등의 사회적 현상들이 미국문화의 동질성에 대한 회의를 갖게 했으며 그 때문에 아마도 1960년대 이후 미국사회에서 총화의 신화는 완전히 사라졌는지도 모른다. 미국이 통합된 전체라고 생각하는 사람은 거의 없었고 총화가 아닌 다양성이 미국의 문화를 특징 짓는다고 생각하였다. 또한 소수정예의 위대한 사상만을 통해서 미국문화를 발견할 수 있다는 생각도 할 수 없었다. 19세기 미국인의 이념과 사상을 설명한다고 믿었던 '처녀지' 신화나 '아담으로서의 미국인'과 같은 개념도 1960년대 중반 이후는 그 빛을 잃기 시작했다. 또한 많은 사람들은 소위 '정신' 연구가 실제적으로 리얼리티를 반영할 수 있을 것인지에 대해 회의를 가지게 되었고 역사적 경험 속에 나타난 정신 또는 사상보다는 사람들의 구체적 행동과 사회제도의 객관적 기능을 연구하는 사회사 연구가 각광을 받게 된다. 미국학 학자들은 실체가 없는 신화와 상징보다는 좀더 구체적인 사건과 실질적인 문제들로 관심을 돌리기 시작했다. 1970년대에 미국학 프로그램들에는 흑인연구·인디언연구·여성학·대중문화연구·생태학·노인학·민속학 등 약 74개 이상의 세부전공분야가 개설되었다. (Bassett, 306-330) 사실상 이때부터 미국학은 무엇을 포함하고 무엇을 제외시킬 것인가라는 원칙이 없어지고 '미국의'라는 접두어만 붙으면 '미국학의 연구대상'으로 또는 '미국학'으로 간주되기에 이른다.

전체론에 대한 도전

전체론에 대한 또 하나의 도전은 미국학 내부에서 비롯된다. 바로 전체론이 지배하던 미국학 프로그램에서 훈련된 미국학 학자들로부터 제기되기 시작했는데 대표적인 사람이 브루스 큐클릭(Bruce Kuklick)과 세실 테이트(Cecil Tate)이다. 큐클릭은 1972년 미국학회지「*American Quarterly*」에 발표한「미국학에서의 신화와 상징」이라는 논문에서 문학적 상상력을 통해 전체 문화 현상을 해석하려는 상징-신화학자들의 방법론을 비판하였다.[15] 큐클릭에 의하면, 첫째 정신세계와 물질세계는 분리될 수 없는 영역인데도 이들을 별개의 존재로 구분하려는 상징-신화 학자들은 "설익은 데카르트적 정신관"의 소유자들이라는 것이다. 그런데 더욱 문제가 되는 것은 정신과 육체가 철저히 분리되어 있다고 보면서도 데카르트 학도는 물질세계의 경험들을 이미지, 상징, 신화와 같은 추상적인 개념 속에 동화시킬 수 있다고 생각하는 이중적 오류를 범하고 있다는 것이다. 이것이 초래할 수 있는 결과는 어떤 이념은 그 이념을 만든 사람과 별개로 존재한다고 생각할 수 있으며 또한 현재의 지렛대로 과거를 해석하려는 관념론적 오류를 범할 수 있다는 것이다. 다시 말하면 관념론자들(여기서는 상징-신화 학자들을 지칭)은 어떤 영구불변의 이념체계가 개인과는 별도로 존재하기 때문에 그들은 자신들의 현재 목적에만 필요한 것을 과거로부터 유추해석하고 또한 선택함으로써 작가의 진정한 의도를 간과해 버릴 위험이 있다는 것이다. 바꾸어 말하면 관념론자들의 요구와 기대에 따라 과거의 작가를 평가하게 되고 그렇기 때문에 현재를 위해 과거를 곡해할 수 있는 위험을 내포하게 된다는 것이다. 그것은 곧 다양한 인간의 경험을 포괄할 수 없을 것이기 때문에 오히려 부분적인 연구밖에 될 수 없다는 주장이다.

두 번째로 큐클릭은 상징-신화 학자들의 단순논리의 오류를 좀더 구체적으로 지적한다. 그에 의하면 문화현상은 단순한 것이 아닌 극히 복잡한 경험적 과정인데도 상징-신화 학자들은 미국의 문화현상을 '미상의 일반 대중', '광범위한 미국인의 욕구', '미국인의 상상', '미국인의 인생관' 등의 추상적 개념으로 단순화시키고 있다는 것이다. 그는 총화니 갈등이니 하는 이분법적 대립의 구도로 미국학의 문제를 볼 필요는 없다고 말하고 단지 어떤 국가이건 수많은 사람이 살고 있고 그들은 나름대로의 독특한 특성과 동기를 가지고 있기 때문에 광범위하고 다양한 증거자료와 방법이 필요하다는 것을 인식할 필요가 있다고 말한다. 큐클릭은 구체적인 대안을 제시하지는 않지만 문화연구방법에 있어서 상징과 신화에 근거한 전체론적 접근방법은 그 장점 못지않게 오류를 범할 수 있음을 지적한다.

세실 테이트는 1973년에 출판된 미국학 최초의 전문비평서인『미국학의 방법의 탐색』이라는 책에서 상징-신화 학자들의 공헌을 인정하면서도 그들의 전체론적 사고는 '문학민족주의'를 야기할 뿐만 아니라 국가적 신화와 상징의 추구로 인해 국수주의적 문제를 대두시킬 위험이 있다고 지적한다. 문학민족주의는 문화를 국가적 경계와 일치시키고 그 경계 내에서의 분명한 문화적 독자성을 주장하고 있기 때문에 자칫 문학의 보편성을 표현하지 못하고 문학의 예외주의나 고립을 초래할 위험이 있다는 것이다. 또한 상징-신화 학자들의 신화의 개념은 보편적인 역사적 사실과 부합되지 않는 특정 문화주의를 주장함으로써 그 특정 문화의 고립을 자초할 수 있다는 것이다.(116-117) 또한 테이트는 문화를 지정학적 단위와 일치시키는 것은 오류라고 말한다. 미국에는 용광로(melting pot)의 결과로 단일한 문화가 존재한다고 가정하는 경향이 있지만 사실 그 속에는 수많은 하부문화들이 존재하고 있는 것이다. 미국의 주류를 형성한다는 WASP

문화도 지배적이기는 하나 많은 문화 중의 하나일 뿐이다. 마지막으로 테이트는 전체론이 국민성 연구를 활성화시키는 역할을 했지만 국민성이라는 개념은 '유익한 허구'일 뿐이라고 말하고 사람들은 마치 그것이 구체적으로 존재하는 실체인 것처럼 이야기하는데 그것은 위험한 결과를 초래할 수 있을 것이라고 주장한다.(125) 극단적으로 미국국민 그리고 문화의 우월성을 강조하는 이러한 종류의 '아메리카니즘'은 사실 나치즘이나 파시즘과 다를 것이 없다는 것이다.(125) 종합하면 전체론적 문화연구는 문화의 예외주의를 주장함으로써 문화의 다양성을 수용하지 못하게 되며 보편적 인간 경험의 상징과 신화를 설명하기 힘들 뿐 아니라 인종적·문화적 우열을 저울질하게 됨으로써 종족 간·집단 간 분열을 초래할 수 있다는 것이다.(129)

큐클릭과 테이트 모두 문화의 다양성을 수용하지 못하는 전체론이 미국학의 방법론으로 적절치 못하다는 것을 인정하고 다원적 접근 방법을 통해서 미국문화연구가 이루어져야 한다고 주장한다. 그러나 이들이 구체적 방법론을 제시하고 있는 것은 아니다.16) 상징-신화에 근거한 전체적 접근 방법에 대한 이들의 비판은 이후에 나타날 많은 다원적 미국학 방법론의 시발점이 되었다. 이러한 다원성에 대한 주장은 미국학을 '미국문화학(American Culture Studies)'이라는 말로 바꾸기도 했다.17) 문화연구방법에 있어서 전체론과 다원론을 간단히 요약하면 전자의 방법은 허구적이고 추상적이며 집단적이고 추론적이라면 후자는 사실적이고 구체적이며 개인적이고 경험적이다. 지성사 종합이론과 상징-신화-이미지 연구는 미국의 문화를 전체적으로 조망할 수 있는 명쾌한 방법론을 제시해 주었지만 소수정예의 사상만을 통해서 하나의 문화를 규정하는 것은 다양하고 복합적인 사회를 설명하는 데 한계점을 드러냈다. 다시 말해서 '주류', '주문화', '미국의 정신', '미국의 신화' 등과 같은 용어들은 다원적인 미국사회 및 문화의 양상들을 수용하기에는 너무나 단순화시킨 명제들이었다. 반면에 하부문화(또는 대중문화)를 다루는 다원적인 문화연구는 이질적인 미국사회의 다양함을 수용할 수 있고 고갈되어가던 미국학 프로그램을 활성화시키는 효과를 가져왔으나 방법론과 연구목적에 있어서 더욱 혼란을 가중시키는 결과를 초래했다. 즉, 하부문화 연구가 성행하면 할수록 과연 미국학의 목적과 연구대상이 무엇인가에 대한 근본적인 문제들이 제기되었고 '미국학의 미국성'(Berkhoffer, 1979, 340-345) 상실에 대한 우려가 높아지게 되었다.

이것은 미국학이 지닌 특징이며 한계이고 이러한 특징과 한계가 지금까지 미국학의 담론을 전개시키고 있는 것이다. 다시 말하면 미국학 연구자들은 특히 변화와 혁신을 받아들이면서도 동시에 통일되고 명확한 방법론을 제시해 주었던 과거의 상징-신화의 전체적 방법에 대한 향수를 가지고 있는 듯하다. 더 이상 학자들은 미국의 정신이나 사상 같은 것을 자신 있게 이야기하지는 않지만 여전히 많은 사람들은 미국학 학문연구분야에 지적인 종합과 통일을 가져다주는 어떤 방법을 발견하기를 원한다. 미국학 연구에 대한 이러한 양면성이 1980년대 이후 최근까지 다양하게 나타나고 있다.

특히 1980년대 침체해 있던 미국학에 새로운 방법론을 제시하고 미국학 논의를 다시 활성화시킨 것은 유럽의 문화이론이다. 데리다의 해체이론, 미셸 푸코의 후기구조주의, 루이스 알튀세의 마르크스 구조주의, 안토니오 그람시의 헤게모니 이론, 엘렌 식수의 불란서 페미니즘, 바흐찐의 대화이론 등 유럽의 문화이론은 미국학의 중심 주제들ㅡ문화·역사·신화·정체성·언어·이념성ㅡ에 대한 전통적인 사고와 가정을 문제시함으로써 미국학을 새로운 토론의 장으로 등장시키는 역할을 했다. 과거 전통적인 미국학의 패러다임인 상징-신화연구와 순수 다원주의 문화관은 새로운 용어와 개념들로 재고찰되고 있다. 따라서 미국학은 이제 순수한 미국문화연구의 범주를 넘어서 이데올로기와 정체성의 문제로 발전하게 된다. 앞에서도 언급했지만 스미스도 미국의 서부개척을 논함에 있어서 '신화'라는 용어를 너무 순진하게 사용했다고 말하고 대신에 원주민을 몰아내고 자연

을 정복한 백인들의 약탈행위를 함의하고 있는 '이데올로기' 또는 '이념'
이라는 말로 수정할 것을 밝힌 바 있다. 1980년대 소위 포스트모던 미국학
학자들은 현대 미국학의 담론을 보수와 진보의 정치적 대결로 보면서 지
금까지 방해받지 않던 지배이념, 헤게모니를 해체시킨다. 이제 미국학은
수많은 하부문화를 연구대상으로 삼았던 1970년대의 순수한 다원주의에
서 인종·계급·성·민족 등의 이념적 다원주의 또는 '타자'의 정치학, 즉
'문화정치학'으로 대체되었다. 특히 1990년대 이후 이러한 새로운 경향의
미국학은 다문화주의·초국가주의·탈식민주의·탈민족주의 등의 이름으로
활성화되고 있으며 이들 이론들은 '신미국학(New American Studies)'이라
는 커다란 우산 아래서 제2의 도약을 기약하고 있다.[18]

결론적으로 미국학운동은 미국의 국가적 자아 발견과 정체성 추구의 과
정에서 출발한 것으로 지금까지 학문분야로서 그 자체의 정체성은 물론
그 연구대상인 미국문화의 정체성에 대한 논의로 점철되어 왔다. 미국학
은 전통적으로 정체성 또는 공통된 문화적 정체성 또는 문화적 통일성으
로 불리는 미국이라는 이념의 고찰에 집중되었다. 상징-신화학자들을 비
롯한 보편주의자들은 통일된 미국의 문화와 정신이 존재한다고 보고 그것
을 전체로서 연구해야 한다고 하는가 하면 반대로 문화다원주의자들과 다
문화주의자들은 그것은 허구이며 다양한 문화의 존재, 구체적으로 미국문
화의 중요한 부분을 형성하고 있는 다양한 소수인종, 소외계층의 존재와
역할을 강조하고 있다.[19] 두 가지 명제가 모두 미국이라는 정체성을 규명
하기 위한 노력에서 비롯된 것이지만 그 가정이 달랐다. 앞에서도 언급했
거니와 이러한 이분법적 구도는 초기부터 지금까지 사회·문화적 변화에
따라 통일과 다양성, 중심과 주변부, 보편주의와 다문화주의, 민족주의와
탈민족주의라는 용어로 불리면서 미국학의 전통적인 주제를 형성해 왔다.
아마도 앞으로의 미국학은 미국의 의미와 미국인의 정체성에 대한 이데올
로기적 논의가 계속될 것이며 특히 미국학의 국제화를 통해서 미국문화와

다른 국가의 문화와의 비교에 그 연구의 중점이 두어질 것으로 생각된다. 마이클 프리쉬(Michael Frisch) 교수는 최근 「*American Quarterly*」에 실린 한 논문에서 미국학은 전통적으로 네 개의 축-(1) 학제적 연구, (2) 국가적 정체성, (3) 다문화주의, (4) 현실참여연구-을 중심으로 연구되어왔다고 주장하면서 네 번째 축을 미래의 미국학의 연구방향으로 제시하고 있다. 다시 말하면 허구적인 정신보다는 경험에 바탕을 둔 현실 세계의 연구, 그리고 비교문화적 관점에서 이루어지는 미국문화연구가 미국학의 중심이 되어야 한다고 말한 바 있다.(Frish, 204-207) 이러한 의미에서 한국에서의 미국학도 소모적인 미국의 정신, 미국이라는 의미에 대한 논쟁보다는 비교문화적 관점에서 미국과 한국의 실질적인 관계를 연구하는 방향으로 나아가야 할 것이다.

1) 한국에서 미국의 문학, 역사, 철학, 정치, 경제, 사회, 법 등의 과목들은 1945년 해방 후 서울대학교를 비롯하여 여러 대학에서 간헐적으로 교육되었지만, 미국학이란 이름으로 프로그램이 정식 개설된 것은 1964년 서강대가 처음이며 일 년 후인 1965년 <한국아메리카학회>가 창립되어 미국학에 대한 관심과 연구가 시작되었다. 지금까지 한국에서의 미국학의 역사와 프로그램 현황, 그리고 미국학 연구소 현황에 대한 자료를 위해서는 다음 논문을 참고할 것. Kim Yong-Kwon, "American Studies in Korea: The Past, Present and Future", *Proceedings of the 1993 ASI/SNU American Studies International Seminar*(Seoul National University, 1993), pp.125-139.

2) '학제적'이란 말은 'interdisciplinary'의 일본어 번역으로서 한국에서도 통용되는 말이다. 엄밀히 말하면 '학문 간', '간학문적', '학문상호간', '분야간', '협동과정적' 등 다양하게 번역이 될 수 있겠지만 현재 학제적이란 용어로 널리 사용되고 있기 때문에 여기서는 그대로 사용하기로 한다. 이와 유사한 개념인 'multidisciplinary', 'cross-disciplinary', 'interdepartmental', 'transdisciplinary' 등의 용어들은 '다학문 간', '교차학문 간', '학과 간', '초학문적'으로 번역하여 사용하기로 한다.

3) 미국학의 등장과 역사에 대해서는 다음 논문들을 참조할 것. Gene Wise, "'Paradigm Dramas' in American Studies: A Cultural and Institutional History of the Movement", *American Quarterly* 31(Bibliography Issue, 1979), pp.293-337; Philip Gleason, "World War II and the Development of American Studies", *American Quarterly* 36(Bibliography Issue, 1984), pp.343-358.

4) 미국학이 기존의 학문분과(discipline)와 같은 하나의 학문분과인가 하는 것에 대해서는 논란의 여지가 많지만 뒤에서 좀더 설명하기로 하고 여기서는 미국학을 편의상 '학문분야', '연구분야(field of study)' 내지는 '운동(movement)'이라고 혼용하여 쓰기로 한다.

5) 예를 들어 1933년 예일대학의 'History, the Arts and Letters' 프로그램, 1936년 하버드대학의 'History of American Civilization' 프로그램, 1937년 펜실베이니아 대학에서 사학과의 Roy Franklin Nichols 교수와 영문과의 Sculley Bradley 교수의 주도로 개설된 미국학 프로그램이 그 좋은 예이다. Gene Wise, "'Paradigm Dramas'", pp.304-305.

6) Michael Cowan, *A Guide to Reviewing American Studies Programs and Departments* (American Studies Association, 1997), p.1.

7) 미국학의 정의의 어려움은 지금까지 미국학의 이론과 방법론에 대해 나온 수많은 논문의 제목들을 보아도 알 수가 있을 것이다. 많은 논문들이 있지만 특히 대표적인 몇 편의 논문들과 연구서를 시대별로 예를 들어 본다. (1) 1950~1960년대: H. N. Smith, "Can 'American Studies' Develop a Method?", *AQ* (Summer 1957), pp.197-208; Roy Harvey Pearce, "American Studies as a Discipline", *College English*(January 1957), pp.179-186; Richard Sykes, "American Studies and the Concept of Culture: A Theory and Method", *AQ*(Summer 1963), pp.253-270; Leo Marx, "American Studies-A Defense of an Unscientific Method", *New Literary History*(October 1969), pp.75-90. (2) 1970년대: Bruce Kuklick, "Myth and Symbol in America Studies", *AQ* 24(October 1972), pp.435-450; Cecil Tate, *The Search for a Method in American Studies*(University of Minnesota Press, 1973); Jay Mechling, *et al.*, "American Culture Studies: the Discipline and the Curriculum", *AQ* 25(October 1973),

pp.363-389; Robert Sklar, "The Problem of American Studies 'Philosophy': A Bibliography of New Directions", *AQ* 27(1975), pp.245-262; Robert Mertz and Michael Marsden, "American Culture Studies: A Discipline in Search of Itself", *Journal of Popular Culture*(Fall 1975), p.461, 109-470, 118; Gene Wise, "Some Elementary Axioms for an American Culture Studies", Prospects, 4(New York: Burt Franklin, 1979), pp.517-547. (3) 1980년대 이후: Linda K. Kerber, "Diversity and the Transformation of American Studies", *AQ* 41(September 1989); Alice Kessler-Harris, "Cultural Locations: Positioning American Studies in the Great Debate", *AQ* 44(September 1992); Paul Giles, "Reconstructing American Studies: Transnational Paradoxes, Comparative Perspectives", *Journal of American Studies* 28(1994); Paul Lauter, "Versions of Nashville: Visions of American Studies", *AQ* 47(June 1995); Brian Attebery, "American Studies: A Not So Unscientific Method", *AQ* 48(June 1996).

8) 피어스는 'civilization'이란 말은 어떤 현상(문화 현상)을 종합적이고 철저히 전체적으로 보는 것을 시사하는 말이고 'studies'란 말은 막연하게 때로는 무책임한 다원성을 의미하는 것으로, 하나의 학문분야로의 위상의 정립을 위해서는 'American Civilization'이라는 말이 더 타당한 명칭이라고 주장한다.(181) 미국의 대학 중 1937년과 1945년에 각각 학위과정을 설치한 하버드대학과 브라운대학만이 미국학 프로그램의 명칭을 유일하게 '미국문명사(The History of American Civilization Program)' 및 '미국문명 프로그램(The Program in American Civilization)'으로 고집하고 있는 것은 참고할 만 하다. 특히 브라운대학 프로그램의 목적은 "학생들에게 미국문명에 대한 포괄적이고도 좀더 통일된 지식을 부여하기 위하여" 어느 단일 학과가 아닌 다양한 학과에서 과목을 수강하고 종합하는 학제적 접근 방법을 채택한다는 것을 프로그램의 방침에서 명시하고 있다. 참조: *Guide to American Studies Resources*, 1998, p.17.

9) 본문에서 학제성에 관한 논의의 대부분은 Klein의 책에서 인용한 것으로 자세한 내용은 다음 책자를 참조. Julie Thompson Klein, *Interdisciplinarity: History, Theory, & Practice*, Detroit(Wayne State University Press, 1990).

10) 클라인 교수는 '학제적'과 '다학문적'이란 말을 같은 의미로 사용하는 데에 동의하면서도 그 뉘앙스의 차이를 지적한다. 학제적이라고 말할 때는 꼭 두 개의 학문분과의 종합만을 의미하지는 않는다. 대부분 학제적이란 다학문적 또는 복수학문적(pluridisciplinary)이라는 의미이다. 그러나 다학문적이라고 할 때는 여러 학문분과를 단순히 병치시킨 것으로 근본적으로 학제적이라고 말할 때 연상되는 종합이라는 말보다는 '추가적'이라는 의미가 더욱 강하다는 것이다. (1990, p.56) 그래서 클라인은 학제적이라는 말보다 더 포괄적인 '초학문적 (transdisciplinary)'이란 말을 사용한다. 학제적이 사고의 단순한 상호 소통이라면 초학문적은 학문 간의 "장벽을 돌파하고 단일 학문분과적 법칙을 따르지 않는"(1990, p.66) 연구방법이라는 관점에서 초학문적이라는 말이 전체를 종합하는 더욱 강한 의미라고 주장한다.

11) Henry Nash Smith, "Can 'American Studies' Develop a Method?", pp.197-208. 스미스의 방법론에 대해서는 상기 논문의 주요 내용을 요약하였음.

12) 그러나 이 같은 제안에도 불구하고 스미스 교수 자신은 미국학의 방법에 관한 한 다소 체념적인 태도를 가졌다. 즉, 미국학은 하나의 분야로서 그것이 서있을 수 있는 독립적인 학문적 기지가 없기 때문에 특별한 방법은 없다는 것이고, 따라서 미국학 학자는 기존의 학과에 남아 있어야 하고 다른 학문과의 경계를 드나드는 식으로 연구할 수밖에 없다는 다소 비관적인 결론을 내리고 있다. 헨리 내쉬 스미스는 최초의 미국학 박사이지만 캘리포니아대학 (버클리) 영문과 교수로 봉직했으며 오히려 그곳에서 더욱 명성을 얻었다.

그뿐 아니라 루이스(R. W. B. Lewis), 로이 하비 피어스(Roy Harvey Pearce), 마빈 마이어스(Marvin Meyers), 쿠싱 스트라우트(Cushing Strout), 존 윌리엄 워드(John William Ward) 등은 모두 미국학 학위소지자들이지만 영문과 및 사학과에서 교수생활을 한 학자들이다.

13) Leo Marx, "American Studies: A Defense of Unscientific method", pp.75-90. 막스의 방법론에 대해서는 상기 논문의 주요 부분을 요약하였음.

14) 지성사 종합에 대한 내용은 진 와이즈 교수의 논문 내용의 일부를 간추린 것이다. 상징-신화 이론도 지성사 종합의 한 부분이라고 볼 수 있다. 와이즈 교수는 두 분야의 이론을 정립함으로써 미국학의 가장 중요한 패러다임을 형성한 대표적인 서적들로 다음의 16권을 예로 든다. Vernon Parrington, *Main Currents in American Thought*(1930); Perry Miller, *Orthodoxy in Massachusetts*(1933) and *The New England Mind: The Seventeenth Century*(1939); F. O. Matthiessen, *American Renaissance* (1941); Ralph Barton Perry, *Puritanism and Democracy*(1944); H. N. Smith, *Virgin Land*(1950); Perry Miller, *The New England Mind: From Colony to Province*(1953); David Potter, *People of Plenty*(1954); Richard Hofstadter, *The Age of Reform*(1955); Louis Hartz, *The Liberal Tradition in America*(1955); R. W. B. Lewis, *The American Adam*(1955); John William Ward, *Andrew Jackson: Symbol for an Age*(1955); Marvin Meyers, *The Jacksonian Persuasion*(1957); Charles Sanford, *The Quest for Paradise*(1961); Leo Marx, *The Machine in the Garden*(1964); Alan Trachenberg, *Brooklyn Bridge: Fact and Symbol*(1965). 참조: Gene Wise, "'Paradigm Dramas' in American Studies: A Cultural and Institutional History of the Movement", *American Quarterly* 31(Bibliography Issue, 1979), pp.306-307.

15) Bruce Kuklick, "Myth and Symbol in American Studies", *AQ*(October 1972), pp.435-450. 상징-신화 이론에 대한 큐클릭의 비판은 그의 상기 논문의 내용을 요약하였음.

16) 세실 테이트는 전체론의 단점을 지적하고 문화의 다양성과 다원적 접근방법을 옹호하고 있기는 하지만 그것에 대한 경계심도 아울러 표시한다. 예를 들어 미국학에서 상징-신화 접근방법의 쇠퇴와 다원적 접근방법의 등장으로 많은 하부문화연구가 등장하였고 이는 파생적인 '~연구'의 증가를 초래했다. 그러나 이러한 연구들이 전체론적 문화접근방법의 약점을 해결하지 못하고 오히려 사회를 더욱 분열시킬 뿐이라고 경고한다. 테이트는 미국학의 궁극적인 목표는 역시 전체 인간의 연구에 두어야 한다고 말하면서 "진정으로 문화연구에 필요한 것은 학제적 방법을 통한 전체적 인간 모습의 연구이지 종족과 문화간의 차이에 대한 연구라든가 분열을 야기하는 연구가 되어서는 안 된다"고 주장한다.(p.132) 그는 전체론의 대안으로 구조주의 방법론을 제시한다. 왜냐하면 구조주의는 상이한 학문 간의 전통적인 경계를 극복하며 학제적 접근 방법을 촉진시켜줄 뿐만 아니라 문화 간 경계와 범문화적 접근방법을 용이하게 해주기 때문이라는 것이다.(pp.136-146)

17) Jay Mechling, Robert Merideth and David Wilson, "American Culture Studies: The Discipline and the Curriculum", *AQ*(October 1973), pp.363-389.

18) 1980년대 이후 '신미국학'의 연구경향에 대한 자세한 논의는 본 저자의 아래 논문을 참조할 것. 「포스트모던 시대의 미국학: 다원론을 넘어서」, 『미국학 논집』, 1993, pp.241-264.

19) 문화다원주의자(Cultural Pluralist)와 다문화주의자(Multiculturalist)는 광의의 의미에서는 같은 것이고 특히 다문화주의의 뿌리를 문화다원주의로 보지만 전자는 1960~1970년대의 주류문화에 대항하여 문화의 다양성을 외치던 사람들을 의미하는 것이고 후자는 1980년대 말부터 1990년대 중반까지 주로 인종·성·계급의 차이를 인식하고 교육과 삶에 있어서의 평등을 강조하면서 소

위 문화적 공통성을 주장하는 보편주의에 대항하여 소수인종, 소외계층의
정체성을 주장하던 운동을 의미한다. 구태여 둘 사이의 차이점을 든다면 전
자는 대안이 없는 듯 보이는 개인의 정체성을 강조한다면 후자는 건설적인
공존의 정체성을 강조한다는 점에서 전자보다 덜 급진적이라 말할 수 있다.
참조: John Higham, "Multiculturalism and Universalism: A History and Critique",
American Quarterly 45(June 1993).

참고문헌 ____

Bailis, Stanley. "The Social Sciences in American Studies: An Integrative Conception", *AQ* 26(August 1974), pp.202-224.

Basset, Charles W. "Undergraduate and Graduate American Studies Programs in the United States: A Survey", *AQ*(Bibliography Issue 1975), pp.306-330.

Berkhoffer, Jr., Robert F. "The Americanness of American Studies", *AQ*(Bibliography Issue 1979), pp.340-345.

Cowan, Michael. *A Guide to Reviewing American Studies Programs and Departments* (American Studies Association, 1997).

Cunliff, Marcus. "Backward Glances", *Journal of American Studies* 14(1980), pp.86-87.

Frisch, Michael. "Prismatics, Multivalence, and Other Riffs on the Millennial Moment", *AQ* 53(June 2001), pp.193-231.

Gleason, Philip. "World War II and the Development of American Studies", *AQ* 36(Bibliography Issue 1984), pp.343-358.

Gunn, Giles. *Thinking Across the American Grain*(Chicago: The University of Chicago Press, 1992).

Jones, Joel M. "American Studies: The Myth of Methodology", *AQ*(Bibliography Issue 1979), pp.382-387.

Kim, Yong-Kwon. "American Studies in Korea: The Past, Present and Future", *Proceedings of the 1993, ASI/SNU American Studies International Seminar*(Seoul National University, 1993), pp.125-139.

Klein, Julie Thompson. *Crossing Boundaries: Knowledge, Disciplinarities, and Interdisciplinarities*.(University of Virginia Press, 1996).

__________. *Interdisciplinarity: History, Theory, & Practice*(Wayne State University Press, 1990).

Kuklick, Bruce. "Myth and Symbol in American Studies", *AQ*(October 1972), pp.435-450.

Lerner, Max. *America as a Civilization*(New York: Henry Holt and Company, 1957, rpt. 1987).

Marcell, David W. "Recent Trends in American Studies in the US", *American Studies Guidebook*(1979).

Marx, Leo. *The Machine in the Garden*(New York: 1964).

__________. "American Studies: A Defense of an Unscientific Method", *New Literary History*(October 1969), pp.75-90.

__________. "Thoughts on the Origin and Character of the American Studies Movement", *AQ* 31(Bibliography Issue 1979), pp.398-401.

Mechling, Jay *et al.* "American Culture Studies: The Discipline and the Curriculum",

AQ(October 1973), pp.363-389.

Pearce, Roy Harvey. "American Studies as a Discipline", *College English*(January 1957), pp.179-186.

Rowe, John Carlos (ed.), *Post-nationalist American Studies*(Berkeley: University of California Press, 2000).

Sklar, Robert. "American Studies and the Realities of America", *AQ*(Summer 1970), pp.597-605.

Smith, Henry Nash. "Can 'American Studies' Develop a Method?" *AQ*(Summer 1957), pp.197-208.

__________. "Symbol and Idea in Virgin Land", in Sacvan Bercovitch and Myra Jehlen (eds.), *Ideology and Classic American Literature*(New York: Cambridge UP., 1986).

__________. *Virgin Land*(Cambridge, Mass. 1950).

Spiller, Robert. "Unity and Diversity in the Study of American Culture: American Studies in Perspective", *AQ*(December 1973), pp.611-618.

Sussman, Warren. "The Thirties" in Stanley Cohen and Lorman Ratner (eds.), *The Development of an American Culture*(New York: St. Martin's, 1983).

Sykes, Richard. "American Studies and the Concept of Culture: A Theory and Method", *AQ*(Summer 1963), pp.253-270.

Tate, Cecil. *The Search for a Method in American Studies*(University of Minnesota Press, 1973).

Walker, Robert. *American Studies in the United States: A Survey of College Programs*(Baton Rouge, La: LSU Press, 1958).

Wise, Gene. "'Paradigm Dramas' in American Studies: A Cultural and Institutional History of the Movement", *AQ* 31(Bibliography Issue 1979), pp.293-337.

정연선, 「포스트모던 시대의 미국학: 다원론을 넘어서」, 『미국학논집』, 1993, pp.241-264.

미국의 지리적 조건과 역사

이주영

1. 해양국가와 대륙국가의 양면성

지리학적 관점에서 그리고 문명사적 관점에서 보면, 미국은 해양국가의 특징을 가지고 있다. 미국의 영토는 대서양과 태평양이라는 완전히 다른 두 대양에 걸쳐 있다. 그리고 그 영토의 동쪽 끝과 서쪽 끝은 파나마 운하를 통해 배로 연결될 수 있다. 그 때문에 미국은 두 대양을 모두 이용할 수 있는 이점을 가지고 있는 것이다.

그러한 의미에서 미국은 역사에서 나타난 어느 해양국가보다도 유리한 조건을 가지고 있다. 1890년대에 미국의 해군 제독 알프레드 머핸(Alfred T. Mahan)은 『해운력이 세계에 미친 영향』이란 책을 써서 바다를 지배하는 국가가 세계를 지배할 수 있다는 명제를 제시하였다. 그리고 시간이 흐르면서 점차 미국인들은 그 명제가 무엇을 의미하는지 깨달아가고 있었다. 그 명제에 대한 미국인들의 실천 의지는 1898년 스페인과의 전쟁을 시작으로 하여 제1차 세계대전과 제2차 세계대전을 거쳐 한국전쟁과 베트남전쟁에 이르면서 뚜렷이 드러났다. 그러다가 1990년대의 걸프전쟁을 시작으로 하여 아프가니스탄전쟁을 거쳐 2003년의 이라크전쟁에 이르는 과정에서는 미국의 세계 지배가 현실로 다가오기 시작하였다. 러시아도 두 개의 대양에 영토가 걸쳐 있기는 하다. 그렇지만, 그 영토의 양 끝을 배로 연결할 수 없기 때문에 그 조건의 효용성은 미국의 그것과 비교가 되지 않는다.

영토가 넓기 때문에 역사적으로 미국인들은 항상 적절한 교통수단을 확보하는 일이 중요하다고 생각해 왔다. 그리고 그 수단의 하나로서 자연의 혜택인 바다와 강을 이용하려고 하였다. 그 때문에 식민지 시대 초기부터 뱃길이 중요하게 떠올랐다. 보스턴, 뉴욕, 필라델피아의 상인들은 대륙 깊숙이 들어가는 서부 개척보다는 배를 이용한 남쪽의 찰스턴, 뉴올리언스 같은 항구들과의 교역에 더 열을 올렸다. 그리고 해외로 나가 라틴아메리카와 유럽은 물론, 멀리 아프리카에 무역선을 보냈다. 그러한 의미에서 미국은 처음부터 해양국가로 출발했던 것이다. 그러면서도 다른 한편으로 미국은 대륙국가로서의 특징도 가지고 있다. 그 때문에 미국인들은 그 역사의 상당 기간 동안 북아메리카 대륙 안쪽으로 깊이 팽창하는 일에 매달려 있었던 것이다.

세계 대부분의 국가들은 대체로 영토가 작고 그 국경선이 오랫동안 고정되어 있다. 그 때문에 영토의 변경이나 주민의 이동이 대폭적으로 이루어지고 있는 경우는 아주 드물다. 이와 달리 미국의 국경선은 18세기 말의 국가건설 이후 계속 서쪽으로 확장되어 왔다. 미국 역사에서 국경선, 즉 프론티어(frontier)가 중요한 변화의 요소로 생각되고 있는 것은 바로 그와 같은 영토적 유동성 때문인 것이다. 역사가 프레데릭 잭슨 터너(Frederick Jackson Turner)는 바로 이와 같은 프론티어의 존재가 미국사회를 다른 나라들의 사회와 다른 것으로 만들고 있다고 생각했다. 항상 커지는 영토, 항상 움직이는 국경선을 가진 미국 국민은 고정된 국경선 안에서 사는 국민들과 자연환경을 보는 태도나 그것에 적응하는 방식이 다를 수밖에 없었다는 것이 그의 주장의 핵심이었다. 이것은 미국인들의 역사에서는 시간(time)의 관념뿐만 아니라 공간(space)의 관념이 작용하고 있었다는 것을 말한다. 바꾸어 말하면, 미국인들에게는 시간이 흐르면 어떻게 바뀔 것인가 하는 문제도 중요했지만, 이주가 이루어지면 어떻게 바뀔 것인가 하는 문제도 중요했던 것이다.

미국인들에게는 새로운 지역을 향해 누가 빨리 움직이는가 하는 문제가 중요했다. 왜냐하면 필요한 곳으로 빨리 이동하는 사람만이 성공할 수 있기 때문이다. 미국 국민의 특성 가운데서 '유동성(mobility)'과 '가만 못 있는 성격(restlessness)'이 많이 지적되고 있는 것은 바로 이와 같은 지리적 환경에서 오는 것이다. 이러한 미국 국민의 특성은 19세기 초에 내륙 깊숙이 서부로 진출하는 과정에서도 드러났다. 처음에 그들은 말을 타고 서부로 나갔다. 그러나 보다 더 성격이 급한 사람들은 남보다 더 빨리 서부로 가기 위해 뱃길을 이용하려고 하였다. 그러나 미국의 강들이 대부분 북쪽에서 남쪽을 향해 흐르고 있기 때문에 서부로 가는 데는 도움이 되지 않았다. 그러므로 그들은 운하를 파서 강과 호수를 연결하려고 하였다. 그리하여 운하의 시대가 열리게 되었는데, 그 최초의 것이 허드슨 강과 이리(Erie) 호수를 연결한 이리 운하였다. 그것은 북서부의 깊은 오대호 지방을 뉴욕 항구, 그리고 멀리는 유럽과 연결하는 어마어마하게 긴 뱃길이었다. 그 뒤를 이어 오하이오 강을 비롯한 많은 강들을 연결하는 운하들이 나타났다.

1840년대 캘리포니아에서 금광이 발견되었다는 소문과 함께 뱃길을 이용하려는 사람들의 생각은 더욱더 대담해졌다. 태평양 연안으로 빨리 가는 것이 중요했으므로, 그들의 일부는 배를 타고 남쪽의 뉴올리언스 항구로 가서, 거기서 다시 미시시피 강을 타고 북쪽으로 올라갔다. 그들은 세인트루이스 같은 곳에서 내려 다시 말을 타고 서부로 나가기도 하였다. 또 다른 사람들은 카리브 해의 파나마 지역까지 배로 가서, 다시 말을 타고 육지를 통과한 다음 태평양 연안에서 배를 만들어 타고 캘리포니아로 항해하기도 하였다. 그리고 보다 더 대담한 사람들은 배를 타고 멀리 남아메리카 남쪽 끝을 돌아 캘리포니아로 가기도 하였다.

시작부터 미국은 유럽으로부터 배를 타고 온 사람들에 의해 세워진 나라였다. 그 이후로 미국인들에게 뱃길은 중요한 교통수단이 되었다. 그들은 배를 타고 국토를 개발하기도 하고, 해외로 나가 다른 문명의 사람들과 접촉하였다. 그러므로 미국인들과 자연환경과의 관계를 말할 때는 언제나 미국이 해양국가라는 사실을 일차적으로 생각해야 하는 것이다.

2. 지역별 특징

뉴잉글랜드 지역의 특징

오늘날의 미국을 지리적·역사적인 관점에서 보면 크게 5개 지역으로 나누어 볼 수 있다. 그리고 그들 지역은 나름대로 독특한 성격을 가지고 있고, 미국사회의 형성에 기여한 부분이 있다.

첫 번째 지역은 보스턴을 중심으로 하는 뉴잉글랜드 지역이다. 이 지역은 17세기 초에 영국으로부터 배를 타고 온 청교도들(the Puritans)의 정착지를 중심으로 발전해 온 곳이다. 그것은 맨 북쪽의 메인 주를 시작으로 하여 북대서양 연안을 따라 남쪽으로 뉴햄프셔, 버몬트, 매사추세츠, 로드 아일랜드를 거처 코네티컷까지 펼쳐진 지역이다. 이 지역은 다른 지역들과 비교해 면적도 작고 농토도 기름지지 못한 편이지만, 그럼에도 불구하고 19세기 중엽까지 미국사회의 성격을 결정하는 데 아주 중요한 역할을 하였다.

첫째로 이 지역은 미국사회의 정신적인 토대를 마련해 주는 역할을 하였다. 식민시대 초기에 플리머스 식민지를 건설한 필그림 성도들, 그리고 그 뒤를 이어 대거 정착해 매사추세츠를 건설한 청교도들은 프로테스탄트 교도들의 한 분파인 칼빈주의자들이었다. 그러므로 이 지역의 개척은 종교개혁과 그에 따른 종교전쟁 시대의 부산물이었다. 즉, 이 지역은 카톨릭 교회와 영국 국교(성공회)에 반대하는, 따라서 귀족제와 군주제에 반대하는 반봉건(anti-feudal) 세력들에 의해 형성되고 개척된 땅이었던 것이다. 그러므로 정착 초기단계부터 청교도 신앙(Puritanism)은 이 지역의 성격을 결정하는 데 결정적인 역할을 하였고, 나아가 미국인들의 생활방식 전체를 결정하는 데 아주 중요한 역할을 하였다. 그것은 미국이 프로테스탄트 국가로 출발했다는 사실을 확인해 주고 있을 뿐만 아니라, 미국이 개인주의 또는 자본주의 체제의 국가로 출발했다는 사실도 확인해 준다. 청교도들은 그들의 신앙을 세속에서의 성공과 연결시켜 생각했기 때문에 사회에서의 성공이 신의 구원과 신의 축복을 증명하는 것이라고 주장했다. 이러한 신앙관은 미국인들의 생활 방식 속에 근면, 정직, 자립의 정신을 깊이 심어놓았다. 그러므로 오늘날 미국의 보수-우파들이 미국은 원래 기독교 국가(Christian America)로 세워졌으며, 따라서 과거로 되돌아가야 한다고 주장하는 것은 바로 이러한 역사적 사실에 근거를 두고 있는 것이다.

둘째로 이 지역은 사회 구성원의 참여를 당연시하는 직접민주주의 제도, 즉 뉴잉글랜드 '읍민 회의(town-meeting)' 제도, 나아가 법치주의를 미국인들에게 실험장으로서 보여준 곳이다. 17세기에 정착한 청교도들은 카톨릭 교회의 위계질서를 부정하는 종교적 평등주의자들로서, 시민으로서의 교인들이 모두 참여하는 읍민 회의에서 관련된 일을 결정한다는 민주주의의 정신을 처음으로 실현하였다.

셋째로 이 지역은 미국사회에 자본주의 경제의 실마리를 제공해 준 곳이었다. 이 지역은 땅이 넓지도 비옥하지도 않은 곳이었기 때문에, 일찍부터 유럽, 카리브 해 지역과의 무역에 관심을 가지게 되었다. 그에 따라 식민지 시대부터 바다와 관련된 무역업, 조선업, 어업이 발달하였다. 그리고 옷, 총, 시계 등과 같은 생활필수품을 생산하는 가내 수공업이 발달하였다. 그에 따라 보스턴을 중심으로 상인계급과 기술자 계급이 형성되었다. 그러한 토대 위에서 19세기 초부터는 미국에서 최초로 산업혁명이 진행되었다. 지금 이 지역의 공업은 다른 지역들과 비교해 상대적으로 많이 쇠퇴한 것이 사실이다. 그럼에도 불구하고 전자산업과 컴퓨터 산업의 육성으로 새로운 탈출구를 찾으려 하고 있다.

넷째로 이 지역은 미국 고등교육의 실험장으로서 미국사회에 기여하였다. 이 지역에 정착한 청교도들은 종교개혁 시대의 프로테스탄트 교도들이었다. 따라서 그들은 카톨릭 교회와의 싸움에서 이기려고 하였고, 그 때문에 교육에 열성이었다. 왜냐하면 종교전쟁에서 이기기 위해서는 일반 대중에게 문자를 보급시켜 성서를 읽게 함으로써 카톨릭 교회의 잘못을 깨닫게 해야 했기 때문이다. 그러한 태도는 고등교육 기관의 설립으로 이어졌다. 당시 청교도들의 교육열은 하버드대학의 설립 취지문의 한 부분에서 잘 나타나 있다. 그 글 가운데는, "지금의 우리 목사들이 죽었을 때 그 뒤를 이을 목사들이 무식한 사람들이면 어떻게 하나 하는 두려운 마음에서 이 대학을 세운다"는 구절이 있다. 이처럼 초기 청교도 지도자들이 후세 교육에 깊은 관심을 가지고 있었던 것은 자신들이 영국의 캠브리지대학 출신들이었다는 사실 때문이었다. 그들은 자기 후계자들이 자신들과 같은 높은 수준의 교육을 받지 못할 것을 아주 두려워했던 것이다. 이와 같은 지적 분위기 속에서 하버드를 비롯하여 예일, 앰허스트, 다트머스, 브라운, 웰즐리, 스미스, 마운트 홀리오크대학 등이 설립되었다. 그리고 그 대학들의 명성은 아직도 유지되고 있다.

중부대서양 지역

뉴욕, 필라델피아, 볼티모어와 같은 도시들로 대표되는 이 지역은 뉴욕 주로부터 시작하여 남쪽으로 뉴저지, 펜실베이니아, 델라웨어를 거쳐 메릴랜드로 이어지고 있다. 이 지역도 대서양을 끼고 형성되어 있다. 그리고 이 지역에서도 뉴잉글랜드 지역과 같이 전통적으로 상공업이 발달하고 상인 정신이 강했기 때문에 이 지역의 상공업자들은 보통 '양키'로 불리게 되었다.

뉴욕 시는 원래 네덜란드인들에 의해 개척되었지만, 영국인이 차지한 다음 수많은 인종이 모여들어 국제적인 성격을 띤 도시로 발전해 왔다. 그것은 교통의 요충지였다. 그것은 허드슨 강을 통해 미국의 깊숙한 내륙 지방까지 연결될 뿐만 아니라 대서양을 통해 세계 전역과 연결되었다. 그 때문에 뉴욕은 경제, 특히 금융의 중심지로 자리잡게 되었다. 그리고 그렇게 해서 형성된 부를 토대로 그것은 음악, 미술, 영화, 스포츠 같은 문화의 중심지로도 발전하였다.

펜실베이니아의 필라델피아도 항구도시로서 경제중심지로 발달해 왔다. 그러나 이 도시의 발전에는 근면, 절약, 도덕적 생활을 강조하는 퀘이커 교도들의 근로 윤리(work ethic)가 중요하게 작용하였다. 그러한 점에서 그들은 뉴잉글랜드 지역의 청교도들과 비슷한 점이 많았고, 그와 같은 성격은 이 도시를 상징하는 벤자민 프랭클린의 생애에서 잘 나타나 있다. 그는 자본주의 정신과 통하는 근면, 절약, 자립과 같은 프로테스탄티즘의 윤리를 실천했던 것이다.

또 다른 항구 도시인 메릴랜드의 볼티모어도 뉴욕, 필라델피아와 비슷한 상업 도시적 성격을 발전시켜 왔다. 볼티모어는 가까이에 있는 정치 도시인 워싱턴 디씨를 보완하는 경제 도시로서 기능을 발휘하고 있을 뿐만 아니라 농업 지대인 델라웨어 주를 보완하는 공업 도시로서도 역할을 해 왔다.

이 중부대서양 지역도 뉴잉글랜드 지역에 뒤지지 않은 훌륭한 고등교육 기관들을 가지고 있다. 뉴욕 시의 컬럼비아와 뉴욕대학(NYU), 뉴저지의 프린스턴대학, 필라델피아의 펜실베이니아대학, 볼티모어의 존스홉킨스대학은 모두 세계적인 수준을 자랑하고 있는 고등교육 기관들이다.

남부 지역

이 지역은 리치먼드, 애틀랜타, 댈러스, 마이애미와 같은 도시들로 대표되고 있다. 19세기 중엽까지만 하더라도 이 지역의 중심부는 '깊은 남부(the Deep South)'라고 불리는 곳으로, 대농장(plantation)과 노예제로 상징되던 땅이었다.

농업시대에 이 지역은 번영과 위신을 누렸다. 남북전쟁 전에 이 지역이 누렸던 영광의 흔적은 사우스캐롤라이나의 찰스턴 항 주변에 남아 있는 부유한 농장주들의 저택과 그들의 거대한 농장에서 찾을 수 있다. 그리고 미국 초기의 대통령들 가운데 버지니아 출신들이 압도적으로 많았다는 사실도 당시 남부 지역의 정치적 위력을 말해 주고 있다. 그러나 '깊은 남부'는 산업혁명의 기회를 놓침으로써 시대의 흐름에서 벗어나게 되었다. 면화 농업과 노예 노동에 얽매여 사회의 변화에 적응하지 못하였고, 그 결과로 경제적으로나 사회적으로 가장 낙후된 지역으로 떨어지고 말았다. 게다가 남북전쟁에서 패배함으로써 정치적으로도 무력화되었다.

이 지역의 가난과 낙후성은 애팔래치아 산맥과도 관련이 있다. 그 줄기에 놓여 있는 웨스트버지니아는 광산 지대로서 가난이 극심한 지역으로 꼽히게 되었다. 또한 부근의 켄터키, 테네시, 앨라배마도 이렇다 할 뚜렷한 산업을 갖지 못한 가난하고 낙후된 지방으로 남게 되었다. 가난과 낙후성은 미시시피, 아칸소, 루이지애나, 미주리, 오클라호마와 같은 미시시피 강 주변의 주들에서도 나타나고 있다. 그에 따라 이 지역은 기성 체제와 북부에 대한 저항의식이 강한 반란 지역이 되고, 그 결과로 저항적인 지식인들을 많이 배출하였다. 윌리엄 포크너, 토마스 울프, 테네시 윌리엄스 같은 유명한 작가들이 남부 출신이란 사실은 바로 이와 같은 배경과 연관이 있는 것이다. 요즈음에 와서 이 지역의 불만은 백인 민병대나 큐클럭스클랜 (KKK)과 같은 극우파(the Far Right)의 출현으로 나타나고 있다. 그들은 가난한 농촌 지역의 백인들로써, 자신들의 불행한 처지가 흑인이나 유태인과 같은 유색인종들 때문이라고 분개하는 사람들이었다. 그리고 그러한 가난하고 게으른 자들을 보호하기 위해 정부예산으로 복지정책을 펴는 진보-좌파적인 정치인들과 지식인들 때문이라고 분개하는 사람들이었다.

그러나 다른 한편에서 남부인들은 남북전쟁 이후 '새로운 남부'로서 다시 일어서려고 노력하였다. 그 방법으로 그들은 공업화와 자본주의화에 관심을 돌렸다. 텍사스에서는 일찍부터 석유 생산으로 막강한 재부를 축적한 댈러스, 휴스턴과 같은 거대 도시가 출현하게 되었다. 또한 지난 몇십 년 동안에 텍사스와 플로리다는 우주 산업의 발달로 유명해지게 되었다. 그리고 최근에 노스캐롤라이나에서는 채플힐, 더얼햄, 롤리의 세 도시를 잇는 '삼각 지대'를 중심으로 컴퓨터 관련 첨단 산업이 일어나고 있다. 조지아는 애틀랜타를 중심으로 공업화를 진전시킴으로써 1996년 올림픽을 유치할 수 있었다.

전통적으로 남부 지역은 뉴잉글랜드 지역과 중부대서양 지역과 비교해 고등교육 제도에 있어서 뒤떨어져 있었다. 그러나 오랜 전통을 자랑하는 버지니아대학, 노스캐롤라이나 주의 듀크대학, 애틀랜타의 에모리대학이 새로운 탈바꿈의 노력을 하고 있다. 그리고 텍사스에서는 라이스대학이 세계적 권위를 향해 움직이고 있다.

중서부

시카고, 디트로이트, 세인트루이스로 대표되고 있는 이 지역은 보통 곡창 지대로서 미국의 '빵 바구니'로 알려져 있다. 19세기에 일리노이 주의 시카고가 발전하게 된 것은 농산물 집하장과 축산물 가공장으로서의 역할 때문이었다. 그것은 오하이오, 위스콘신, 캔자스, 네브래스카 등지에서 생산되는 농산물을 모으고, 멀리 텍사스와 오클라호마로부터 걸어오는 소 떼를 모았다. 또한 농축산물이 전국으로 수송되어야 했기 때문에 모든 철도는 시카고를 중심으로 뻗어 나가게 되었다. 세인트루이스도 시카고와 비슷한 기능을 하였다. 여기에 덧붙여 그것은 서부로 나가는 관문으로서 시카고와 경쟁을 벌이기도 하였다.

농업지대이기 때문에 이 지역도 남부지역과 마찬가지로 19세기에는 뉴잉글랜드와 중부대서양 지역에 대해 깊은 반감을 가지고 있었다. 이 지역 주민들은 자신들의 이익이 멀리 대서양의 대도시 금융가들과 산업가들에 의해 수탈당하고 있다고 믿었다. 즉, 그들은 자신들이 대도시 엘리트가 벌이고 있는 음모의 피해자들이라고 생각하였다. 그리고 그들의 분노는 민중주의(Populism) 운동으로 나타났다. 그러나 20세기 초반에 이 지역에서도 미시간의 디트로이트를 중심으로 자동차 공업이 발달하면서 미국경제의 중심부로 등장했다. 이 지역이 이룩한 경제적 업적은 시카고에 세계에서 가장 높은 건물 씨어즈타워가 세워진 사실을 통해서도 입증되었다.

경제 발전에 따라 고등교육 기관도 발전하였다. 그리하여 록펠러 재단의 지원을 받은 시카고대학은 세계적 명성을 얻었다. 자동차 산업이 발달한 미시간 주에는 미시간대학이 세계적 대학으로 떠올랐다.

남서부 지역

라스베이거스, 피닉스, 산타페, 앨버커키로 대표되는 이 지역의 많은 부분은 사막과 건조지역으로 이루어져 있다. 그러나 그랜드캐년을 비롯하여 많은 국립공원과 인디언 보호구역과 같은 관광자원을 가지고 있다. 네바다의 라스베이거스는 오래 전부터 도박장으로 잘 알려진 곳이다. 그러나 최근에는 뉴멕시코의 산타페가 예술의 도시로 발돋움하고 있다. 산타페는 그림·조각·오페라가 있는 문화의 도시로, 그리고 노인들이 말년을 보내는 은퇴 도시로 발전하였다.

이 지역의 또 다른 특징은 히스패닉, 특히 멕시코계 인구가 급격히 늘고 있다는 것이다. 텍사스, 오클라호마, 뉴멕시코, 애리조나, 네바다, 캘리포니아 남부 내륙에서는 히스패닉계가 지방 인구의 거의 절반에 이를 정도로 늘어나 있다. 그리고 그것은 앞으로 더욱더 늘어날 전망이다. 이러한 현상은 이 지역이 멕시코와 국경을 맞대고 있기 때문이기도 하지만 원래 이 지역이 멕시코 영토였다는 사실에서 기인하는 것이기도 하다. 미국은 1849년의 멕시코와의 전쟁의 결과로 이 지역을 사들일 수 있게 되었던 것이다.

서부 지역

덴버, 솔트레이크시티, 샌프란시스코, 로스앤젤레스로 대표되는 이 지역도 많은 관광 자원을 가지고 있다. 로키산맥을 끼고 있는 주들은 산과 강으로 이루어져 벌목, 광산, 목축, 고기잡이, 캠핑, 하이킹, 보트타기와 같은 상업 활동과 여가활동으로 유명하다. 수많은 국립공원이 있는데, 그 가운데서도 와이오밍의 옐로스톤 국립공원이 가장 유명하다.

태평양 연안에는 많은 도시들이 발달해 있는데, 가장 북쪽에 있는 시애틀은 좋은 기후와 주변의 관광지 때문에 사람들이 계속 모여들고 있다. 시애틀은 문화 도시로 발전하고 있을 뿐만 아니라, 군수산업의 중심지 역할도 하고 있다. 그 주변에는 유명한 보잉 항공회사가 자리잡고 있다. 군수산업은 캘리포니아 전역에서 발달하고 있다.

샌프란시스코는 이 지역의 문화, 교육, 기술의 중심지이다. 그 근처에는 스탠포드대학과 캘리포니아대학 버클리 캠퍼스와 같은 유명한 고등교육 기관이 있다. 그리고 좌파들의 새로운 생활 방식과 새로운 사상이 처음으로 실험되는 장소이기도 하다. 1950년대의 비트 족, 1960년대의 히피족이 이곳으로 몰려들었던 것은 바로 이 도시의 새로운 문화에 대한 실험적인 풍토 때문이었다. 그러면서도 다른 한편에서는 근처의 샌호세를 중심으로 '실리콘 벨리'가 형성되어 컴퓨터를 비롯한 첨단산업이 발전하고 있다.

로스앤젤레스는 미국 제2의 도시로 경제 도시이다. 인구 구성은 아시아인과 히스패닉을 많이 포함하고 있기 때문에 흔히 인종 화합의 실험장으로 알려져 있기도 하다. 그리고 근처의 할리우드에서 발달한 영화산업은 미국적인 생활 방식을 세계로 퍼뜨리는 중요한 역할을 맡고 있다.

남쪽의 샌디에이고는 해군기지와 조선업으로 유명하다. 그러한 의미에서 미국이 태평양으로 진출하는 교두보의 역할을 하고 있다. 항구를 통해 이루어지는 무역량이 대서양보다 태평양이 더 많다는 사실을 감안할 때, 샌디에이고와 서부 지역의 중요성은 더욱더 커질 전망이다. 그것은 태평양 시대를 예고하는 징조이기도 하다.

3. 역사적 개관

식민지 시대

개척의 초기 단계에 북아메리카 대서양 연안에는 영국 왕의 통치 하에 13개의 식민지가 형성되었다. 그것들 가운데서 가장 대조적이며 중요한 식민지는 북쪽의 매사추세츠와 남쪽의 버지니아였다. 매사추세츠 식민지는 주로 종교적인 이상향, 즉 성서에 나오는 '산 위의 성'을 세우려는 청교도들에 의해 개척되었기 때문에 종교적인 성격이 강하였다. 청교도들은 영국의 국교에 반대하는 저항적인 사람들이었기 때문에 개인의 자유와 계약의 개념에 대한 신념이 강하였다. 또한 청교도들은 예정설을 믿는 칼빈주의자들이었기 때문에 자신들이 신에 의해 선택되었다는 선민의식이 강하였다. 그 때문에 퀘이커 교도와 같은 종교가 다른 사람들을 박해하고 추방하기도 하였다. 그러나 개인주의적인 성향이 강하고 교육열이 높았다. 한편 매사추세츠 식민지에서는 상업과 제조업이 발달하였다. 그 결과로 이 지역에서는 청교도 목사들을 대신하여 부유한 상인들이 사회에서 주도권을 쥐게 되었다. 왜냐하면 시간이 흐름에 따라서 종교적 정열이 식어가고 있었기 때문이다.

　이와는 대조적으로 남쪽의 버지니아 식민지는 세속적인 성향이 강하였다. 그들은 영국시민으로서 국교도(Anglican)이기는 하였지만, 신앙은 없는 사람들이었다. 그들이 영국에서 신대륙으로 건너온 것은 토지 소유에 대한 욕망 때문이었다. 따라서 그들은 될 수 있는 대로 넓은 땅을 차지하려 했기 때문에 대농장이 발달하였다. 그러한 대농장 제도는 기후와 토양의 적합성 때문에 면화 농업으로 더욱더 발전하였다. 그 결과 대지주들(planters)이 사회에서 주도권을 행사하게 되었다.

　이처럼 두 식민지가 차이가 있었음에도 불구하고 그들은 신대륙인으로서 영국인과는 다른 특성을 가지고 있었다. 즉, 그들은 모두 개인의 자유와 개인의 소유에 대한 관념이 강하였다. 즉, 그들은 나중에 자유주의와 자본주의로 부를 수 있는 가치들에 대한 공통된 신념을 가지고 있었다. 그 때문에 조지 워싱턴과 토마스 제퍼슨이 이끄는 남쪽의 버지니아 식민지는 존 애덤스가 이끄는 북쪽의 매사추세츠 식민지와 힘을 합쳐 영국에 대항해 싸울 수 있었고, 그 결과로 독립을 얻을 수 있었던 것이다.

국가건설과 국가발전의 시대

　13개의 식민지는 영국으로부터 독립하여 13개의 독립국가가 되었다. 그러나 작은 규모의 국가들은 나라 안팎으로부터 계속 위험에 부딪히게 되었다. 밖으로부터는 영국, 스페인, 인디언들의 공격 위험이 항상 있었고,

안으로부터는 불만 세력의 반란 위험이 있었다. 그러므로 13개의 국가들을 통합하여 통일국가를 건설하는 문제가 대두되게 되었다. 그러나 새로 탄생할 통일국가가 어떤 형태여야 하는가 하는 문제에 있어서는 국가들마다 의견이 달랐다. 그 가운데서도 가장 대조적인 경우가 매사추세츠 국가와 버지니아 국가의 입장이었다. 왜냐하면 두 국가는 경제적 이해관계에서 서로 대립되었기 때문이다.

매사추세츠는 상인들과 제조업자들에 의해 지배되고 있었다. 따라서 매사추세츠는 강력한 통일국가의 건설을 희망하였다. 왜냐하면 상공업자들은 적극적인 국가 지원과 강력한 해군력이 없이는 활동하기가 어려웠기 때문이다. 따라서 그들은 강력한 중앙정부 또는 연방정부의 수립을 희망하였다. 그리고 이러한 입장에 대해 뉴욕과 펜실베이니아 같은 뉴잉글랜드 지역과 중부 지역의 국가들이 호응하였다. 그 때문에 연방주의자로 불리게 되었고, 알렉산더 해밀톤(Alexander Hamilton)이 그들의 투사가 되었다. 이와는 달리 대지주들이 지배하는 버지니아는 13개의 독립국들이 그대로 남아 지방의 자유를 누릴 것을 주장하였다. 따라서 그들은 통일연방 건설에 반대하였기 때문에 반연방주의자로 불리게 되었다. 그들의 투사는 토마스 제퍼슨(Thomas Jefferson)이었다.

그러나 결국 13개의 작은 나라들은 국제사회에서 생존해 가기 위해서는 통일정부의 수립이 필요하다는 데 합의하였다. 그에 따라 서로 다른 이해관계에 있어서 약간씩 양보하여 통일국가를 만든다는 타협의 정신을 받아들이게 되었다. 그 결과로, 예를 들면, 버지니아를 비롯해 노예제 노동을 필요로 하는 남부의 농업지역은 시민권이 없는 흑인 인구의 3분의 2에 해당하는 수만큼 유권자 수를 인정받음으로써 하원 의원 선출에 있어서 북부로부터 양보를 받아냈다. 그리고 작은 주들은 큰 주들과 꼭 같이 2명씩의 상원 의원 자리를 얻어내는 혜택을 누렸다.

이렇게 해서 1789년에 조지 워싱턴을 초대 대통령으로 하는 아메리카 합중국이 탄생하였다. 그것은 당시로서는 왕과 귀족이 없는 최초의 공화국(republic)이었다. 그리고 이 신생공화국의 성격은 재무장관인 알렉산더 해밀톤에 의해 형성되어 갔다. 왜냐하면 그는 상업과 제조업의 육성만이 신생 공화국을 경제적으로 지탱시킬 것이라고 믿고 북부의 상공업 계급에게 유리한 중상주의 정책을 시행했기 때문이다. 이것은 제퍼슨을 앞세운 남부 지역의 지주들을 분노케 하였다. 그 때문에 신생 공화국은 초창기부터 지역적 대립을 드러내기 시작하였다.

이러한 갈등 속에서도 미국은 국내외적으로 팽창하였다. 영국의 영향을 받아 뉴잉글랜드 지역을 중심으로 산업혁명이 일어나고 있었다. 1812년의 '루이지애나 매입'으로 불리는 거래를 통해 미시시피 서쪽의 넓은 땅을 프랑스로부터 사들임으로써 영토를 크게 확장하였다. 그리고 그와 같은 넓은 영토를 연결하기 위해 운하와 철도가 놓여졌다. 운하 시대는 1825년에 허드슨 강을 매개로 뉴욕과 오대호 지방을 연결하는 이리 운하가 건설되면서 시작되었다. 그리고 철도 시대는 1869년에 대륙횡단 철도가 완공을 보면서 본격적으로 시작되었다.

남북전쟁과 산업발전

산업혁명의 진행은 지역적 갈등을 더욱더 부채질하였다. 여전히 농업지대로 남아 있던 남부 지역은 경제발전이 이루어지지 않아 불리한 위치에 놓이게 되었다. 따라서 남부 지역은 연방으로부터 탈퇴하려고 하였다. 결국 그것은 1861년부터 4년간의 치열한 전쟁, 즉 남북전쟁으로 비화되었고, 그 결과로 농업지대인 남부가 패배하게 되었다. 남부의 패배는 대지주 세력의 정치적 쇠퇴를 가져왔다. 그것은 대륙횡단 철도 부지가 북부가 주장해 오던 북부선, 즉 시카고와 샌프란시스코를 연결하는 선으로 결정된 사실에서 잘 나타났다. 또한 남부의 패배는 산업가들의 우세를 가져왔다. 산업가들은 정부로부터도 지원을 얻었는데, 그 대표적인 경우가 대법원이 헌법수정 조항 제14조를 산업가들에게 유리하게 해석함으로써 그들의 자유로운 기업활동을 정부가 간섭하지 못하도록 판결한 사실이었다.

남북전쟁 이후의 친기업적인 풍토 속에서 미국을 크게 변화시킨 위대한 기업가들이 출현하였다. 그들 가운데는 철도왕 에버릴 해리먼, 강철왕 앤드루 카네기, 석유왕 존 디 록펠러, 금융왕 제이 피 모건이 있었다. 그리고 그와 같은 새로운 엘리트의 출현은 국민 사이에 근로윤리를 확산시켰다. 왜냐하면 낮은 신분의 사람일지라도 근면·정직·도덕성·창의력만 있으면 상류층에 들어갈 수 있다는 성공신화, 즉 호레이쇼 앨저 신화(the Horatio Alger myth)를 일반 대중이 믿게 되었기 때문이다. 이러한 사회적 풍토는 미국사회를 역동적으로 만듦으로써 무서운 속도로 발전시키게 되었다. 그것은 이미 1900년에 미국의 철도 길이가 다른 모든 국가들을 능가한 사실에서 잘 나타났다.

그러나 산업화와 그에 따른 도시화는 부작용도 가져왔다. 그것은 새로운 불만세력인 거대한 노동계급을 출현시켰다. 그리고 도시의 노동조합은 산업가에게 조직적으로 맞섰기 때문에 1894년의 풀만 침대차 파업과 같은 사회혼란이 일어나기도 하였다. 중서부와 남부의 농민들은 불리해진 경제적 상황을 뒤집기 위해 민중주의 운동을 벌였다. 도시의 중산계급과 지식인들은 산업가와 금융가의 독점 행위에 대해 혁신주의 운동을 벌였다.

그러나 이들 저항 운동은 새로운 지배층으로 나타난 산업가-금융가 계급의 힘을 제대로 견제하지 못하였다. 산업주의(industrialism)와 자본주의의 대세에는 어느 세력도 대항할 만한 힘을 갖지 못했던 것이다.

좌-우 대결 체제로의 발전

기업가가 우세해진 미국사회에는 활력과 번영이 찾아왔다. 그리하여 1920년대의 미국은 그때까지 역사에서 나타난 국가들 가운데서 가장 부유하였다. 개인이 각자 자기의 방식대로 창의력을 발휘하도록 자유방임(laissez-faire)의 상태에 놓아두면 사회에는 저절로 진보가 찾아올 것이라는 생각이 휩쓸었다. 그것은 허버트 후버(Herbert Hoover) 대통령에 의해 '미국의 개인주의(American Individualism)'라는 이름으로 체계화되었다. 그러나 이와 같은 자유방임주의의 낙관적인 태도는 1929년에 대공황이 일어나면서 크게 흔들리게 되었다. 왜냐하면 그 사건을 계기로 하여 미국경제는 운행을 멈추었고, 그 결과로 실업자가 쏟아져 나왔기 때문이다. 그에 따라 절망감이 사회를 휩쓸었다.

그 때문에 미국도 1930년대의 시대적 풍조에 맞추어 사회주의적인 요소를 부분적으로나마 받아들이게 되었다. 그것은 '뉴딜정책'이라는 이름으로 사회주의의 공동체주의와 정부개입주의의 요소를 도입하였다. 그것은 개인의 발전이 사회의 발전을 자동적으로 가져온다는 개인주의 철학을 부정하고, 정부가 부의 재분배와 일자리 창출을 위해 개인들의 생활에 적극적으로 개입해야 한다는 주장이었다. 그에 따라 프랭클린 루즈벨트(Franklin Roosevelt) 행정부는 테네시 계곡 개발공사와 같은 정부기구를 통해 정부 돈을 투자하여 일자리를 창출하였다. 그리고 부자에게 많은 세금을 물리는 방향으로 세법을 개정하고, 농민에게 보조금을 주었다. 그리고 노동자들의 단체교섭권을 인정하는 동시에 노사관계에 있어서 노동조합의 편을 들어 주었다. 그리고 그들은 그러한 정책을 뉴딜 진보주의(New Deal liberalism)라고 불렀다. 이러한 정부개입주의 정책은 미국의 기업가들과 전통적인 정치인들로부터 사회주의적인, 따라서 비미국적인 것이라고 비난을 받았다. 그들은 자유방임주의만이 미국적인 가치이며, 궁극적으로는 번영과 진보를 가져올 것이라고 맞섰다. 그 결과 미국사회는 민주당을 중심으로 한 진보파와 공화당을 중심으로 한 보수파로 갈라지기 시작하였다. 좌-우 대결의 싹이 돋아난 것이다.

대결은 시간이 흐르면서 더욱더 두드러져 갔다. 뉴딜 진보주의의 이념은 1960년대의 케네디와 존슨이 이끄는 민주당 행정부에 의해 더욱더 추진되었다. 그에 따라 적극적인 정부개입으로 빈민의 곤경이 완화되고 흑인의 민권이 신장되었다. 같은 시기에 진보파는 신좌파(the New Left)의 출현으로 그 세력을 더욱더 강화하게 되었다. 1960년대의 신좌파는 미국의 기성체제, 즉 개인주의적인 생활방식에 토대를 두고 있는 자유주의적-

자본주의적인 체제를 무너뜨리고 그 자리에 마르크스주의 체제를 비롯한 새로운 공동체주의적인 사회를 건설하려는 급진파였다. 그들은 그러한 정치혁명에는 실패하였다. 그렇지만, 그들은 미국인들의 생활방식을 바꾸는 문화혁명(Cultural Revolution)에는 성공하였다. 즉, 그들은 기성체제의 억압으로부터 '인간의 총체적 해방'을 이루어내기 위해 기성의 모든 권위를 부정하고 그 수단으로 기성세대가 허용하지 않는 성의 해방, 마약, 록 음악을 내세웠다. 이러한 '히피적'인 생활은 청년들에게 빠른 속도로 파고들었고, 그에 따라 미국인들의 생활은 크게 바뀌게 되었다. 그리하여 미국인들 가운데는 청교도적인 도덕성을 부정하는 세속주의의 풍조가 강해졌다. 그리고 제3세계의 민족주의 운동과 마르크스주의 운동에 맞서는 미국정부를 공격하였다.

4. 미국인의 역사적 위치

미국역사를 보는 시각

미국 역사를 보는 태도는 크게 진보-좌파적(the liberal-left) 입장과 보수-우파적(the conservative-right) 입장의 두 가지로 구분될 수 있다. 그러나 그 안에 들어가면 구분이 그렇게 간단하지 않다는 사실을 알게 된다. 그럼에도 불구하고 몇 가지 세부적 내용을 소개하고자 한다.

미국 최초의 역사관은 청교적인 것이라고 말할 수 있다. 1629년에 청교도들이 무리를 지어 아메리카 대륙으로 이민을 온 것은 종교적으로 영국 땅이 희망이 없다고 보았기 때문이다. 아득한 옛날에 여호와 신은 자신의 의지를 지구 위에서 실현하기 위해 유태인들과 성약을 맺었다. 그러나 유태인들은 그 약속을 어겼기 때문에 신은 새로운 계약 상대를 찾게 되었고, 영국의 청교도들은 바로 영국인들이 그 대상이 된다고 생각하였다. 그러나 영국 국교(성공회)와 영국 정부가 부패하여 그 기능을 수행하지 못하기 때문에 청교도들은 아메리카로 건너와 신의 뜻에 맞는 사회를 건설하려

하였다. 신과 역사는 그들의 편이라고 생각하였다. 따라서 청교도들에게
아메리카 땅은 신이 바라는 '산 위의 성'이며 따라서 독특한 것이었고 그
들은 사명감을 가졌다. 그들의 생각은 윌리엄 브래드포드와 코튼 매더와
같은 종교 지도자들에게서 잘 나타나 있다. 그리고 이것은 청교도신앙(
Puritanism)의 역사관으로 불리게 되었다.

이러한 아메리카에 대한 종교적인 찬양은 연방국가가 건설된 이후에도
계속되어 애국주의적, 또는 국민주의(Nationalism)의 역사관으로 발전하였
다. 조지 뱅크로프트는 미국은 신이 정해 놓은 목표, 따라서 인류가 모두
가야 하는 보편적인 역사의 목표에 가장 가까이 도달한 유일한 국민이라
고 주장하였다. 그것은 자유, 정의, 인간다움이 실현된 민주주주의의 목표
였다. 따라서 미국 국민은 그것을 토대로 국민적 합의를 이룰 수 있었다.
그러나 미국 민주주의의 뿌리에 대한 해석을 놓고 지역적인 갈등이 드러
났다. 미시시피 강 주변에 살고 있던 중서부 지역 사람들은 그 뿌리가 광
대한 서부의 땅, 프론티어에 있다고 주장했기 때문이다. 이것은 동부에 대
한 서부의, 도시에 대한 농촌의 반란을 표현한 것이었다. 그리고 그것은
미국 역사에서 지역적 갈등과 집단적 갈등의 요소가 있음을 드러낸 최초
의 경우였다. 그것은 프레데릭 잭슨 터너에 의해 가장 먼저 뚜렷이 표명되
었고, 그러한 역사관은 흔히 혁신주의(Progressivism)의 역사관으로 불리게
되었다. 그러한 갈등의 개념은 산업가 대 농민의 대결을 넘어 소수 엘리트
대 다수 민중의 대결이라는 개념으로 확대되면서 진보주의(Liberalism)의
역사학으로 불리게 되었다. 그 민중은 농민뿐만 아니라 노동자, 흑인과 같
은 다양한 약자 세력들을 포함하게 되었다. 그리고 그와 같은 역사관은
뉴딜정책과 민주당의 진보주의 정책과 일치하게 되었다. 그들은 과거와
현재의 미국은 갖지 못한 자에 대한 가진 자의 억압으로 점철된 사회였다
는 어두운 상을 갖게 되었다.

그러나 제2차 세계대전을 겪으면서 미국인들은 그들의 체제를 재평가
하게 되었다. 가혹한 나찌 체제와 소비에트 체제와 비교해 볼 때 미국적

체제는 너무나 좋아 보였기 때문이다. 그러므로 혁신주의-진보주의자들의 미국 묘사는 갈등의 요소를 지나치게 과장한 것 같이 보였다. 그들의 눈에는 갈등의 요소보다 오히려 합의의 요소가 더 많은 듯이 보였다. 왜냐하면 미국은 봉건제도가 없는 자유로운 사회로부터 출발했기 때문에 자유민주주의의 가치들에 대해서만은 미국인들의 의견이 일치했기 때문이다. 그리고 미국인들이 자유롭고 관대하게 된 것은 풍요한 토지 때문인 것 같았다. 그래서 이들은 국민적 합의, 애국심을 강조했고, 그 때문에 흔히 합의(Consensus)의 역사학으로 불리게 되었다.

그러나 1960년대 신좌파의 등장 이후 다시 미국 역사를 갈등의 관점에서 보는 경향이 강해졌다. 이들 신좌파 역사가들은 근본적으로 혁신주의-진보주의 역사가들의 입장과 같았지만, 민중에 더 많은 새로운 요소들이 포함되었다. 민중에는 여성, 동성애자, 히스패닉과 같은 새로운 약자들이 포함되었다. 이러한 신좌파주의(New Leftism)의 역사학은 포스트모니즘(Postmodernism)의 역사학으로 발전하였다. 그것은 지금의 미국 문명이 백인 남성 위주로 형성되어 왔기 때문에 다양한 사회 세력들의 입장에서 공정히 보기 위해서는 기존의 사고 체계를 완전히 허물어뜨리는 해체작업이 필요하다는 것이다. 이것은 누구의 주장이든지 모두 일리가 있다는 역사적 상대주의로 다시 돌아가는 것이었다.

현대판 로마 제국으로의 발돋움

조지 워싱턴은 대통령 자리를 물러나는 '고별 연설' 중에서 미국이 외국과의 분쟁에 휩쓸리는 것을 경고하였다. 국제사회에는 영원한 친구도 영원한 적도 없기 때문에 결코 외국과 동맹관계를 맺지 말도록 당부하였다. 그리고 이와 같은 고립주의의 경고는 19세기 말에 이르기까지는 대체로 지켜졌다. 왜냐하면 미국은 그때까지는 국내 개발에 몰두해 있었기 때문이다. 그러나 미국은 내부적으로 더 이상 팽창할 수 없게 되면서부터는 눈을 해외로 돌리기 시작하였고, 그 계기는 1898년 스페인과의 전쟁을 통해 찾아왔다. 미국은 스페인으로부터 하와이와 필리핀을 빼앗으면서 유럽의 강대국들처럼 제국주의의 열강에 끼게 되었다. 그리고 제1차 세계대전에는 세계의 민주주의를 지킨다는 명분으로 참전하였다. 그에 따라 미국의 대외관에는 국제주의가 우세해지게 되었다.

국제주의는 다시 미국이 제2차 세계대전에 참전하면서 미국인들의 사고방식에 굳게 자리잡게 되었다. 이제 미국은 세계 문제에 대해 남의 문제로 방관할 수 없게 되었다. 다른 한편에서 그것은 미국이 세계에서 패권을 잡아가는 '미국의 세기(the American Century)'의 출범이기도 하였다. 미국의 국제주의는 소련과 냉전을 치르는 과정에서 세계주의(Globalism)로 발전해 나갔다. 세계 도처로 뻗어나가는 소련 공산주의의 힘에 대항하기 위해서는 세계 도처에 개입하는 도리밖에 없었다. 그것은 그리스 내전에 대한 개입으로부터 시작하여 한국전쟁과 베트남전쟁을 거쳐 소말리아 내전에 대한 개입으로 이어졌다.

소련이 붕괴되고 공산주의가 약화된 다음에도 미국의 개입은 중단되지 않았다. 그것은 국제 테러와의 대결이라는 새로운 개입의 단계로 들어갔다. 그리하여 1991년에 이라크가 쿠웨이트를 침공하여 합병하자, 미국은 국제연합 국가들과 연대하여 무력으로 침략군을 몰아냈다. 그리고 2001년에 9.11 테러로 뉴욕의 세계무역센터가 폭파되는 사건을 계기로 미국은 국제 테러의 온상인 아프가니스탄을 공격하고, 2003년 5월에는 이라크를 다시 침공하여 후세인 정권을 무너뜨렸다. 이것은 이슬람 국가들과 '문명 충돌'을 일으켰다. 봉건적, 전근대적인 생활방식을 가지고 있는 이슬람 국가들은 미국의 개입이 자기네 고유한 문명을 파괴하고 있다고 두려워하게 되었다. 그들은 미국의 자유주의적이고 세속주의적인 생활방식이 자신들의 집단주의적이고 종교적인 생활방식을 무너뜨리고 있다고 분개하였다. 그러한 반발은 정도의 차이가 있기는 하지만, 세계 도처에서 일어났다. 그러나 이와 같은 대립관계는 팽창과 그것에 대한 반발의 관점만으로는 설명이 되지 않는다. 그것은 역사에서 항상 나타나는 '세계'의 개념과 그 속에 포함되는 중심부와 주변부의 개념으로 설명될 수 있는 것이다.

　고대 로마 제국의 영향력이 미치고 있던 지중해 '세계'에서는 로마가 그 중심부이고 나머지 지역들이 주변부를 형성하였다. 그러한 세계에서 중심부의 문화인 로마인의 생활방식이 주변부로 흘러 나갔다. 그에 따라 반발이 있었을 것은 너무나 당연하였다. 그러나 결국은 중심부의 생활방식을 상당 부분 받아들이지 않을 수 없게 되었던 것이다. 오늘날 '세계'는 대체로 지구 전체를 의미하게 되었다. 그러한 지구적인 세계는 중심부를 요구하게 되고, 그 역할을 미국이 맡아가는 과정에 있다고 볼 수 있는 것이다. 이것이 오늘날 미국 문명이 역사 속에서 차지하고 있는 위치인 것이다.

리오 휴버만, 박정원 역, 『가자, 아메리카로!』, 비봉출판사, 2001.
미국공보원, 『미국: 그 지리와 발전』.
미국해외홍보처, 『미국역사개관』.
시무라 마사오, 이경애·황순애 역, 『미국문화지도』, 한나래, 1995.
앨런 브링클리, 황혜성 외 5인 역, 『미국인의 역사』 1·2·3권, 비봉출판사, 1998.
이주영, 『미국사』, 대한교과서주식회사, 2002.
일본JTB출판사업국, 『미국서해안: 2002~2003』, 한길사, 2002.
최웅, 김봉중, 『미국의 역사』, 소나무, 1997.
칼 데글러, 이보형 외 2인 역, 『현대미국의 성립』, 일조각, 1978.
케네스 데이비스, 이희재 역, 『세계지리』, 고려원미디어, 1994.
평화출판사 편집부, 『미국서해안』, 평화출판사, 1994.
한국일보 타임-라이프, 『미국』, 1992.
http://usembassy.state.go/seoul.

2부 지적 전통과 정신

United States of America

미국의 지적 전통과 위기

이형대

　미국의 지적 전통은 무엇인가? 미국민들의 다양한 민족 및 인종적 기원을 고려할 때 이 문제에 대한 대답은 그리 쉽지가 않을 것이다. 특히 최근 소위 포스트모던(postmodern) 사상가들이 가치와 도덕의 대표성에 의문을 제기하며 미국의 지적 전통 전체를 거부·공격할 때 그 대답은 더욱 어려워진다. 어떤 의미에서 최근에 등장한 지적 극단주의자들은 전통의 기반은 물론 전통 그 자체를 공격한다. 이러한 상황에서 미국민들은 정체성의 심각한 위기에 처하게 되었을 뿐만 아니라 지적 전통 속에서 행해져 왔던 모든 학문의 근거가 뒤흔들리면서 지적 위기라는 거대한 도전에 직면해 있다.

　이 글의 목적은 미국의 지적 전통의 본질과 이상을 먼저 밝히고, 어떻게 그러한 지적 전통이 형성·발전하였는지를 고찰하고, 그리고 최근의 극단적 지식인들의 도전으로 인해 나타난 지적 전통의 위기를 이해하고자 하는 것이다. 지적 전통이라는 것은 역사의 긴 과정을 통해 매 시대 지식인들이 보여주었던 사상과 정신 그리고 태도를 통해 수립되는 하나의 지적 유산이다. 미국의 지적 전통은 미국사의 시작과 함께 형성되었으며 매 시대 미국사회가 전체적으로 하나의 전환기를 맞이했을 때 분명하게 나타났고, 더욱 발전하였다. 다시 말해 전통적인 주류의 미국 지식인들은 모든 시대마다 역사의 도전들에 부딪쳤지만 그때마다 그들은 미국의 토양 위에서 발전해 온 전통적인 가치들과 방법들을 고수함으로써 그러한 도전들을 극복해 왔다. 이것은 마치 하나의 씨앗이 자연의 도전들을 자연 속에서의 에너지를 통하여 극복하는 것과 같은 것이다. 그리하여 그들은 특징적인 미국의 지적 전통을 수립하였다.

미국의 지적 흐름 전체를 통하여, 조나단 에드워즈(Jonathan Edwards), 랠프 웰도 에머슨(Ralph Waldo Emerson), 윌리엄 제임스(William James), 윌리엄 그래험 섬너(William Graham Sumner), 존 듀이(John Dewey), 월터 립프만(Walter Lippmann), 라인홀드 니버(Reinhold Niebuhr) 그리고 아더 슐레징거 2세(Arthur Schulesinger, Jr.) 등과 같은 미국 지식인들에 의해 만들어진 하나의 강력한 지적 전통은 과거에는 물론 지금도 미국 지성사의 강을 통해 여전히 흐르고 있다. 그 전통 중 한 가지 중요한 예를 든다면 매 시대 미국 지식인들은 기존의 지배적 가치들과 경향들에 반대하여 반항하는 경향이 있었지만 그들은 전통적으로 내려오는 방식과 수단 그리고 이론적 근거에 대한 존경을 포기하지 않았다는 사실이다.

그러나 최근 포스트모던 사상가들을 비롯하여 다문화주의자(multi-culturalist)들과 같은 지적 극단주의자들은 자신들의 주장과 자신들만의 연대를 위하여 미국의 사회가 사회적·역사적 진공상태로부터 다시 출발해야 한다고 촉구하면서 미국의 지적 전통으로부터 벗어날 것을 주장한다. 이러한 주장을 위해 그들은 미국의 지적 전통의 본질적인 요소들을 철저하게 공격·해체하고자 한다. 필자는 이러한 미국의 지적 전통의 위기는 결코 바람직한 것이 아니라고 보지만, 미국 지식인들도 또한 이 위기를 초래한 여러 지적 도전들을 단순히 거부할 것이 아니라 이러한 현상이 왜 그리고 어디에서 생겨났는지를 깊게 생각하면서 이 위기를 자신들의 지적 전통에 대한 깊은 반성의 기회로 삼아야 할 것이라고 생각한다.

1. 미국의 지적 전통의 본질과 이상

미국의 지적 전통은 두 가지의 중요한 요소들을 내포하고 있다. 그 하나는 종교적 기반에서 비롯된 정신적 요소이며 다른 하나는 개척과 정착의 과정을 통해 형성된 사회적 요소다. 이러한 두 요소들은 바로 미국 지성사학의 선구자들이었던 패리 밀러(Perry Miller)와 머얼 커티(Merle Curti)에 의해 가장 잘 제시되었다. 즉, 밀러가 『뉴잉글랜드 정신』에서 '정신의 역사'라는 독특한 새로운 학문분야를 수립하면서 미국의 정신은 바로 저 뉴잉글랜드의 종교적 정신으로부터 출발했음을 강조[1]한 반면, 커티는 『미국사상의 성장』에서 미국사상이란 미국사회 속에서 성장했음을 강조하였다.[2]

미국의 지적 전통 속에 깊이 뿌리박혀 있는 이 두 요소들은 간단하게 이해될 수 없다. 이 두 요소들은 그 자체로서 많은 함축적인 의미들을 가지고 있을 뿐만 아니라, 미국사의 진행 과정에서 함께 결합하여 작용하면서 미국의 고유한 지적 전통을 형성했기 때문이다. 패리 밀러는 먼저 미국의 종교적 정신에서 미국의 정신과 미국의 의미를 찾고자 했다. 미국정신의 '정통'은 바로 청교도(puritan) 정신에서 출발하며 그 청교도들이 추구했던 목적 속에 미국의 의미가 있다는 것이다.[3] 밀러가 지적한 바처럼, 미국의 지적 전통에서 정신적 요소를 확고하게 수립하는 데 기여했던 것은 바로 프로테스탄트의 한 종파였던 영국청교도들의 정신세계였다. 그리고 그들은 영국에서 출발하여 오늘날 뉴잉글랜드에 정착한 것이다. 그러나 밀러의 '뉴잉글랜드 정신'에 관한 연구는 지나치게 역사의 '정신적 요소'만을 강조함으로써 미국의 지적 전통이 단지 청교도 정신에만 국한되어 단순하게 작용하여 왔던 것처럼 보이도록 하였다. 그러므로 밀러의 '정신사'는 경제적·사회적 요인들을 무시하였다는 점에서 비판받아 왔다. 정말로 미국의 정신은 밀러가 서술했던 정신세계보다는 훨씬 더 역동적이고 복잡하였다. 미국의 정신이 비록 영국에 기반을 둔 신학적 세계관으로부터 출발하였다 할지라고 그것은 결코 정적이거나 영국적인 것으로 남아 있지 않았다. 그것은 미국사의 진행과 함께 곧 역동적으로 미국대륙의 환경적 요인들과 결합하기 시작하였고 새로운 미국정신으로 바뀌었다.

패리 밀러가 서술했던 미국의 '정신사'와는 달리 머얼 커티에게 미국사상은 정체적인 것이 아니라 끊임없이 성장하고 누적·발전하는 어떤 것이었다. 그는 어떻게 미국사상이 환경과의 상호작용을 통해 성장하고 발전하여 민주적 평등을 실현했는가에 초점을 맞추었다. 따라서 커티는 미국 지성사에서 이 사상의 기능을 강조하였다. 그는 미국의 지성사란 사상의 '사회사'가 되어야만 한다고 주장하였다. 그에게 이 '사회사'가 의미하는 바는 사회 내에서 사상이 대중화되고 보편화되어 민주화된다는 것이었다. 그는 또한 사상의 진정한 사회사가 이룩될 때 미국사회의 분열과 갈등은 하나로 통합될 것이라고 믿었다.4)

확실히 미국의 사상은 패리 밀러가 생각했던 것보다는 훨씬 더 역동적이다. 머얼 커티는 사상은 사회 속에서 성장하고 성장해야만 한다고 믿었다. 말하자면 사상은 개인들이 사회적 환경 속에서의 어려움들을 대처하는 과정 속에 모두가 참여할 때만이 바람직한 방향 속에서 성장한다는 것이다. 이러한 이유 때문에 사회사상은 인간적이고, 진보적이며, 실용적이며, 역동적이며, 창조적이고, 민주적인 것이며, 그리고 진정한 사회사상이란 이러한 요소들을 얼마만큼 가지고 있느냐에 달려 있는 것이다.

미국의 지적 전통은 미국 지식인들이 사회적 책임을 갖고 미국사회 속에서 무엇인가를 추구했을 때 형성되었다. 미국의 지식인들은 적어도 사상적으로는 커티가 말하는 진정한 사회사상의 요소들을 추구하고자 노력해 왔으며, 그 과정 속에서 미국의 지적 전통을 수립하였다. 또한 그들은 비록 사회사상이 자연 및 사회적 환경 속에서 시작한다 할지라도 그것은 정신과 마음의 산물로서 성장한다는 것을 믿었다.

미국의 사상은 이러한 두 가지 요소들을 바탕으로 성장·발전하는데, 그 과정에서 미국 지식인들은 커티가 지적했던 바처럼 매 시대 두 개의 분명한 이상들을 가지고 있었다. 그 하나는 내셔널리즘의 이상이고 다른 하나는 민주주의라는 이상이다. 이 두 가지 이상은 미국의 지적 전통을 형성했던 정신적 목표이자 방향이 되어 왔다. "미국지성사는 대체로 내셔널리즘과 민주주의라는 두 가지 이상들에 대한 지속적인 비판, 수정 그리고 재정립에 의해 이해될 수 있다"고 커티는 주장하였다.5)

　이러한 내셔널리즘과 민주주의의 이상은 반드시 미국적 환경과 상황에서 이해해야만 하는데, 그럴 때만이 미국 지식인들의 진정한 의도를 파악할 수가 있다. 예를 들어 어떻게 미국이 하나의 국민의식을 가진 하나의 국가가 되었는가의 문제를 보자. 이 미국의 내셔널리즘 문제는 정말로 간단한 문제가 아니었다. 미국의 시작은 아무것도 없는 황야에서 출발하였다. 비록 영국인들이 주축이 되어 이 황야로 영국의 기술과 문물 그리고 사상을 가지고 왔다고 하지만 그들은 텅 빈 상태에서 출발해야만 했다. 더욱이 영국인들이 가장 먼저 버지니아와 매사추세츠 지방에 정착하면서 미국을 형성하기 시작했지만 끊임없이 많은 사람들이 유럽의 여러 지방으로부터 몰려들면서 미국의 발전에 합류하였다. 물론 이들의 언어, 종교, 문화 그리고 종족과 인종은 모두 달랐다. 그러므로 중앙정부도 없고 공통된 과거도 없으며 공통된 전통과 문화적 배경도 가지지 않았던 정착민들이 하나의 미국민이라는 의식으로 하나의 국가를 건설한다는 것은 지극히 어려운 일이었다. 1607년 최초로 영국인들은 미대륙에 영구적인 정착을 시도했고, 그 후 대략 170여 년 동안 본국의 식민지배 하에서 살다가 1776년에 마침내 독립을 선언하게 되는데 이처럼 미국의 성립은 다른 나라들과 비교해 볼 때 아주 짧은 기간 동안 하나의 국가를 형성하였지만 그것은 결코 쉬운 과정이 아니었다. 또한 그 이후 역사가 진행됐을 때 매 시대마다 진정한 미국이라는 것이 무엇이며 또한 진정한 미국인이 된다는 것이 무엇을 의미하는지의 문제는 정말로 미국 지식인들이 풀어야만 했던 어려운 과제였다.

　커티는 이러한 내셔널리즘이라는 문제와 더불어 민주주의라는 이상이 미국의 지적 전통의 형성에 중요한 역할을 했다고 강조한다. 민주주의라는 이상은 단순하게는 어떻게 미국사회가 민주화되어 왔는가를 추구하는 것이지만, 이 문제 또한 간단히 규정될 수 있는 성질의 것이 아니다. 커티는 민주화를 "모든 개인이 완전하게 성장하여 권한을 갖는" 상태라고 지적하였다.[6] 여기서 '개인'이라는 개념은 기독교적 의미에서 이해될 때만이 그 완전한 의미에 도달할 수 있다. 즉, 캘빈주의 사상의 핵심은 하나님은 전지전능하고 인간은 완전히 타락하여 어떤 능력도 가지고 있지 않다는 것인데, 그러므로 인간의 구원은 오직 하나님의 은총을 통해서만 가능하다는 것이다. 따라서 무엇보다도 개인과 하나님과의 직접적인 관계가 강조되면서 개인의 의미와 중요성은 사회와 국가 그리고 모든 사상과 제도의 중심에 놓이게 되었다. 개인의 자기실현은 생의 목적이자 사회의 목표가 되었다. 다른 말로 하여 개인은 자신이 하나님으로부터 받은 모든 재능을 충분히 발휘하여 사회 속에서 실현시켰을 때 바로 하나님의 뜻에 맞게 사는 것이고, 사회는 이러한 개인들이 자기실현을 할 수 있는 토양을 마련해 주는 것이 최대의 목표였다.

이러한 미국적 개인주의의 한 특징이라고 할 수 있는 개인의 자기실현은 종교사상으로부터 출발하였지만 또한 프론티어 개척이라는 긴 과정 속에서 개인의 '자립'이라는 중요한 특징도 함께 형성되었다. 즉, 커티가 지적하였던 "모든 개인이 완전하게 성장하여 권한을 갖는" 상태라는 것은 모든 개인이 완전하게 자기를 실현하고 그 결과 모든 개인이 사회 속에서 정당한 자기의 몫을 갖는, 즉 개인의 자립이 충분히 실현되는 것을 말한다. 이것이 커티가 제시하는 민주주의의 의미다. 그렇다면 이러한 민주주의는 어떻게 실현될 수 있을 것인가? 지성사의 관점에서 볼 때 미국민주주의는 지식인들의 사고와 보통사람들의 사고 사이에 어떠한 차이도 없을 때 성취되어질 수 있다고 커티는 믿었다. 그리하여 커티는 보통사람들 사이에서 지식이 대중화되고 분산되는 길은 민주화의 과정을 통해서 가능하다고 보았다. 따라서 커티는 지식과 사상의 누적과 이것의 보급에 초점을 맞추면서 학교, 대학, 도서관, 출판, 연구소, 재단 그리고 연구센터들과 같은 제도들의 성장은 미국사회사상의 성장에 중요한 조건이었다고 주장하였다.

미국사상사를 통하여 내셔널리즘과 민주주의의 발전을 추적하면서 커티는 이 두 가지 이상들이 함께 성장하여 왔다는 것을 발견하였다. 특징적으로 이러한 두 이상들은 밀접하게 연관이 있었다. 즉, 커티가 말하는 민주주의의 이상은 완성된 내셔널리즘이라는 토양 위에서 성장할 수 있고 또한 진정한 미국이라는 국가는 단지 커티가 민주주의에 대한 신념이라고 의미했던 가치 위에 건설될 수 있었다. 미국사상의 성장과정에서 미국민의 국민적 목적과 목표는 매 시대마다 다르게 나타났었다. 따라서 각 세대마다 지식인들이 추구했던 경향들은 독특하고 다양했지만, 대체로 미국의 내셔널리즘과 민주주의의 완성이라는 하나의 방향에서 수렴되었다.

2. 미국의 지적 전통의 형성과 발전

미국은 1607년, 1620년 그리고 1629년에 각각 영국인들이 오늘날의 버지니아 주와 매사추세츠 주에 영구 정착함으로써 건설되는데, 그들의 정신과 가치체계 그리고 생활방식은 모두 영국적인 것이었다. 또한 좀더 넓게 본다면 그들의 모든 가치관과 세계관은 바로 유럽세계의 여러 정신적 요소들과도 깊은 관련을 갖고 있었다. 즉, 초기 미국인들의 정신세계는 르네상스, 종교개혁 그리고 초기 자본주의와 모두 관련을 갖고 있었다.

미국의 지적 전통은 유럽의 정신적 유산을 아메리카 대륙에 적응시키면서 형성되기 시작하였다. 기독교 정신은 초기 미국인들의 지적 생활을 지배하였다. 이들은 우주, 사회, 인간본성 그리고 미적 가치를 기독교적 믿음을 통해 이해하였다. 커티는 "기독교적 전통은 미국의 지적 발전의 중요한 초석이었다"고 지적하였다.[7] 성직자들은 당시의 지도적인 지적 대표자들이었다.[8]

무엇보다도 영국의 청교주의에 비해 미국의 청교주의에서 강조된 국민적 언약(national covenant)사상은 새로운 사회를 형성함에 있어서 개인들과 집단들을 하나로 통합하는 데 필요로 했던 이데올로기였다. 즉, 영국을 떠나 미국의 신대륙에 정착했던 청교도들은 자신들이 이룩할 새로운 사회는 성서에 하나님이 이미 드러냈던 일종의 성스러운 약속을 받아들임으로써 구현할 수 있다고 믿었다.[9] 청교도 사상은 결코 정체적인 것이 아니었다. 청교주의는 새로운 사회의 형성과 발전에 중요한 기여를 하였고, 그 과정에서 더욱 역동적이고 실제적인 사상이 되었다.

　그러나 청교도들은 정착 후 당분간은 밀러가 뉴잉글랜드의 종교적 정신세계를 강조한 것처럼 영국에서보다도 더욱 엄격하게 종교적 가치를 강조했음이 분명하다. 그 이유는 아마도 그들이 텅 빈 황야에서 새로운 사회를 건설하기 위해서는 반드시 그 어떤 사회보다도 질서와 규율이 필요했을 것이기 때문이다. 그러한 의미에서 당시의 철저한 종교적 신앙의 강조를 비롯하여 성직자들의 사회지배는 이해할 수 있는 것이다. 이러한 성직자들은 뉴잉글랜드를 비롯하여 도처에서 사회의 지배적인 위치를 차지하면서 권위주의적인 신조와 태도를 드러냈다.

　그리하여 곧 형식과 법을 강조하는 매사추세츠의 청교도 사회에 반발하여 종교적 급진주의자들이 등장하였다. 그들은 오로지 성서의 권위와 개인의 직접적인 하나님과의 관계를 강조하면서 식민지 사회의 기존 질서와 권위주의적 제도와 권력에 도전하기 시작하였다. 앤 허친슨(Anne Hutchinson)과 로저 윌리엄스(Roger Williams)가 그 대표자들이었다. 이들은 사회에 구속받지 않는 개인적인 종교적 비전을 추구하기 위해 하나님이 모든 개인에게 부여한 권한, 즉 누구에게도 양도할 수 없는 저 성스러운 권한을 주장함으로써 청교도의 신정정치에 도전하였다. 어떻게 보면 이들의 행위는 당시의 권위와 제도에 도전하여 개인의 자유를 강조했다는 점에서 미국 민주주의의 발전에 중요한 초석으로 볼 수도 있을 것이다. 그러나 황야에서 새로운 사회를 건설한다는 것이 얼마나 어려운 것인지를 우리가 이해한다면 당시 청교도 성직자들이 추구했던 법과 질서의 엄격함을 단순히 청교도의 경직성과 불관용으로 몰아붙이기보다는 오히려 커티가 제시했던 미국사상의 이상 중 하나인 내셔널리즘의 완성에 중요한 기여를 했던 부분으로 평가하는 것이 좋을 것이다.

　어떤 의미에서 종교는 그 본질과 성격에 있어서 반지성적이고 비민주적인 것으로 고려될는지도 모른다. 따라서 커티가 제시한 미국의 민주주의

와 내셔널리즘이라는 두 가지 이상의 실현은 청교주의라는 미국 초기의
종교사상이 얼마나 세속화되느냐에 달려 있었다. 따라서 이러한 미국의
지적 전통의 본질과 그 이상의 구현 사이에는 언제나 대립과 갈등이 나타
났고, 이러한 문제를 균형 있게 해결하는 것이 바로 매 시대 미국 지식인
들의 과제였다. 그리고 이러한 소위 전환기의 시기에 미국사상의 발전과
성장은 그 어느 시기보다도 왕성하게 나타났다.

미국 지성사에서 대략 1730년대와 40년대는 그러한 전환기의 시대였다.
이 시기의 대각성운동(The Great Awakening)은 일종의 종교적 부흥운동으
로서 당시의 세속주의, 합리주의 그리고 회의주의에 대한 반항으로 일어
났다. 그 운동은 곧 이어 미국 식민지 사회의 지적·권위주의적 세력을 형
성하고 있던 기존 교회에 대한 도전으로 나타났다. 그러나 대각성 운동은
기독교의 교리, 기독교의 경험, 그리고 기독교의 실제를 보통사람들에게도
확산시킴으로써 미국 민주주의가 나아가야 할 길을 예비하였다. 이러한
문맥 속에서 커티는 그 대각성 기간 동안 청교주의 속에 내재해 있던 감정
적·직관적·개인적 긴장들의 발전을 새롭게 촉진시켰던 조나단 에드워즈
(Jonathan Edwards)를 민주주의의 발전에 엄청난 기여를 했던 것으로 평가
하였다.[10] 그것은 개인에 대한 새로운 발견과 강조가 민주주의의 가장 중
요한 출발점이기 때문이다. 무엇보다도 에드워즈는 이 전환기의 시대에
사회적 지식인으로서 책임을 다하고자 하였다. 즉, 그의 사상의 핵심은 어
떻게 계시에 기반을 둔 청교주의와 이성에 기반을 둔 계몽사상을 조화시
키느냐에 있었다.

17세기 중반 식민지 사회는 분명한 자의식을 갖게 되었고 과학적 지식
을 수용하고 발전시킴으로써 세속주의 속에서 새로운 진실을 발견하였다.
또한 당시의 지식인들은 그러한 세속적인 진실을 인간이성의 능력에 대한
신뢰를 증진시킴으로써 인간의 운명을 개선하는 데 사용하고자 하였다.
미국의 계몽사상은 그러한 지식인들의 지적·철학적 표현이었고 미국혁명
은 계몽사상의 구체적인 실현이었다.[11]

이제 진정한 의미에서 개인의 가치는 인정되었고 자연권 철학은 이것을 지지하였다. 그리고 진보사상은 이제 인류와 그들의 행위에 의해 실현될 수 있는 것처럼 보였다. 미국혁명은 미국의 내셔널리즘과 미국의 민주주의의 발전에 결정적인 기여를 하였다. 다른 말로 하면, 그 혁명은 자연권 철학과 유럽계몽사상의 인도주의적 원칙을 대중화하였다는 점에서 미국사상을 민주화하는 데 많은 기여를 하였을 뿐만 아니라 미국 계몽사상의 분명한 가치들을 표방하였다.

그렇지만 18세기 전체를 통하여 미국의 지적 생활은 여전히 보수주의자들에 의해 지배되었다. 그리고 19세기 초반의 대략 15년 동안 귀족적 보수주의자들은 계속 미국의 지적 생활을 주도하였다. 그러나 이들에 의해서도 지식의 체계적인 보급이 있었다고 커티는 긍정적인 면을 지적하였다. 무엇보다도 이러한 보수주의적 경향 속에서 나타난 하나의 두드러진 현상은 국민문화의 발전이었다. 즉, 그러한 귀족적 보수주의적 지도 계층에 대해 반발하며 새로운 국민문화의 수립을 가져온 것은 다름 아닌 서부의 등장이었다. 19세기 전반부에 새롭게 연방에 편입된 서부의 거대한 존재는 미국의 내셔널리즘의 성립에 커다란 새로운 과제였지만 커티는 이 미국서부의 긍정적인 역할로서 새로운 국민문화의 태동을 강조하였다. 즉, 청교주의를 포함하여 만일 미국사상의 성장이 뉴잉글랜드를 중심으로 하나의 센터로 발전했다면, 서부의 세계는 또 다른 세계로 남게 되었을는지도 몰랐다. 그러나 커티는, "전체적으로 서부인들은 단순히 이주해 온 동부인들이었으며 이들은 동부의 사상과 감정의 기본적 가정들 그리고 똑같은 종류의 제도들을 가져왔다"고 주장하였다.[12] 이러한 의미에서 청교주의는 단순히 뉴잉글랜드라는 한 지역에 국한되는 미국사상의 조류가 아니라 전체 미국사상의 주류가 될 수 있었다.

대략 1830년부터 1850년까지의 기간은, 커티가 서술한 바와 같이, '민주적 대격변'의 시대였다. 서부의 지속적인 성장, 산업과 도시의 진보, 수많은 이민자들의 도래 그리고 서부 유럽에서의 전반적인 민주적 동요, 이러한 모든 것들이 정치적·사회적 민주주의의 진보에 기여하면서 "평등주의의 새로운 조류"를 가져왔다.[13] 이 시대에 성립된 낭만주의 사상은 그 어떤 사상보다도 미국적인 성격을 나타내었다. 즉, 유럽 낭만주의가 프랑스 혁명과 계몽사상에 대한 반항으로 성장하였지만, 미국에서의 낭만적 분위기는 미국적 토양 위에서 성장하였고, 미국의 광활한 자연과 그 신비에 대한 반응에서 특징을 이룬다.

그리하여 랠프 웰도 에머슨(Ralph Waldo Emerson)은 최초로 진정한 미국정신을 대표하는 미국 사상가로 등장할 수 있었다. 1837년 하버드대학에서 행한 연설에서 에머슨은, 이제 "우리는 우리의 발로 걸을 것이고, 우리의 손으로 일할 것이며, 그리고 우리의 정신으로 말할 것"이라고 선언하였다.[14] 그의 독창적인 사상은 랠프 H. 개브리엘(Ralph Henry Gabriel)이 지적한 바처럼 분명히 "미국의 지적 독립선언"이었다.[15]

에머슨이 주도하였던 미국의 초월주의는 광범한 낭만주의 운동의 한 부분이었다고 지적하면서 커티는 초월주의에 내재해 있는 민주적 요소를 강조하였다. 미국인들은 자연의 조화 속에서 창조주의 측량할 수 없는 손과, 불멸에 대한 전망, 신의 광대함 등을 바라보고 있었다. 정말로 커티가 지적하였던 바처럼, "인간, 모든 인간에 대한 예찬"에 기반을 둔 초월주의는 "민주적 충동과 밀접하게 관련이 있었다."[16] 그러나 커티는 낭만주의에 내재한 지나친 주관주의적 관점과 판단의 위험성을 지적하면서 이것은 결국 미국사의 비극적 요소로서 남북전쟁의 발발과도 연관이 있었다고 주장하였다.

전반적으로 남북전쟁 이전 삼십 년 동안 과학과 기술은 커다란 진보를 이루었으며, 지식은 대중화되었고, 애국적·내셔널리즘적 이상들은 민주주의 이론에 의해 동화되었다. 무엇보다도 이 기간은 진보와 낙관주의의 황금시대였다. 실제로 진보와 낙관주의의 이상들은 이 시기의 열정적 개혁주의자들에 의해 구체화되었다. 이들은 심지어 인간은 완전해질 수 있고 사회는 완전을 향해 진보하고 있다고 믿었다. 이러한 신념으로 이들은 미국의 제도들을 철저히 개혁하고자 했다. 이들은 더 나아가 제도의 개혁을 통해 국가도 완전하게 될 수 있다고 믿었다. 애국주의자들로서 이들은 만약 전쟁이 그 완전에 이르는 지름길이라면 그것을 받아들일 태세였다. 그러나 실제로 내전에 직면하자 에머슨과 같은 지식인들은 더 이상 기존제도들을 개혁의 대상으로 보지 않고 오히려 연방제도를 지키려는 북부를 지지하며 미국의 내셔널리즘을 옹호하는 쪽으로 돌아섰다.

지성사의 관점에서 봤을 때 남북전쟁은 적대적 사회철학들 간의 갈등이었고, 그 결과는 구남부의 진부한 사회철학의 패배였다. 기업정신의 사회철학, 자립과 자기실현에 대한 이상, 기업의 발전과 더불어 나타난 기회의 평등, 기업이 제공하는 전반적인 혜택 등이 민주적 신념 및 애국주의와 결합되었다고 커티는 강조하였다.[17]

커티가 주장하는 바처럼, 남북전쟁은 국민적 통합의 원리가 성공했음을 입증하였고 노예제도 폐지에 의한 민주주의의 확대를 위한 길을 열었다. 정말로 남북전쟁은 미국의 '내셔널리즘의 승리'였다.[18] 국가란 무엇인가? 만약 독립을 선언하였던 1776년과 미국의 헌법을 수립하였던 1787년의 사건들이 미국의 정치적 독립을 가져왔다면 그리고 미국의 낭만주의가 미국의 문화적·정신적 독립을 추구했었다면, 남북전쟁에서의 북부의 승리는 국가의 정치적 통합을 확실시하였다. 그 국가는 점진적이고 발전적인 성장의 산물이었다. 한마디로 말하여 그것은 역사적으로 그리고 사회적으로 발전하여 나타난 하나의 역사적 현상이었다.

이러한 미국사의 형성과정 속에서 미국의 지식인들이 확고히 갖게 된 한 가지 개념은 진보의 이념이었다. 이 이념은 청교주의의 언약사상과도 밀접하게 관련이 있는 종교적 개념으로부터 출발했지만 미국사가 진행함에 따라 세속화된 개념으로 바뀌었다. 커티가 강조했던 바처럼 확실히 미국의 환경은 과학적·발전적 관점의 성장에 유리한 토양을 제공하였다. 진보사상과 낙관적 신념은 19세기 후반 다원주의의 영향 속에서 지적 여론을 지배하였다. 확실히 미국지성사의 전체에 비추어 볼 때, 미국인들의 진보와 낙관주의의 이상들은 새로운 과학이론으로부터 뿐만 아니라 역사적

경험에서 나왔던 것처럼 보인다.[19]

3. 미국의 지적 전통의 재발견

19세기 후반은 미국사에서 거대한 변혁의 시대였다. 그 변혁은 급격한 산업화와 도시화 그리고 대량이민으로부터 일어났다. 변혁은 언제나 그러하듯 엄청난 창조와 함께 파괴를 수반하였다. 즉, 한편으로 미국사회는 급속한 국가발전과 놀라운 산업성장을 이룩하며 세계강국 중의 하나로 부상하였지만 다른 한편으론 이러한 발전의 그늘 속에서 많은 미국인들은 억압당하고 착취당하는 고통을 겪어야만 했다. 그리하여 노동자들의 고통은 노동조합의 조직을 통해 거대 자본가들과 거대 산업가들은 물론 이들을 지원하는 정부에 대한 반항으로 나타났고, 농민들의 불만은 새로운 정치조직을 통해 동부의 지배계급에 대한 반항과 도전으로 나타났다.

이제 미국은 더 이상 농업에 기반을 둔 단순한 사회가 아니었다. 미국의 도시화와 산업화는 인간과 인간 그리고 인간과 사회의 관계를 복잡하게 만들었을 뿐만 아니라 이전에는 경험하지도 못했던 사회문제들을 야기했다. 과거 농업사회의 기반이었던 개인주의와 민주주의의 개념으로는 이 새로운 사회와 사회문제들을 이해할 수도 없을 뿐만 아니라 아무런 해결책도 제시할 수 없었다. 현대 세계에서 과거의 가치와 도덕은 절대적이고 편협하고 무용한 것이었다. 절대적이고 형식적이며 고정적인 가치와 도덕 위에 형성된 사회의 구조는 필연적으로 일부 계층의 지배적인 구조로 전락할 수 있었다. 윌리엄 G. 섬너(William Graham Sumner)가 언급했던 소위 미국사에서의 '잊혀진 사람들'[20]에게 이러한 사회는 바로 억압적이고 편협하며 비효율적인 실체였다. 19세기 후반 미국의 지식인들이 바라보았던 미국사회는 절대주의적 가치와 형식주의의 틀 속에서 분열과 갈등을 겪고 있던 사회였다. 미국의 지적 전통에서 언제나 중요시했던 개인들의 의미가 무엇보다도 이 시대 지식인들이 가졌던 관심의 대상이었다. 어떤 종류의 사회가 미국의 모든 개인들이 자기실현을 이루는 데 도움을 줄 수 있는 사회일까? 어떤 개념 속에서 이 모든 개인들이 하나로 통합될 수 있을 것인가? 19세기 후반 미국의 지식인들은 이러한 문제들에 대한 답을 찾고자 했고 그러한 시도를 했을 때 한 시대의 정신을 형성하였다.

한편 당시의 내면세계는 이 현상적인 세계보다도 훨씬 복잡한 양상을 띠었다. 미국 지성사에서 19세기 후반은 새로운 과학의 등장으로 일대 전환기를 맞게 되었다. 모든 지식과 도덕의 기반이었던 성서는 새로운 과학의 도전으로 흔들리게 되었다. 그 무엇보다도 1859년에 출간된 찰스 다윈(Charles Darwin)의 『종의 기원』은 미국의 지적 전통은 물론 그 전통을 기반으로 하던 모든 지식체계에 혼란을 가져왔다. 19세기 후반은 바로 이러한 다윈주의의 도전으로 인한 지적·정신적 불안의 시대였다. 파괴적 변화의 환경과 더불어 다윈주의의 도전으로 많은 지식인들은 지식은 진실이 없고, 권력은 권위가 없으며, 사회는 정신이 없고, 자아는 정체성이 없다는 것을 느꼈다. 미국의 지적 전통에 대한 이 시대의 도전은 엄청난 것이었다. 다윈주의는 기독교의 가장 중요한 기반이라고 할 수 있는 창조의 개념에 도전함으로써 미국의 지적 전통은 물론 모든 지적 기반을 아수라장으로 만들었고 결국 권위와 지식의 위기는 불가피한 현상으로 나타났다. 이제 미국의 지식인들은 무엇을 해야만 할까?

당시 지식인의 한 명이었던 윌리엄 G. 섬너는 자신의 분명한 대안을 제시하였다. 그는 당시의 사회적·도덕적 혼란과 위기에 대해 무엇보다도 먼저 당시까지 진행되어온 미국의 전통과 역사를 깊이 인식함으로써 그 유기적인 발전 속에서 해결책을 찾고자 하였다. 이러한 지식인의 태도는 어떤 의미에서 미국이 마침내 보존할 가치가 있는 무엇인가를 소유하게 되었다는 것을 의미한다. 다시 말해 미국의 지적 전통을 다시 발견한 것이었다. 예를 들어 섬너에게 있어서 미국 자본주의는 모든 미국민의 에너지의 해방이자 그들 정신의 객관화였다. 섬너가 습속(mores)들의 변형으로서 '민습(folkways)'이라고 지칭했던 바는 그가 당시까지 진행되어 온 미국사

의 과정 속에서 깊은 역사성을 발견하고자 했음을 보여주는 것이다. 섬너
는 이러한 역사성을 통해 당시의 정신적 혼란과 지적 위기를 극복하고자
했다. 그는 미국 민속을 통하여 성장했던 미국의 자본주의는 미국인들의
정신과 존재를 확증하는 구체적인 제도라고 믿었다.[21]

고정된 형태와 초자연적 계획과 같은 개념들이 모든 사상의 분야에서
점차적으로 손상되고 붕괴되기 시작하였던 전환기적 시대에 섬너가 추구
하였던 것은 남북전쟁 이후 새로 통합된 미국의 진정한 의미와 미국의 정
신적·물질적·사회적 기반이었다. 섬너에게 한 국가의 의미는 역사적일 때
만이 의미가 있었고 그리고 한 국가의 물질적·사회적 기반은 개인으로부
터 출발해야만 하는 것이었다. 그리하여 섬너는 역사적으로 형성된 개인
적 가치로서 19세기 전반까지 미국의 전체 토양 속에서 형성되었던 '강인
한 개인주의(rugged individualism)'를 발견하였고 그것을 지키고 발전시키
고자 하였다. 그의 전체 사상이 지향하는 바는, 역사적으로 누적되어 형성
된 미국 토양 속에서 이 '강인한' 개인의 에너지가 어떻게 집단적으로 해
방되어질 수 있는가였다. 섬너에게 그 해방은 더 이상 초자연적인 원리와
섭리에 의해 고정되고 정체된 사회 속에서가 아니라, '인간사회'의 진화와
생동을 통하여 이루어지는 것이었고, 또한 그 해방은 어떤 개인·어떤 집
단·어떤 계급에 대한 승리가 아니라 전체와 부분들의 균형과 하모니를 통
한 평형을 이루는 것이었다. 더욱이 그 평형을 통한 국민적 통합의 진행은
남북전쟁에서 보았던 바와 같이 폭력과 전쟁 그리고 혼란이 아니라 자연
주의적 진화를 통한 점진적이면서도 발전적인 것이었다.[22]

이와 같이 미국의 지식인들은 지적 위기를 가져왔던 다원주의를 통하여
미국의 전통과 의미를 재발견할 수 있는 통찰력을 얻었다. 또한 이 진화론
이 내포하는 원리, 즉 "모든 사물은 움직인다"라는 함의는 미국 민주주의
신념의 중심에 놓여 있는 진보의 낙관적인 이상을 지지하는 것처럼 보였
다. 만일 인간이 진화의 과정을 사회적으로 바람직한 방향으로 이끌 수
있는 능력을 가지고 있다고 가정한다면 이 진화론은 미국 지식인들이 추

구하였던 '더 나은 사회'를 이룰 수 있는 중요한 계기가 될 수 있었다. 그리하여 다윈주의의 발전적 개념은 20세기 초(1900~1917) 미국사에서 개혁을 통하여 진보를 추구하고자 했던 소위 진보주의(progressivism)[23]의 기반이 될 수 있었으며, 미국의 지적 전통을 더욱 역동적으로 만드는 역할을 하였다.

실제로 이러한 통합적인 사회에 대한 비전은 당시 여러 분야의 지식인들로부터 나타났다. 이들은 자신들의 학문과 전문분야를 사회 및 개인과 관련지어 생각하였다. 사회와 개인을 떠난 형이상학적이고 추상적인 이론과 내용을 거부하며 개인들 모두가 역사와 사회 속에 통합될 수 있는 새로운 이론들을 제시하기 시작했다. 이러한 지식인들의 움직임을 철학자 모튼 화이트(Morton G. White)는 "형식주의(formalism)에 대한 반란"으로 규정지었다.[24] 이들은 철학에서 존 듀이(John Dewey), 경제학에서 토르스타인 베블랜(Thorstein Veblen), 법학에서 올리버 웬델 홈즈 2세 (Oliver Wendell Holmes, Jr.) 그리고 역사학에서 제임스 하비 로빈슨(James Harvey Robinson)과 찰스 A. 비어드(Charles A. Beard) 같은 지식인들이었다. 이들은 공통적으로 미래에 대한 낙관적인 관점을 가지고 있었고 진보에 대한 신념에 의해 움직였다. 이들은 이러한 관점과 신념에 의해 각종 분야에서 새로운 가치와 이념을 제시하며 개혁을 주도했다. 이들 진보주의자들(progressives)은 이 시대의 모든 지적·사회적 혼란을 개혁을 통해 해결하고자 했다.

한편 프래그머티즘이라는 새로운 철학의 선구자들—퍼스(Charles Sanders Peirce), 제임스(William James), 듀이(John Dewey)—도 발전적 개념에 의해 인간정신을 이해하고자 하였다.[25] 그들에게 현실은 끊임없이 변화하는 것이었고 모든 행위는 실험이었으며, 사상은 행위와 더불어 나타나는 것이었다. 그들에게 그 어떤 것도 고정적이며, 절대적이고, 최종적인 것은 없었다. 그러나 당시 기존의 철학은 절대적이고, 고정적이며, 이미 최종적인 답을 가지고 있는 어떤 것이었다. 아마도 이러한 정신세계는 분명히 당시의 지배계급의 전유물로서 엘리트적인 성격을 띠었다. 이러한 엘리트주의는 당시의 산업화와 도시화에서 나타난 사회분열이라는 사회문제를 해결하는 데 전혀 도움이 되지 않았고 오히려 그 사회의 분열과 긴장을 더 심화시키는 역할을 할 뿐이었다. 이들 지배계급은 어떤 의미에서 과거 미국사의 진행을 전면에서 이끌어왔을 뿐만 아니라 지적 전통의 중심에 있어 왔던 세력인지도 모른다.

프래그머티스트들은 미국의 지적 전통 전체를 재고하면서 기존의 지적 체계가 잘못됐음을 지적하였다. 그들이 보기에 기존의 철학과 가치는 추상적이고 애매하였다. 그들은 이 변혁의 시대에 모두가 참여할 수 있는 분명한 가치체계가 이루어져야만 한다고 생각했다. 그리하여 그들은 먼저 이념들을 분명히 해야만 할 필요가 있었다. 1878년 퍼스는 “어떻게 우리의 이념들을 분명하게 만들 것인가(How to Make Our Ideas Clear)”라고 물음으로써 프래그머티즘 철학의 방향을 제시하였다.

과학적 방법은 변혁의 시대에 프래그머티스트들이 추구했던 철학적 과제에 가장 좋은 대안이었다. 그들에게 그것은 경험적인 것이고, 모두가 참여할 수 있는 어떤 것이었다. 정말로 “과학은 과거의 절대를 파괴했지만 새로운 것, 즉 과학적 방법을 인간에게 주었다.”[26] 그들에게 과학적 방법은 이 시대의 혼란과 무질서와 분열을 치유할 수 있는 대안이었다. 그것은 모두가 느끼고 참여할 수 있는 민주적인 것이며, 사회의 진보를 인간 모두에게 바람직한 방향으로 이끌 수 있는 수단이었다. 누구보다도 존 듀이는 과학적 방법을 고무시키는 민주정신은 권위에 새로운 기반을 제공할 것이라고 믿었다. 그는 프래그머티즘을 통하여 미국인들이 소망을 가지고 행동하고 앞을 내다보도록 고무시켰다. 그의 과학 지향적 그리고 공공 지향적 철학은 부분들로부터 전체를 분리시키는 것이 아니라 이들 모두를 하나로 통합하고자 하는 것이었다.

분명히 프래그머티즘 철학의 형성과 발전은 진화론적 가정의 결과로부터 나왔다. 따라서 프래그머티즘은 무엇보다도 진실은 절대적이고 고정적이며 최종적이라는 가정들에 대한 도전이었다. 결국 프래그머티즘은 미학·윤리학·이상들 그리고 정신 그 자체에 대한 모든 전통적 개념들을 파괴할 수도 있었다. 다른 무엇보다도 프래그머티즘은 미국인들의 전통적인 기독교 사상을 크게 손상시킬 수도 있는 철학이었다. 그러나 프래그머티즘은 오랫동안 미국의 민주적 신념의 핵심에 있었던 진보의 낙관적 원칙을 무엇보다도 지지하였다. 그러므로 주류의 미국지식인들이 다원주의를 받아들였다는 의미는 기존의 기치관과 세계관을 전면 수정하는 것이었지만, 그들에게 그 수정은 지적 전통 속에서 이루어진 것이었다.

마침내 19세기 후반 미국의 지식인들은 다원주의의 도전에 반응하면서 역사와 사회의 본질이 전에 알았던 것보다 훨씬 더 역동적이고 창조적일 수 있다는 것을 발견하였다. 이들에게 미국의 역사는 살아 있고 활동하며, 미래를 향해서 움직이고 있는 어떤 것이었다. 언제나 사회와 역사에 관한 책임감을 가지고 있던 이들은 그들의 사상이 무엇을 해야만 하는지에 관한 분명한 목표를 수립하였다. 그것은 개인들과 이들의 이성과 현실이 분명하게 작용하는 미국사회였다. 그들에게 그러한 사회는 분명히 내적으로 역동적이며 창조적이어서 모든 부분들이 하나의 평형을 이루며 통합되는 사회였다.

철학자로서 존 듀이의 깊은 관심은 인간의 통합이었다. 또한 그가 추구한 인간의 통합은 끊임없는 과정 속에서 이루어지는 것이었다. 즉, 통합은 완성될 수 있는 어떤 것이 아니라 끊임없이 움직이고, 변화하고, 성장하는 것이었다. 그는 과학과 기술을 통한 민주주의의 발전을 추구하였다. 그는 미국의 미래에 기술시대의 물질적·기계적 힘들이 발휘할 수 있는 역할을 낙관적으로 보면서 민주적 미국인들은 산업발전에 기반을 둔 새로운 문명을 성취할 수 있다고 믿었다. 듀이는 과학적 방법이 통합을 가져옴으로써 생활에 활기를 불러일으키고 권위를 위한 새로운 기반을 제공할 것이라고 믿었다. 실제로 20세기 전반은 듀이의 이상이 실현되는 듯이 보였다. 지식인들을 비롯하여 정부는 더욱 어려운 종류의 기술적 통제를 추구하였고 그 결과 자유주의 세계의 다원론적·행태주의적·통계학적 모델들을 창안하였다. 그러면서도 그들은 끊임없이 그 미국적 형태를 재생산하고자 하였다. 즉, 그들은 모던 세계의 힘을 과학적 예측과 통제 하에 두면서도 미국의 과거와 전통은 계속 영속시키려 하였다. 그들은 과거와 현재, 그리고 전통과 새로움을 통합하고자 하였다. 그들은 역사적 변혁에서 나타났던 새로운 동력을 자본주의, 민주주의 그리고 과학에 연결시켰다.

4. 미국의 지적 전통의 위기

지금까지 보아온 바처럼 19세기 후반 미국의 지적 전통은 위기에 직면하였지만 미국의 지식인들은 자신들의 전통 속에서 그 위기를 극복하였다. 20세기 전반부에 미국의 지식인들은 통합의 정신 속에서 제도와 과학을 수용함으로써 국민적 합의를 이끌어냈고, 그 결과 엄청난 진보의 결실을 맺었다. 과학주의는 20세기 미국의 지적 전통을 지배하는 하나의 정신이 되었다.

그러나 1960년대에 들어서 미국의 지적 전통은 그 이전 어떤 시기보다도 힘든 위기에 처하게 되었다. 이 1960년대는 모든 지적 전통이 거부되고 모든 지적·학문적 체계가 근본부터 흔들리기 시작한 시기였다. 이러한 위기는 1960년대의 정치적·사회적 혼란의 산물이었지만 이미 그 근원은 20세기 전반부를 통해 인간이 경험했던 인간의 합리성에 대한 회의로부터 생겨난 것이었다. 자연과학의 방법론을 통해 인간은 합리적이고 논리적으로 사회에 관한 지식을 축적할 수 있다는 신념과 그 축적된 지식이 인간사회의 진보를 가져올 수 있다는 신념이 무너지기 시작했다. 그리하여 미국의 지적 전통 그 자체에 대한 근본적인 의문이 제기되었다.

1962년에 출판된 토마스 쿤(Thomas Kuhn)의 『과학혁명의 구조』는 미국의 지적 전통의 위기의 시작이었다. 이 책에서 제시한 쿤의 주장은 전통적으로 지식과 과학에 대해 갖고 있던 일반적인 개념, 즉 "누적에 의한 발전이라는 개념"에 근본적인 의문을 제기했다.[27] 미국의 지적 전통이 바로 누적에 의한 발전의 산물이라고 볼 때 위기는 피할 수 없는 것이었다. 미국의 지적 전통에 대한 좌파 지식인들의 공격은 1970년대와 1980년대 그리고 1990년대를 거치면서 더욱 체계화되고 이론화되었다. 이러한 새로운 급진적인 좌파의 주장들은 지난 30년간 나타났던 미국사회의 전반적인 회의와 혼돈 그리고 불확실성의 풍조를 반영하는 것이었다.

이제 지식인들은 미국의 지적 전통을 이루었던 근본적인 요소들을 하나하나 부정하기 시작하였다. 특히 지난 20년간 미국학계에서 등장한 소위 포스트모던 사상에 물든 여러 분야의 지식인들은 미국의 지적 전통 자체에 도전하였다. 문학, 철학 그리고 예술 분야들에서 유행하였던 새로운 이론들, 즉 니체의 비합리주의, 푸코의 권력 개념, 데리다의 해체주의, 바흐친(Bakhtin)의 카니발 개념, 그람시의 헤게모니 개념 그리고 로티(R. Rorty)의 반본질주의(antiessentialism) 등이 인식론적 급진주의의 형성에 절대적으로 기여하였다. 대체로 그들의 주장에 의하면 미국의 지적 전통이라는 것은 결국 지배와 억압의 원천이었다는 것이다. 따라서 그들은 그러한 전통 속에서 성립한 모든 미국의 현재를 부정한다. 즉, 극단적 좌파 지식인들은 미국의 체제로서 자본주의, 미국의 가치로서 개인주의와 자유주의, 미국의 종교로서 프로테스탄티즘 그리고 미국의 과학주의와 민주주의 등 현재 미국을 표상하는 모든 것은 잘못된 현실(reality)이라는 것이다. 왜냐하면 그들은, 과거는 물론 현재도 결코 순수한 형태로 우리에게 다가올 수 없고, 언제나 재현(representation)의 형태로 다가오는데, 이 재현은 우리 모두에 의해서 이루어진 것이 아니라, 어떤 특정 집단에 의해 주도되고 조작되었다고 믿기 때문이다. 따라서 그들에게 리얼리티란 모두 거짓일는지도 모르는 것이었다.

더 나아가 이 극단적 좌파 지식인들은 미국의 지적 전통을 유지시켜 왔던 정신세계를 철저하게 공격하고자 한다. 그 정신세계란 다름 아닌 기독교 정신에 근간을 두고 있는 것이다. 그들에 따르면 이 잘못된 현실의 근본적인 원인이 바로 정신적이며 초월적인 것을 강조하는 지배집단의 엘리트주의 때문이라는 것이다.

급진적인 흑인 지식인이며 철학가인 코넬 웨스트(Cornel West)에게 미국의 지적 전통은 하나의 거대한 권력구조이며 억압의 기반이었다. 그는 자신의 독단적인 관점에서 서술한 미국 지성사를 통해 그러한 권력의 구조와 기반을 해체하고자 하였다.[28] 웨스트가 서술한 미국의 지성사는 에머슨(Emerson)으로부터 로티(Richard Rorty)에 이르는 미국의 지식인들이 어떻게 미국의 리얼리티에 도전하였는가를 밝히고자 하는 것이었다. 웨스트에게 미국의 리얼리티란, "계급(class), 인종(race) 그리고 젠더(gender)에 의해서 형성된 미국사회의 계층질서가 강화되고 재생산되는" 기반 혹은 구조였다. 웨스트는 미국 지성사를 통하여 바로 이러한 기반 혹은 구조의 '해체'가 어떻게 역사적으로 시도되어 왔는가를 밝히고자 하였다. 웨스트는 에머슨을 포함하여 미국 프래그머티스트들을 반사회적이고 반현실적인 개인들로 보았다. 웨스트에 따르면 그들은, 인간 개개인의 힘을 강조하였고, 그 힘에 의해 미국사회 속에 각인된 오래된 질서의 양식들을 변형시키고자 하였던 미국 사상가들이며 지식인들이라는 것이다.[29] 그러나 우리가 이미 보았듯이 미국의 프래그머티스트들이 현실에 반대했던 것은 사회의 분열과 해체를 위해서가 아니라 사회의 통합과 조화를 위해서였다.

최근의 급진적 좌파들은 미국의 지적 전통을 형성하는 모든 요소들을 부정하고, 거부하며, 해체하고자 한다. 그들에 따르면 미국의 지적 전통은 앵글로-색슨계의 백인 남성 그리고 그 중에서도 부르주아 계급에 의해 형성된 전통이라는 것이다. 이러한 전통 속에 내재한 권력의 메커니즘으로 인하여 노동자, 여성 그리고 흑인을 포함하는 소수집단의 정체성이 지금까지 무시되고 가장자리로 밀려나 있었다고 그들은 주장한다. 이들은 자신들의 주장을 관철시키기 위해 우리가 당연하게 받아들여 왔던 도덕과 가치를 부정한다.

이러한 미국의 총체적인 위기에 대해 많은 미국 지식인들은 깊은 우려를 표명하였고 지적으로 대항하였다. 예를 들어 앨런 블룸의 『미국정신의 종말』은 미국사회의 깊은 사회적·지적·존재론적 위기에 대해 질타하였다. 블룸은 이러한 위기가 보편적 주장들, 방법들, 가치들 그리고 신조들을 파괴하는 데 초점을 맞춘 극단적인 문화적 상대주의 혹은 다원주의 때문이라고 믿었다.[30]

또한 아더 슐레징거는 누구보다도 분명하고 예리하게 이 시대의 위기를 잘 진단하고 있다. 그리하여 그는 이 급변하는 사회 속에서 퇴조해 가는 미국의 전통과 그것에 기반을 둔 미국의 정체성을 찾고자 안간힘을 쓰고 있다. 1991년에 나온 슐레징거의 저서 『미국의 분열: 다문화주의적 사회에 대한 반성』은, 그 제목이 시사하는 바처럼 미국의 해체 현상과 그 해체를 주도하고 있는 다문화주의적 경향에 대한 우려와 비판을 제시한 것이다. 그는 다른 누구보다도 지금까지 미국의 역사와 사회에서 받아들여져왔던 지식과 가치들 그리고 정전들이 해체되어버릴 위험에 처하게 되었다고 믿고 있다. 그의 『미국의 분열』은 바로 이러한 위기상황에 대한 반응으로서 나온 것이다.[31] 그는 미국 내의 다양한 세력들을 통합시키면서 그 세력들에게 국민적 정체성에 대한 의식을 심어줄 수 있는 것은 인간의 자유와 존엄성에 기반을 둔 미국 민주주의의 전통뿐이라고 확신한다.

미국의 역사는 17세기 초 일단의 영국인들이 북아메리카로 이주하여 새로운 사회를 형성하면서 시작하였다. 18세기 후반 미국은 국가적 독립을 이루었고, 19세기 전반기에는 진정한 정신적 독립을 성취하였다. 그리하여 미국은 마침내 미국 고유의 지적 전통을 수립하게 된다. 그러나 19세기 후반 미국이 과학과 기술의 진보와 더불어 급격한 산업화, 도시화 그리고 대량 이민으로 변혁의 시대를 맞이했을 때 미국의 지적 전통은 커다란 위기에 직면하게 된다. 그러나 이러한 위기의 시대에 미국의 지식인들은 오히려 창조적인 미국 사상을 이룩하면서 진정한 미국적 사상이라 할 수 있는 프래그머티즘의 성립을 보게 된다. 미국 지식인들은 언제나 미국의 지적 전통에 순응한 것은 아니었다. 그들은 때로는 기존의 사상에 반항하였고 도전하였다. 그러나 그들의 그러한 태도는 언제나 미국의 지적 전통 속에서 이루어졌고, 미국의 지적 전통을 성숙하게 만드는 계기가 되었다. 그러나 오늘날 미국이 처한 지적 위기는 미국의 지적 전통 어디에서도 찾아보기 어려운 이질적인 국면임에 분명하다.

미국의 지적 전통은 미국사의 과정을 통해 미국 지식인들이 형성한 정신과 사상의 태도이다. 그 출발점은 청교주의로 불려지는 기독교 사상과 끊임없이 새로운 환경에 적응해야만 했던 개척정신이었다. 앞에서 보았듯이 미국의 지식인들은 이러한 청교주의와 개척정신에 내재한 개인의 중요성을 분명히 발견함으로써 언제나 개인을 사회와 국가의 중심에 두었다. 이것은 개인의 모든 행위가 무조건 허용되고 존중된다는 의미가 아니었다. 상황에 따라서는 오히려 개인의 책임이 강조될 수도 있었다. 개인이 강조될 때 개인의 죄성과 그리고 그 행위의 결과가 반성될 수 있을 것이다. 또한 미국의 지식인들은 이미 형성된 리얼리티를 중요시 여긴다. 그들에게 이 리얼리티, 즉 현실이란 많은 것을 내포하고 있다. 그것은 개인의 자기실현의 결과일 수도 있고 또한 개인의 존재를 가능하게 하는 근본적인 기반이기도 한 것이다. 물론 현실은 그들에게 언제나 정당한 것은 아니었다. 오히려 현실은 반성의 대상이었기 때문에 미국의 지식인들은 언제나 현실에 대한 반항적 태도를 가지고 있었다. 그러나 그들은 리얼리티 자체를 부정하지는 않았다. 또한 미국의 지식인들은 과거와 현재 그리고 미래를 연결하는 역사적 연속성에 대한 분명한 이해를 가지고 있었다. 그들에게 역사는 다양한 미국인들을 하나로 통합시켜 주는 도구였다. 따라서 그들에게 진보는 역사의 중심에 있었다. 이러한 모든 미국의 지적 전통은 바로 앞에서 언급한 바와 같이 미국사의 시작과 더불어 청교도의 종교적 정신과 프론티어의 개척과정에서 형성된 것이었다. 결국 미국의 지적 전통을 거부한다는 것은 미국의 과거를 부정하는 것이고 나아가 미국의 존재 자체를 거부하는 것이 될 것이다.

주

1) Perry Miller, *The New England Mind: The Seventeenth Century*(New York: Macmillan, 1939).

2) Merle Curti, *The Growth of American Thought* 3rd *ed.*(New York: Harper & Row, 1964).

3) Perry Miller, *Orthodoxy in Massachusetts*, 1630~1650 1st ed. 1933, Gloucester, Mass.: Peter Smith, 1965).

4) Merle Curti, *The Growth of American Thought*, xi.

5) *Ibid.*, p.148.

6) *Ibid.*, p.373.

7) *Ibid.*, p.3.

8) *Ibid.*, p.5.

9) David W. Noble, *Historians against Historians: The Frontier Thesis and the National Covenant in American Historical Writing since 1830*(Minneapolis: University of Minnesota Press, 1965), p.1.

10) Curti, *The Growth of American Thought*, p.9.

11) *Ibid.*, pp.98–101.

12) *Ibid.*, p.278.

13) *Ibid.*, p.294.

14) Ralph Waldo Emerson Brooks Atkinson(ed.), *The Selected Writings of Ralph Waldo Emerson*, (New York: The Modern Library, 1950), p.63.

15) Ralph Henry Gabriel, *The Course of American Democratic Thought: An Intellectual History Since 1815*(New York: The Ronald Press Company, 1940), p.14.

16) Curti, *The Growth of American Thought*, pp.296–297.

17) *Ibid.*, p.442.

18) *Ibid.*, pp.466–467.

19) *Ibid.*, pp.469–470.

20) William Graham Sumner, "The Forgotten Man," in Albert Galloway Keller and Maurice R. Davie (eds.), *Essays of William Graham Sumner 2 vols.*, reprint(New Haven: Yale University Press, 1940), I, p.469.

21) 이형대, 「미국 지성사에서 윌리엄 그레험 섬너의 자연주의 사상과 보수주의」, 『미국사연구』(한국미국사학회, 제4집, 1996).

22) *Ibid.*, pp.136–137.

23) 이 진보주의 시대는 학자들에 따라서는 대략 1890년대에서 1917년대까지로 보는 경우도 있다. 또한 국내에서는 이 시대를 혁신주의 시대라고 부른다. 국내에서의 이러한 호칭은 이 시대의 변혁만을 지나치게 강조한 결과로 볼 수 있다.

24) Morton G. White, "The revolt against formalism in American social thought of the twentieth century", *Journal of the History of Ideas*, Vol VIII, no.2(1947).

25) Curti, The *Growth of American Thought*, p.539.

26) Stow Persons, *American Minds: A History of Ideas*(1975), 이형대 옮김, 『미국지성사』(신서원, 1999), p.561.

27) Thomas Kuhn, *The Structure of Scientific Revolutions*(Chicago: University of Chicago Press, 1962), p.2.

28) Cornel West, *The American Evasion of Philosophy: A Genealogy of Pragmatism*(Madison: University of Wisconsin Press, 1989).

29) *Ibid.*, pp.4–5.

30) Allan Bloom, *The Closing of the American Mind*(New York: Touchstone, 1987).

31) Arthur M. Schlesinger, Jr., *The Disuniting of America: Reflections on a Multicultural Society* (Knoxville: Whittle Direct Books, 1991), p.22.

미국문학의 미국적 특성

이영옥

　문학이 인생과 사회의 거울임은 주지하는 사실이다. 미국문학을 읽으면 미국인의 삶과 미국사회가 보인다. 그들이 어떤 생각을 가지고 미국을 건설했으며, 미국사회사상의 근간이 무엇이며, 미국의 세계를 향한 대외정책 수립 배경은 무엇인지 직관적으로 인지할 수 있다. 오랜 역사를 지닌 세계의 많은 국가들과는 달리 1600년대에 와서야 신대륙으로의 이주로 사회건설이 시작된 미국은 탄생의 특이한 여건상 다른 나라와 다른 특성을 가지게 되며 이러한 특성을 이해하는 것이 현재의 미국을 이해하는 데 첩경이 됨은 말할 나위가 없다.

　17세기로 거슬러 올라가는 미국문학을 이해하는 방법은 여러 가지가 있을 것이다. 즉, 대별하여 초기 식민문학, 미국 독립(1776) 전후의 문학, 1850년대의 문예부흥, 1920년대의 문학, 20세기 후반의 문학 등으로 볼 때 미국은 종교에 기초한 청교도문학을 시발점으로 하여 세계의 강대국으로 부상하면서 문학도 크게 발달했다. 미국문학은 단순한 신(神)중심의 생각을 표현한 일지, 설교, 시 등에서 매우 다양한 문학형태―시·소설·희곡 등 장르의 발달뿐 아니라 영토가 대서양 연안에서 태평양 연안에 걸쳐 광범위하게 커지면서 형성된 지역적 다양성·인종적 다양성 등―를 포함하는 거대한 모습으로 발전되어왔다. 따라서 시기적으로 나누어 미국의 문학발달을 논할 수도 있겠고, 장르에 따른 구분으로 정리할 수도 있겠으나, 여기서는 미국학의 한 갈래로 문학을 보는 것이므로, 문학의 발달사를 논하기보다는 미국문학을 전체적으로 간단히 서술하고 나서 미국문학만이

가지는 특성 몇 가지를 살펴봄으로써 미국문화와 사회의 이해에 도움이
되고자 한다.

1. 미국문학 개관

초기 영국 식민지 당시의 문학은 청교도들이 중심이 된 지금의 동북부,
즉 뉴잉글랜드 지방을 중심으로 발달했으나 예술, 특히 소설을 인간타락
의 원인으로 보고 금기시한 청교도시대에는 예술성이 높은 문학보다는 그
들의 하나님을 섬기기 위한 그리고 후대에 지침이 될 저술들이 대부분이
다. 같은 시기에 미국의 동남부, 즉 버지니아 식민지에 이주한 이주민들은
원래 돈을 벌어 다시 본국으로 돌아갈 생각이었으므로 사회를 건설하고
안정시켜 자신들의 고향으로 삼을 생각은 없었다.

18세기에는 청교도 신앙이 쇠퇴하고 대신 인간의 이성을 중시하는 이신
론(理神論)이 대두되어 신 중심에서 인간 중심으로 사고의 틀이 변화하게
된다. 발명가, 외교관, 정치가 등 팔방미인인 벤자민 프랭클린은 이 시기를
대표하는 지도자로서 그의 저서『자서전(*The Autobiography*, 1771)』과『가난
한 리차드의 연감(*Poor Richard's Almanac*, 1757)』등은 당대에 지대한 영향
을 끼친 저서들이다. 어려운 환경에 태어나 40세에 부자로 은퇴하기까지의
그의 일생을 서술하면서 삽입한 그의 일일생활계획표와 근면, 검소, 정직
의 원칙은 당시는 물론이고 후대의 젊은이들에게까지 영향을 미쳤다. 또
『가난한 리차드의 연감』은 미국뿐 아니라 전 세계에 풍부한 속담과 표어
를 퍼뜨려 두고두고 만인의 입에 회자되고 있는 것으로 유명하다. 예컨대,
"하늘은 스스로 돕는 자를 돕는다(God helps them that help themselves)"
"수고 없이는 이득도 없다(There are no Gains, without Pains)"와 같은 속담
은 그가 그의 저서 속에서 말하고 있는 것으로 이제는 전설화되었다.

미국은 1776년 영국으로부터 독립을 쟁취하면서 정치적으로는 독립국
가가 되었으나 문화적으로 독립한 것은 1850년대에 들어서다. 이삼십 년

전부터 일기 시작한 산업화의 물결은 미국 동북부의 작은 도시 콩코드(Concord)에 몰려 살고 있던 미국의 지성인들 사이에 활발한 움직임을 자극했다. 인구 3천밖에 안 되는 이 도시에 후일 우리가 인정하는 문학 대가들 예컨대, 에머슨과 호손이 골목을 마주하고 살았던 것이다. 자긍심의 철학을 일으켜 미국인들에게 과거를 탈피하여 미래를 개척할 힘을 북돋아 준 에머슨, 그의 이론을 실천에 옮겨 절망에 빠진 대중들에게 인생의 의미를 되새겨 준 소로, 미국인의 자아와 미국의 자긍심을 시에 표현한 휘트먼, 미국문학을 세계적인 반열에 세워 세익스피어와 대등하게 비교되는 호손, 호손의 문학성을 알아보고 흠모하면서 그 자신도 세계적 명작을 낸 멜빌 등 대문호들이 1850년대에 앞을 다투어 작품을 발표하였다.

19세기의 문학정신은 세기말에 오면서 마크 트웨인과 헨리 제임스에 의해 반복 계승된다. 트웨인은 에머슨과 휘트먼의 정신을 작품에 다분히 반영한 작가로 허크 핀(Huck Finn)을 내세운 순진성 속에 서부 개척정신·낭만성·낙관주의·세속성 등을 심고 있으며, 제임스는 호손과 멜빌의 비관적 인간관에 동감하여 사실주의 예술 속에 고뇌하는 인간 심리를 그려내고 있다. 그리고 에밀리 디킨슨(Emily Dickinson, 1830~1886)은 매우 독창적인 시인으로 에머슨의 초월주의 사상과 청교도적 사상을 결합하는 시를 썼다고 생각되는데 간결하고도 열정적인 그녀의 시는 고독과 사랑과 죽음, 불멸과 영혼의 문제 등을 깊이 있게 다루고 있다. 특히 독야청청하면서 주위의 시선을 사모하지 않는 그녀의 삶은 다음의 시에 압권으로 표현되어 있다.

나는 무명인이다. 당신은 누구요?
당신-두-무명인이요?
그럼 우리 둘이네?
말하지 말아요! 저들이 떠들어댈 테니-아시죠?

유명인-이 된다는 것은-얼마나 지루한가!

......

I'm Nobody! Who are you?

Are you — Nobody — Too?

Then there's a pair of us?

Don't tell! they'd advertise — you know!

How dreary — to be — Somebody!

······(288)

프랭클린 이후로 미국의 신화가 되어버린 정직, 근면, 검소에 의거한 젊은이의 '성공의 꿈'은 20세기에 들어서서 경쟁이 심해지자 점차 색이 바래기 시작하고 마침내는 도시로 몰려든 젊은 꿈들이 좌절과 환멸의 늪을 헤매게 된다. 도시는 더 이상 성공의 무대가 될 수 없으며 오히려 인간을 황폐케 하고 파멸시키는 냉담하고 거대한 존재로 자리 잡는다. S. 크레인, J. 런던, F. 노리스, T. 드라이저 등은 에밀 졸라의 자연주의를 도입하여 왜소한 인간에게 덮치는 방대한 우주, 무관심한 사회, 냉담한 자연 등을 작품에 표현하였다. 1920년대의 F. 스콧 피츠제럴드는 성공의 꿈을 가진 젊은이가 그 꿈의 신화에게 배신당하는 모습을 그리고 N. 웨스트는 꿈을 생산하는 할리우드를 배경으로 미국의 꿈이 결국은 매우 기만적임을 그려서 성공신화의 부정적인 측면을 고발하고 있다.

제1차 세계대전 이후의 소설은 사실주의가 한껏 발달하여 헤밍웨이·포크너·윌라 캐서·S. 루이스·S. 앤더슨·존 도스 패소스·J. 스타인벡 등이 활동하며 전후의 가치붕괴와 허무, 작은 도시를 배경으로 한 인간의 내면적 고뇌, 소도시의 편협성과 편견의 문제, 인간의 왜곡된 심리의 문제, 서부의 이주민들과 이데올로기 문제 등을 작품화했다. 시는 1912년의 「시」 잡지의 발간과 더불어 새로움을 추구하는 가운데 E. 파운드를 위시한 시인들의 이미지즘 (Imagism) 운동이 있었고, 현대인의 공허를 표현한 E. A. 로빈슨,

주제와 기법 양면에서 휘트먼을 계승한 C. 샌드버그, 자연을 소박하게 노래한 철학시인 R. 프로스트, '잃어버린 세대'의 시인 E. E. 커밍스, 그리고 T. S. 엘리엇 등이 있다.

1920년대는 또한 남부의 문예부흥과 할렘 르네상스 현상으로도 특이하다. 남부의 문예부흥은 1830년대부터 1850년대에 뉴잉글랜드에서 일어났던 미국의 문예부흥 현상과 유사한 상황에서 비롯된다. 즉, 20세기 초에 몰려들기 시작한 산업화의 물결이 지금까지 농경사회의 기초를 가지고 있던 남부의 기존 가치관을 붕괴시키면서 가치의 충돌이 일어난 것이다. 존 C. 랜섬, A. 테이트, D. 데이빗슨 등의 시인들이 주동이 된 남부의 문학운동은 산업화를 거부하고 역사적인 농본주의 전통을 고수하자는 주장 하에 인간의 존엄성, 인간과 자연의 관계, 백인과 흑인의 관계를 노래하고 있다. 또 도시의 발달과 더불어 인구의 집중이 이루어지면서 뉴욕 시에는 흑인들이 일자리를 찾아 모이게 되었고 그들 중 대부분이 교육을 받고 안정된 직업을 가진 인구로 증가하고 있었다. 이들이 벌이게 된 신흑인 운동은 백인이 부여한 고정관념의 흑인상을 던져버리고 흑인들이 인간의 모습을 찾으려는 시도에서 비롯된 것이다. 참전미군으로서 자긍심을 가지게 됨에 따라 흑인들은 그들도 '미국인'임을 미국 시의 전통을 빌어 노래하고 있다.

미국의 연극은 유진 오닐(Eugene O'Neill, 1888~1953)의 출현과 더불어 발달하기 시작한다. 20세기 초까지도 상업성을 탈피하지 못하고 가벼운 멜로드라마나 무대의상이나 장식이 화려한 작품들을 예술성보다는 흥행 위주의 목적으로 상연하였다. 1912년경 상업성 연극상연에 염증을 느낀 시민들은 예술성이 높은 소극장운동을 벌이게 되었고, 잇따라 천여 개의 극장이 생긴다. 가장 유명한 극단은 뉴욕 그리니치빌리지의 워싱턴 광장 극단(Washington Square Players)과 매사추세츠의 프로빈스타운 극단(Provincetown Players)이었다. 이를 배경으로 탄생한 극작가가 유진 오닐이다. 오닐의 『느릅나무 아래의 욕망』『상복이 어울리는 엘렉트라』 등은 고대 희랍 비극을 바탕으로 쓰어진 현대의 비극이며, 『밤으로의 긴 여로』는 작가의 자서전적인 작품으로서 짙은 절망과 암담한 극의 내용은 미국문학의 비극적 전통의 극화를 보는 듯하다. 제2차 세계대전 이후 남부의 극작가 테네시 윌리엄스는 산업화에 밀리고 미국 남부의 몰락해 가는 문화에 갇혀 꼼짝 못하는 인물들을 취급하여 현실과 환상의 갈등을 필연적인 주제로 하고 있다. 그의 어린 시절을 취한 자서전적인 대표작 『유리동물원』과, 잘 알려진 『욕망이라는 이름의 전차』에서는 현실과 환상의 대조를 다루고 있다. 아서 밀러는 『세일즈맨의 죽음』에서 뉴잉글랜드를 배경으로 주인공 윌리 로먼을 통해 미국적 성공의 신화의 좌절을 그리고 있다. 희랍비극과는 달리 영웅이 아닌 보통사람(the common man)도 비극적 주인공(tragic hero)이 될 수 있음을 보인 작품으로 현대비극의 가능성을 개척한 작품이다.

현대에 와서 두드러진 미국 극작가로는 에드워드 올비를 꼽을 수 있다. 그는 오닐이나 윌리엄스, 밀러가 다루었던 현실과 환상의 주제를 그의 작품에 반영함으로써 미 희곡의 전통을 계승했다 하겠으나, 수법에 있어서는 새로운 전기를 마련하여 소위 '부조리 연극(The Theatre of the Absurd)'을 선보인다. 부조리 연극이라 함은 인간의 현실적응을 어렵게 하고 실망시키는 원인이 환상이나 착각에 있다고 보고 이로부터 인간을 해방시켜 인간이 인간의 조건을 사실대로 직면하게 하는 데 그 목적이 있다. 그들은 인간의 위엄이란 현실의 무의미성을 용감하게 대면할 뿐 아니라, 두려움 없이, 환상의 도움을 받지 않고도 받아들이고 웃어버리는 능력에 있다고 믿기 때문이다. 올비의 『동물원이야기』는 대도시가 공통적으로 가지고 있는 언어의 붕괴, 환상적 도피, 소외감, 절박한 외로움을 다루고 있고 『누가 버지니아 울프를 두려워하랴?』는 양성 간의 갈등을 다루고 있다.

제2차 세계대전 이후 소설은 유태계 문학 르네상스와 비트(Beat)문학이 괄목할 만한 발전을 이룬다. S. 벨로우와 B. 맬러무드 등 대표적인 유태계 미국인들은 그들의 작품에서 도덕성의 문제를 제기했다. 삶의 의미를 추구하는 많은 주인공들은 유태인의 정서와 경험을 대변하고 있으나 동시에 보편성을 지니고 있다. 맬러무드의 작품은 벨로우보다 더 유태적 요소가 강하다. 맬러무드의 주인공들은 훌륭한 유태인은 고통을 될수록 오래 견디어내는 사람임을 보여주는데, 이 점에서 미국문학의 비극적 전통을 잇는다고 볼 수 있다. 유태계 작가들은 벨로우와 맬러무드 외에도 『호밀밭의 파수꾼』으로 잘 알려진 J. D. 샐린저, 『나자와 사자』 『밤의 군단』으로 유명한 N. 메일러, 『냉혈』을 쓴 T. 카포티 등이 있다.

기성세대에 대한 반발에서 불거져 나온 1950년대의 문학현상이 '비트' 문학이다. 사회에서 '패배한(beaten)' 것처럼 느낀다고 해서, 또 재즈 리듬의 강한 '박자(beat)'를 좋아한다고 해서, '비트족(族)'이라고 불리는 이 젊은 세대는 마약·섹스·무모한 여행 등을 서슴지 않으며 동양의 선불교에서 깊은 진리를 찾으려는 태도를 가지고 있다. 휘트먼의 후예인 A. 긴즈버그와 자연에의 몰입을 실천하는 G. 스나이더, 또 자발성(spontaneity)의 전통을 활용하는 소설가 J. 케루악 등이 이 운동을 주도하였다. 케루악의 소설 『노상에서』는 정신적 자유를 찾아 구속적인 도시를 떠나는 모티프를 주로 쓰고 있는데 이는 미국 역사의 특징 중 하나인 '도망'의 주제를 잇고 있는 것이다. 청교도들이 구(舊) 사회인 영국에서 '도망'했듯이, 서부개척자들이 동부의 문화가 정착되면서 부패하는 동부를 떠나듯이, 또 소설에서 허크핀이 안정된 가정과 사회에서 '도망'하듯이, '비트족'들도 기성사회를 등지고 새로운 자유, 질서와 가치를 찾아 '도망'하면서 '의식의 혁명'을 부르짖는 것이다.

존 F. 케네디 대통령, 마틴 루터 킹 등의 암살과 월남전으로 얼룩진 1960년대와 1970년대에 미국소설의 형식은 중요한 실험기를 맞는다. E. L. 닥터로우, R. 쿠버, J. 헬러, K. 보니거트, J. 혹스, W. 개디스 등은 실제의 역사적 인물들을 작품에 직접 사용함으로써 실제의 시간이 과거와 혼재하게 하여 독자를 작품으로부터 유리시킨다. 이러한 후기사실주의(post-realism)는 존 바스에 와서 사실주의 전통 문학에 대한 공격으로 본격화된다. 한편 T. 핀천은 사실적인 플롯을 사용하되 신비로운 비밀을 알아내고자 하는 인물들을 등장시킨다. 1970년대 후반부터 미국소설은 후기사실주의, 포스트모더니즘 실험으로부터 떨어져 나온다. J. 캐롤 오츠나 존 어빙은 전통적인 소설기법으로 돌아와 문학예술이 문화와 사회와 밀접한 관계가 있다는 것을 상기시킨다.

19세기 중반에 중국계 노동이민으로 시작된 아시아계 이민은 1세기 반을 지나는 동안 미국사회의 일원으로 정착하여 최근에 이르러서는 주목할 만한 작품을 내고 있다. 유럽계의 이민들과는 달리 아시아계 이민들은 피부색으로 인해 백인 위주의 미국사회에 동화하는 데 근원적으로 어려움을 겪게 되고 유럽계 미국인의 의식변화가 있어야만 해결될 과제를 안고 있다. 따라서 아시아계 미국문학은 이민의 문제와 동시에 동화(同化)의 어려움이 아직도 주요 주제로 부각되어 있다. 필리핀계 미국인 불로산(Carlos Bulosan)의 『마음속에 있는 미국』, 중국계 미국인 킹스턴 (Maxine Hong Kingston)의 『여인무사』『차이나 맨』『여행왕 원숭이』, A. 탠 (Amy Tan)의 『조이럭 클럽』, 일본계 미국인 H. 야마모토의 『17음절 외』, 한국계 미국인 노라 옥자 켈러의 『종군위안부』『폭스 걸』, 이창래의 『원어민』『제스처 인생』, 차학경(Theresa Hak Kyung Cha)의 『딕테』 등은 새로 부상하는 아시아계 미국문학으로 주목받고 있다.

대략적으로 초기 식민 시기부터 최근까지의 미국문학을 살펴보았다. 이제 미국문학이 다른 나라의 문학과는 구별되는 특징적 현상을 선정하여 논하기로 하겠다. 이미 제시된 바와 같이 미국문학의 특성 중 한 가지는 미국의 형성기에 근원적으로 토대가 된 사상, 즉 청교주의적 인간관에서 비롯된다고 하겠다. 청교주의적 인간관은 계승과 반발의 차원에서 두 가지 상반되는 물줄기를 파생시켰다. 이 기독교적 인간관과 미국의 문예부흥 현상을 연관시켜 하나의 특징으로 보고자 한다. 둘째는 신대륙의 '새로운 인간(the new man)'으로 등장한 미국인은 성경의 에덴의 동산에 살았던 아담과 이브와 같이 때묻지 않은 상태의 인간으로 비유되었다. 이 '순진성(innocence)'의 개념은 미국인의 경험부족, 미국인의 순박성, 미국인의 무지와 곧잘 연관되어 미국적인 특성으로 미국문학에 구현되었다. 셋째는

1920년대에 일어난 세 가지 문학현상이 미국문학의 특성으로 지적될 것이다. 즉, '잃어버린 세대' 문학현상과 남부의 문예부흥 그리고 할렘 르네상스 현상이 그것이다. 마지막으로 넷째는 다양성이다. 미국은 토지가 광활하여 지역에 따른 다양성이 있고, 또 여러 민족들이 모여 미국사회를 구성한 까닭에 인종적 다양성이 있고, 여러 문화권이 혼재하기 때문에 다양성이 포용되어 왔으므로 미국문학의 주요 특징 중의 하나로 다양성을 꼽을 수가 있겠다.

2. 청교주의(Puritanism) 전통과 '미국의 문예부흥(American Renaissance)'

식민지 건설 초기 미국 동북부에 정착한 청교도들의 정신은 미국문학에 큰 영향을 끼친 것으로 평가되고 있다. 모국인 영국의 박해를 피하여 신대륙으로 건너 온 청교도들은 영국의 성공회를 타락한 종교로 간주하고 그들의 이상에 맞는 깨끗한 종교를 실현하고 하나님의 나라를 신대륙에 세우고자 하는 일념으로 불타고 있었다. 그들이 믿었던 청교주의는 인간이 구원을 얻는데 그의 생을 바칠 것이나 인간의 구원은 신에 의해 예정되어 있어야 하며, 인간에게 죄를 피하라 했으나 또한 인간은 죄악에서 벗어나지 못하며 세상의 악은 고칠 수 없고 불가피한 것이라고 말했다. '최후의 청교도'라고 불리는 조나단 에드워즈 (Jonathan Edwards, 1703~1758)는 뉴잉글랜드가 배출한 가장 엄격하고 타협을 모르는 칼빈주의자로 인간의 본성을 악하고 추한 것으로 파악했다. 인간의 원죄는 극복될 수 없는 것으로, 인간에게는 자유의지가 있어 선택권을 행사할 수 있지만 본성이 악한 고로 필연적으로 악을 택하게 되어 있다고 주장한다. 이와 같이 청교도의 경건함에 뿌리를 두고 인간의 악한 본성과 죄의식에 초점을 둔 확신은 19세기의 호손과 멜빌, 이어서 20세기의 포크너와 R. P. 워런 등 미국문학의 비극적 전통을 수립하는 데 큰 영향을 끼쳤다.

또 청교주의는 현실적인 측면도 있어서, 존 윈스럽(John Winthrop)이나 코튼 매더(Cotton Mather) 같은 지도자를 통하여 인간은 그 앞에 놓인 의무가 무엇이든 최선을 다해 일할 것이며 하나님께 경외하는 시선을 거두지 않는 범위 내에서 일과 쾌락을 즐길 것을 가르쳤다. 즉, 하나님은 정의로운 자에게 물질적으로 보상을 내리시기 때문에 재산의 축적은 곧 구원의 표시라고 설명하였던 것이다. 현세적 보상론을 강조하는 청교주의의 노동윤리는 18세기 계몽주의의 영향을 받은 합리주의자 벤자민 프랭클린(Benjamin Franklin, 1706~1790)에 의해 더욱 세속화되었다. 에드워즈와는 반대로 프랭클린은 인간의 이성에 절대적인 신뢰를 두고, 원죄의식을 부정, 인간은 노력하면 얼마든지 자기성취를 할 수 있다고 믿었다. 실제로 그는 무명의 무일푼에서 출발하여 유명한 발명가, 사업가, 외교관으로 성공, 미국에 자수성가의 신화를 창조하여 후대에게는 '미국적 성공의 꿈(The American Dream of Success)' 신화의 근간이 되었고 이와 같은 낙관적 인간관은 에머슨, 소로, 휘트먼 등의 작가를 낳았다.

랠프 웰도 에머슨 : 원죄의식 배척의 기수

에머슨(Ralph Waldo Emerson, 1803~1882)은 청교주의의 영향을 배척할 것을 미국사회에 권면한 철학자요, 시인이다. 1830년대와 1840년대 미국의 서부개척이 더욱 진척되면서, 매사추세츠 주의 콩코드(Concord)라는 작은 도시에 살던 에머슨을 비롯한 초월주의자들은 미국사회가 청교주의의 영향으로 인해 죄의식에 얽매여 과거에서 헤어나지 못하고 있다고 판단했다. 이들이 주창하는 초월주의(Transcendentalism)는 전통적 종교에 반항하는 일종의 이상주의로써, 논리보다는 느낌과 직관에 의한 지식을 존중하고 인간과 자연에 신이 내재한다는 것과 인간의 무한한 가치를 믿는 범신론이다. 1836년에 에머슨은 '초월주의자 모임(Transcendental Club)'을 창설하고 「다이얼(The Dial, 1840~1844)」지를 창간하는 한편, 자신의 생각을 글이나 강연의 형식으로도 발표하여 동시대의 추종자들뿐 아니라 후대에까지 많은 영향을 끼쳤다.

특히 그의 『자연론(*Nature*, 1836)』의 서문에서 에머슨은 신과 동일한 인간에게 자연에 대한 '독자적인 관계(an original relation)'를 가질 것을 선언하고, 사람들이 자연에서 직접 진리를 추구하기보다는 이미 죽은 자들의 전기나 그들이 자연에 대해 써놓은 글 등 간접적이고 회고적인 방식으로 노력하고 있다고 하면서, 이제는 뒤를 돌아보지 말고 남의 눈이 아닌 자신의 눈으로, 자신의 귀로 진리를 찾을 것을 촉구하고 있다. 『자연론』 외에도 『자긍(*Self-Reliance*, 1841)』『미국의 지식인(*The American Scholar*, 1837)』 등에서 사람들이 자신을 가지고 자신의 내면의 목소리에 귀를 기울이며 자신의 직관을 신뢰하여 독립적인 판단을 할 것을 권고했다. 이러한 에머슨의 주장은 원죄의식에 매여 자신을 찾고 있지 못하던 사람들에게 자아를 되돌려준 셈이 되었으며 자신감을 가지고 미래를 개척해 나가는 용기를 불어넣어 미국의 서부개척정신에 큰 공헌을 한 셈이 되었다.

에머슨의 사상은 긍정적인 영향도 컸으나 부정적인 영향도 매우 컸던 것으로 평가된다. 미국의 기업가와 금융인들이 때마침 에머슨의 주장을 기업운영의 합리화에 이용했던 것이다. 또한 에머슨의 사상은 소로, 휘트먼은 물론, 20세기의 시인들에게까지 영향을 미쳐 계승되었는데, 동시대에 에머슨의 철학이나 인간관에 동의하지 않았던 호손, 멜빌, 그리고 후대의 헨리 제임스에게서도 에머슨의 영향이 부정적으로 나타난다는 사실은 에머슨의 영향이 얼마나 지대했는가를 짐작할 수 있게 한다.

헨리 데이빗 소로 : 에머슨 철학의 신봉자

에머슨이 초월주의 사상의 이론가라면, 소로(Henry David Thoreau, 1817~1862)는 실천가라고 한다. 소로는 에머슨의 강연을 듣고 매료되어 에머슨 주위를 맴돌다가 드디어 에머슨의 도제로 들어간 젊은이로 약 7년에 걸친 에머슨과의 교류로 유명하다.

대표작인 『월든(*Walden, or Life in the Woods*, 1854)』은 에머슨의 가르침을 삶의 현장에 실행해 본 결과를 기록한 것이다. 소로는 월든 연못가에 직접 오두막을 짓고 2년 2개월 2일 동안 혼자 생활하면서 인간이 사는 데 필요한 경비가 어느 정도인가를 계산해 놓고 있다. 이 저서가 갖는 의미는 당시의 미국인들이 물질주의에 병들어 인생을 돈벌이에 허덕이고 절망적인 삶을 살고 있는 현상에 일단 문제를 제기하고, 진정한 삶의 방식이 무엇인지, 어떻게 해야 인생을 의미 있게 살고 가는지에 대한 진지한 생각을 유도하는 데 있다. 소로가 "'삶의 진수'가 무엇인지를 알기 위해 숲에 들어왔노라"며 "생이 다한 뒤에 비로소 내가 헛되이 살았구나 하는 고백을 하지 않게 되기 위해 숲에서 생활하기로 했노라"라고 했던 말은 현대를 사는 우리에게 문득 우리 자신의 삶을 되돌아보게 만드는 매력을 지니고 있다. 이 책은 부수적으로 면밀한 자연에 대한 관찰이 압권이기도 하다.

소로는 획일적인 사회에 대고 "No!"를 한 것으로도 유명하다. 개인의 양심에 비추어보고 설득이 되지 않을 때는 남의 눈치를 볼 것 없이 순응하지 않는다는 것이다. 대표적인 경우가 그의 「시민 불복종(Civil Disobedience, 1848)」에 잘 나타나 있다. 소로는 미국정부가 멕시코와의 전쟁을 수행하고 있는 것에 대한 반대의 표시로 매사추세츠 주 주민세 납부를 거부하였고, 이로 인해 감옥신세를 지기도 하였다. 이와 같은 소로의 반체제 정신 혹은 저항의식은 간디나 마틴 루터 킹에 계승되어 소극적 저항운동이긴 하나 강한 이견(異見)의 표현방식으로 전 세계에 영향을 주고 있다.

월트 휘트먼 : 에머슨 사상의 시적 표현

휘트먼(Walt Whitman, 1819~1892)이 그의 시집 『풀잎(Leaves of Grass, 1855)』을 발간하여 에머슨에게 보냈을 때 에머슨이 그 시인의 위대성을 곧 알아본 것은 멜빌이 호손을 만났을 때 "the shock of recognition"을 느낀 것이나 같다. 호손과 멜빌이 '어둠의 세력(the power of blackness)'이라면 에머슨과 휘트먼은 '빛의 사도(the apostle of light)'라 할 것이다. 휘트먼의 시는 에머슨의 사상을 그대로 옮긴 듯 유사하다. 당시로서는 혁명적으로 휘트먼은 '자아(self)'를 노래했다. 자아가 우주의 중심이며 우주의 전체고,

나의 자아는 당신의 자아와 대등하고 당신의 자아도 나의 자아만큼 훌륭하다는 것이다.

‘보통사람들’의 대통령 앤드류 잭슨을 추종한 휘트먼은 민중시인, 민주시인이라 불릴 만큼 민주주의에 대한 신뢰와 자부심이 컸던 시인이었다. 그는 에머슨처럼 미국 자체를 하나의 시로 보았으며, 새 시인은 과학을 환영하고 낙관주의를 고무하며, 예술 속에서 자유와 소박함을 추구한다고 하였다. 그의 시 형식은 물론 자유시였고 시어도 구애받음이 없이 신문용어나 정치연설, 신조어 등을 자유자재로 사용하였다.

에드가 앨런 포 : 인간영혼의 어두움을 포착

비록 청교주의와 밀접한 관계는 없으나, 시인이자 단편작가, 비평이론가로 유럽문단에서 먼저 인정을 받은 포(Edgar Allan Poe, 1809~1849)는 그의 수많은 단편소설 작품 속에서 J. 에드워즈가 강조한 인간의 악한 본성을 가장 심오하게 극한적으로 탐구하였다. 포는 1830년대 후반부터 러시아 주요 잡지에 번역, 소개되어 ‘mad Edgar’로 잘 알려져 있었고, 도스토예프스키는 포를 아끼고 찬양한 사람들 중의 한 사람으로 1861년 그의 잡지 「브레먀(Vremia, I, 230)」에 포를 “the Russian Favorite”로 소개하면서 포의 세 작품, 즉 「검은 고양이(The Black Cat, 1843)」, 「고자질쟁이 심장(The Tell-Tale Heart, 1843)」, 「종탑 속의 악마(The Devil in the Belfry, 1839)」를 게재하고 있다. 포의 작품들은 이해하기 어려운 인간의 행동을 묘사함으로써, 프랭클린의 시대에 숭앙된 인간의 이성적 존재로서의 특성에 반격을 가하고 있다.

예술을 위한 예술, 형식의 완벽한 미를 추구한 포의 특징은 어두운 인간의 내면세계의 탐색이라 하겠다. 특히, 「검은 고양이」나 「변태(The Imp of the Perverse)」「고자질쟁이 심장」에서, 작품의 주인공들은 한결같이 오만하고 자신에 차 있으며, 한 가지 개념에 몰두하여 차질 없이 범죄를 실행하고는 그 완벽성에 죄의식을 느끼고 스스로를 고발하는 심리적 도착성

(perverseness)을 보인다. 고딕소설에 가까운 인간의 범죄심리현상을 빼어
난 묘사를 통해 사실적으로 제시하고 있다.

나다니엘 호손 : 원죄의식 표현

호손(Nathaniel Hawthorne, 1804~1864)도 비극적 인간관을 작품에 표
현한 작가다. 뉴잉글랜드의 핵심지역인 매사추세츠 주 세일럼(Salem)에 기
반을 둔 출중한 청교도 가문의 후손이었던 그는 가문의 창시자인 윌리엄
호손(Hathorne)*이 퀘이커 교도들을 박해했던 사실과 그 아들 존 호손이
그 유명한 1692년의 마녀재판에 적극적으로 관여했던 사실 때문에 과거에
대한 죄의식이 컸던 것으로 전해진다. 그는 후일 인기 시인이 된 롱펠로
(Longfellow)와 보드윈(Bowdoin)대학 동창으로 대학시절부터 직업 작가가
되고자 하는 야심을 가졌었고, 1850년에 『주홍글자(*The Scarlet Letter*)』를 출
간함으로써 뉴잉글랜드 문예부흥을 알리는 셈이 되었다. 후에 비평가 F.
O. 매시슨(Matthiessen)이 '미국의 문예부흥(American Renaissance)'이라고
명명하는 이 문학현상은 미국이 영국으로부터 독립을 쟁취한 지 거의 1세
기가 되는 시점이다.

호손은 인간의 마음(the heart)과 정신(the mind)이 균형을 이루는 것이
중요하며, 마음은 신의 영역이므로 같은 인간이 차가운 호기심으로 다른
인간의 마음을 파 들어가서는 안 된다고 보았던 것 같다. 『주홍글자』는
17세기 청교도사회를 배경으로 한 여인의 간통을 다루고 있다. 제목은 그
여인이 가슴에 달고 살아야 하는 간통(adultery)을 의미하는 A자를 가리킨
다. 젊고 매력적인 헤스터(Hester Prynne)와 학문밖에 모르는 노인 칠링워
스(Roger Chillingworth)의 결혼은 이미 균형이 깨어진 인간관계를 암시하
고, 감성과 애정이 극도로 억압되었던 청교도사회를 배경으로 헤스터는
젊고 열정적인 담임목사 딤스데일(Arthur Dimmesdale)과 애정관계를 맺음

---

* 본래 호손 가문의 이름 철자는 'Hathorne'이었으나, 작가가 'w'를 자기 이름에
추가하였다고 한다. 발음은 동일하다.

으로써 또 하나의 잘못된 인간관계를 생성한다. 젊은 부인을 뒤쫓아 보스턴에 온 늙은 남편 칠링워스는 헤스터와의 부부관계를 숨기고 간부를 찾아내고자 딤스데일 목사의 주치의로 자리잡고 괴로운 죄인의 가슴을 압박한다. 결국 젊은 남녀는 정열의 죄악을 저지르고 참회와 형벌을 받지만, 칠링워스는 자신에게 숨겨진 범인을 밝히고자 "인간의 성스러운 영역인 마음(the sanctity of the human heart)"을 짓밟는 오만의 죄를 범하여 가장 용서받을 수 없는 자가 된다. 호손이 말하는 용서 못할 죄(the unpardonable sin)는 "인간 영혼에 대한 사랑과 존경이 결핍한 것에 있다. 인간 영혼의 내밀한 곳을 탐색하는 자는 그것을 개선한다는 희망이나 목적이 아니라 단순히 냉담하고 철학적인 호기심을 가지고 엿보는 것"이므로 용서할 수 없는 죄를 범하게 된다는 것이다.

이 용서 못할 죄인은 지식인들이나 과학자, 의사 등이 주종을 이룬다. 호손은 대개의 문인들이 그러하듯이 과학의 발전에 대해 회의적이었다. 요즘 21세기의 과학발달로 관심의 대상으로 떠오르고 있는 인간복제 문제는 이미 그의 단편 「라파치니 박사의 딸(Dr. Rappaccini's Daughter, 1844)」에서 다루어졌다고 볼 수 있다. 라파치니는 딸 비어트리스(Beatrice)를 어느 인간도 해칠 수 없어 안전하도록 독(poison)을 먹여 키운다. 그는 자기 정원에 독성 식물을 키우고 그 화초를 딸이 돌보도록 함으로써 비어트리스가 독에 대한 면역성을 기르도록 한다. 다시 말하면 신종 인간을 창조한 것이다. 그러나 이 아름다운 비어트리스를 사랑하게 된 청년이 그녀에게 해독제를 주는데, 이 해독제는 그녀에게는 독약으로 작용하여 비어트리스는 죽게 된다. 인간이 인간의 영역을 넘어 창조주의 영역을 침범할 때 그 결과는 비극일 수밖에 없다는 것이다. 라파치니도 지나친 지식과 학문의 추구로 인하여 딸을 잃는 비극을 맞게 되었다.

호손은 또한 출중한 조상들의 과거 행적 때문에 고심을 했던 것으로 보인다. 그의 또 다른 로맨스 『칠 박공의 집(*The House of the Seven Gable*s, 1851)』은 조상의 죄가 당시로 끝나는 것이 아니라 대를 이어 후손에게 대가를 요구하는 것을 주제로 다루고 있다. 핀천 대령(Pyncheon)이 무고한 몰(Maule)을 마녀로 몰아 처형시키고 그 땅을 빼앗아 칠 박공의 집을 지은 이후, 본인과 후손이 몰의 저주대로 피를 토하고 죽는 일이 일어난 것이다. 폐가로 몰락한 이 집은 선하고 천성이 밝은 피비(Phoebe) 핀천과 몰의 후손인 홀그레이브(Holgrave)가 사랑에 빠짐으로써 저주의 사슬에서 풀린다. 몰의 저주는 실상, 핀천 자손들의 성급한 성질에서 비롯된 증상이며, 탐욕을 이어받은 핀천 가의 남자들은 건축을 맡은 몰의 아들이 숨겨놓은 저택의 문서를 찾고자 혈안이 되어 사촌을 음해하는 지경에 이른 것이다. 결국 호손이 말하는 과거의 죄란 유전적으로 계승되는 성격, 성향 혹은 재주와 기술에 의한 것이므로 설득력과 타당성을 가진다. 같은 후손이라도 이러한 성격과 성향을 타고나지 않았으면 조상의 죄의 사슬에서 벗어날 수 있는 것이다.

허먼 멜빌 : 호손의 동조자

뉴욕 시에서 양가 배경이 뛰어난 부모 아래 태어난 멜빌(Herman Melville, 1819~1891)은 호손이 그랬듯이 어린 나이에 부친을 여의고 집안이 어려워졌다. 13세부터 이것저것 일거리를 찾다가 결국은 돈벌이를 찾아 리버풀로 상선도 타고 고래잡이배를 타고 남해에 가기도 하였다. 선상에서는 인간의 잔인한 양상을, 바다에서는 '우짖는 무한(howling infinite)'에 대한 직관을 얻었다고 한다. 1850년 호손과의 만남이 있어 짧기는 했으나, 그 사귐은 멜빌에게 전환점이 되었다. 호손에게서 자신과 같은 영혼을 발견하고 크게 격려를 받았던 것이다. 그가 자신의 역작『모비 딕(Moby-Dick, 1851)』을 호손에게 헌정한 것은 그러한 연유에서다. 이 작품을 탈고하면서 멜빌은 가슴에 있던 체증을 다 털어버린 듯 "양처럼 깨끗하게, 한 점 흠도 없게 된 듯한 느낌"이라고 고백하였다. 그만큼 이 작품은 인간의 깊은 죄악이 적나라하게 전개된 대작이다.

『모비 딕』은 화자인 이스미얼(Ishmael)의 소설이다. 이스미얼이 피코드

(Pequod)라는 고래잡이배에 올라 경험한 바를 서술하고 있다. 육지생활에 지루해져서 앞에 가는 아무 엉덩이나 발길질하고 싶은 충동을 느낄 때, 이스미얼은 이 때는 바다에 나가야 한다고 말하고 있다. 다시 말하면, 육지생활에서 소외되고 동료인간에 대해 공연히 짜증이 날 때, 호손이 말하는 '인류의 자석 띠(the magnetic chain of humanity)'에서 튕겨져 나오려 할 때, 인간의 유대감을 다시 확인하기 위하여 이스미얼은 배를 타는 것이다. 이렇게 보면 배는 시건방져 가는 인간에게 우주의 질서를 다시 깨우쳐 우주 속에서의 인간의 위치를 교육하는 곳이다. 이스미얼에게 제공되는 인간 드라마의 주인공은 에이햅(Ahab) 선장이다. 선장은 선원들의 안전을 책임지고 선주의 사업을 대행하는 것이 임무인데, 이스미얼이 보는 에이햅 선장은 포경선의 본연의 임무에는 전혀 관심이 없다. 한쪽 다리를 흰 고래에게 뜯긴 에이햅은 그 고래를 찾아 복수하려는 사적인 목적을 드러낸다. 외다리 에이햅은 그의 판단이 한쪽으로 치우칠 것임을 암시하기도 한다. 피코드가 아들을 잃고 헤매는 레이철(Rachel) 포경선을 만났을 때, 에이햅은 백경의 위치만 알아내는 데 급급할 뿐, 그 선장이 오랜 친구임에도 불구하고 인간적인 요청을 거절한다. 이미 그는 '인류의 자석 띠'를 벗어나 광적인 자신의 목표에만 몰두하고 있다. 호손이 말하는 'heart'는 없어지고 'head'만 남은 형국이다.

에이햅은 백경의 공격으로 다리를 잃게 되면서 균형 잡힌 판단을 할 수 없게 된다. 그는 호손의 칠링워스처럼 동료인간에 대한 사랑과 애정을 잃었으며, 오로지 복수의 일념에 젖어 있다. 칠링워스처럼 에이햅은 불가지의 존재를 용납할 수 없고, 또 직접 자신이 알아낼 수 있다고 자신하는 것이다. 멜빌이 에이햅을 신적인 존재로 묘사하고, 또한 무한한 영역을 동경하고 인간에게 파악할 수 없는 것이 있을 수 있다는 사실을 받아들이기를 거부하는 에머슨적인 존재로 묘사한 것은 당시 사회를 풍미하던 초월주의에 대한 멜빌의 비판을 나타낸 것이다. 자신의 다리를 앗아간 모비 딕에게 복수할 것을 다짐하는 에이햅 선장은 분노로 인해 판단력이 경도

되어 모비 딕을 악의 화신으로 단정하며, 자신의 판단에 대한 과신은 우주 질서에 대한 균형 잡힌 이해를 가로막고 결국은 파멸을 부른다.

3. 미국적 순진성(American Innocence)

미국문학의 특성을 짚으라면 미국적 순진성이 그 주요특성 중 하나로 늘 지적된다. 미국은 신대륙이자 약속의 땅으로 여겨졌으며 작가들은 이 새로운 세계를 에덴의 동산에 비유하고 미국인을 최초의 인간 아담으로 보았다. 미국적 순진성이란 아직 타락하지 않은 세상에서 죄악을 경험하지 못하여 순진한 눈으로 세상을 낙관적으로 보는, 따라서 무지하고 순수한 측면을 동시에 가지고 있음을 뜻한다. 미국문학의 대가들이 이 순진성의 주제를 많이 다루고 있는데 특히 호손, 멜빌, 제임스, 헤밍웨이 등의 작품에서 미국적 순진성의 표상들을 만날 수 있다.

순진성을 상징하는 등장인물의 모습은 19세기 미국소설의 주요 측면이라 할 수 있다. 호손은 그의 네 권 중 마지막 로맨스 『대리석 목신(*The Marble Faun*)』에서 힐다(Hilda)를 순진성의 상징으로 내세우고 있다. 힐다는 완벽한 순수성을 지키고 세상의 죄로부터 거리를 두기 위하여 높은 탑에서 기거하며 옷도 흰색만을 고집하는데 친구인 미리엄(Miriam)에게 어두운 과거가 있음을 알게 되자 이를 용납하지 못하고 절연을 선언한다. 작가는 힐다라는 인물을 통해 혼자만의 완벽한 순진성이 오히려 비인간적이고 매우 이기적인 죄악임을 암시하고 있는 것이다.

호손과 동시대인 멜빌도 순진성을 작품 중에 활용하고 있다. 예컨대 「서기 바틀비(*Bartleby, the Scrivener*, 1853)」 「베니토 세리노(*Benito Cereno*, 1855)」 「빌리 버드(*Billy Budd*, 1924)」 그리고 장편 『모비 딕(*Moby Dick*, 1851)』 등에서 멜빌은 조금씩 다르기는 하나 어쨌든 순진성의 파괴력을 묘사하고 있다. 바틀비는 월 스트리트 세계에서 인간이 무엇인지 모르는 채 질식당해 파괴되고, 「베니토 세리노」의 미국인 선장 딜라노(Delano)는 인종 간의 전쟁 속에서도 그 순진함으로 인해 세리노 선장의 파멸을 이해하지 못하며, 빌리 역시 왜 자신이 사형에 처해져야 하는지를 이해하지 못한다. 『모비 딕』에서는 에이햅 선장의 오만한 순진성이 흰 고래 모비 딕에 투영되어 악으로 비추어지며, 이 악의 존재를 제거하려고 나선 에이햅 선장은 스스로에게 부과한 하나의 임무가 이념이 되어 자신의 파멸을 초래하고 마는 것이다.

헨리 제임스 : 무경험의 순진성

순진성은 독특하게 미국적인 작품을 낸 최초의 작가 중 한 사람으로 간주되는 헨리 제임스(Henry James, 1843~1916)의 작품에서도 예외 없이 다루어지고 있다. 『여인의 초상(*The Portrait of a Lady*, 1881)』, 『미국인(*The American*)』, 『대사들(*The Ambassadors*, 1903)』, 『황금잔(*The Golden Bowl*, 1904)』 등에서 주인공들의 '순진한 무지(innocence, ignorance)'는 다른 작중 인물들의 세련된 경험(experience)과 대조를 이룬다. 제임스는 미국적 순진성을 드러내기 위하여 유럽문화의 대조적인 가치를 작품 속에 사용하였다.

제임스가 유럽의 대조적인 가치를 작품에 활용한 것은 그의 부친의 교육철학 덕분이었다. 할아버지(William James)의 엄격한 청교도식 교육에 반발하여 작가 헨리 제임스의 아버지 헨리 제임스(Henry James, Sr.)는 가족을 유럽과 미국을 오가며 자주 이동시킴으로써 자녀들로 하여금 편견을 가지지 않고 될 수 있는 대로 넓은 경험과 식견을 쌓게 한다. 어린 시절부터 유럽의 여러 도시와 미국을 관찰하게 된 작가 제임스는 자연히 두 문화권의 대조적인 양상에 눈을 뜨게 되고 관심을 가지게 된다.

제임스가 그의 작품들에서 차용한 순진성의 개념은 유럽문화로 표상되는 인간사회에 대한 무지와 경험의 결여다. 예컨대, 제약이 많은 뉴잉글랜드 사회에서 인생경험이 별로 없이 자라난 『여인의 초상』의 여주인공 이자벨(Isabel)은 유럽이라는 새로운 세상을 더 알고 진취적인 삶을 살고자 꿈을 갖게 된다. 자기의 이상을 실현하려는 생각으로 의미로운 선택이라고 순진하게 믿으면서, 재능은 있되 경제적인 뒷받침이 없어 예술가로서의 꿈을 접고 사는 오스몬드(Osmond)를 남편으로 받아들인다. 작가는 주위의 경고나 충언과는 상관없이 이자벨이 자신의 내면의 목소리에 귀 기울이면서 결정하는 것은 에머슨적인 사고방식에 혹은 미국적인 무비판적이고 무경험적인 사고방식에 맹점이 있음을 비판하고 있는 것이다.

제임스는 작가로서 미국문화의 부재를 누구보다도 고민하였다. 작가를 탄생시키기에 필수조건인 오랜 문화, 즉 관습이나 습관, 형식과 매너 등으로 표현되는 문화의 전통이 미국에는 존재하지 않음으로 해서 작품화할 것이 없다는 한탄이 그것이다. 따라서 그의 작품들은 미국을 떠나 유럽에서 문화적 충격을 받거나 유럽화한 미국인들이 다시 고국을 찾으면서 겪는 문화적 충격을 주로 다루고 있다. 소위 국제주제 'international theme'라고 하는 이 주제는 이미 제임스 페니모어 쿠퍼(James Fenimore Cooper, 1789~1851)가 소개한 바 있으나 미국적 특성으로 승화시킨 것은 제임스에 이르러서다.

마크 트웨인 : 자연대로의 순진성

역시 순진성의 주제를 다루면서도 호손이나 멜빌, 혹은 헨리 제임스와는 다른 방식으로 미국문학의 영역을 넓혀간 작가가 샘 클레멘스(Samuel Clemens), 혹은 더 잘 알려진 이름으로, 마크 트웨인(Mark Twain, 1835~1910)이다. 미국 동북부 문화에 뿌리를 둔 앞의 세 작가들과는 달리 트웨인은 중부 오하이오 출생으로, 미시시피 강이 주는 의미를 누구보다도 깊이 새긴 미국인이었다. 『톰 소여의 모험(*The Adventures of Tom Sawyer*)』으로 인하여 아동문학작가로 잘못 알려진 트웨인은 사실 『허클베리 핀의 모험(*The Adventures of Huckleberry Finn*, 1885)』이라는 진지한 소설작품을 낸 작가다. 주인공 허크(Huck)는 술주정뱅이 폭군인 아버지를 피하여 미시시피 강에서 뗏목생활을 하게 되는데, 이때 백인 주인으로부터 도망 나온 흑인 노예 짐(Jim)과 조우하게 되고 이 흑인과 여러 가지 어려운 경험을 같이 하는 가운데 짐도 자기와 같은 인간임을 알게 되고, 다른 백인들보다 오히려 더 진실하고 정이 많음을 깨닫는다는 이야기다. 흑인의 인권을 인정하지 않는 남부사회를 배경으로 인종의 문제를 정면으로 다루고 있는『허크핀의 모험』은 자연인으로서의 주인공이 매우 상식적인 결단을 내리는 것으로 그의 성장을 가늠한다. 허크는 정식 학교교육은 못 받았으나, 한 인간의 진면목을 알게 되자 사회의 위선적인 도덕률에 영합하기보다는 자신의 양심의 소리에 귀를 기울이고 그에 따라 행동하기로 결심한다. 허크는 짐을 도망노예로 신고하지 않고 자유를 누리도록 돕는 것이다. 이와 같이 허크가 보이는 순진성은 때 묻지 않은 자연의 모습 그대로, 타락하지 않고 위선에 물들지 않은 인간 특히 신대륙 미국인의 특성으로 간주된다.

이 작품을 통하여 트웨인은 주제 상으로만 아니라 기법 면에서도 특유의 영역을 개척한다. 그가 처음으로 작품에 도입한 구어체 영어는 그때까지 교육받은 언어로 완벽한 문법에 맞추어 표현하는 것을 정석으로 알던 미국문단에 미국 사투리의 가능성을 보였을 뿐만 아니라 미국 삶의 모습을 있는 그대로 재현해내었다는 것에 의미를 둔다. 백인이면서도 학교에 다니지 못하는 허크와 무식한 노예 짐이 하는 말이나 이해하는 내용을 들리는 대로 이해하는 대로 옮겨 적음으로써 언어 자체가 풍기는 희극성과 친근감을 작품에 더하였다. 또 작품 전체에 녹아 있는 트웨인의 유머는 미국 남서부의 이야기 전통을 토대로 한 것이어서 더욱 값지다.

윌리엄 포크너 : 몰이해의 순진성

19세기의 대표적인 소설작품에 자주 등장하던 순진성의 주제는 20세기의 대표작가 윌리엄 포크너(William Faulkner, 1897~1962)에서도 주요 주제로 다루어진다. 그의 대작『내 아들, 압살롬아!(*Absalom, Absalom!* 1936)』의 제목은 성경에 나오는 다윗 왕이 그에게 반기를 든 아들 압살롬의 죽음을 애통해 하며 부르짖는 말임은 다 아는 바다.(「사무엘」하, 18장 33절) 포크너는 이 성경적인 배경에 미국 남부사회의 구조적 불합리인 노예제도를 엮어 넣었다. 프랑스인 건축기사와 한 떼의 노예들을 앞세우고 미시시피 주 제퍼슨 시에 홀연히 나타난 토마스 섯펜(Thomas Sutpen)은 거대한 장원을 건축하기 시작하고 그 마을의 점잖은 집안 규수에게 구혼하여 아들 헨리(Henry)와 딸 쥬디스(Judith)를 얻는다. 그는 빈한한 알코올 중독자 백인의 아들로, 재산이나 소유 등의 개념을 모르고 순진하게 지내고 있었는데 아버지의 심부름으로 아랫동네 백인의 저택에 갔다가 새로운 세상을 발견하고 충격을 받게 된다. 찾아간 백인은 자신의 아버지와는 달리 대단한 부와 사치를 누리고 있을 뿐 아니라 자신은 백인이되 그 집의 흑인 하인에게조차 사람대접을 못 받는 존재임을 깨달았기 때문이다. 소년 섯펜은 백인의 혈통만으로 집안을 일으키기로 결심하며 그 길로 가출하여 서인도제도로 가서 맨손으로 일차적인 성공을 이룬 듯했다. 그러나 태어난 아들(Charles Bon)에게 흑인 피가 섞였음을 알게 되자 그간의 노력과 세월 손실을 수용하고 새로운 가문의 출범을 위하여 제퍼슨 시에 나타났던 것이다. 운명의 신은 두 아들 찰스와 헨리가 미시시피대학교에서 만나 친한 사이가 되게 만들고 헨리는 찰스에게 흑인 피가 섞였음을 알게 되자 자기 누이와 결혼함으로써 혼혈이 되는 것을 막기 위하여 찰스를 죽이고 잠적한다. 이러한 비극적 결말 앞에서 이제 환갑을 넘긴 섯펜은 자기로서 할 도리를 다 했는데 왜 이런 일이 일어났는지를 이해하지 못한다면서 마음속 깊이 자리한 순진성을 드러낸다. 섯펜의 순진성은 사람이 물리적으로 예측 가능한 존재라고 전제하는 데 있다. 인간의 정리(情理) 관계를 돈으로 청산하고 합리적 처치를 했다고 믿는 것은 기계론적 인간관이라고 볼 수 있다. 섯펜의 첫 번째 부인에게는 물질로 해결되지 않는 인간의 정 또는 서운함에서 오는 복수심이 있었을 수 있다. 또 노예제도를 토대로 일궈진 남부의 경제, 사회제도가 하루아침에 순수 백인혈통으로 수립될 수 없음은 당연하다. 섯펜의 무지는 인간의 심리 이해 측면에 그치지 않고 그가 속한 사회의 근본체제를 그가 전면 부정하는 데서 비롯되기도 한다.

4. 1920년대의 '잃어버린 세대' 작가들

1920년대를 흔히 '재즈의 시대' '포효하는 20년대' '풍요로운 20년대' 혹은 '잃어버린 세대'라고도 부른다. 제1차 세계대전이 미국을 바꾸어놓았던 것이다. 세계를 위하여 민주주의를 지키려고 참전한 미군 팔백만 명이 목숨을 잃었고 과학기술의 발달로 자동차, 라디오, 영화의 보급이 이루어졌다. '잃어버린 세대' 작가들은 청교도적이고 보수적인 가치를 등지고 유럽으로 도망을 갔다. 또 전쟁으로 인하여 미국은 전 세계 부의 40%를 차지하는 부국이 되었다. 풍요로운 사회를 살면서 사람들은 새로운 전율과 자극을 원했다.

F. 스콧 피츠제럴드 : '잃어버린 세대'의 상징

트웨인과 헨리 제임스가 각기 다른 측면에서 세기의 전환기를 대표했다면, F. 스콧 피츠제럴드(F. Scott Fitzgerald, 1896~1940)의 문학과 삶은 1920년대를 대표한다. 그는 미네소타 주의 세인트 폴(St. Paul)에서 태어나 프린스턴대학을 다녔으며, 남부의 미녀 젤다(Zelda)를 만나 1920년에 결혼했다. 그들의 결혼생활은 버릇없는 어린아이들처럼 천방지축이었으며 낭만적이고 화려했지만, 낭비와 사치가 심하던 젤다는 1930년에 정신질환을 일으켰다. 그들의 짧고 비극적인 결혼생활은 그 시대상을 대변한다.

피츠제럴드의 대표작 『위대한 개츠비(*The Great Gatsby*, 1925)』는 제1차 세계대전 이후 미국의 화려함과 추악함을 묘사하고 있는데, 우리는 화자 닉(Nick Carraway)의 눈을 통하여 부유층의 잔혹성과 부도덕성을 본다. 주인공 개츠비 자신이 미국사회의 선과 악을 공히 대변하는 인물로써, 그는 낭만적인 이상의 꿈을 실현하기 위하여 비합법적 방식으로 치부를 한다. 개츠비가 물질만능의 사회에서 굳건하게 낭만적 꿈을 고수하는 것은 아름답지만, 옛 여인을 다시 찾기 위해 불법거래에 의존한 것은 그의 꿈에 흠집을 낸다. 또한 개츠비는 그가 추구하는 사랑이 참 가치를 부여할 만한지에 대한 판단이 부족하며 또 이미 결혼한 여성을 빼앗으려 계획한 점에서 그의 부도덕한 정신세계를 볼 수 있다. 개츠비가 무에서 출발하여 부를 이룬 것은 미국적 성공의 꿈에 해당하나, 그 성공은 이면에 부도덕과 불법을 숨기고 있다. 이것은 19세기에 많은 젊은이들로 하여금 집을 떠나 성공을 추구하게 만들었던 깨끗한 성공의 신화가 20세기에 들어서는 수단방법을 가리지 않고 추구하는 성공의 꿈으로 변질되어 있음을 보여준다.

어네스트 헤밍웨이 : ‘잃어버린 세대’와 허무주의

전후의 정서를 가장 잘 표현한 작가가 헤밍웨이(Ernest Hemingway, 1899~1961)일 것이다. 헤밍웨이는 일리노이 주의 오크 파크(Oak Park)에서 태어나 어린 시절에 여름을 북부 미시간에서 보내곤 했다. 그는 제1차 세계대전의 이탈리아 전선이라든가 스페인 내전 등 삶과 죽음의 격전지를 찾아 인간의 모습을 직접 경험하였으며, 그 후에도 아프리카·쿠바 등지에서 시간을 보냈다. 종군기자로서의 그의 경력은 그의 문학 스타일을 유명하게 만들었다. 소위 ‘비정적(非情的); hard-boiled)’ 스타일이라고 불리는 그의 문체는 작가의 감정을 섞지 않고 대상과는 거리를 두며, 구어체를 사용하는데, 쓰이는 단어는 거의 단음절이고, 복문과 수식어를 피하며 대개 20개 이내의 단문인 것이 특징이다.

여러 전쟁을 목도하면서 삶과 죽음을 보아온 헤밍웨이는 그의 작품에서 허무적이고 방황하는 시대를 잘 반영하고 있다. 『해는 또 다시 뜬다(*The Sun Also Rises*, 1926)』에서는 전쟁에서의 부상으로 성불구가 된 제이크 반즈(Jake Barnes)를, 『무기여 잘 있거라(*A Farewell to Arms*, 1929)』에서는 제2차 세계대전의 이탈리아 전선을 배경으로 프레드릭 헨리(Frederic Henry)를 통하여 전쟁에 대한 환멸과 인생의 허무를 보인다. 바다에서의 고투(孤鬪)를 통해 고독한 인간의 불굴의 투지와 용기를 보인 『노인과 바다(*The Old Man and the Sea*, 1952)』는 헤밍웨이에게 1954년의 노벨 문학상을 안겨주었다.

윌리엄 포크너 :가치의 붕괴와 '잃어버린 세대'

포크너(William Faulkner, 1897~1962)는 1950년 노벨상 수상 연설에서 작가의 임무란 인간에게 과거의 영광이 되어온 용기와 영예와 희망과 자부심과 연민과 동정과 희생을 상기시키고 인간이 힘을 내도록 하여 어려움을 견디어 나가도록 돕는 것이라고 했다. 포크너의 작품들은 인생의 어려운 지경에서도 연민과 희생의 가치가 있음으로 해서 인간이 결국은 승리하리라는 예측을 가능하게 해주고 있다.

예컨대, 노벨상 수상작인 『울부짖음과 분노(*The Sound and the Fury*, 1929)』는 몰락해 가는 남부의 한 명문가 콤슨(Compson)가의 이야기인데 기능을 잃은 부모에, 집안의 희망이던 장남의 자살, 장녀의 가출과 사악한 차남과 백치 막내아들의 존재 등은 현대의 암울한 이야기이고 절망할 수밖에 없는 여건이다. 그러나 작가는 무게의 중심에 정상인 흑인하녀를 등장시키고, 이 망해 가는 집안을 어느 정도 추스르게 함으로써 어렴풋하나마 인간의 미래에 희망을 갖게 하는 것이다. 정신적 가치의 상실을 다룬 이 작품은 그 모더니즘 기법으로도 유명하다. 포크너는 소위 '의식의 흐름(the stream of consciousness)' 기법을 써서 작품을 풀어나갔다. 네 부분으로 이루어진 이 소설은 처음에 백치의 의식세계를 소개한다. 33세가 된 벤지에게는 현재와 과거의 구분이 없다. 따라서 그의 단순한 문장은 아무런 경고가 없이 현재와, 각각 다른 과거의 시점으로 넘나든다. 다행히 '표지판' 역할을 하는 단어들―러스터 (Luster), 티.피.(T. P.), 버시(Versh) 등 흑인아이들의 이름과 댄(Dan), 블루(Blue) 같은 개의 이름들―이 각 시기를 나타내주므로 독자는 스토리의 진행배경을 짐작할 수 있다.

5. 다양성의 문학

미국은 17세기의 식민지 건설로부터 20세기에 이르기까지 광대한 영토를 점차 확보하고 신대륙을 찾아오는 이민도 대서양은 물론 태평양을 건

너서도 이루어짐에 따라 미국문학은 각각의 지역 혹은 인종공동체를 특성
으로 하여 발달하게 되었다.

뉴잉글랜드 청교도문학

영국의 청교도들이 중심이 된 식민 초기에는 청교도문학이 산출되었다.
영국인들은 신대륙에 도착하자마자 대륙의 지형을 파악하고 그들의 고난
에 찬 일상을 일지의 형식으로 기록하여 놓았다. 그들의 정신세계를 일별
할 수 있는 이러한 문학은 당시의 상황을 파악하는데도 큰 도움이 된다.
삼십 년 간 플리머스 주지사를 지낸 윌리엄 브래드포드(William Bradford,
1590~1657)의『플리머스 식민사(*Of Plimoth Plantation*)』, 매사추세츠 주지
사였던 존 윈스럽(John Winthrop, 1588~1649)의 아벨라(Arbella)호 선상의
설교인「기독교적 사랑의 시범(*A Model of Christian Charity*)」등은 대표적
인 청교도문학의 일례로 그들의 이주에 즈음한 각오와 경건한 자세를 읽
을 수 있다. 그들은 영국교의 박해를 피해 선민(選民)으로 신대륙에 왔으
며, 온 세상이 주시하고 있는 가운데 새로운 신앙의 천국을 건설하려 한다
는 것이다.

신대륙에서의 초기 일상생활 또한 매우 신(神) 중심이었던 것으로 보인
다. 작품의 주제는 하나님과 인간의 관계에 국한되어 있으며 모든 현상을
하나님의 섭리로 이해하였음을 알 수 있다. 예컨대, 여성시인인 앤 브래드
스트리트(Anne Bradstreet, 1612~1672)는「우리 집의 화재를 당하여(*Upon
the Burning of Our House*)」에서 화재사건 자체가 속세의 물질을 멀리하라는
하나님의 계획인 것으로 설명하고 있다.

인디언 문학전통

서구의 개척자들이 신대륙에 건너오기 이전에 미국의 인디언들은 이미
그들의 현재, 과거, 미래를 설명하는 문학 작품들을 가지고 있었다. 그 특
징은 구전형태라는 것에 있다. 그들은 세대를 반복하면서 꾸준히 그들의

의식(儀式) 속에 공연의 형태로 이야기들을 계승해왔다. 북미에만 350여 부족이 각각의 다른 언어와 철학, 관습을 가지고 그들만의 지형과 환경에 맞는 이야기의 전통을 수립했던 것이다. 미국 인디언의 구술전통에는 창조신화, 사기꾼이나 영웅의 이야기, 예언, 노래, 읊조림, 연설 등이 속한다. 한 예로 수(Sioux) 부족의 노래에는 다음과 같은 것이 있다.

> 군인들
> 그대들은 달아났지
> 독수리조차도 죽는다
> soldiers
> you fled
> even the eagle dies

7개의 단어로 문학, 혹은 인생의 본질적인 요소를 상징화했다. 군인들은 도망치고 독수리는 죽음을 맞이함을 묘사하고 있는 이 짧은 시에서 생명은 두려움의 상징으로, 죽음은 고귀함과 용기의 상징으로 각기 표현되었다고 본다.

현대 미국 인디언 작가들 가운데 웰치(James Welch), 어드릭(Louise Erdrich), 실코(Leslie Marmon Silko), 마마데이(N. Scott Momaday), 비즈너(Gerald Vizenor) 등은 인디언 구술전통을 작품 속에 활용하면서 인디언 보호구역에서 살아가는 이야기라든가 현대 푸에블로 세계 등 각자의 배경세계를 다루고 있다.

남부 문예부흥(Southern Renaissance)

노예해방을 명분으로 촉발된 미국의 남북전쟁(1861~1865)은 남군의 패배로 끝났다. 미국의 남부는 청교도들의 종교적 이유로 식민지 건설이 시작된 북부와는 달리, 상업적 동기 위주였다. 1603년 존 스미스(John Smith)

선장을 비롯한 이주민들은 인디언과 싸워가며, 돈을 벌기 위해 사력을 다했고, 후에 남부는 비옥한 토지와 온화한 날씨를 이용한 면화생산을 주산업으로 삼게 되었다. 면화생산에 많은 노동력이 필요하게 되자 노예가 수입되었고 세월이 가면서 노예의 존재는 남부 경제의 하부구조가 되었다. 말하자면 '필요악(a necessary evil)'이 된 것이다.

남부의 종교도 성경을 문자 그대로 해석하여 백인의 흑인 소유권을 합리화하며 노예제도를 지지해 왔던 것이다. 그러나 전쟁에서 지게 되자 많은 남부인들은 그들이 옳지 않았기 때문에 하나님이 그들의 편을 들어주지 않았으며 그래서 패배했던 것이라고 생각하게 되면서 종교에 대한 신앙도 회의적으로 되어갔다. 다시 말하면 남부는 전쟁에서의 패배로 인해 종교라는 정신적 지주도 잃고, 토지는 피폐화하여 의욕을 잃고 깊은 수면 상태에 들어가 있었다. 헨리 제임스가 『미국의 모습(*The American Scene*)』에서 묘사했듯이 미국의 남부는 20세기 초까지도 중증 환자와도 같은 모습이었다.

남부인 헨리 그레이디(Henry Grady)는 이러한 남부의 모습에 비판을 가하면서, 북부를 원망하지만 말고 북부의 자본을 끌어들여 남부의 발전을 꾀할 것을 촉구하고 나섰다. 그리고 남부가 농경사회에서 산업사회로 탈바꿈하는 가속이 붙자 남부에서는 남부의 전통을 고수하자는 움직임이 일어났다. 남부의 문인 12명은 『나는 나의 입장을 고수하련다(*I'll Take My Stand*, 1930)』를 출간하고 산업화에 따른 비인간화와 기계화를 경고하고 남부의 입장을 옹호하였다. 이때부터의 문학 움직임을 남부의 문예부흥이라고 한다.

내슈빌(Nashville)의 반더빌트(Vanderbilt)대학을 중심으로 교수 학생들이 함께 모여 창작 워크샵을 하고 『은둔자(*The Fugitive*)』라는 시집을 펴냈다. 이때 중심이 된 사람들이 존 크로우 랜섬(John Crowe Ransom), 앨런 테이트(Allen Tate), 도널드 데이빗슨(Donald Davidson)과 당시 수학과 1학년에 입학했던 로벗 펜 워런(Robert Penn Warren) 등이었다. 또한 소설작품도 다수 출간되어 엘렌 글래스고(Ellen Glasgow), 어스킨 콜드웰(Erskin Caldwell), 캐롤라인 고든(Caroline Gordon), 캐서린 앤 포터(Katherine Anne Porter), 카슨 매컬러스(Carson McCullers)와 유도라 웰티(Eudora Welty) 등이 다작을 내었다.

할렘 르네상스(Harlem Renaissance)와 흑인문학 전통

식민 초기로부터 삼 백여 년 동안 흑인문학은 좀처럼 피어나지 않았다. 1761년에 아프리카에서 아메리카로 팔려 온 필리스 휘틀리(Phillis Wheatley, 1753~1784)라는 흑인여성이 백인 주인을 잘 만나 글을 깨치고 시를 몇 편 남긴 것과, 19세기에 프레드릭 더글라스 (Frederick Douglass)의 『자서전 (*Narrative*, 1845)』과 해리엇 윌슨(Harriet Wilson)의 『우리의 닉(*Our Nig*, 1859)』 등 노예서술이 두 건 있는 것 외에는 흑인은 교육을 받을 기회가 없었기 때문에 문학에 공헌할 길이 없었다.

그러나 제1차 세계대전 이후, 즉 1920년대에 노동력이 필요하게 되자, 급박한 경제적 동기와 남부의 인종적 제약을 탈피하려는 욕구로 흑인들이 도시로 이주하기 시작했으며, 흑인들의 교육수준이 증가하고 경제적 독립이 성취되면서 흑인 중산층이 형성되고 새로운 흑인운동이 일어나기 시작했다. 새 시대가 새로운 심리로 태동되고 새로운 정신이 대중에 일깨워져 자존과 자긍심으로 새로워졌다. 과거의 흑인은 인간이기보다는 신화에 속하는 스테레오 타입의 '구 흑인(The Old Negro)'이고 구 흑인의 숨겨진 자아와 왜곡된 잠재력을 표현하는 의무를 '신 흑인(The New Negro)'은 짊어진다. 1925년 『신 흑인(*The New Negro: An Interpretation*)』을 편집한 로크 (Alain Locke)는 이러한 정신의 대변인이다.

남부의 흑인들에 의해 시작된 재즈는 이제 미국문화의 일부로 1920년대를 재즈 시대라고 부를 정도다. 1920년대 뉴욕 시의 할렘을 중심으로 작가들이 모여 하층계급에서 영감과 자료를 얻었다. 도시에 진출한 흑인들은 흑인의 전쟁 참전 등으로 나아진 상황에도 불구, 백인과의 관계에 있어서 여전히 흑백차별을 경험하면서 평등은 환상이었음을 깨닫고 미국 사회에서의 흑인들의 경험을 이야기하기 시작했다. 진 투머(Jean Toomer, 1894~1967)의 『사탕수수(*Cane*, 1923)』가 이 시기를 대표하는 작품이고, 랭스턴 휴즈(Langston Hughes, 1902~1967)는 재즈를 시에 통합하기도 하고 휘트먼의 '미국 찬양시(Song of America)'에 흑인의 의미를 추가한다.

> 나 또한 미국을 노래하네.
> 나는 피부가 검은 형제라네.
> 손님이 오는 날엔
> 날 부엌에서 먹으라 보내네.

같은 미국인인데, 백인들이 흑인을 사회적으로 차별하고 있음을 지적하고 있는 것이다.

흑인차별에 대한 분노는 미시시피 출생인 리차드 라이트(Richard Wright, 1908~1960)의 『토박이(*Native Son*, 1940)』에 잘 표현되어 있다. 시카고 남부, 쥐가 들끓는 빈민촌에서 사는 주인공 비거(Bigger Thomas)를 통해서 라이트는 흑인들이 매우 절망적인 환경에서 살고 있으며, 그들이 잘못되는 것은 사회와 환경의 책임임을 주장하고 있다. 라이트는 특히 결정적인 백인여성 살인사건을 비거의 의도와는 상관없이 '우연'히 발생하는 것으로 처리함으로써 자연주의의 거장 시오도어 드라이저(Theodore Dreiser)의 『미국의 비극(*An American Tragedy*, 1925)』과 비교되는 작품을 만들었다.

허스톤(Zora Neale Hurston, 1891~1960)은 플로리다의 이튼빌(Eatonville)에서 태어나 라이트와 동시대에 작품을 발표했음에도 불구하고 인정을 받지 못하다가 1960년대 후반에 와서야 앨리스 워커(Alice Walker)에 의해 발굴되고 알려지게 되었다. 그녀의 대표작 『그들의 눈은 신을 쳐다보고 있었다(*Their Eyes Were Watching God*, 1937)』는 흑인남성작가들에게 거의 도외시된 흑인여성의 정체성을 치밀하게 다루고 있는 작품이다. 여주인공 제이니(Janie)는 세 번의 결혼을 통하여 더 나은 삶을 기대해보지만, 남자들의 여성관은 결국 크게 다르지 않음을 알게 된다.

랠프 엘리슨(Ralph Ellison, 1914~1994)은 허스톤과 함께 흑인문학의 위상을 높인 작가다. 그의『투명인간(*Invisible Man*, 1952)』은 백인들이 흑인을 개별 인간으로 대하지 않고 그들이 마음대로 지어 낸 고정관념으로서의 흑인으로 대하고 있는 것이 문제라고 말한다. 이 소설의 주인공에게 이름이 주어지지 않은 것은 따라서 상징적이다. 흑인 지도자나 백인 기업인들이 바라는 대로의 흑인은 결국 아무 존재도 아니므로 도스토예프스키의 '지하생활자'처럼 뉴욕 시의 지하 구멍으로 숨어드는 존재가 되어버린다. 이와 같이『투명인간』은 라이트의 단순한 사회고발의 수준을 넘어 흑인문제를 인간존재의 문제로 승화시킨 작품이다.

19세기의 노예서술로 시작한 흑인문학은 1960년대의 볼드윈(James Baldwin, 1924~1987)과 르로이 조운스(LeRoi Jones 또는 Amiri Baraka, 1934~), 또 흑인민권운동가이자 여성운동가로 활약하고 허스톤을 발굴한 워커(Alice Walker)를 거쳐 토니 모리슨(Toni Morrison 1931~)에 이르러 그 절정에 이른다고 볼 수 있다. 모리슨은 첫 작품『제일 파란 눈(*The Bluest Eye*, 1977)』에서『술라(*Sula*)』·『빌러비드(*Beloved*, 1987)』그리고 최근작『패러다이스(*Paradise*, 1997)』에 이르기까지 굵직한 작품들을 연이어 내면서 인종과 젠더의 문제를 누구보다도 복합적으로 깊이 다루었다. 그는 노예서술의 전통과 호손, 멜빌에서 포크너에 이르는 비극의 전통 등 미국문학의 전통을 통합하는 거대한 작업을 이루었다고 생각된다.

아시아계 미국문학

17세기의 유럽인들에게 비췄던 새로운 땅에서의 새로운 삶의 가능성은 19세기 중반 가난과 정치적 핍박에 시달리던 중국인들에게도 '성공의 꿈'을 꾸게 하였다. 당시 중국인들은 캘리포니아의 금 소식에 가족을 두고 태평양을 건넜으며 곧 이어 대륙횡단철도 가설사업에 값싼 노동력으로 투입되었다. 또 1903년의 한국인 이민을 비롯하여 일본, 필리핀 등 또 하나의 아시아 집단 이민은 하와이 사탕수수농장의 노동력으로 수용되었다. 그러나 아시아인의 이민은 소규모였음에도 불구하고 그들의 근면과 성취능력으로 인해 미국의 주인을 자처하는 유럽계 미국인들에게 위협적인 존재로 비추어져서 이민금지법의 제정과 철폐 등 우여곡절을 거치게 된다.

아시아계 미국인들의 이민경험은 20세기 중반 강용흘(Younghill Kang), 로우(Pardee Lowe), 불로산(Carlos Bulosan) 등의 작품에 동양과 서구의 갈등, 백인다수 사회에서의 차별과 명색주의(tokenism), 인종차별의식과 이중정체성의식, 주변인의식 등으로 표현되었다. 그리고 최근에는 세대 간, 민족 간의 연대추구, 아시아계 미국여성의 시각 등이 중국계, 일본계, 필리핀계, 한국계 미국작가들의 작품 속에 드러나고 있다.

아시아계 미국작가들의 작품이 본격적으로 학계에서 연구되고 논의되기 시작한 것은 1970년대의 일이다. 킹스톤의 『여인무사(1976)』는 중국의 전통과 문화가 왜곡되었다는 논의가 강하게 일었던 작품이나 여전히 아시아계 미국문학 작품으로 제일 먼저 거론되는 자서전이자 픽션 혹은 페미니스트 텍스트로 볼 수 있는 저서다. 탠의 『조이럭 클럽』과 황(David Henry Hwang)의 『M. 나비(M. Butterfly, 1989)』는 중국인 등장인물의 스테레오타입화에 대해서 다시 한번 격론을 일으키게 하였으며, 특히 『M. 나비』는 성차별주의, 오리엔탈리즘, 제국주의 등의 문제를 제기한 작품으로 중시되었다.

일본계 이민 2세대들은 제2차 세계대전을 계기로 충성심의 문제가 제기되면서 정체성의 위기를 작품으로 표현하였다. 진주만 폭격으로 미국이 일본과 적대관계로 돌입하자, 일본계 이민들은 두 국가 중 하나에 충성을 확약할 것을 강요받게 되는데, 오카다(John Okada)의 『노-노 보이(No-No Boy 1957)』는 미국의 군인으로 참전하여 일본과 싸우느냐 혹은 조상의 고향인 일본으로 귀향하느냐 중 택일을 해야 하는 일본인 2세 청년들의 고

초를 그리고 있다. 스스로는 미국인이라고 생각하고 살아왔으나 주위에서 보는 시선은 여전히 일본인으로 간주하고 있는 것이다. 또 캘리포니아에서 살다가 제2차 세계대전시 갑자기 미국 내의 이곳저곳 사막 같은 곳에 설비된 수용소로 손가방만 든 채 강제 이주 당한 2세들 가운데 야마모토(Hisaye Yamamoto)는 캠프생활 중 신문발간을 돕다가 단편작가로 명성을 쌓게 되었다. 직업을 물으면 항상 자신은 전업주부라고 밝히는 야마모토는 이따금 일간지나 잡지의 청탁으로 작품을 쓰곤 했는데 캘리포니아 농장에서의 한 가정생활을 소재로 한 「17음절(*Seventeen Syllables*)」, 「요네꼬의 지진(*Yoneko's Earthquake*)」과, 캠프생활의 어려움을 예술가를 관찰함으로써 표현한 「미스 사사가와라의 전설(*The Legend of Miss Sasagawara*)」은 대표적인 단편들이다.

한국계 미국문학은 1930년대에 『초가지붕(*The Grass Roof*, 1931)』과 『동양인, 서양에 가다(*East Goes West*, 1937)』를 낸 강용흘로 시작하여 1960년대의 김은국(Richard E. Kim)이 언급되고 있는데, 본격적인 주목을 받게 된 것은 1980년대 아시아계 미국문학에 대한 연구가 본격화하면서다. 1982년 차학경의 『딕테(*Dictee*)』, 1995년 이창래의 『네이티브 스피커(*The Native Speaker*)』, 1997년 노라 옥자 켈러(Nora Okja Keller)의 『종군위안부(*Comfort Woman*)』, 그리고 다시 이창래의 『제스처 인생(*A Gesture Life*)』이 출간되면서 한국계 1.5세대 내지 2세대 이민에 대한 관심이 높아졌다. 특히 종군위안부를 다룬 뒤의 두 작품은 아시아계 미국문학에 공통적인 이민의 문제, 동화와 정체성의 문제를 취급하면서 동시에 1990년대에 와서야 생존하는 종군위안부들에 의하여 알려지기 시작한 제2차 세계대전 시의 일본제국군대의 조선여성 강제차출 사실을 노출하여 정치적인 의미도 갖는다.

Cheung, King-Kok (ed.), *An Interethnic Companion to Asian American, Literature* (Cambridge: Cambridge UP, 1997).

Goldman, Arnold (ed.), *American Literature in Context*. 5 vols.(London: Methuen, 1982).

High, Peter B. *An Outline of American Literature*(London: Longman, 1986).

Lauter, Paul *et al*. (ed.), *The Heath Anthology of American Literature*. 2 vols.(Lexington, Mass: Heath, 1990).

실용주의와 포스트모더니즘

정상준

1. 포스트모더니즘의 의미

　포스트모더니즘에 대해 어떤 식으로든 언급하게 되면 그것은 즉각적으로 다소 천박하고 무의미해 보이는 지적인 유행을 지속시키는 데 공헌하고 있는 게 아닌가 하는 부정적인 반응을 불러일으키게 된다. 이러한 반응을 보이게 되는 주된 원인 가운데 하나는 주지하다시피 이 용어가 문학과 예술에서뿐만 아니라 철학, 신학, 사회학, 지리학 등 거의 모든 학문 분야에서 유행어처럼 널리 사용되고 있지만 그 의미를 포착하고 규정하기가 지극히 어렵기 때문일 것이다. 포스트모더니즘의 의미, 시대적 구분, 정치적 함의 등 거의 모든 것이 이를 논하는 사람의 관심사, 이데올로기, 상황 등에 따라 크게 달라진다. 심지어 포스트모더니즘을 논하는 모든 비평가와 이론가들이 자기 자신의 포스트모더니즘을 만들어낸다는 주장조차 기본적으로 옳은 것처럼 보인다.

　포스트모더니즘에 대한 다양하고 상반된 정의에 실망하여 어떤 비평가는 "이 용어는 아무런 의미가 없다. 가능한 한 자주 이 말을 사용하라"고 권고하기까지 한다. 그러나 많은 비평가와 이론가들, 특히 대중매체의 문화비평가들이 보이는 이러한 냉소적인 반응은 포스트모더니즘이 수많은 이들의 흥미를 끌고 있음을 역설적으로 입증하고 있다. 이 용어는 더 이상 예술계와 학계에서만 통용되는 유행어가 아니라 서구사회, 특히 미국사회가 최근 겪고 있는 중요한 문화적 변화를 재현하고 있다고 볼 수 있다. 이미 포스트모더니즘을 해석함에 있어 상당한 진보가 이루어졌으며, 가볍고 쉽게 이 말을 찬양하거나 폄하하는 것은 지적으로 소박해 보이게 되었다.

광범위한 의미에 있어 포스트모더니즘이란 후근대사회(postmodern society)의 전반적인 문화현상을 가리키는 말로써 제2차 세계대전 이후 서구사회에서 생겨나게 된 가치, 사상, 비전, 생활양식 등의 총체를 지시한다고 볼 수 있다. 즉, 모더니즘이 근대사회의 문화였듯이 포스트모더니즘은 후근대사회의 문화라는 것이다.

보다 제한적인 의미에서 포스트모더니즘이란 제2차 세계대전 이후 제도화된 모더니즘에 반대하여 서구사회의 문학, 예술 및 학문 분야에서 생겨난 새로운 양식이나 관행, 경향으로서 일부 작가, 예술가, 지식인 및 문화중개인 등 특정 집단의 문화라고 할 수 있다. 애당초 1930년대에 페데리코 드 오니스(Federico de Onis)가 모더니즘에 반발하여 이 용어를 사용한 이후 포스트모더니즘은 1960년대에 이르러 로버트 라우센버그(Robert Rauschenberg), 존 케이지(John Cage), 윌리엄 버러우(William Burroughs), 이합 하산(Ihab Hassan), 레즐리 피들러(Leslie Fiedler) 등의 작품이나 비평과 관련하여 널리 사용되다가 1970년대와 1980년대에는 건축을 비롯한 여러 분야로 확산되어 필립 존슨(Philip Johnson)의 AT & T 빌딩, 백남준의 비디오 예술, 줄리앙 쉬나벨(Julian Schnabel)의 신추상표현주의 미술, 존 바스(John Barth)나 로버트 쿠버(Robert Coover)의 소설, 리처드 로티(Richard Rorty)의 신실용주의(new pragmatism), 그리고 스탠리 피쉬(Stanley Fish)의 독자반응비평 등을 포함하여 지칭하게 되었다. 또한 미국과 유럽 간을 왕래하며 예술적인 포스트모더니즘의 의미와 설명을 추구하는 가운데 후근대사회에 대한 포괄적인 논의를 야기한 다니엘 벨(Daniel Bell)이나 로티, 제임슨 같은 미국의 이론가뿐만 아니라 크리스테바(Julia Kristeva), 리오따르(Jean-Francois Lyotard), 바티모(Gianni Vattimo), 데리다(Jacques Derrida), 푸꼬(Michel Foucault), 보들리야르(Jean Baudrillard), 하버마스(Jurgen Habermas) 등과 같은 유럽의 학자들까지 포스트모더니즘에 대한 이론적인 논의에 참여했다. 그래서 포스트모더니즘과 후근대사회에 대한 이론적인 논의까지 포스트모더니즘의 의미에 포함되게 되었다. 포스트모더니즘의 여러 특성에 대한 평가에는 비평가나 이론가에 따라 차이가 있지만 절대적 진리(Truth)·이성(Reason)·선(Goodness)·역사(History)의 거부, 개별성과 다원성의 적극적인 수용, 유연성의 옹호 등에 대해서는 거의 합의가 이루어져 있는 것으로 보인다.

이러한 포스트모더니즘의 특성은 그 근원을 여러 곳에서 찾을 수 있겠지만 무엇보다도 최초의 미국적인 철학이라고 할 수 있는 실용주의에서 그 뿌리를 찾아볼 수 있다. 특히 윌리엄 제임스(William James)의 진리론, 급진적인 경험론, 그리고 다원적인 우주론에서 포스트모더니즘적인 감수성의 선구를 발견할 수 있다. 거의 1세기 정도의 시간 차이가 있지만 실용주의와 포스트모더니즘은 리얼리티와 진리관에서 공통적인 감수성을 보여준다. 1970년대 이후 '윌리엄 제임스의 복귀'에 대한 선언이나 '반토대주의' 그리고 '이론에 대한 저항' 등을 둘러싼 논의에서 볼 수 있는 신실용주의의 부상은 실용주의적인 세계관이 19세기 말 못지않게 현대 미국사회에 잘 적용된다고 할 수 있다. 따라서 실용주의 철학의 핵심적인 개념을 살펴보는 것은 오늘날 다양한 분야에서 나타나는 리얼리티와 진리에 대한 공통된 견해를 밝히는 데 도움이 된다.

2. 리얼리티와 진리

실용주의 철학의 창시자 찰스 샌더스 퍼스(Charles Sanders Peirce)에게 실용주의는 기본적으로 의미론, 즉 우리의 사고를 분명하게 하기 위한 방법이었다. 퍼스에 의하면 어떤 개념의 의미는 그 개념이 갖는 실질적인 결과의 총합이다. 그는 자신의 의미론을 진리와 리얼리티 개념에 적용하면서 탐구자 공동체(community of investigators)의 역할을 강조한다. 그는 리얼리티 개념이 "본질적으로 공동체 개념과 관련을 맺고 있다"고 주장한다. 퍼스에 따르면 우리는 결코 리얼리티를 알 수 없다. 즉, 우리의 지식에 대하여 절대적인 확실성을 가질 수 없다. 그는 한걸음 더 나아가 오류와 부정확함이 진리의 한 부분이며 오류가 없는 유일한 진술은 모든 진술에 오류의 가능성이 있다는 진술뿐이라고 주장한다. 인간은 개인으로서는 지식의 확실성을 획득할 수 없다. 여기에서 공동체 개념이 퍼스에게 중요한 의미를 지닌다. 탐구자들의 공동체가 끝없이 조사를 수행함으로써 우리는 절대적인 확실성은 없을지라도 적어도 리얼리티에 대한 지식을 갖게 되기를 희망할 수는 있다. 퍼스는 확률의 이론에 의존한다. 예컨대 어떤 질병을 가진 사람이 수술을 받았을 경우에 살아날 가능성이 60퍼센트라는 말의 의미는 무엇인가? 물론, 같은 사람이 열 번 수술을 받아서 6번은 살고 4번은 죽는다는 의미는 아닐 것이다. 그것이 의미하는 바는 한 공동체 내에서 동일한 수술을 끝없이 시행할 경우에 열 명 가운데 여섯 명은 생존할 것이라는 의미일 것이다. 따라서 이 말은 그것이 전체 공동체에 적용될 경우에만 의미가 있다. 이와 마찬가지로 우리는 스스로를 공동체의 일원으로 여길 때 지식을 가질 수 있다. 구성원들이 탐구한 결과를 공동체가 확인하거나 거부할 것이므로 이런 식으로 획득한 지식은 오류 가능성이 있지만 탐구를 계속함으로써 교정될 수 있을 것이다. 따라서 모든 탐구자들은 진리에 대하여 "궁극적으로 합의하도록 운명지워져 있으며," 이 때 진리는 리얼리티를 가리킨다고 퍼스는 주장한다.

실용주의 철학을 세상에 널리 알린 제임스에게 있어서 철학의 기능은 의미의 명료성을 획득하는 것뿐만 아니라 한 세계관이 참일 경우에 그것이 "우리의 구체적인 삶에서 너와 나에게 어떠한 분명한 차이를 가져올 것인가를 찾는 것"이어야 한다. 그의 실용주의는 삶의 구체적인 상황에 처해 있는 개인에게 진정한 믿음을 발견하고 획득할 수 있도록 해주는 장치이다.

제임스에게 진리는 리얼리티의 속성이 아니라 우리가 가진 관념이나 믿음의 속성이며, 비교적인 개념이다. 그가 어떤 관념이 진리라고 말할 때 그것은 그 관념이 구체적인 컨텍스트에서 다른 관념보다 더욱 참되다(truer)는 의미이다. 그 관념이 다른 관념들보다 낫거나 효력이 있다(working)는 것이다. 진리란 한 관념이 더욱 참되어가는 성장의 과정이며 탐구의 과정에서 검증된다. 그것은 구체적인 상황에서 효력이 있는지 없는지 여부와 관련하여 검색된다. 따라서 진리는 어떤 관념에 내재한 정체된 속성이 아니며 그 관념에 '발생(happen)'하는 것이며, 관념은 '사건(event)'에 의해 진리로 만들어지는 것이다. 따라서 진리는 사실상 사건이며 과정이다. 여기서 문제점은 우리는 실제로는 상반된 여러 가지 관념들을 동시에 검증할 수 없다는 점이다. 우리는 상이한 관념들 가운데 '하나'의 검증과정을 경험할 수 있을 따름이며 한 관념이 다른 관념보다 실제로 더 진리인지 절대적으로 확신할 수 없다.

따라서 진리는 시간과 상황에 의해 제약을 받는다. 우리가 어떤 믿음이 진리임을 안다고 말할 때 그것은 우리가 가진 상반된 믿음들과 관련하여 구체적인 상황에서 그 믿음이 타당하게 되는 과정을 경험한다는 의미이다. 어떤 주어진 순간에 그것은 다른 믿음보다 더 진리이다. 따라서 진리는 영속적이거나 정체된 것이 아니라, 상대적이고 역동적이며 "후일 잠재적으로 더 나은 진리(a better truth)가 확립될 것"을 희망하면서 미래를 지향하고 있다.

요컨대 제임스에게 어떤 관념이 리얼리티와 일치한다는 것은 그 관념의 검증과정을 의미한다. 한 관념이 검증될 때 그것은 리얼리티와 일치하며, 그 경우에 그것은 효력이 있으며 진리이다. 여기서 제임스는 우리가 우리의 참된 믿음에 관하여 확신할 수 없다고 여긴다. 우리는 관념이나 믿음을 경험의 영역에 놓고 그것이 어떤 결과를 생산하는지 지켜보아야 한다. 이 과정에서 제임스는 한 참된 믿음이 삶의 구체적인 상황에서 한 개인에게 어떠한 분명한 차이를 낳는가에 관심을 가진다. 물론 그는 이 경우에 사회적인 관행이나 인습을 무시하지는 않는다.

제임스는 급진적인 경험론자이다. 그는 대상들(things)뿐만 아니라 대상들 간의 관계도 대상처럼 실재하며 대상 자체처럼 경험의 일부라고 주장한다. 예컨대 우리는 두 번 연속적으로 울리는 종소리를 들을 때에 두 번째 종소리를 첫 번째 종소리와 관련하여 경험한다. 마찬가지로 책상과 의자를 한 주어진 순간에 볼 때 우리는 그것을 공간에서 서로 관련된 것으로 경험한다. 제임스의 견해를 받아들이면 경험을 설명할 때에 초자연적인 존재를 상정할 필요가 없으며, 경험을 그 자체로 설명할 수 있다.

제임스는 또한 경험과 경험대상 간의 구분을 해체하고 세계에 대한 우리의 경험이 세계와 마찬가지로 실재라고 주장한다. 따라서 우리는 경험의 주체로서 리얼리티에 변화를 일으킬 수 있는 존재가 된다. 제임스는 "진정으로 존재하는 것은 만들어진 것들이 아니며 만들어지고 있는 것들(what really exists is not things made but things in the making)"이라고 주장한다. 따라서 리얼리티는 닫힌 체계가 아니라 존재론적으로 열려 있으며 변화한다. 리얼리티가 만들어지고 있는 것이라면 그것에 대한 우리의 지식도 만들어진다. 이는 절대적인 지식은 이론적으로나 가능하다는 의미이다. 우리가 모든 것을 다 경험할 수 있다면 절대적인 지식을 가질 수 있겠지만 실제로 우리는 더 이상 새로운 경험이 불가능한 지점에 우리가 도달했는지 아닌지를 알 수 없다. 따라서 제임스에게 있어서 모든 지식은 '임시적인(provisional)' 것이다. 만약 궁극적인 리얼리티가 존재한다면 그것에 관한 우리의 지식은 그것으로의 근접일 따름이다. 우리는 리얼리티의 '경계'나 '가장자리'로 접근할 수 있을 뿐이다.

따라서 제임스는 세상이 이미 결정되어 있고 만들어져 있다는 가정을 거부한다. 우주의 진화는 완결되지 않았으며 세계는 "모든 곳에서, 특히 사고하는 인간들이 활동하고 있는 곳에서" 성장하고 있다. 세계가 어떻게 될 것인지가 결정되지 않았다면 인간이 그것의 완성을 결정하는 데 참여할 여지가 있다. 그는 이 세계의 진화가 부분적으로는 인간적 요소에 의해 결정되며, 인간의 가치가 보존되고 인간이 구원받을 수 있는 세계를 만드는 것이 가능하다고 믿는다.

실용주의를 사회이론으로 발전시킨 듀이(John Dewey)의 인식론은 인식
과정이 주체에게서 일어나고 객체는 인식과정에서 아무런 영향을 받지 않
는다는 전통적인 인식론을 거부한다. 듀이에 따르면 앎의 과정은 유기체
와 그의 환경 간의 거래(transaction)이다. 앎은 앎의 주체에게만 발생하는
과정이 아니며 앎의 대상은 앎의 과정과 독립하여 존재하는 것이 아니다.
듀이의 체계에서 주체는 고정되고 변하지 않는 대상을 단지 복사하는 수
동적인 구경꾼이 아니라 대상에 존재상의 변화를 일으키는 적극적인 행위
자가 된다. 알게 된 대상은 관념과 대상이 일치하기 때문에 존재하는 것이
아니라 주체가 "의도를 가지고 수행한 행위의 결과"로 존재한다. 그리고
앎의 주체도 앎의 과정에서 변형된다. 전체 상황이 변한다. 이는 지식을
획득하려는 시도가 끝없는 과정임을 의미한다. 따라서 지식은 과거를 뒤
돌아보는 것이 아니라 미래를 향하고 있다.

실용주의의 리얼리티·진리·지식 개념은 확실성보다는 확률, 실체보다
는 과정, 보편성보다는 개별성, 그리고 단일성보다는 다양성을 강조한다.
그것은 존재론적으로 반사실주의적이며 인식론적으로는 반토대주의적이
다. 그것은 또한 인식과정에서 인식주체의 중요성을 강조하며 가능한 최
선의 진리를 결정하는 데에 공동체의 역할을 인정한다.

3. 양자역학과 실용주의

양자역학의 여러 개념은 실용주의의 개념과 유사성을 보여준다. 양자역
학이 나온 지 50년이 지난 1970년대와 1980년대에 그 기본적인 개념들을
일반대중이 이해할 수 있도록 소개하는 책들이 대량으로 출판된 사실은
다른 여러 가지 이유와 함께 양자역학의 개념이 현대의 무정형적인 문화
를 설명하는 데 도움이 될 수 있었기 때문이라고 할 수 있다. 즉, 과학자들
이 공중에 떠다니는 무엇인가에 반응하면서 양자역학에 대한 개설서를 출
판한 것이다. 보어(Niels Bohr)의 상보성(complementarity)의 원리에 따르면

빛은 관찰자의 측정수단에 따라 파동으로 나타날 수도 있고 입자로도 나타날 수 있다. 또한 하이젠버그(Werner Heisenberg)는 입자의 위치를 알게 되면 그것이 입자의 궤도를 아는 것을 방해하기 때문에 입자의 위치와 속도를 동시에 측정할 수 없다는 불확실성(uncertainty)의 원리를 주장한다. 경험적으로 입자를 관찰하는 행위가 입자의 행위를 변화시킨다. 관찰자가 위치에 대한 지식을 극대화하면 운동에 관한 지식은 극소화된다. 듀이가 주장한 것과 마찬가지로 관찰대상은 관찰 행위 이전에 존재하는 것이 아니라 관찰의 결과로 생겨나는 것이다.

양자역학은 리얼리티 자체의 포착하기 힘든 속성과 그것을 직접적으로 인식할 수 있는 능력이 인간에게 없음을 미립자 수준에서 부각시켰다. 이는 아인슈타인이 그 이전에 우주 차원에서 객관적인 리얼리티의 개념에 도전했던 것과 함께 우리의 제한적인 인식으로부터 독립적으로 실재하는 리얼리티의 개념에 치명적인 일격을 가했다. 과학자들이 근본적인 리얼리티에 대한 확실성의 상실에 대처한 한 가지 방식은 확률의 개념을 도입하는 것이었다. 개별적인 입자들은 무작위로 흩어져 있지만 입자의 전체 집단은 통계적으로 예측 가능한 확률에 따라서 분포되어 있다는 것이다. 예컨대 물질의 파장-입자 이중성 중에서 파장 부분은 확률적인 파장이 된다.

아인슈타인과 하이젠버그 이후 과학이 "이 세계에 대한 참된 그림(a true picture of the world)"을 제공할 것이라는 믿음을 갖는 것은 불가능해졌다. 물리학자들은 점점 전자 궤도 등과 같은 것을 리얼리티로 보기보다는 '일종의 가능성', 즉 눈으로 볼 수 없는 원자보다 작은 입자를 설명하기 위하여 제시된 허구적인 인공물로 여기는 데 익숙해졌다고 하이젠버그는 지적한다. 그는 이러한 새로운 상황에 대하여 일관성 있게 이야기할 수 있는 언어가 존재하지 않는다는 사실이 진정한 문제라고 덧붙였다.

리얼리티에 대한 우리의 인식이 언어에 의하여 제약을 받으며 부분적으로 우리의 한계 때문에 그리고 부분적으로는 이 세계 자체의 속성 때문에 우리가 어떤 리얼리티를 파악할 수 있는 언어가 없다면, 문제가 발생하게 된다. 이 문제에 대처하는 한 가지 방식은 과학자들이나 실용주의 철학자들처럼 인식 과정에서 인식자나 인식자들의 공동체의 역할을 강조하는 것이다. 또 다른 방식은 하이젠버그가 시사하듯이 우리가 가진 개념의 만들어진, 따라서 허구적인 속성을 부각시키는 것이다. 문화 서술에 대한 최근 민족지학자(ethnographer)들의 견해는 후자의 전략에 대한 좋은 보기를 제공한다. 문화가 파편적이며, 역사적으로 우연에 의한 구조물이라는 개념에 입각하여 제임스 클리포드(James Clifford), 조지 마커스(George Marcus), 스티븐 타일러(Stephen Tyler) 등이 옹호하는 새로운 민족지학은 문화적인 차이에 매우 민감하며 한 문화 내에서는 다양하고 개별적인 경험에 관심을 가진다. 인류학적인 서술은 서양인들이 만들어낸 것임에도 불구하고 그것은 다른 문화에 대한 투명한 재현으로 받아들여졌다. 새로운 민족지학은 객관성을 주장하지 않으며 연구의 중심에 인류학자를 위치시키고 다양한 목소리를 포함시킴으로써 인류학자의 단일한 권위를 탈신비화한다. 클리포드 기어츠(Clifford Geertz)의 주장대로 인류학적 서술은 "그것이 거짓이라는 의미에서가 아니라 만들어진 것(something made)이라는 의미에서 허구이다."

기어츠의 주장은 인류학처럼 민감하게 인식되지는 않지만 사회학이나 경제학과 같은 다른 사회과학 분야에도 적용된다. 사회학과 경제학에서 허구성에 대한 강조는 총체성과 단일성에 대한 추구를 회의하는 형태로 나타난다. 노먼 덴진(Norman Denzin)은 미국의 사회학이 여전히 '총체로서의 사회에 대한 거대한 이론'을 개발하려고 시도한다고 지적한다. 덴진에 의하면 총체성을 추구하는 이러한 모더니즘적인 충동은 사회학자들로 하여금 갈등이론, 신기능주의, 세계체제 이론 등과 같은 전통적인 패러다임 속에서 작업하도록 했으며, 이러한 시도는 컴퓨터와 정보 중심의 후근대사회의 경험적인 상황을 파악하는 데 실패했다. 덴진은 사회이론가들이 언어와 인간주체의 문제, 권력과 지식의 관계, 그리고 지식이 지식으로 형성되는 과정을 탐구해야 한다고 주장한다. 경제학자들은 포스트모더니즘이 주장하는 차이의 옹호를 인식하고 있지 않다. 경제학은 과학주의에 입각하여 시험 가능한 가설들을 입증하고 가설과 법칙의 발견에 관심을 두고 있다. 그러나 "경제학 분야에 본질적인 것이 없다"는 저항의 목소리가 희미하게나마 들려온다. 잭 아마리글리오(Jack Amariglio), 스티븐 레즈닉(Stephen Resnick) 등은 경제학에서 방법론, 개념, 서술의 대상이 단일하게 보이는 것은 경제학 분야를 통제하려는 패권적 전략의 결과라고 주장한다. 그들은 경제이론의 본질에 대한 추구를 버리고 상이하고 양립할 수 없는 학파 간의 다양성과 논란을 인정함으로써 '비본질적인(nonessentialist)' 전통을 세우자고 주장한다.

대부분의 사회과학자들은 인정하지 않겠지만 어떤 의미로 보면 그들은 모두 '혼성 인물(composite characters)'을 창조하는 데 관여하고 있다고 할 수 있다. 왜냐하면 "한 계층이나 민족적 혹은 경제적 집단을 재현하는 자"는 소설가와 마찬가지로 '인물묘사(characterization)'를 하고 있기 때문이다. 사회과학자들의 사실 구성은 소설가보다 덜 개인적이고 더 객관적이라고 할 수 있지만 그들의 작업도 상당한 정도로 '이야기하기(storytelling)'라고 할 수 있다.

이러한 '서술성(narrativity)'은 역사분야에서도 늘 인식되었다. 그러나 지배적인 객관성의 이데올로기는 사료에 기록된 대로 과거의 사건을 정확하게 재구성하는 것이 '올바른' 역사라고 주장한다. 그것은 서술성을 주변으로 밀어내고 역사적인 기록에 공백이 있을 경우 그것을 채우는 그럴듯한 수단으로만 여긴다. 이러한 전통에 반대하여 헤이든 화이트(Hayden White)나 도미니크 라카프라(Dominick LaCapra) 같은 이론 지향적인 역사가들은 서술성을 역사기술의 중심에 두고자 한다. 그들은 해석전략을 명시적이고 의식적으로 비판의 대상으로 삼는다. 화이트에 의하면 서술 방법으로 볼 때 역사와 소설은 별로 차이가 없다.

역사에서와 마찬가지로 저널리즘에서도 객관성의 공식적인 이데올로기가 치열한 비판의 대상이 되었다. 미디어 연구자들은 뉴스기사의 내용이 정치적인 전제를 숨기고 있으며 뉴스기사의 형태가 관찰 가능한 사실, 갈등, 사건에 대한 편견을 함축하며 뉴스 수집과정이 리얼리티에 대한 공식적인 관점을 강화한다고 지적한다. 그들은 뉴스를 만들어내는 과정, 기자와 취재원의 관계, 그리고 기자와 기자가 속한 조직의 관계에 더욱 많은 관심을 기울이고 있다. 예컨대 슈드슨(Michael Shudson)은 사실이라는 것이 "세상 자체의 여러 측면들"이라기보다 세상에 대한 "합의에 의하여 타당성을 부여받은 진술"이라고 지적한다. 따라서 객관성은 사실에 대한 믿음이 아니라 언론계가 정당하다고 규정한 "규칙과 절차를 충실히 따르는 것"이 된다.

구조물의 인공성을 벗기는 이러한 포스트모더니즘적인 경향은 예술제도론에서도 명백히 드러난다. 아더 단토(Arthur C. Danto), 조지 디키(George Dickie), 하워드 베커(Howard S. Becker) 같은 제도론자들은 예술적 가치가 사회적 인습이나 관행으로부터 독립하여 존재한다고 보지 않는다. 그들은 예술을 천재나 영원한 미와 관련된 특별한 종류의 대상으로 파악하지 않는다. 오히려 예술은 특정한 사람들이 행하는 제도화된 행위이다. 단토는 어떤 사물을 예술 작품으로 만드는 것은 예술계라고 주장하며 예술계를 "예술 이론의 분위기, 예술사에 대한 지식"으로 정의한다. 단토는 앤디 워홀(Andy Warhol)의 「브릴로 상자(Brillo Carton)」를 예로 들면서 자신의 주장을 옹호한다. 만약 예술이 모방이라는 주장을 수용한다면 워홀의 상자는 예술 작품이 아니다. 그러나 예술에 대한 다른 이론, 다시 말해 예술이 모방이 아니고 새로운 형식의 창조라는 이론을 받아들이면 예술 작품이 된다. 따라서 결국 워홀의 상자와 보통 상자를 구별하도록 만드는 것은 예술 이론이라고 단토는 주장한다. 단토의 주장과 마찬가지로 디키는 공장에서 제조되어 일반 욕실에 설치된 변기나 산업박람회에 전시된 변기는 예술 작품으로 볼 수 없다고 지적한다. 그러나 뒤샹(Marcel Duchamp)이 「파운틴(Fountain)」이라는 제목을 붙여서 변기를 미술 전람회에 전시했듯이 예술가가 그것을 미술 전시회에 제출하거나 박물관의 관리자가 그것을 박물관에 전시할 때 그 똑같은 변기는 예술품이 된다. 결국 예술의 자격을 부여하는 것은 예술계이다. 디키에게 예술계란 전통, 관행, 관습의 복합적인 망을 포함하는 느슨하게 구축된 사회적 제도이며, 이러한 제도적 관행과 관습이 예술의 특징을 규정한다.

이렇게 본다면 예술 세계는 예술적 생산과 문화적 투쟁의 장(場)이 된다. 예술 세계는 예술적 기준을 정하고, 미적 가치를 창조하고 재생산하며, 생산과 분배·소비를 조직한다. 그것은 예술가와 작품을 사회 속에 위치시킨다. 이러한 관점에서 볼 때 하나의 예술 작품을 영속적으로 만드는 것은 초월적 미나 보편적 진실의 표현이 아니다. 오히려 어떤 예술 작품의 지속적인 명성을 보존하고 보호하는 것은 계급 또는 집단적 이익을 극대화할 수도 있다. 이와 같이 예술에 대한 제도적 접근은 다락방에서 고립되어 작업하는 고독한 예술가의 이미지를 신비화하고 예술성에 대한 소박한 생각들을 교정한다. 그것은 또한 문화적 영역에서 행위자가 처해 있는 관계망과 정치·경제의 복합적 상호 작용을 직시하도록 도와준다.

제도론자들은 그들의 관심을 예술작품에서 그 작품이 수용되는 컨텍스트로 옮긴다. 문학이론에서 이러한 관심의 전환은 독자반응비평의 등장에서 가장 잘 예시된다. 독자반응비평가들은 신비평가들의 텍스트 자체에 대한 오랜 믿음을 비판하고 텍스트의 영향과 결과를 그 의미로 받아들인다. 스탠리 피쉬는 텍스트의 의미가 독자의 해석의 산물이라고 주장한다. 독자의 경험에서 중요한 것은 텍스트가 의미하는 것이 아니라 행하는 것이다. 왜냐하면 텍스트는 대상이 아니라 독자가 참여하여 독자에게 '발생하는(happen)' 것, 즉 '사건(event)'이기 때문이다. 그는 저자의 의도는 텍스트 속에 있는 것이 아니라 독자의 해석행위에 의하여 만들어진다고 주장한다. 텍스트의 의미는 독자가 독서과정에서 채택하기로 결정한 해석전략에 의하여 결정된다. 독자는 해석전략을 선택할 자유가 있으므로 그는 모든 텍스트에 어떠한 의미든지 부여할 수 있다. 텍스트의 동일성은 그 의미의 동일성에 의하여 결정되며 의미의 동일성은 독자가 택한 해석전략의 동일성에 의하여 결정된다. 두 텍스트가 같은 의미를 생산하도록 만들어지면 이 두 텍스트는 동일한 것으로 볼 수 있다. 해석과 독립하여 텍스트는 의미를 갖지 않으므로 텍스트는 그 자체로는 정체가 규정되지 않는다. 해석 행위 이전의 모든 텍스트는 무정형이다. 따라서 피쉬는 "동일한 텍스트나 상이한 텍스트라는 개념은 허구"라고 주장한다.

피쉬의 이론은 독자에게 무한한 자유를 제공하지만 해석의 무정부상태를 야기할 가능성이 있다. 이를 회피하기 위하여 피쉬는 '해석공동체(interpretive community)'라는 개념을 도입한다. 서로 다른 독자들이 해석 전략을 공유하면 그들은 해석공동체를 구성하고 있다고 피쉬는 주장한다. 동일한 텍스트가 존재한다는 주장은 해석전략을 공유하는 해석공동체의 구성원들에 의하여 동일한 의미가 생산된다는 뜻이다. 해석공동체의 해석이 무정형의 텍스트에 의미를 부여하기 때문에 해석행위는 독서가 아니라 글쓰기 행위가 된다.

피쉬는 자신의 이론을 텍스트 해석의 객관적인 분석이라고 주장하지 않는다. 그는 "인간이 만든 모델의 선택은 객관성과 해석 간의 선택이 아니라, 해석임을 인식하고 있는 해석과 그렇지 못한 해석 간의 선택"이라고 지적한다. 따라서 자신의 해석이 "단지 또 다른 하나의 해석"이라고 인정함으로써 그는 그것이 임시적이고 시간과 상황에 의하여 변할 수 있음을 강조한다.

4. 포스트모더니즘의 경향

텍스트로부터 텍스트에 대한 독자의 반응으로 관심을 옮기는 것은 많은 포스트모더니스트들의 경향을 나타낸 것이다. 피쉬 같은 포스트모더니스트들은 객관적인 리얼리티보다는 리얼리티에 대한 우리의 주관적인 반응에 관심을 두며, 극단적인 상대성의 함정에 빠지는 것을 회피하기 위하여 외부 세계에 대한 인식 과정에서 컨텍스트의 중요성을 강조한다. 그들은 우리가 속한 사회적 관행과 인습의 컨텍스트를 회피할 길이 없다고 믿기 때문에 총체성, 절대성, 토대, 초월성과 같은 개념을 의심한다. 대신에 그들은 개별성, 상대성, 반토대, 컨텍스트를 받아들인다. 그들은 우리의 지식이 컨텍스트에 복잡하게 얽혀 있다고 생각하기 때문에 우리가 흔히 당연한 것으로 받아들이고 주장하는 것의 허구성을 보여주려고 노력한다. 그들은 철학, 과학, 예술, 역사, 그리고 무엇보다도 진리와 리얼리티 자체의 속성을 근본적으로 다시 생각하게끔 한다.

이러한 포스트모더니즘의 성향은 지적·문화적 영역의 모든 중요한 부문에 스며있다. 포스트모더니스트들은 질서와 기원에 대한 추구를 조롱하고 미결정성과 불확실성을 수용하며 임의적이고 우연적인 우주를 받아들인다. 이러한 경향은 가장 비판적인 순간에는 지배적인 인식론적 인습과 이데올로기를 노출시키며 따라서 문화의 영역에서 파워를 획득하기 위한 투쟁을 부각시킨다. 그러나 동시에 포스트모더니즘의 감수성은 그것이 도전하는 것처럼 보이는 문화 자체를 결국 수용하는 것으로 끝날 수도 있다. 왜냐하면 포스트모더니스트들은 한 문화 내에서 작업을 하며, 자신들이 반대하는 체계에 자신들이 연루될 수밖에 없다고 믿는 까닭에 그 체계와 비판적인 거리를 유지할 수 없기 때문이다. 그들은 삶과 세상이란 단순한 것이 아니라고 강조하고서는 실제로 이 세상을 개혁하려고 시도하지 않고 방관자처럼 보이는 태도를 취한다. 그들은 사회적인 행위를 유지하는 데 필요한 통합되고 단일한 비전이나 목적을 제공하지 못한다. 포스트모더니스트들의 이러한 태도는 전통적인 실용주의자들과 차이를 보인다. 제임스나 듀이의 실용주의의 핵심적인 명제는 단순히 이 세계를 관찰하거나 해석하는 것이 아니라 변화시키는 것이었다.

그러나 포스트모더니즘의 감수성에 건설적인 덕목이 전혀 없는 것은 아니다. 포스트모더니즘에서 부각되는 이 세계의 미결정성과 우연성은 20세기 후반기를 살아가는 인간 존재의 불안정한 성격을 반영한다. 포스트모더니스트들은 우리가 후근대사회에서 직면한 문제에 대하여 깔끔하고 손

쉬운 해결방안을 제시하지 못하지만 그 문제의 복잡성을 밝혀주는 것은 그 문제에 대처하기 위한 중요한 첫 단계로 여겨진다. 문제의 복잡성은 그것을 무시한다고 해서 사라지는 것이 아니다. 인식 상의 복잡성을 선호하는 포스트모더니즘의 경향은 그것이 극단으로 빠지지 않는다면 공감을 가질 충분한 이유가 있어 보인다.

Amariglio, Jack, Stephen Resnick, and Richard Wolff. "Division and Difference in the 'Discipline' of Economics", *Critical Inquiry* 17(1990), pp.108-137.

Danto, Arthur, C. "The Artworld", *Journal of Philosophy* 61(1964), pp.571-584.

Denzin, Norman K. *The Research Act: A Theoretical Introduction to Sociological Methods*(Eaglewood Cliffs, New Jersey: Prentice Hall, 1989).

__________, "Postmodern Social Theory", *Sociological Theory* 4(1986), pp.194-204.

Dewey, John, *The Quest for Certainty: A Study of the Relation of Knowledge and Action*(London: George Allen & Unwin, 1929).

Dickie, George, *Art and Aesthetics: An Institutional Analysis*(Ithaca: Cornell, 1974).

Featherstone, Mike. "In Pursuit of the Postmodern: An Introduction", *Theory Culture & Society* 5(1988), pp.195-215.

Fish, Stanley, *Is There a Text in This Class?: The Authority of Interpretive Communities*(Cambridge: Harvard University Press, 1982).

Geertz, Clifford, *The Interpretation of Cultures: Selected Essays*(New York: Basic Books, 1973).

Heisenberg, Werner, *Physics and Philosophy: The Revolution in Modern Physics*(New York: Harper and Brothers, 1958).

James, William, *Pragmatism*(Cambridge: Harvard University Press, 1975).

__________, *The Meaning of Truth*(Cambridge: Harvard University Press, 1975).

__________, *A Pluralist Universe*(Cambridge: Harvard University Press, 1977).

LeClair, Tom and Larry McCaffery (eds.), *Anything Can Happen: Interviews with Contemporary American Novelists*(Urbana: University of Illinois Press, 1988).

Lentricchia, Frank, "The Return of William James", *Cultural Critique* 4(1986), pp.5-31.

McHale, Brian, *Postmodernist Fiction*(London: Methuen, 1987).

Mitchell, W.J.T. (ed.), *Against Theory: Literary Studies and the New Pragmatism*(Chicago: The University of Chicago Press, 1985).

Moore, Edward C., *American Pragmatism: Peirce, James, and Dewey*(New York: Columbia University Press, 1961).

__________, *William James*(New York: Washington Square Press, 1966).

Peirce, Charles S., Justus Buchler (ed.), *Philosophical Writings of Peirce*(New York: Dover, 1955).

Rorty, Richard, *Philosophy and the Mirror of Nature*(Princeton: Princeton University Press, 1979).

__________, *Consequences of Pragmatism: Essays, 1972~1980*(Minneapolis: University of Minnesota Press, 1982).

__________, *Contingency, Irony, and Solidarity*(Cambridge: Cambridge University Press, 1989).

Russett, Cynthia Eagle, *Darwin in America: The Intellectual Response 1865~1912*(San Francisco: W.H. Freeman and Co., 1976).

Schudson, Michael, *Discovering the News: A Social History of American Newspaper*(New York: Basic Books, 1978).

Thayer, Horace S., *Meaning and Action: Study of American Pragmatism*(Indianapolis: Bobbs-Merrill, 1973).

Trenner, Richard (ed.), *E.L. Doctorow: Essays and Conversations*(Princeton: Ontario Review Press, 1983).

White, Hayden. *Tropics of Discourse: Essays in Cultural Criticism*(Baltimore: The Johns Hopkins University Press, 1978).

United States of America

3부 미국학 4중주: 정치, 외교, 경제, 언론

외교정책의 전통: 예외주의 역사의식

김남균

1. 미국은 특별하다?

미국외교의 전통은 무엇일까? 미국 외교정책의 전통을 밝히기 위해서는 건국 이후 미국이 취해 온 대외정책을 역사적으로 고찰하는 방법이 가장 확실할 것이다. 그렇지만 한 국가의 대외정책을 모두 알아본다는 것은 한 편의 짧은 글로는 불가능한 작업이다. 따라서 최근 부시 행정부가 2001년 9월 11일 뉴욕 세계무역센터 테러에 대한 보복공격을 감행하면서 드러낸 미국외교의 특성에 대한 역사적 뿌리를 캐보는 방식으로 미국외교의 전통을 고찰해 보기로 한다.

2001년 9월 11일에 있었던 뉴욕 세계무역센터에 대한 테러 공격(9.11 사태)은 미국인들의 개인생활과 국가 활동에 엄청난 충격을 가져왔으며 그에 따른 미국과 세계에 대한 영향은 아직 판단하기가 어려운 상태이다.[1] 테러로 인한 경제적 손실은 계산하기 어려울 정도였고, 인명 피해도 미일 간의 태평양전쟁을 유발한 결정적인 원인이 되었던 진주만 기습 때보다도 더 많았다.[2] 미국경제에 대한 충격으로 뉴욕 증시는 얼마 동안 개장도 하지 못했을 정도였고 사회적으로는 극도의 테러 공포증과 함께 테러 집단이 속한 종족과 종교에 대한 공격도 있었다.[3] 후속 테러공격을 두려워한 미국은 2002년에는 200년 이상 지켜온 독립기념 행사도 치르지 못했다. 비행기 탑승자에 대한 소지품 검사가 극도로 강화되었으며 우편물도 제대로 개봉하지 못하는 시대가 되었다.

테러 공격으로 무엇보다 많은 변화를 겪은 분야는 안보와 국방이었다. 9.11 사태 직후 부시 행정부는 테러의 주범으로 오사마 빈 라덴(Osama bin Laden)과 그 후원 단체로 아프가니스탄에 있던 알 퀘다(al Queda) 집단을 지목하였다. 범인 인도를 거부하며 무한 투쟁을 외치던 아프가니스탄은 미국의 강력한 화력 앞에 하루아침에 붕괴하고 말았다. 그러나 주범으로 지목되었던 빈 라덴의 행방은 미궁에 빠졌다. 또한 2001년 10월 부시 행정부는 대통령 명령 13228호를 발하여 본토방위국(Office of Homeland Security)을 설치해서 테러에 대처하는 정부 제도를 정비하였다.4) 2002년 2월 초 부시 대통령은 연두교서에서 테러를 지원하는 '악의 축(Axis of Evil)'을 언급하며 '악'에 대한 공격을 늦추지 않을 것임을 밝혔고, 주요 강대국들의 반대에도 불구하고 이라크 공격을 감행하였다.

그런데 이 같은 미국의 대 이라크 정책을 통해 다시 분명하게 드러난 것은 부시 행정부가 보여주고 있는 일방주의 외교이다. 일방주의 외교에 대한 몇 가지 예를 들면, 9.11 사태가 있기 전 부시행정부가 소위 미사일방어체제(MD: Missile Defense)란 새로운 전략개념을 개발하여 각 국가에 지지를 강요하려는 시도를 해서 많은 논쟁을 불러일으킨 사례가 있다. 또한 미국은 지구 온난화를 완화시키기 위해 당사국의 하나로 참여했던 교토의정서(Kyoto Protocol)를 일방적으로 폐기하였을 뿐 아니라 139개 국가가 사인하고 그중 81개 국가가 이미 비준절차를 마친 국제형사재판소(International Criminal Court)에 정면으로 반대하기도 했다.5)

그렇다면 미국은 왜 동맹국들로부터도 강한 비판을 받는 이 같은 일방주의 외교정책을 추진하는 것일까? 이것은 미국이 초강대국이란 국제 정치적 입장에서 행사하는 힘의 오만일까?6) 여러 가지 해석이 가능할 수 있다. 그러나 여기서 주목하고자 하는 것은 미국외교의 저변에 흐르고 있는 미국인들의 역사의식이다. 미국인들은 자신들은 다르다는 강력한 예외주의(exceptionalism) 역사의식을 가지고 있다.7) 미국인들은 그들의 국가가 대외적으로 식민지를 가지지 않았던 나라이며 타국의 이익을 해칠 의사가 전혀 없고, 대내적으로는 자유가 다른 어느 나라보다 잘 보장된 민주주의 국가이기 때문에 인류역사에 있어서 마지막 남은 인류의 희망으로 본다.[8] 모든 면에서 미국은 다른 국가들과 다르다고 믿기 때문에 최초로 핵무기를 개발하였고 또한 현재 가장 많은 핵무기를 가지고 있음에도 불구하고 북한이나 이라크 등 다른 나라가 핵무기를 보유하면 너무 위험하다는 의식을 가지고 있다.[9]

부시 행정부의 외교정책과 미국의 외교 전통은 어떻게 연결되어 있는가? 이 글에서 주목하고자 하는 것은 부시 행정부가 대(對) 테러 정책을 추진하면서 보여주고 있는 일방주의 외교정책의 역사적 배경이다. 특히 일방주의 외교정책의 배경이 되는 미국인들의 예외주의 역사의식의 형성과 발전 과정을 살펴봄으로써 미국외교의 전통을 파악하고자 하는 것이 이 글의 핵심이 되겠다.[10]

2. 예외주의 제국: '명백한 운명'과 대륙

공식적으로 미국역사가 시작된 것은 1776년부터이고 미국외교의 특징도 이때부터 시작된 것으로 보아야 할 것이나 미국은 독립 이전부터 식민지 사회가 형성되어 있었고 이미 미국적 특징을 간직하고 있었던 것과 마찬가지로 미국외교의 특징으로 지적한 예외주의도 미국의 초기 역사와 깊이 연결되어 있다.

영국인들이 미국에 정착하기 시작한 것은 1607년부터였고, 첫 정착지는 오늘날의 버지니아(Virginia) 주였다. 신대륙에 온 이들 영국인들은 '돈 벌러 온 사람들'이었다. 이들은 영국의 해외개발사업을 위하여 조직된 버지니아 사(Virginia Company)를 통하여 일확천금을 노리고 새 땅으로 왔다. 신대륙으로 오기 전 이들은 본국에서 신천지에 대한 많은 이야기들을 들었다. 그러나 그들이 찾는 금은보화는 신대륙에서 나오지 않았다. 결국 이들의 버지니아 정착은 실패로 끝날 수 있었으나 새로운 역사를 가능하게 했던 것은 담배였다.

담배는 원래 서인도제도(West Indies)에서 재배되어 유럽으로 수출되고 있던 수출상품이었다. 유럽에 담배가 소개되어 무섭게 번지고 있었으나 유럽의 기후는 담배 재배에 적합하지 않았다. 그런데 북미 대륙에 이민이 시작된 직후인 1610년대에 이 담배가 버지니아에서도 재배가 가능하다는 것이 발견된 것이다.[11] 담배 생산은 신대륙에 신속히 자리잡았고 이민을 끌어들일 수 있는 여건이 되었다. 하지만 문제는 노동력이었다. 재배지가 확장되어 가면서 노동력 부족현상이 생겨난 것이다. 초창기 이곳에 온 사람들은 가족을 데리고 오지 않았다. 대부분은 남자가 혼자 와서 돈을 벌어 영국으로 돌아갈 계획이었다. 따라서 부족한 노동력을 채워줄 인구의 자연증가는 처음부터 기대하기 어려웠다. 그렇다고 이민이 쏟아져 들어올 만큼 매력적인 장소도 아니었다. 이 노동문제를 해결하기 위하여 버지니아 정착민들은 계약제 노예(Indentured Servants)를 본국에서 데려오기 시작했다. 계약제 노예란 일정한 기간(약 6~7년) 동안 주인을 위하여 일을 해주면 대서양을 횡단한 뱃삯을 감면받고 자유인이 되게 해준다는 조건으로 영국에서 데려온 사람들로, 자유인이 되면 자신의 토지를 소유할 수 있었다.[12]

그러나 계약제 노예들로도 초기 미국의 노동력 문제는 해결되지 않았다. 무한한 토지와 무한한 금전욕이 만난 버지니아 담배 농사는 보다 많은 수입을 위한 끝없는 확장을 요구했다.[13] 영국인들은 기본적으로 열심히 노동을 하지도 않았고 집단적인 대규모 노동에 적합하지도 않았다. 이런 상황에서 계약제 노예제도는 1620년경 빠르게 흑인노예제도로 대체되기 시작했다.[14] 그 결과 남부는 담배와 노예제도에 기초한 사회경제체제를 갖추게 되었다. 흔히 노예제와 면화를 연결지어 생각하기 쉬우나 남부에 면화가 대대적으로 재배된 것은 영국에서 산업혁명이 일어나 면직물 생산을 위한 면화 수요가 급증한 1800년 이후였다. 따라서 초창기 남부의 주요 경제 작물은 담배였다. 담배와 노예제는 미국 대외정책의 성격에 큰 영향을 주었다. 미국외교가 천민 자본주의적 일면을 갖게 된 배경이 된 것이다.

영리를 위해서는 타인의 희생이나 존엄성이 무시되었다. 담배농사를 짓고 면화 밭을 가꾸는 흑인노예는 사람이 아니라 가축이나 다를 바 없는 재산이었다. 이런 천민자본주의가 경제적 기반이었던 남부에서 미국인의 예외주의 역사의식이 형성될 수는 없었다.

그렇다면 미국 예외주의가 나온 배경은 무엇인가? 이것은 미국역사의 시작에 또 다른 일면이 있었기 때문이다. 경제적 이유 때문에 버지니아에 온 사람들과는 달리 신앙 때문에 신대륙을 택한 사람들이 있었다. 바로 퓨리탄(Puritan)들이었다. 이들이 신대륙에 온 목적은 돈이 아니라 신앙을 지키기 위해서였다. 16세기 영국의 어정쩡한 종교개혁에 불만이 많았던 이들은 17세기 초 신앙의 자유를 찾아 암스테르담으로 갔다. 그러나 새로 번영하던 도시문화에 오히려 실망하고 다시 신대륙으로 떠나갔다.15) 이들은 영국에 남아 있는 사람들보다 자신들의 신앙에 대한 우월감을 지니고 있었다. 하나님의 뜻을 이룬다는 특권의식인 예외주의 의식이 있었다. 그리고 이들의 신앙적 뿌리인 프로테스탄트 교회는 세계를 선(천국)과 악(지옥)으로 이분하여 판단하였다. 이것은 카톨릭과의 커다란 차이점이었다. 중세를 지배한 카톨릭 교리에는 천국(heaven)과 지옥(hell) 사이에 연옥이 있었다. 그러나 프로테스탄트 교리에는 천국과 지옥 둘뿐이다. 프로테스탄트 신자에게는 연옥이란 개념이 없다. 이것은 그 후 역사적 경험 속에서 미국인들이 외부 세계를 판단할 때 중요한 영향을 미치게 된다. 외부 세계는 선이나 악이지 중간(제3세계)은 없는 것이다.

퓨리탄이 미국에 정착하기 시작한 것은 1620년부터인데 결정적인 역할을 담당한 사람은 1630년대 제2차 이민의 물결을 몰고 온 존 윈스럽(John Winthrop)이었다. 그는 신대륙에 영국인들도 바라볼 위대한 '언덕 위의 도시(a city upon a hill)'를 건설하자고 외쳤다. 이들 신천지에 온 사람들에게 신흥 퓨리탄 사회는 인류의 마지막 희망이었고, 떠나온 구세계 유럽은 구제불능의 악의 세계였다. 새로운 역사를 창조해야 했다. 이들은 자신들이 사는 땅에 새롭다는 의미로 신(New)자를 많이 붙였다. 뉴욕(New York),

뉴저지(New Jersey), 뉴햄프셔(New Hampshire), 뉴잉글랜드(New England) 등. 미국에 온 퓨리탄들은 북부를 중심으로 번성했다. 토지를 일구고 마을을 건설했다. 이들이 노예를 사용하지 않았다는 점은 남부와 크게 다른 점이었다. 또한 도덕적으로 엄격한 생활을 유지했다. 이들이 모이는 장소는 교회였고, 교회는 모든 활동의 중심이었다. 교회에 다니지 않는 사람들에게는 지역 대표를 선출할 수 있는 선거권도 주어지지 않았다. 이민 온 지 몇 년 안 된 1636년에는 하버드대학을 설립하여 새로운 땅에서 '양'들을 이끌 목자를 교육하기 시작했다. 근면하고 검소하며 하나님을 열심히 믿는 도덕적인 사람들이 퓨리탄의 이상적인 모델이었다. '언덕 위의 도시'를 건설하길 원했던 이들이 바로 미국의 예외주의(exceptionalism)를 탄생시킨 주인공들이었다.[16]

예외주의는 미국이 독립하면서 더욱 분명해졌다. 1776년 영국으로부터 독립을 선언한 미국은 1783년 파리조약으로 독립을 인정받고 신생 독립국가로서 새로운 외교관계를 수립하기 시작하였다. 신생국가에게 가장 중요한 과제는 외부의 위협으로부터 국가의 안전을 보장하는 것이었다. 그렇다면 미국인들은 자신들의 안보에 대한 위협이 어디서 온다고 보았던가? 미국인들은 지리적으로 대서양이 가로놓여 있기 때문에 유럽으로부터는 직접적인 위협이 온다고 생각하지 않았다. 만약 문제가 생긴다면 그것은 미국인들이 유럽의 문제에 휘말림으로써 생길 수 있었다. 따라서 국가안보에 대한 답은 처음부터 분명해 보였다. 즉, 외부세계의 문제에 휘말리지 않는 것이었다. 특히 부패하고 희망이 없는 유럽의 문제에 휘말리지 않는 것은 미국의 외교정책에 가장 중요한 일로 떠올랐다.[17]

1796년 초대 대통령 조지 워싱턴(George Washington)은 임기를 마치기 직전 고별연설(Farewell Address)의 형식으로 외교에 대한 자신의 주장을 발표하였다. 그는 미국인들에게 유럽의 문제에 휘말리지 말 것을 당부했다.[18] 유럽은 '악'을 의미했다. 유럽 문제는 해결될 수 없는 고질적인 것이고 반면 미국은 희망의 상징이었다. 선과 악은 공존할 수 없는 상대다. 악과 가능한 관계를 맺지 않는 것이 최선이다. 이런 고립주의는 존 애덤스(John Adams)나 토마스 제퍼슨(Thomas Jefferson)에 의해서도 강력하게 주장되었고 마침내 제임스 먼로(James Monroe) 대통령에 의하여 1823년 소위 먼로 독트린(Monroe Doctrine)으로 구체화되었다.[19] 신대륙은 유럽의 영향을 벗어나 있어야 하는 '선'한 지역이었고 미국은 다르다는 의식이 확고해졌다.

유럽에 대해 외교적 고립을 주장하는 미국이 당면한 또 다른 문제는 북미 대륙 내에서의 내부적 팽창이었다. 1787년 미국은 미개척지에 대하여 소위 신주편입법안(The Ordinance of 1787)을 택하여 개척지에 성인 남자 인구가 6만 명에 이르면 주로 편입될 수 있도록 만들었다. 이런 법적 요건을 만족시키면 미국 연방정부는 언제든 새로운 주를 미국의 일부로 첨가시켜 성장할 수 있었다. 내부적 팽창은 미국의 생존전략과 연결되어 있었다. 미국이 대륙에서 팽창하는 것은 미국적 체제의 승리를 위해 필요했다. 민주주의 체제가 팽창하지 않으면 미국을 둘러싸고 있는 구세계에 의해 고사될 수도 있었다. 따라서 미국은 건국 초부터 팽창주의 노선을 택했다. 1804년 당시 미국 영토의 2배에 해당하는 루이지애나를 구입했고 이어서 서부를 향하여 전진했다. 1820~1830년대에 오리건 개척로(Oregon Trail)가 열리고 무수한 포장마차들이 서부를 건너 멀리 서북부 오리건까지 진출하기 시작했다.

대륙에서의 영토 팽창에 대하여 1845년 뉴욕의 존 오설리번(John O'Sulli-van)은 그것의 역사적 정당성을 주장하였다. 그는 「명백한 운명(*Manifest Destiny*)」이란 글을 「데모크라틱 리뷰(*Democratic Review*)」에 발표했다. 그에 따르면 미국은 하나님으로부터 미개척지에 문명을 전달할 운명을 부여받았다. 특히 텍사스를 포함하여 대륙 내의 지역으로 팽창하여 나가는 것은 '하나님의 뜻'이었다. 미국인들에게 있어 서부의 인디언을 말살하거나 교화하고 주변 국가들에 문명을 전달하는 것은 단순한 정책적 선택이 아니라 미국에 부여된 '운명'과도 같은 것이었다.[20] 그는 미국인은 "하나님이 자유에 대한 위대한 시험과 자치적인 연방정부의 발전을 위하여 우리에게 수여해 준 대륙 전체로 확장해 나가고 또 그것을 소유할 명백한 운명에 대한 권리를 갖고 있다"라고 주장하였다.[21] 오설리번의 주장은 빈말로 끝나지 않았다. 미국은 1845년 텍사스를 합병했고 1846~1848년에는 멕시코와 영토 전쟁을 일으켜 캘리포니아, 뉴멕시코, 유타 그리고 애리조나 일대를 차지하였으며, 또한 분쟁지역이었던 북서부 해안의 오리건 지역을 완전히 미국 영토로 합병시키는 데 성공하였다. 북미 대륙에 대한 거대한 제국의 꿈이 이루어진 것이다.

그러나 미국의 '명백한 운명'은 여기서 멈추지 않았다. 남북전쟁 (1861~1865)을 전후해 미국 국무장관을 지낸 윌리엄 시워드(William Seward)는 미국의 팽창주의 외교정책을 더욱 강력하게 추진했다. 국무장관이 되기 전인 1846년에 이미 시워드는 미국은 "북쪽으로는 빙하 지역과 태평양까지 진출하여 동양과 마주칠" 때까지 끝없이 전진해야 하는 '명백한 운명'을 가지고 있다고 주장했다. 그러나 미국의 영토 확장을 위하여 전쟁보다는 정치나 경제 혹은 문화적 수단을 사용할 수 있길 원했다. 그는 영토 확장은 마치 중력의 법칙과 마찬가지라고 보았다. 무게가 더 나가는 강대국에 의하여 작은 국가가 흡수되는 것은 자연스런 것이었다. 미국이 이런 운명을 감당하기 위해서는 연방정부의 역할이 중요했다. 연방정부는 미국의 농업과 산업 그리고 무역을 발달시킴으로써 다른 주변 약소국가들을 무력 이외의 방식으로 흡수할 수 있다고 보았다.[22]

시워드가 이같이 영토 확장에 큰 관심을 가졌던 것은 제국에 대한 꿈 때문이었다. 그는 미국이 진정한 제국이 되기 위해서는 해외 영토 확보를 필수적인 것으로 보았다. 또한 해군력의 증강은 미국이 제국이 될 수 있는 관건이라고 판단했다. 시워드가 꿈꾼 제국은 일차적으로 미국의 정치나 경제적 힘을 증강시키는 것이지만 그보다 더욱 중요한 것은 미국의 자유를 확대시키는 것이었다. 앞에서 언급한 퓨리탄들과 마찬가지로 시워드도 미국은 세계를 향한 사명이 있다고 생각했던 것이다.[23]

미국의 공화주의는 구세계에 대한 단절이었으며, 미국의 존재 자체만으로도 구세계에 대해서는 커다란 도전이었다. 시워드는 미국의 운명은 '인간의 생활조건'을 개선함으로써 미국의 공화주의 정신을 아시아와 유럽의 국민들에게 전하고 인류의 역사발전에 기여하는 것이라고 믿었다. 미국의 생산품을 운반하는 미국의 상선은 미국의 물품만 운반하는 것이 아니라 결국 미국의 민주주의 사상을 전하게 될 것으로 보았다. 따라서 19세기 미국 제국주의의 꿈은 시워드라는 인물에 의해 구체적으로 실천되기 시작했던 것이다. 시워드는 미국 제국주의에 대한 야망을 다음과 같은 시로 표현했다.

> 단결 속에 번영하는 우리 조국
> 하지만 이런 만족 속에 머물지 않고, 세계를 덮고 쓸고 나가리.
> 끝 모르게 사해로 뻗는 우리 제국
> 자유로운 바다 같이 흐르고 넘치리.[24]

미국 제국에 대한 시워드의 꿈은 1867년 미국이 알래스카를 매입하게 됨으로써 절정에 이르렀다.[25] 시워드는 오랫동안 러시아의 거대한 북극 영토에 대하여 야심을 가지고 있었다. 남북전쟁 중에 남부 연맹의 선박들이 북극에서 북군의 배를 공격한 사건이 일어나자 그는 북극 지역을 미국 영토로 편입시킬 것을 강력히 원했다. 북극 지방에 대한 영토 획득은 단순한 영토 확장 이상의 의미를 갖고 있었다. 미국이 북극 지방에 영토를 가진다는 것은 미국이 극동 아시아로 항해할 수 있는 단거리 항해 코스를 획득하는 것을 의미하기 때문이었다. 시워드는 유럽이 아니라 장차 아시아에서 강대국들이 각축을 벌일 것으로 예상하고 있었다. 이미 수 억의 인구를 가지고 있던 중국은 무한한 잠재적 시장으로 미국 사업가들의 관심을 끌어 왔다. 시워드는 알래스카를 매입함으로써 미국이 아시아로 진출하는 교두보를 확보하고자 희망했던 것이다. 그러나 시워드의 꿈은 영

토 확대가 전부는 아니었다. 그는 미국식 민주주의를 다른 나라에 전파하기를 원하고 있었다.26)

미국 영토가 라틴 아메리카와 캐나다까지 확대되길 원했던 시워드의 꿈이 모두 이루어지지는 않았지만 미국이 20세기 강대국으로 등장할 수 있었던 배경에는 시워드의 선구자적 역할이 매우 중요했다.27) 시워드 다음 세대의 대표적 팽창주의자들인 해군 장교 알프래드 마한(Alfred Mahan)이나 시어도어 루즈벨트(Theodore Roosevelt) 또는 헨리 케봇 롯지(Henry Cabot Lodge) 등이 모두 시워드의 영향을 크게 받았다. 그들은 시워드가 주장한 미국 해군력의 증강을 해외 팽창정책의 기본으로 주장했다.28) 1890년대에 이르면 미국은 결국 본격적으로 제국주의 정책을 택하게 되고, 1898년에는 미서전쟁(Spanish-American War)을 통하여 대서양에서는 쿠바를 영향권에 넣을 뿐 아니라 태평양에서는 필리핀까지 진출하였다. 미서 전쟁의 와중에 미국은 하와이도 병합시켰다.29)

이 같은 미국의 제국주의 경향을 잘 표현한 인물은 미국인과 결혼한 영국 출신 문학가 러드야드 키플링(Rudyard Kipling)이었다. 후에 영국인으로서는 최초의 노벨 문학상 수상작가가 되는 키플링은 1899년 2월호 「맥크루어 매거진(*McClure's Magazine*)」에 자신의 「백인의 의무(*The White Man's Burden*)」라는 시를 발표하였다. 발표 직후 그의 시는 폭발적 인기를 끌어 많은 잡지와 신문에 게재되었으며, 루즈벨트는 롯지에게 이 시를 적어 보내주기도 했다.30) 키플링은 미국인들에게 외부 세계에 대한 미국인의 책임을 요구했다. 미국의 팽창주의에 새롭게 기름을 부은 격이었다.

그러나 '백인의 의무'로 형태가 바뀐 미국인들의 '명백한 운명'은 19세기가 끝나면서 그 장래가 '명백'하지 않았다. 유럽 제국들이 이미 아시아와 아프리카 식민지들을 선점하고 있었기 때문에 더 이상 미국의 '명백한 운명'을 강요할 지역이 없었다. 만약 아시아나 아프리카에 대하여 미국의 '명백한 운명'을 주장하자면 유럽 열강과 치열한 식민지 경쟁을 벌여야 할 형편이었다. 그렇게 되면 미국은 이념적으로 스스로 구세계와 같은 부류가 되고 말 것이고 또 현실적으로 구세계를 상대해 치열한 경쟁을 감수하면서까지 해외 식민지를 확장해야 할 군사력도 아직 갖추고 있지 않았다.31) 여기서 미국은 영토 확장에 대한 꿈을 접는다. 그러나 1898년 국무장관 존 헤이(John Hay)는 문호개방정책(Open Door Policy)을 선언함으로써 세계무대 진출을 위한 새로운 전략을 택하였다.32)

영토 경쟁에서 밀려나 문호개방정책을 택한 미국은 군사력 대신 경제와 문화적 영향력을 확대하는 데 초점을 맞추었다. 과거 유럽 열강들이 제국주의 정책으로 해외 영토 확장에 중심을 두었던 점에 비교하면 미국은 반제국주의자가 되었다. 그러나 미국은 제국주의에 적극적으로 반대하지는 않았고, 이미 유럽 열강이 차지하고 있는 기득권을 부인하지도 않았다. 다만 미국이 진출하지 못한 중국 시장에 대하여 미국의 진출 기회를 보장받는 것이 문호개방정책의 핵심이었다.33) 내용이야 어떻든 형식적으로는 문호개방정책은 미국외교에 있어서 전환점이었다. 미국은 이로써 군사력 대신 문화나 경제력을 바탕으로 미국의 세력을 확장하는 소위 비정형적 제국주의(informal imperialism)의 노선을 택했던 것이다.34) 월등한 생산력과 풍부한 자원을 가지고 있던 미국에게 지리적 영토 확장은 더 이상 별 의미가 없었는지도 모른다. 그것보다 미국에게 더 필요한 것은 시장(open market)이었기 때문이다. 유럽 열강이 영토에 매달려 있는 시기에 이러한 비정형적 제국주의로 전환함으로써 미국은 국제사회에서 도덕적으로 우월한 지위를 차지할 수 있게 되었고 미국인들에게는 더욱 강력한 예외주의 의식을 심어줄 수 있었다.

3. 미국의 세기: '명백한 운명'과 세계

힘을 바탕으로 '명백한 운명'을 외치던 미국은 문호개방정책을 선언한 이후 국제사회에 법과 질서를 주장하는 강력한 법치주의 주창자가 되었다. 미국은 도덕적으로 우월할 수 있었고, 다시 한번 '언덕 위의 도시'를 주장할 수 있는 입장이 되었다. 특히 제1차 세계대전은 미국의 예외주의를 세계에 보여줄 수 있는 기회가 되었다.

1914년 제1차 세계대전이 발발할 당시만 해도 건국 이래 유럽 문제에 대하여 고립주의를 택하고 있던 미국은 참전할 의사가 전혀 없었다. 1912년 대통령 선거에서 공화당이 분열하자 그에 대한 어부지리로 20세기 첫 민주당 대통령이 된 윌슨은 외교에 대한 경험이 전혀 없었다. 그는 첫 임기 동안 유럽의 분쟁에 개입하지 않을 것을 약속하여 그것을 지켰고 또한 1916년 재선에 성공하였다. 미국의 여론은 제1차 세계대전에 대한 불개입을 지지하고 있었다.

그러나 윌슨이 재선에 성공하여 두 번째 임기가 시작된 1917년 미국은 제1차 세계대전에 개입했다. 미국이 개입한 이유로 독일의 무제한 잠수함 작전이나 영국의 효과적인 선전전을 지적할 수도 있겠지만, 더 중요한 것은 미국인들이 가지고 있던 도덕적 가치였다.[35] 전쟁 개입에 대하여 의회의 승인을 요구하던 윌슨은 미국이 전쟁에 개입하는 이유로 민주주의와 평화를 주장했다. 미국은 영토나 경제적 이익을 위해서 전쟁을 하지 않는다는 점을 분명히 했다. 구세계와의 차별화 정책이었으며 결국 미국적 예외주의의 표현이었다. 그동안 내적 발전에 몰두하였던 미국은 이제 자신의 예외주의를 통하여 세상을 바꾸길 원했다. 윌슨은 바로 이런 미국적 세계관을 대변하는 인물이었다. 전쟁이 끝나면서 그는 파리 평화회담에서 자신이 구상한 14개 조를 회담 참가국들에게 강요하였다. 세계평화는 14개 조에 달려 있다고 믿었다. 19세기 민주주의를 위한 생존전략으로 내부 팽창을 택하면서 주장했던 미국의 '명백한 운명론'의 후예들은 국제사회를 지배하던 기존의 강대국을 극복하기 위한 새로운 팽창전략으로 세계 민주화를 외치고 있었다. 이제부터 미국의 전쟁은 세계 평화와 민주주의 발전을 위한 성전이 되는 것이었다.

실제로 윌슨은 항복한 독일에 대하여 보상을 요구하지 않았을 뿐 아니라 영국이나 프랑스와 이태리 등 승리한 다른 국가들에 대해서도 미국식

평화 방식을 따를 것을 요구했다. 그는 전쟁배상을 포기하는 대신 국제연맹(League of Nations)을 통한 새로운 형태의 질서 유지를 희망했다. 전쟁이 끝나고 평화조약을 체결하는 과정에서 일반적으로 나오던 전쟁 배상금이나 영토 할양을 미국은 전혀 주장하지 않았다. 오히려 독일에게 전쟁 배상금을 요구하는 영국이나 프랑스를 설득하고자 노력했다.36) 윌슨은 법과 질서가 있는 새로운 세계를 열고 싶었다. 세계 각 국가들이 언약(covenant)을 맺고 그 언약에 기초해 국제질서를 유지하는 방식이었다.37) 윌슨은 국제문제를 해결하는 데 있어서 비밀외교를 반대하고 공개외교를 강조함으로써 외교의 도덕적 측면을 강조하는 미국식 외교의 전통을 강화시켰다. 소위 윌슨주의 외교의 탄생이었다.38)

그러나 윌슨의 주장은 아직 광야에서 외치는 외로운 소리에 불과했다. 미국 여론은 국제연맹이란 새로운 제도에 반대했고 미국 상원은 평화조약의 비준을 거부했다. 결국 미국 대통령이 주창한 국제연맹에 미국이 빠지는 어처구니없는 결과가 발생했다. 미국인들은 소득 없는 전쟁에 휩싸이거나 실속 없는 국제평화를 외치기보다는 외부 문제와는 담을 쌓고 내부 문제에 전념하기를 원했다.39) 그런데 미국의 국제연맹 가입 반대 문제를 다시 생각해 보면 국제연맹의 창설을 주장한 윌슨이나 그것에 반대한 사람들이나 모두 미국은 다르다는 예외주의에 자신들의 주장의 근거를 두고 있음을 알 수 있다. 윌슨은 미국은 다르기 때문에 새로운 국제사회의 해결 방안으로 국제연맹을 제창한 것이었고, 또한 그에 반대한 사람들도 미국은 다르기 때문에 모든 국가가 다 참여할 수 있는 국제연맹에 참여할 수 없다는 것이었다. 따라서 두 집단 모두 근본적으로는 미국적 예외주의자들임을 알 수 있는 것이다. 그러므로 제1차 세계대전 이후부터 진주만 공격이 있기까지 소위 전간기(戰間期)에 미국이 선택한 고립주의(isolationism) 외교노선은 예외주의의 또 다른 표현이었던 것이다.

고립주의 시기 동안 미국은 예외주의적 외교 방식을 더욱 강화하였다. 국제문제를 법을 통해 해결하자는 요구였다. 1921~1922년에 해군력 감축

을 목표로 열렸던 워싱턴 회의(Washington Conference)에서 미국은 전함 증
강에 대한 동결을 제안하여 통과시켰고, 1928년에는 전쟁을 불법화한 켈로
그-브리앙 조약(Kellogg-Briand Pact)을 체결하였다. 법을 통해 국제평화를
유지하겠다는 시도였다. 1932년 일본의 만주사변에 대해서도 허버트 후버
(Herbert Hoover) 대통령 아래 국무장관이던 헨리 스팀슨(Henry Stimson)은
소위 스팀슨 독트린(Stimson Doctrine)을 발표했는데 일본의 침략에 대하여
선언적 대처 정도에 그쳤었다. 물론 미국의 소극적 대처에 대하여 비판을
가할 수도 있겠으나 예외주의에 바탕을 둔 고립주의 정책을 택하는 입장
에서는 더 이상의 조치가 불가능하였던 것이다. 고립이 미국을 지키는 것
으로 판단한 상황에서는 다른 정책이 불가능했다. 미국의 고립주의는
1939년 유럽에서 제2차 세계대전이 진행되는 중에도 지속되었다. 중립법
안을 통해 미국은 전쟁에 휘말리지 않으려고 노력했다. 미국의 안보와 정
체성을 지키기 위해서였다.[40)]

　그러나 1941년 12월 7일 일본의 진주만 공격은 안보에 대한 미국인들의
심리적 기반을 근본적으로 바꾸어 놓았다. 산업화와 기계화로 점차 좁혀
지는 세계에서 대서양과 태평양이란 천연 방패만 가지고는 미국의 안보를
보장할 수 없음이 드러났다. 일본의 기습공격 후 미국은 구 세계와 격리된
고립주의 대신 국제사회를 미국의 생존 조건에 맞게 새롭게 만들어가기
위하여 적극적 개입정책을 택했다. 세계와 격리하여 살 수 없다면 차선책
은 세계를 미국화하는 노선 외에는 없었다. 세계의 미국화는 미국의 안보
를 위하여 피할 수 없는 새로운 '명백한 운명'이었다.

　창조는 파괴를 전제로 했다. 새로운 국제 질서를 구축하기 위해 미국은
먼저 구질서를 철저하게 파괴했다. 독일은 초토화되었고 일본에는 원폭이
투하되었다.[41)] 미국의 선악 이분법적 사고에서 본다면 '악'을 물리치는 확
실한 방법은 전면적인 파괴밖에는 없었다.[42)] 악과는 협상이나 타협이 있
을 수 없었다. 종전 직전 일본이 미국에 협상카드를 내놓았으나 미국은
단호히 거절했다. '악'이 선택할 수 있는 유일한 대답은 '무조건 항복'뿐이

었다. 협상으로 전쟁을 종식시킬 수 있는 심리적 여유 공간이 미국인에게는 없었다. 천국도 지옥도 아닌 '연옥'은 불가능한 해답이었다.[43]

제2차 세계대전 후 미국의 대외정책은 세계의 미국화에 집중되었다. 세계와 고립해서 살 수 없음이 드러난 이상 해결책은 둘 중의 하나였다. 즉, 미국이 다른 나라와 같아지든가 아니면 세계를 미국식으로 변화시키는 것이었다. 답은 후자일 수밖에 없었다. 그리고 문제 해결에 미국식 해법이 도입되었다. 세계는 친미와 반미로 나뉘고 친미는 선이고 반미는 악이 되었다. 과거는 문제가 되지 않았다. 국제사회는 회개한 죄인이 모이는 교회나 마찬가지였다. 미국은 전후 패전국에 대해 보상을 요구하지 않았다. 패전국은 '악령'이 나간 나라였다. '악령'이 제거된 적국은 더 이상 파괴의 대상이 아니었다. 악령 들린 사람에게서 악령이 나가면 다시 '형제'가 되듯이 패전국은 미국의 동맹국이 될 수 있었다.[44] 치열하게 싸웠던 일본이나 독일은 패전 직후 모두 미국의 동맹국이 되었다.[45] 반대로 제2차 세계대전 중에 동맹국이었던 소련은 새로운 적으로 떠올랐다. 미국화에 반대하는 국가였기 때문이다.

국제사회가 미국과 소련으로 양극화되면서 미국외교의 예외주의적 전통은 이분법의 형식으로 더욱 잘 드러났다. 국제사회가 공산세계와 자유민주 진영으로 양분된 것 자체가 미국식이었다. 타협과 양보로 극단적 양극화는 피할 수도 있었을 것이나 선악의 이분법에 익숙한 미국은 진영 간에 선을 긋고 공산지역에 대해서는 봉쇄정책(containment policy)을 택했다.[46] 봉쇄정책은 중세에 질병의 감염을 차단하기 위하여 전염병이 발생한 지역을 봉쇄하던 관습에서 유래한 말이었으나 공산주의를 '악' 혹은 '질병'으로 파악하였던 미국인은 이 말을 반공전략에 사용했다. 대소 강경노선에 대하여 1948년 대통령 선거에서 헨리 월러스(Henry Wallace)가 온건정책을 내 놓았으나 국민들의 반응은 싸늘했다. 미국인들에게는 '악'으로 규정된 공산주의에 대해서는 강경책 외에는 대안이 없었다. 중도적 입장은 미국 문화에서 존재하기 어려웠다.[47]

　1950년 6월에 발발한 한국전쟁은 미국인들의 예외주의 역사의식을 더욱 강화시켰다. 미국만이 '선'이었다. 미소 양 진영 간 대화의 가능성은 점점 멀어졌다. 중국군의 개입으로 전쟁이 장기화되자 유엔군 최고 사령관 더글러스 맥아더(Douglas MacArthur)는 핵무기를 동원해서라도 전쟁에 이길 것을 주장했다.[48] 그는 "승리 외에는 대안이 없다(no substitute for victory)"고 외쳤다.[49] 미국식 사고에서 보면 공산주의자들은 완전히 파괴되어야 할 대상이지 협상이나 타협의 대상이 될 수 없었다. 중국군의 개입 후 휴전 외에는 대안이 없는 상태에서 휴전조약까지 2년 이상이나 걸렸던 것도 미국식 선악관의 영향이 컸다. 또한 조약 형식도 평화조약이 아닌 휴전조약을 택한 것도 '악'인 공산주의자와는 종전이 불가능하다는 선악관과 전혀 무관하지 않을 것이다.

　한국전쟁 후에 냉전이 심화될수록 미국식의 이분법적 선악관도 강화되었다. 미국정부는 공산주의란 '악'을 소멸시킬 신무기 개발에 더욱 박차를 가했다. 군수공장뿐 아니라 미국의 유명 대학의 연구소까지 다투어 참여했다. 원자탄보다 훨씬 위력적인 수소폭탄이 나오고 대륙을 건너 원자폭탄을 실어갈 대륙간 미사일을 비롯한 신형 미사일이 개발되었다. 상대방을 수 차례나 죽일 수 있는 엄청난 양의 무기가 쌓여갔고 세계 정치는 선과 악으로 양분되었다. 미국의 반공정책에만 동의한다면 모든 국가는 미국의 동맹국이 될 수 있었다. 비록 독재자일지라도 미국의 반공노선에 참여한다는 '믿음'만 고백하면 모든 '허물'이 사해지고 군사 및 경제적 '은총'을 받을 수 있었다. 친미가 아니면 반미였다. 제3세계란 미국에게는 용납되기 어려웠다. 따라서 인도를 비롯한 소위 제3세계 국가들에 대해 미국은 적대적이었다. 이분법적 선악관의 당연한 결과였다. 미국인에게는 중도노선(연옥)은 존재하기 어렵다는 것이 다시 입증되었던 것이다.

　이분법적 선악관(혹은 세계관)은 1950년대 아이젠하워 정권에서 국무장관을 한 존 포스터 덜레스(John F. Dulles)에 의해 자주 표현되었으며 1960년대나 1970년대에도 변함없이 지속되었다.[50] 소련이 생존의 기로에 서 있던 1980년대에 들어서서도 미국의 예외주의적 세계관에는 변함이 없었다. 임기 중 미국인들에게 인기가 높았던 로널드 레이건(Ronald Reagan) 대통령은 소련을 '악의 제국(evil empire)'이라고 표현했다. 상대적으로 미국은 '선한' 국가라는 의미였다. 평상시 중요한 외교 상대인 소련을 악으로 표현한 나라는 국제사회에서 미국뿐이었다.[51]

미국만이 옳다는 예외주의 사고는 군사전략에도 영향을 끼쳤다. 소련을 '악'으로 규정한 이상 타협이나 협상은 불가능했다. 군사력 증강만이 대안이었고 따라서 레이건 대통령은 미국 역사상 평화 시에 국방 예산을 가장 많이 지출한 대통령이 되었다. 그는 대소 투쟁에 결정적 우위를 확보하기 위하여 신국방안(SDI, 즉 Strategic Defense Initiative)을 제안하여 미소 간 군사력 경쟁에 우월한 지위를 확보하고자 노력했다. 미국은 '악'에 대한 완전한 승리를 원했다.

소련이 붕괴한 이후에도 미국의 예외주의 사고에는 변함이 없다. 1990년 쿠웨이트를 침공한 이라크의 후세인을 격퇴하기 위한 걸프전쟁(Gulf War) 때도 미국인들에게 후세인은 적국의 국가원수가 아니라 '악'의 화신이었다. 대화나 타협을 할 수 없는 상대였다. 후세인이 몰락하기 전까지 미국인들은 심리적으로 전쟁에 승리했다는 생각이 들기 어려웠을 것이다. 악은 규모가 문제가 아니라 존재 자체가 선에 대한 도전이기 때문이다. 이런 의식 때문에 빈 라덴과 그 배후 테러 세력을 반드시 궤멸시켜야 한다는 목표가 미국외교의 핵심 정책이 될 수밖에 없는 것이 미국적 현실이다.

4. 끝없는 대립

건국 이전부터 미국인들은 예외주의를 발전시켜왔다.[52] 그리고 이런 미국인들의 예외주의 역사의식은 19세기에는 내부적 영토 팽창을 정당화시켰고 20세기에 들어와서는 세계의 미국화를 정당화시키고 있다.[53] 이런 미국인들의 예외주의는 기독교적 소명의식과 퓨리탄적 선민의식에 깊은 뿌리를 내리고 있으며 미국인들의 정체성과도 깊이 연결되어 있다. 민주주의를 실천하고 있는 미국은 지구적 평화와 번영을 보장할 수 있는 인류의 마지막 희망이 미국식 민주주의이고 또한 국제사회를 발전시킬 수 있는 길은 미국화 외에는 없다고 믿고 있다.[54]

앞에서 살펴본 바와 같이 미국적 예외주의는 고정되고 특정한 형태로만 존재하지 않았다. 역사적 상황에 따라 변화해 왔다. 건국 초 국가 존립이 어려운 상황 아래서는 부패한 외부의 공격으로부터 미국적인 것을 보호한다는 고립주의의 형태를 띠기도 하였고 또는 북미 대륙에 대한 영토 팽창이 필요한 시기에는 팽창주의의 모습을 갖기도 했다. 20세기에 들어와서는 미국적 생활방식을 팽창시켜 인류의 번영과 평화를 실현할 것을 주장하는 국제주의의 모습으로 나타나고 있다.

1941년 4월 「라이프(Life)」지 편집인 헨리 루스(Henry Luce)는 '미국의 세기(American Century)'가 오고 있다고 단언했다. 그러면서 그는 기존의 강대국들과 달리 '선한 이웃(Good Samaritan)'이 되어야 한다고 주장했다.[55] 루스가 예견한 바와 같이 제2차 세계대전이 끝난 이후 20세기 후반부는 명실상부한 미국의 세기였다. 특히 냉전이 종식된 1989년 이후 이런 현상은 더욱 뚜렷해졌다. 소련이 내부 모순으로 붕괴하자 세계를 지배할 국가는 미국 외에는 없게 되었기 때문이다. 정치학자인 프란시스 후쿠야마(Francis Fukuyama)는 미국식 민주주의를 역사 발전의 마지막 단계로까지 표현했다. 공산주의가 몰락하고 민주주의만 남은 지금의 역사는 종말이나 마찬가지라는 주장이다.[56] 미국이 주체가 된 세계의 미국화를 역사 발전의 마지막 단계로 보는 것이다.

미국이 국제사회의 주체가 되어야 한다는 주장에는 대부분의 미국인들이 동의하고 있다. 1999년에 실시된 여론 조사에 따르면 미국인들 중 61퍼센트(지도자들 중 96퍼센트)가 미국은 세계 문제에 관여해야 한다고 응답했다. 그리고 10년 후에는 미국의 역할이 더욱 중요해질 것이라고 믿는 미국인이 79퍼센트에 이르렀다.[57] 이같이 미국이 세계를 주도해야 한다고 생

각하는 것은 무슨 이유 때문인가? 그것은 다름 아닌 예외주의 사고 때문이
다. 미국은 다르기 때문에 국제정치를 주도해야 한다고 믿는 역사의식이다.
　앞으로 미국의 예외주의 역사의식은 외교정책에서 어떻게 나타날 것인
가? 당분간은 테러정책과 관련하여 잘 드러날 것이다. '선'하고 예외적인
미국이 그의 심장부나 마찬가지인 뉴욕에 테러를 당했다는 사실은 잔혹한
'악'과 '선'한 미국을 대비시킬 수 있는 가장 좋은 예가 될 수 있기 때문이
다.58) 이에 대한 보복은 당연한 것이고 이미 미국의 아프가니스탄 공격에
아무도 반대할 수 없었다. 미국을 지지하면 '선'이고 반미는 '악'이 될 것
이다. 그리고 테러 지원국가로 지목되는 모든 나라는 '악의 축'이 될 것이
다. 이는 미국외교의 전통인 예외주의와 그에 따른 이분법적 의식의 전형
적인 표출이다. 앞으로 테러집단으로 규정된 국가나 단체에 대한 미국의
공격은 계속될 것이다. '악의 축'이란 표현은 국제사회에서는 문제가 될지
모르나 미국인들에게는 인기가 높을 수밖에 없다. 미국적이기 때문이다.59)
　이와 같이 부시행정부의 대 테러정책은 미국인들의 전통적 역사의식과
깊이 연결되어 있다. 목표나 대상은 과거와 다르지만 인식은 과거와 동일
한 것이다. 따라서 '악'으로 규정된 테러 집단에 대한 공격은 중단하기 어
려울 것이다. 미국적 사고에서는 '악'과의 타협이나 협상은 처음부터 불가
능한 것이므로 부시 행정부에게는 승리 이외의 대안이 있을 수 없기 때문
이다. 이분법적 선악관에서는 정책의 평가도 실패 아니면 성공이기 때문
에 미국 외교정책 입안자들은 다른 국가의 지원이 있든 없든 '악'과의 전
쟁에서 승리하고자 계속 노력할 것이다. 그런데 문제는 이라크 공격 문제
를 놓고 나온 동맹 국가들의 반대이다.60) 선도 악도 아닌 중간지대가 미국
에게는 가장 어려운 수용대상이다. 미국이 당면한 어려운 문제는 친미도
반미도 아닌 중간 입장이다. 이것은 단순한 대외문제가 아니라 미국인들
의 의식에 깊이 관련된 문제이기 때문이다. 한마디로 미국외교는 예외주
의를 중심으로 형성 발전되어왔으며 그것은 현재의 미국 외교정책에도 깊
은 영향을 주고 있다.

1) 뉴욕의 테러 원인에 대해서는 그 이유가 간단하지 않은 것 같다. 최근 「미국 정치학회지(*Political Science Quarterly*)」에 발표된 논문에서 외교사학자 월터 레피버(Walter Lafeber)는 뉴욕의 테러를 세계화에 대한 반작용으로 해석하고 있다. 그는 9.11 테러가 지난 30년간 진행된 세계화의 결과로 부가 불공평하게 배분됨으로써 생성된 문제라고 본다. Walter Lafeber, "The Post September 11 Debate Over Empire, Globalization, and Fragmentation", *Political Science Quarterly*, vol. 117, no. 1(2002), pp.1-17.

2) 제임스 갤브레이드에 따르면, 뉴욕 무역센터에 대한 테러 공격이 있은 1주일 후 미국 주식가격은 14.4% 하락하였으며 여행과 레저에 관련된 항공, 호텔 부문은 거의 폐업 상태에 이르렀다. James Galbraith, "The Meaning of a War Economy", *Challenge*, vol. 44, no. 6(November/December 2001), pp.5-12.

3) 미국인들은 일상생활에서도 테러에 대한 공포를 느끼고 있다. Brad Schmidt and Jeffrey Winters, "Fear in America: A Common-Sense Response", *Psychology Today* (January/February, 2002), p.46.

4) Rensselaer Lee and Raphael Perl, "Terrorism, the Future, and U.S. Foreign Policy", *Issue Brief for Congress*(Congressional Research Service, May 30, 2002), p.14.

5) 「*Korea Herald*」, September 27, 2002.

6) 『문명의 충돌(*The Clash of Civilizations and the Remaking of World Order*)』의 저자인 사무엘 헌팅턴(Samuel Huntington)은 미국 외교정책 결정자들은 미국을 세계를 지배하는 단극체제(unipolar)의 지배국가로 보는 경향이 있으나 실제로는 단극체제를 주장할 수 있는 국내적 기반이 형성되어 있지 못하다고 지적한다. Samuel P. Huntington, "The Lonely Superpower", *Foreign Affairs*, vol. 78, no. 2(March/April 1999), p.37, p.40.

7) 미국인의 예외주의에 대한 자세한 내용은 다음의 저서 참조. Seymour Martin Lipset, *American Exceptionalism: A Double-Edged Sword*(New York: W. W. Norton & Company, 1996).

8) 클린턴 행정부에서 재무차관(Deputy Secretary of the Treasury)을 지낸 로렌스 섬머스(Lawrence H. Summers)는 미국은 "최초의 비제국주의 강대국(first nonimperialist superpower)"이라고 주장하였는데, 이에 대하여 헌팅턴(Samuel Huntington)은 섬머스가 말하고자 하는 것은 "미국의 유일성, 미국적 가치, 그리고 미국의 힘(American uniqueness, American virture, and American power)"을 찬양하는 것이라고 지적하고 있다. Huntington, "The Lonely Superpower", p.38.

9) 미국의 정치제도를 중심으로 미국의 예외주의를 설명하는 것은 다음 저서 참조. John W. Kingdon, *America the Unusual*(New York: St. Martin, 1999).

10) 미국의 외교적 전통은 제2차 세계대전 이후 미국이 국제사회의 새로운 강자로 부상하면서 학자들의 주목을 받았다. 미국이 제2차 세계대전 이전에 보였던 수 차에 걸친 외교적 실수를 다시 되풀이하지 않기 위하여 미국의 외교적 전통에 무슨 문제가 있는지 밝혀보려는 의도에서였다. 특히 학자들의 관심의 대상이 되었던 것은 미서전쟁에서의 미국의 전쟁목적, 제1차 세계대전 이후 미국의 비현실적인 목표, 대전 후 고립주의로의 복귀, 30년대의 위기에 대한 불감증, 그리고 제2차 세계대전에 대한 준비 부족 등의 주제였다. Robert Dallek, *The American Style of Foreign Policy: Cultural Politics and Foreign Affairs*(New York: Oxford University Press, 1983), p.xi.

미국외교를 보는 시각에는 커다란 두 가지 경향이 있다. 미국외교는 지나치게 '윤리적 법적moralistic-legalistic' 접근 방법을 택하고 현실을 도외시하였다는 점을 비판하는 현실주의적 시각과, 반대로 미국외교는 철저하게 자본주의의 확대에만 관심이 있다는 주장이었다. 전자로는 조지 케난(George F. Kennan)을 대표적인 인물로 들 수 있을 것이고 후자로는 윌리엄 애플맨 윌리엄스(William Appleman Williams)를 대표적 학자로 지적할 수 있을 것이다. 이 두 가지 주장은 1950년대와 1960년대의 냉전 상황 하에서 논쟁의 대상이 되었으나 1970년대에 들어오면서 학문적 관심에서 점차 멀어졌다. George Kennan, *American Diplomacy*, 1900~1950(Chicago: University of Chicago Press, 1951); William Appleman Williams, *The Tragedy of American Diplomacy*(Cleveland, World Publishing Company, 1959).

11) 버지니아의 담배 재배는 처음에는 별로 성공적이지 못했다. 그러나 존 랄프(John Ralfe)가 서인도제도에서 담배 씨앗을 가지고 와 재배에 성공함으로써 담배 재배가 본격화되었으며, 영국으로 첫 수출품을 보낸 때는 1617년이었다. Edmund S. Morgan, *American Slavery, American Freedom: The Ordeal of Colonial Virginia*(New York: W. W. Norton, 1975), p.90.

12) *Ibid.*, p.64.

13) 1619년 담배의 수출 가격은 1파운드에 3실링씩이었으며, 이런 높은 가격 덕분에 버지니아는 1630년까지 경제적 붐을 누렸다. *Ibid.*, p.108.

14) *Ibid.*, p.133.

15) 퓨리탄에 관한 자료는 수없이 많으나 가장 대표적인 것으로 Perry Miller, *The New England Mind: The Seventeenth Century*(Cambridge: Harvard University Press, 1939)를 들 수 있다. 그리고 국내에서 출판된 것으로는 다음 저서 참조. 정만득, 『미국의 청교도 사회: 정착초기의 역사』, 비봉출판사, 2001.

16) 김남균, 「미국 예외주의 배경과 전망」, 『세계화와 한국사회의 미래』, 백의, 2000, pp.19-40.

17) 저명한 외교사학자인 토마스 베일리(Thomas A. Bailey)는 미국인들의 고립적인 안보관에 중요한 영향을 끼친 8개 요인을 지적하고 있다. (1) 지리적 위치 (2) 약한 주변국가 (3) 팽창할 공간 (4) 다양한 인종('Hyphenated' Americans) (5) 상업과 산업 인구 (6) 민주주의 (7) 국내문제 우선주의 (8) 유럽의 분열. Thomas A. Bailey, *A Diplomatic History of the American People*(New York: Appleton-Century-Crofts, 1958), pp.4-5.

18) http://gwpapers.virginia.edu/farewell/transcript.html(2002년 9월 2일).

19) Frederick Merk, *The Monroe Doctrine and American Expansionism*, *1843~1849*(New York: Knopf, 1966).

20) Albert K. Weinberg, *Manifest Destiny: A Study of Nationalist Expansionism in American History*(Chicago: Quadrangle Paperbacks, 1963)

21) Robert H. Ferrell, *American Diplomacy: A History*(New York: W. W. Norton, 1969), p.196.

22) Gordon Warren, "Imperial Dreamer: William Seward and American Destiny", Frank J. Jerli and Theordore A. Wilson (eds.), *Makers of American Diplomacy: From Benjamin Franklin to Alfred Thayer Mahan*(New York: Charles Scribner's Sons, 1974), pp.200-201.

23) *Ibid.*

24) Warren, "Imperial Dreamer", p.215에서 재인용. 영어 원문은 다음과 같다.
Our nation with united interests blest

Not now content to poise, shall sway the rest;
Abroad over Empire shall no limits know,
But like the sea in boundless circles flow.

25) 알래스카는 당시 '시워드의 아이스박스(Seward's Icebox)'라고 불리기도 하는 등 알래스카 매입에 관련된 시워드의 활동은 미국 여론으로부터 별다른 호의적인 반응을 얻지 못했다.

26) 알래스카 매입 동기에 대해서는 다음 논문 참조. Thomas A. Baily, "Why the United States Purchased Alaska", *Pacific Historical Review*, 3(March 1934), pp.39-41. Warren, "William Henry Seward", pp.215-219.

27) 역사학자 프레데릭 밴크로프트(Frederic Bancroft)에 따르면 시워드는 멕시코시티를 미래의 수도로 보았으며 캐나다에 대해서는 미래에 미국의 주로 편입될 것으로 예측했다. Frederic Bancroft, "Seward's Ideas of Territorial Expansion", *North American Review*, CLXVII(July, 1898), p.83. 시워드는 알래스카뿐 아니라 1867년에는 미드웨이(Midway)를 미국 영토로 편입시켰다. 하와이 섬에서 서쪽으로 1,200마일 떨어진 미드웨이는 미국의 태평양 지역 이권을 보장하는 중요한 요충지가 되었다.

28) Warren, "Imperial Dreamer", pp.818-219.

29) 프레데릭 머크(Frederick Merk)에 따르면 미국인들은 영토에 대한 야심을 가진 국민이 아니라 민주주의의 전파에 동의했기 때문에 미국의 영토 확장에 동의했다고 한다. Merk, *Menifest Destiny and Mission in American History*(New York: Vintage Book, 1966).

30) Foster Rhea Dulles, *America's Rise to World Power*(New York: Harper and Brothers, 1955), p.48.

31) 윌리엄스(William Appleman Williams)에 따르면 1890년대 미국인들이 해외로 진출한 배경은 두 가지로 요약될 수 있는 이유가 있었는데, 첫째는 경제적으로 해외 시장을 확보함으로써 경제적 불황을 회피하자는 것이고 둘째는 팽창을 통하여 미국 민주주의의 계속적인 발전을 도모하자는 것이었다. Williams, *The Tragedy of American Diplomacy*, pp.28-29.

32) 1890년대 말 미국 민주주의 자체가 팽창정책의 결과라고 믿어졌기 때문에 미국 민주주의를 유지하기 위해서라도 어떤 형태로든 팽창정책을 택하지 않을 수 없었다. William Appleman Williams, "The Frontier Thesis and American Foreign Policy", *Pacific Historical Review*, vol. 24(February-November, 1955), pp.379-395.

33) 문호개방정책은 명목상으로 중국의 주권과 영토를 보호하는 선언이었지만, 실질적으로는 한국전쟁이 터지는 1950년까지 반세기 동안 중국에 대한 미국의 이권을 보호해 주는 역할을 충실히 감당했다. 이는 미국외교사에서 가장 성공한 정책의 하나이다.

34) 비정형적 제국(혹은 비공식적 제국)에 대해서는 다음 참조. 김남균 외, 『미국외교사』, 비봉출판사, 1999. pp.192-194.

35) Ross Gregory, *The Origins of American Intervention in the First World War*(New York: W.W. Norton, 1971), p.139.

36) Arthur S. Link, *Woodrow Wilson: Revolution, War, and Peace*(Arlington Heights, Illinois: AHM Publishing Co., 1979), pp.104-128.

37) 미국외교사 연구에 많은 업적을 남긴 외교사학자 로버트 페렐(Robert H. Ferrell)에 따르면 윌슨이야말로 그의 14개 조에서 '공개적인 평화조약(open covenants of peace)'을 제창함으로써 미국외교의 전통을 가장 정확하게 국제사회에 보여준 인물이었다. Ferrell, *American Diplomacy*, 1969, p.6.

38) *Ibid.*, pp.6-7.

39) 1920년 미국 대통령 선거는 윌슨주의 외교에 대한 미국의 여론을 알 수 있는 결정적 단서이다. 당시 대통령 선거에서 민주당의 제임스 카스(James Cox) 후보는 일반투표에서 겨우 34퍼센트를 얻었음에 비해 공화당의 위렌 하딩(Warren Harding) 후보는 60퍼센트를 얻었다. 하딩의 당선으로 선거 중 최대 이슈였던 국제연맹에 대한 미국의 가입은 불참으로 결정나고 말았다. 김남균, 「1920년 미국 대통령 선거와 제임스 카스, 그리고 국제연맹문제」, 『江原史學』, 12 輯(1996), pp.137-138.

40) 이 시기 미국외교에 대해서는 다음 저서 참조. Robert H. Ferrell, *American Diplomacy in the Great Depression: Hoover-Stimson Foreign Policy, 1929~1933*(New York: W.W. Norton, 1957); Robert A. Divine, *Roosevelt & World War II*(New York: Penguin Books, 1969); Gaddis Smith, *American Diplomacy during the Second World War, 1941~1945*(New York: John Wiley & Sons, 1965).

41) 원폭 투하와 관련된 미국 외교정책에 대해서는 다음 저서가 균형적인 시각을 보여준다. Martin J. Sherwin, *A World Destroyed: The Atomic Bomb and the Grand Alliance*(New York: Vintage Books, 1977).

42) 현대전의 특징이 된 전면전(total war) 개념도 남북전쟁 중 북부에 의하여 만들어진 전략개념이었다.

43) 미국인들은 자신들끼리 싸운 남북전쟁에서도 남부의 무조건 항복으로 전쟁을 끝냈다.

44) 이런 전통은 최근 아프가니스탄에서도 비슷하게 진행되고 있다. 단순히 국제정치적 외교술로만 볼 것이 아니다. 미국인들의 기독교 신앙이 국제정치와 뒤섞여 나타나는 독특한 미국식 전통이다.

45) 미국의 일본에 대한 전후 복구정책에 대해서는 다음 저서 참조. Michael Schaller, *Altered States: The United States and Japan since the Occupation*(New York: Oxford University Press, 1997).

46) 봉쇄정책에 대해서는 다음 저서 참조. John Lewis Gaddis, *Strategies of Containment: A Critical Appraisal of Postwar American National Policy*(New York: Oxford Univesity Press, 1982).

47) 미국사회에 사회주의가 성공하지 못하는 이유도 바로 이런 문화적 배경 때문으로 판단된다. 유럽에서는 성공한 기독교와 사회주의가 혼합된 기독교 민주당과 같은 정당은 미국에서는 불가능한 것이다.

48) George Kennan은 맥아더의 '전면적 승리(total victory)' 주장을 미국외교의 '법적-윤리적' 사고방식의 표출이라고 보았다; Kennan, *American Diplomacy, 1900~1950*, p.102.

49) 맥아더 전기 작가인 윌리엄 맨체스터(William Manchester)는 맥아더를 '미국의 시저(American Caesar'라고 불렀다. 가장 미국적인 군인 지도자라는 의미였다. Manchester, *American Caesar: Douglas MacArthur, 1880~1964*(Boston: Little Brown, 1978).

50) 1950년 봄에 작성되어 1970년대에 이르기까지 미국의 외교정책 중 NSC(National Security Council) 68을 가장 대표적인 냉전정책으로 들 수 있을 것이다. 그리고 흥미롭게도 덜레스를 연구한 타운젠 후프스(Townsend Hoopes)는 저서명에 '악(devil)'이란 말을 썼다. Hoopes, *The Devil and John Foster Dulles*(Boston: Little Brown, 1973).

51) Dallek, *American Style of Foreign Policy*, p.289.

52) Walter LaFever, *The New Empire: An Interpretation of American Expansionism, 1868~*

1898 (Ithaca: Cornell University Press, 1963), p.70.

53) 모리스 버만(Morris Berman)은 『미국문화의 몰락(*The Twilight of American Culture*)』에서 "20세기가 미국의 세기였다고 한다면 21세기는 미국화 된 세기가 될 것"으로 전망하고 있다. 심현식 역, 『미국문화의 몰락: 기업의 문화 지배와 교양 문화의 종말』, 황금가지, 2002, p.224

54) 미국외교에 대한 가장 영향력 있는 비평가 중 한 사람인 윌리엄스(William Appleman Williams)에 따르면 미국인들은 "다른 나라 사람들은 미국이 하는 방식으로 하지 않는 한 자신들의 문제를 해결할 수 없고 생활도 향상시킬 수 없다"고 인식한다. 따라서 미국식을 강요하는 것을 당연시한다는 주장이다. Williams, *The Tragedy of American Diplomacy*, pp.13-14.

55) Henry R. Luce, "The American Century," *Diplomatic History*. vol. 23, no. 2(Spring, 1999), pp.159-171.

56) Francis Fukuyama, *The End of History and the Last Man*(Avon Books, 1992).

57) John E. Rielly, "Americans and the World: A Survey at Century's End", *Foreign Policy* (Spring, 1999), p.98.

58) 미국인들이 국내에서 대규모로 테러를 당하여 큰 충격을 받은 것은 사실이지만, 2001년 9월 11일 사건이 생기기 전인 1999년에 실시된 여론 조사에서 이미 미국인들은 국가이익 중 가장 심각한 위협요인으로 국제테러를 지적하고 있었다. John E. Rielly, "Americans and the World: A Survey at Century's End", *Foreign Policy*(Spring, 1999), pp.100-104 . 이 자료에 따르면 테러를 당할 수도 있다는 것을 많은 미국인들이 느끼고 있었음을 보여준다. 그런 면에서 전혀 예측 불허의 사건은 아니었다고 볼 수도 있겠다.

59) 2002년 1월 15~17일 실시된 CBS 방송사의 여론조사에 따르면 부시 대통령에 대한 국민적 지지율은 지난 40년 동안 가장 높은 82퍼센트로 나타났다. 「*Korea Herald*」, January 21, 2002.

60) 아프가니스탄 공격에 대해서는 부시를 지지했던 프랑스, 러시아, 이태리, 독일 그리고 일본은 이미 미국의 이라크 공격에 대해서 반대 의사를 분명히 밝혔다는 점을 감안해 본다면 앞으로 미국의 단독주의는 '외로운 강대국'으로 자신을 고립시키는 정책이 될 수 있을 것이다. 헌팅턴(Samuel Huntington)은 이런 미국의 단독주의를 9.11사태가 발생하기 전에 이미 '외로운 강대국(Lonely Superpower)'이란 글에서 강력하게 비판하고 있다. 각주 5) 참조.

매스미디어와 민주주의

이홍종

1. 세계는 언론이 그려주는 지도에 따라 다르게 나타난다

　민주사회는 여론을 토대로 하고 있다. 민주주의의 성공은 국민과 정부 사이의 피드백(feedback)을 갖는 방법에 달려 있다. 근대 민주정치의 원리가 절차적 그리고 내용적 경쟁성의 확보 여부에 달려 있다면 언론은 그것이 갖는 기능과 영향을 통해 민주정치의 기준을 제시하는 척도로 간주될 수 있다. 다시 말하면, 언론은 그것의 자율성이 보장되어 있는 국가들에 있어서 여론 수렴 및 표출이라는 본질적 기능 이외에도 대중에 대한 영향력 그리고 정책 결정과정에 대한 참여 기능을 수행하게 된다. 따라서 언론이 다양한 형태의 정책결정과정에 어떻게 참여하고 있느냐의 여부는 한 나라의 민주정치의 구조에 대한 이해에 중요한 단서를 제공한다고 볼 수 있다. 즉, 한 국가의 민주주의의 수준은 정부의 정책결정에 반영되는 여론의 정도에 따라서 판단될 수 있다.[1]

　코헨(Bernard C. Cohen)은 언론의 고전적 역할을 '관찰자로서의 언론', '참여자로서의 언론', '매개자로서의 언론'으로 구분하여 설명한다. 특히, 언론은 대외정책 결정과정에 있어서 정책의 생산과 소비의 기능과 함께 정책의 비판자, 정책의 주창자, 여론의 대변자 역할을 한다고 적시하였다. 그는 나아가 오늘날의 언론은 단순히 정보와 여론의 전달자 수준에 머물러 있지 않고 "무엇을 생각할 것인가"로부터 "무엇을 어떻게 생각할 것인가"를 계도하기에 이르렀다고 말한다. 그는 바로 이 점에서 언론은 정책결

정 과정의 중요한 참여자이자, 정책결정 과정의 '도구' 또는 '방해자'로 이해될 수 있다고 역설한다.[2]

따라서 리프먼(Walter Lippman)이 제시한 지도 기능은 시사하는 바가 적지 않다. 리프먼은 지도이론에서 "기자, 편집자, 발행인이 그려주는 지도에 따라 세계(현실)가 다르게 나타난다"고 지적하고 있다.[3] 특히, 이상주의자들은 정치를 가치나 목적을 중심으로 분석한다. 이상주의자인 벤담(Jeremy Bentham)과 그의 후계자 밀(James Mill)은 정치제도로서 민주주의를 옹호하였고 언론이야말로 올바른 판단의 기준이라고 하여 언론을 정책결정의 지침으로 신뢰함으로써 자유주의적 신조의 기틀을 마련하였다.[4]

이처럼 시각과 입장에 따라 언론의 역할에 대한 논의는 분분하지만, 언론의 정책 결정과정 개입이라는 차원에서 볼 때 언론의 다양한 참여구조와 기능이 확보되어 있는 미국의 경우를 살펴보는 것은 매우 유용하다. 미국은 서양 여러 나라들 가운데서도 특히 인간의 보편적 가치관인 언론의 자유를 존중하는 나라이다. 미국이 일찍이 영국으로부터 독립을 쟁취하고 18세기에 들어오면서부터 영국뿐만 아니라 다른 유럽 국가들보다 앞설 수 있었던 것은 자유가 아니면 죽음을 달라고 하는 철저한 언론 자유사상에 기인하는 것이다.[5]

2. 미디어와 민주주의

언론의 사전적 의미는 "말이나 글로써 자기의 사상을 발표하는 일"이다. 언론은 원래 신문이나 잡지와 같은 인쇄매체만을 의미했으나 현재는 전파매체가 포함되어 모든 매스미디어를 지칭하는 의미로 사용되고 있다.[6] 물론 언론은 매체 그 자체만은 아니다. 매체는 언론의 행위를 전달하는 수단과 방법이다. 매스미디어의 사전적 의미는 "많은 사람에게 어떠한 사실이나 사상을 전달하는 구실, 또는 그 전달의 매개가 되는 기구, 곧 신문, 방송, 출판, 영화 따위"이다. 매스미디어는 "많은 사람에게 전달하는

(broadcasting)" 것이라는 의미가 강조되어 있다.[7]

옛날부터 '민주주의'가 의미하는 바에 관한 학자들 간의 일치된 합의는 존재하지 않았다. 민주주의란 일반적으로 모든 민중이 자유롭고 평등한 입장에서 정치에 참여하는 민중(*Demos*)의 지배(*Kratos*)체제를 의미한다. 이러한 정의는 본질적으로 절차적인 민주주의의 성격을 강조하는 견해인데 자유와 경쟁의 결과에서 형평성을 보장하려는 내용상의 민주주의를 중시하는 견해도 존재한다.[8] 민주주의, 특히 직접민주주의가 중우정치로 발전될 가능성이 있다고 우려하는 입장은 후자의 견해와 가깝다고 볼 수 있다. 이 글에서는 민주주의의 의미, 특히 언론과 관계되는 의미를 명확히 하는 것으로 민주주의에 대한 자세한 논의에 갈음하고자 한다.

정부정책에 대한 언론의 영향에 관한 논쟁은 민주주의의 이론과 미국 역사에서 그 근원을 추적할 수 있다. 오렌(Gary R, Orren)은 민주주의의 발달과정을 고전적 민주주의, 엘리트/정당 민주주의, 그리고 미디어 민주주의[9]로 나누어 설명하고 있다.[10] 고전적 민주주의[11]에 의하면, 민주정치는 국민을 위한 정치일 뿐만 아니라 국민에 의한 정치이다. 일반 시민들이 그들의 정부가 무엇을 하고 있는지를 모른다면 민주주의가 제대로 작동한다고 말할 수 없다. 언론은 민주정치에 있어서 지배자와 피지배자를 연결하는 중요한 역할을 한다.

그러나 초기 미국 역사를 보면 일부 정치지도자나 경제지도자들만이 신문을 구독할 수 있었다. 사실상 정치지도자나 파벌들은 신문을 창간하고 후원하고 또한 지배하였다. 미국 '건국의 아버지'들은 독립적인 언론의 존재가 민주주의의 발달에 필수적이라고 믿었으나 건국 초기의 신문들은 객관성의 추구는 고사하고 당파나 파벌의 옹호자가 되었다. 이러한 언론의 당파성은 미국의 많은 도시에서 영향력 있는 일간지들이 발간되고 그런 신문들이 워싱턴에 특파원을 파견하기 시작한 1840년대까지 계속되었다.[12]

19세기 말까지 소위 '페니신문(Penny Papers)'이라는 다수의 독자를 상대로 하는 지방신문과 여론을 주도하는 전국적인 잡지들이 발달하여 대중 정당의 성장과 대중의 정치참여를 촉진시켰다. 언론은 이제 상업적으로 이윤을 남길 수 있어 전보다는 독립성을 띠었다. 키(V. O. Key, Jr.)는 이렇게 해서 언론의 역할이 정치적 안내자나 해설자로부터 객관적 보도자로 변천하였다고 말한다.[13]

키와 같이 고전적 민주주의 이론을 비판하는 학자들은 고전주의 이론가들이 주장하는 것과는 달리 일반 국민은 자신들의 의무에 대해 알지 못하고 관심을 기울이지도 않는다고 지적한다. 그리고 인구가 늘어나고 여기저기 흩어지는 바람에 이제 더 이상 직접적인 통치는 어렵게 되어서 나타난 것이 간접 민주주의 방식인 엘리트/정당 민주주의이다. 오렌에 의하면, 언론은 이러한 대의정치의 중심인 정치지도자들의 행동이나 태도에 영향을 미쳤으나 일반 대중은 그들의 정치적 선택에 있어서 일반적으로 추정하는 것보다 적게 언론에 의지하는 것으로 나타났다. 일반 시민들은 언론보다는 대개 여론 지도자(opinion leaders)에 의해 크게 좌지우지되었다. 이런 상황은 미국정치에 있어서 TV의 급격한 보급에 이은 1960년대 매스미디어의 발달로 언론의 역할이 크게 증대될 때까지 계속되었다.[14]

미디어 정치시대에는 언론은 여론지도자를 통하여 직접 일반대중에게 영향을 미친다. 매스미디어는 정당 같은 전통적인 정치단체의 영향력을 제한하고 자체적으로 논제설정(agenda-setting), 정책토론(public forum), 검증(scrutiny) 및 평가(assessment) 등 정당의 임무들을 수행하게 되었다. 이와 더불어 주의 깊고 수동적이며 객관적인 미국 언론은 공격적이고 적대적이며 분석적인 언론으로 바뀌었다.[15]

매스미디어는 엄청난 부수와 광범위한 전파력 덕분에 대중에게 자료와 견해를 알리는 믿을 만한 대중교육자의 역할을 담당한다. 대중교육자로서의 미디어는 토론과 논쟁을 위한 장소를 마련한다. 언론은 여러 대안들에 대한 다방면에 걸친 토론을 계속 전개함으로써 대중들이 쟁점이 되는 이슈에 집중할 수 있도록 한다. 매스미디어는 또한 정부의 정책수행을 조사

하거나 평가하는 임무를 담당한다.[16)]

언론의 역할은 그동안 정치지도자들과 정당에 의해 독점되어온 공공정책에 대한 논제설정과 관련해 더욱 커진다. 논제는 매스미디어가 갖고 있는 정보의 양에 따라 설정되기보다는 주로 미디어의 판단을 바탕으로 설정된다. 언론에 보도된다고 해서 대중들이 정치에 관해 일반적인 관심을 높이지는 않겠지만, 특정 주제에 대한 대중들의 관심을 환기시키는 데 있어서 매스미디어의 효과는 실로 대단하다. 이와 같은 매스미디어의 효과로 인해 개개인의 이익과 관심을 대중적인 여론과 관심으로 바꾸어 사회적 합의를 이끌어낼 수 있게 되는 것이다.[17)]

미디어 정치시대에 있어서는 선거운동에 관한 모든 것을 계획하고 수행하는 선거전문가가 기존의 전통적인 정치기구인 정당의 기능을 대신하게 되자 유권자들도 점차로 정당에 대한 소속감이나 유대감이 줄어들게 되었다. 이러한 미디어정치 시대의 선거전문가는 선거참모, 여론조사자, 매체전문가 등으로 구성되어 있다. 각 후보자들은 경쟁력 있는 후보자가 되기 위해서는 자신의 메시지를 매스미디어를 통하여 대중들에게 전달해야만 한다.[18)]

여러 미디어 중에서 텔레비전은 대중들의 의식에 파고드는 친근한 이미지를 형성하는 데 가장 유력하기 때문에 현대 정치에서 가장 강력한 영향을 미치고 있다. 특히, 텔레비전은 현실 세계에 대한 상징적 환경을 조성해 주는 기능을 담당한다. 텔레비전의 이러한 기능을 통해서 현실 세계에 대한 인간들의 관념을 개발시켜주는 역할을 한다. 즉, 미디어를 통해서 현실정치에 대한 모습이 투사되어 대중들이 그것에 대하여 어떤 현상을 갖게 되는 것이다. 미디어의 이러한 개발효과(Cultivation Effects)는 정당이나 정치지도자의 측면에서 중요한 요소이다.[19)]

미디어 민주주의의 또 다른 특징이 뉴스미디어에서 시도하는 여론조사이다. 미디어 여론조사는 1967년 미국의 CBS(the Columbus Broadcasting System)가 처음으로 자체의 여론조사 운영체계를 갖춘 이후에 그 중요성이 인정되었다. 그 후에 NBC(the National Broadcasting Company)와 ABC(the American Broadcasting Company)도 여론조사 기구를 갖추었다. 그러나 CBS와 「뉴욕타임즈」가 공동으로 미디어 여론 조사를 실시했던 1975년은 무엇보다도 중요한 발전으로 평가될 만하다. 두 언론사에 의해 실시되었던 당시의 여론조사는 이익단체와 정부기관에 의해 주도되었던 다른 여론조사들과는 다른 독립성을 지니고 있다. 이때부터 뉴스미디어에 의해 실시되는 여론조사는 급속하게 증가하기 시작했다. 1989년 홀리(Jack K, Holley)의 조사에 따르면 미국 일간지의 40%와 20만 부를 넘는 거대 발행부수 출판물의 87%정도가 정치여론조사를 실시했다. 여기에 뉴미디어 시대의 케이블 텔레비전에 의한 즉석 여론조사까지 더해 여론조사는 정치보도에서 중요하게 간주되고 있다.[20]

미디어 정치 시대의 언론에는 몇 가지 문제점들도 나타난다. 먼저 일반 주민은 주로 텔레비전을 통해 국내외 뉴스를 접하게 되는데 잘못된 보도는 현실을 왜곡시킬 수 있다. 게다가 방송인들은 일반인들의 관심을 한순간에 끌어 모을 수 있는 톱뉴스와 헤드라인 기사 그리고 뉴스속보만을 다루려 한다.[21]

또한 매스미디어 시대의 언론은 발달한 기술을 토대로 극적이고 시각적이며 선정적인 이야기를 강조함으로써 더욱 황색언론(yellow journalism)화하는 경향이 있다. 미디어 민주주의의 이러한 부정적인 면은 라스웰(H. D Lasswell)이 말하는 정치적 무관심 중 '무정치적(apolitical) 태도'를 유발할 수 있으며, 텔레비전이 바보상자의 역할을 수행하여 중우정치의 가능성도 높여준다.[22]

매스미디어는 세이뭐-우르(Colin Seymour-Ure)[23]가 이름 붙인 '명쾌한 논쟁점(clear)'을 강조한다. '명쾌한 논쟁점'을 통해 선거기간 동안 후보들을 적절하게 구분할 수 있고, 그것은 '낙태(abortion)'와 같은 분명한 용어들로 표현될 수 있다. 선거운동을 보도하는 텔레비전은 '경마저널리즘(horse race journalism)'적인 기법을 더 선호한다. 경마저널리즘은 경마를 취재하는 스포츠 기자처럼 주로 선거의 승자에만 관심을 가질 뿐 승자와 패자를 구분하는 차이점 등에는 관심을 기울이지 않는 것이다. 1976년 패터슨(Thomas E. Patterson)[24]의 대통령 선거에 관한 연구에 의하면 텔레비전 뉴스가 후보자들의 공직 재임 시 있었던 사건을 보도함에 있어서 관련된 인물의 사적인 문제들에 초점을 맞추어 사건을 개인 문제화하는 반면, 정치적으로 중요한 정책이나 이슈 등에는 관심을 덜 갖는 경향이 있다고 한다. 미디어 민주주의 시대에는 '떼거리 저널리즘(pack journalism)' 또는 '군거본능(herd instinct)'의 현상도 나타난다. 수십 또는 수백 명의 기자들이 한 사건만을 보도하고 다른 사건들은 거의 보도하지 않거나 조금밖에 취급하지 않는 경우가 많다. 또 유명한 기자의 기사선택 구성 및 초점 등을 마치 양떼처럼 무턱대고 좇는 경향이 있다. 예를 들면, 「뉴욕타임즈」나 「워싱턴포스트」에 적합하지 않는 뉴스나 주제는 누락되고, 이러한 신문들의 대기자가 선별한 주제들은 중요하게 다루어진다.[25]

3. 미국의 뉴미디어와 민주주의[26]

1992년 미국 대통령 선거 때 「로스앤젤레스 타임스」의 로젠버그(Howard Rosenburg)기자는 이런 글을 쓴 적이 있다. "만일 링컨(Abraham Lincoln) 대통령이 매스미디어 시대에 출마하면 당선될 수 없으나 뉴미디어 시대에 출마하면 충분히 당선될 수 있다. 왜냐하면 매스미디어 시대에는 케네디(John F. Kennedy)대통령처럼 미남이고 대중연설을 잘 하는 사람이 유리하지만 전화토크쇼, 전자시민회의 등과 같은 서로 대화할 수 있는 그리고 대화해야만 하는 새로운 미디어가 발달한 뉴미디어 시대에는 페로(Rose Perot)나 링컨처럼 설득력 있는 대화에 능한 정치인이 유리하기 때문이다."

뉴미디어란 문자 그대로 '새로운 매체'를 말한다. 새롭다는 것은 어디까지나 상대적인 개념이지만 뉴미디어 출현의 기술적인 근거는 소위 'C &

C 혁명(computer and communication revolutions)'이다. 즉, 뉴미디어란 정보처리 및 축적기술로서의 컴퓨터와 정보전달 및 교환기술로서의 통신기술의 결합이나 응용에 의해 새로운 기능이 부과된 미디어라고 말한다. 뉴미디어가 가져다준 혁신의 실상은 하드웨어 등의 소재에서부터 소비자에 대한 서비스에 이르기까지 넓은 범위의 내용을 포함하게 된다. 하드웨어 차원에서는 정보전송로의 개척, 정보전송 거리의 확대, 정보전송 품질의 향상이 이루어졌고 소프트웨어의 차원에서는 정보량의 증대, 정보의 질적 향상, 정보접근 편리성의 향상이 이루어졌다.

미디어 민주주의 시대의 일반적 성격은 미국에서 1990년대 뉴미디어 시대를 맞이하면서 변화되었다. 일반적으로 '다매체 다채널'로 상징되는 뉴미디어는 크게 두 가지 특징을 가진다. 첫째로 이제는 '방송(broadcasting)'이 아닌 '협송(narrowcasting)'이라는 점이다. 이러한 점에서 일반적으로 뉴미디어는 부정적인 정치적 영향이 확대될 수 있다고 본다. 또 다른 특징은 '일방적으로 전달만 하는(one way)' 미디어에서 '상호대화 할 수 있는(interactive)' 미디어로 바뀌었다는 점이다. 이러한 변화는 참여 민주주의의 수준을 높일 수 있다는 점에서 뉴미디어의 긍정적인 정치적 영향이라고 할 수 있다.[27]

뉴미디어의 협송 성격과 민주주의

방송서비스의 유형은 송신자와 수용자의 관계에 따라 크게 두 가지로 나눌 수 있다. 첫째 유형은 '방송'으로 기존의 지상파 TV가 대표적이라고 할 수 있다. 즉, 선별된 소수의 사업자가 불특정 다수의 공중을 대상으로 전파를 이용하여 서비스를 제공하는 형태이다. 둘째는 케이블 TV, 유료방송 등을 통해 특정한 시청자 층, 즉 타겟 오디언스(target audience)를 대상으로 차별화·계층화된 서비스를 제공하는 '협송'의 개념이다.

비디오와 함께 케이블 TV로 대표되는 뉴미디어의 협송 성격은 비동시성(asynchronous)을 지니고 있다. 이와 같이 시간과 공간을 뛰어넘는 뉴미디어의 특성은 기존 미디어가 안고 있는 한계를 뛰어넘어 대인적 욕구와 같은 훨씬 개인적인 다양한 욕구들을 충족시켜 줄 수 있을 것으로 전망되고 있다. 다시 말해서 오늘날 미국의 뉴미디어는 커뮤니케이션의 주요변인이라 할 수 있는 공간, 시간, 기타 물리적인 장벽들을 극복하고 변화시키게 될 것이며 정치 과정에 필수적인 요소로 인식되고 있는 사회적 실재감(social presence)을 높일 수 있을 것으로 보인다.[28]

이러한 뉴미디어의 정치 과정에의 긍정적인 적용가능성은 케이블 TV가 가지고 있는 다양성의 허구와 지역성의 상실이라는 두 가지 측면에서 현실화되지 못하고 있다. 초기 케이블 TV에 대한 미국 연방정부의 개입은 일차적으로 지역주의에 우선하면서 새로운 도시환경의 변화에 대한 개선방안의 일환으로 이루어졌다. 이에 따라 미국정부는 일차적으로 100위권 내의 케이블 TV 사업자로 하여금 지역주민을 위한 '공공접근 채널(public-access channels)'의 개방을 의무화한 적이 있다. 1970년대 초반에 실시되었던 공공접근 채널의 내용분석에 따르면 지역채널 접근의 구성은 지역단위의 정보전달에 충실한 내용을 담고 있었다. 그러나 이러한 내용적 실천에도 불구하고 지역주민의 시청행위는 그만큼 따라주지 못했다.[29]

케이블 TV의 증가된 채널들의 내용을 살펴보면 결국 영화, 스포츠, 뉴스 등 세 분야에 집중되어 있고 케이블 TV는 일반적으로 오락물 전용이라는 인식이 지배적이다. 케이블 TV의 내용별 편파성에 대해서 일부는 사업자의 의도로 설명하기도 하지만 근본적으로 수용자의 오락적 욕구가 반영되기 때문이라고 볼 수 있다.[30] 그러므로 케이블 TV는 의회중계, 고급문화 채널 등 유익한 채널이 많지만 일반 수용자들은 자신의 오락적 욕구충족을 채우기 위해 쉽게 MTV, 쇼핑채널, 스포츠채널 등을 선택하여 TV의 바보상자 역할을 강화시키고 있다. 더불어 정치의 주변화 혹은 연예화라는 역기능적 가능성이 있으며 이런 현상을 장기적으로 보았을 때 중우정치의 가능성과 정치적 무관심을 조장하는 데 일조할 가능성을 배제할 수 없다.[31]

그리고 매스미디어도 그렇지만 뉴미디어는 정치의 본질을 더욱 간과하게 만든다. 미디어는 개인적 퍼스낼리티를 강조함으로써 정치가 추구해야 하는 것이 무엇인지를 혼동시킨다. 즉, 정치지도자의 개인적 사생활과 관련된 것들을 대중들에게 노출시켜 정치를 개인문제화시키는 것이다. 이러한 면에서 미디어의 조작이 문제가 된다. 이러한 경우 대중들은 미디어의 감각적 경향에 함몰되고 결국 정치보다 중요한 것은 개인의 문제가 되는 것이다.[32]

뉴미디어의 상호작용성과 민주주의

대부분의 전통적 미디어는 공급자로부터 수용자에 이르는 과정이 일방적이며, 시청률·발행부수의 발표, 그리고 편집자에게 보내는 편지처럼 제한적이고 불확실한 피드백(feedback) 형식을 갖고 있다. 뉴미디어가 갖는 상호작용성의 본질은 과거의 신문이나 방송의 의사소통과 달리 모니터하고 저장하는 수용자의 행위를 반복적으로 미디어 그 자체에서 반응하는 것이다.[33]

뉴미디어의 상호작용성은 컴퓨터 및 각종 정보통신 기술의 융합의 결과로써 시간과 장소에 구애받지 않는 대인커뮤니케이션(interpersonal communication)의 기회를 폭넓게 제공한다. 기존의 매스미디어를 중개로 하는 매스커뮤니케이션과 직접 인간이 서로 마주보는 상황에서의 대인커뮤니케이션인 소위 '매개커뮤니케이션(mediated communication)'이 발달하게 된다.[34]

뉴미디어의 상호작용성이 갖는 또 다른 요소는 정치엘리트나 언론인, 그리고 대중 사이의 수직적 커뮤니케이션 구조를 변화시키어 시민사회 속의 수평적 커뮤니케이션 형태를 넓혀준다는 점이다. 이와 더불어 상호작용성이 민주정치에 미치는 영향에 대한 논의는 주로 직접 민주주의적인 속성을 부활시킬 수 있는 대안으로 제시되고 있다.[35]

뉴미디어의 상호작용을 응용한 정치참여 프로젝트는 시민 개개인이 의

사결정에 쉽게 참여할 수 있도록 하는 투표중심의 참여프로젝트로 구분된
다. 쌍방향 케이블 TV 등을 이용하여 안방에서 투표를 할 수 있는 투표중
심의 참여프로젝트는 미국에서 몇 차례 실험되었으나 구성원들의 참여는
기존의 일반투표 참여율보다 훨씬 낮은 경우가 많았다. 방법상의 효율성
과 용이성은 민주주의의 달성을 위한 필요조건일 수는 있어도 그 자체가
충분조건이 될 수는 없으며 더 나아가 민주정치의 질적인 고양을 담보하
는 것은 아니다. 공공의 의견수렴과 대화 중심의 참여프로젝트는 민주정
치의 절차에서 질적인 향상을 이룰 수 있는 메커니즘으로서 제시되고 있
다. 즉, 구성원들이 적극적으로 의견을 개진할 수 있고 그럼으로써 상충되
는 이익을 해소할 수 있게 된다. 뉴미디어에 의한 이러한 프로젝트는 대중
민주주의의 시대에 힘들어진 공동체 내부의 포럼을 활성화시키는 것을 목
표로 하고 있다.36)

　뉴미디어에 의한 의견수렴의 참여프로젝트는 컴퓨터통신, 인터넷 등 주
로 컴퓨터를 이용한 방식이 많고 전화토크쇼, 전자시민회의(town hall
meeting) 등으로 나타난다. 이러한 실험들이 일반적으로 성공적이었다고
단정할 수는 없지만 매스미디어 시대에 있어서 미디어 민주주의가 갖는
부정적인 측면들이 극복될 수 있는 가능성을 제시해 준다. 먼저 대의제의
폐단, 대중민주주의의 한계가 참여민주주의로서 보완될 수 있다. 둘째, 종
래의 하향식 정책 입안과정이 상향식 입안과정으로 대체될 수 있고 집권
체제도 중앙집권체제에서 지방분권체제로 바뀔 수 있다. 마지막으로, 뉴미
디어의 개발로 쌍방향 커뮤니케이션이 가능하게 됨에 따라 무엇보다도 종
래의 수용자 개념이 능동적이고 적극적인 정보이용자로 바뀌게 된 점이
궁극적으로 민주주의와의 관계에 있어서 긍정적으로 작용할 것이다.37)

4. 뉴미디어와 정보사회의 미래상

　뉴미디어의 발달에 따라 이루어지는 정보사회의 미래상에 대해 토플러

(Alvin Toffler)와 같은 주류 정보 사회론자들의 견해는 긍정적이고 낙관적인 반면, 마르크스주의 이론을 정보혁명에 적용하는 학자들을 포함한 다른 학자들은 정보혁명을 통해 단지 일반 시민에 대한 국가와 자본의 통제와 감시가 강화될 것이며 정치에 대중조작이 용이해질 것이라는 비판적인 전망을 내놓는다. 정보와 기술의 부익부 빈익빈 현상에 따른 사회경제적 불평등의 심화 가능성과 정보과부하에 따른 일반 시민들의 무력감과 방관자 의식의 강화 가능성도 함께 제기되고 있다.[38]

정보사회에 관한 낙관론자들은 뉴미디어의 기술은 정보의 팽창과 더불어 정보의 노출현상을 초래하게 되어 과거와 같은 지배계급의 정보독점을 어렵게 한다고 주장한다. 또한 일반인의 정보접근이 용이해져 검열과 같은 정치수단을 사용하게 함으로써 결과적으로 정치의 투명성이 보장되고 일반시민들의 정치에 대한 관심도 높아질 것이라고 본다.[39] 그러나 비관론자들은 거의 똑같은 현상과 원인을 가지고 반대의 결론을 내린다.

매스미디어 시대에 언론이 갖고 있는 일반적인 문제점들, 그리고 뉴미디어의 협송 과정에서 파생되는 문제점들인 정치의 주변화, 정치적 무관심 조장 그리고 중우정치의 가능성을 극복하기 위해서는 우선 일반 시민들이 전자매체와 인쇄매체의 역할을 적절히 조정하는 미디어의 총명한 독자가 되어야 할 뿐만 아니라 도덕적인 면에서 그리고 기술적인 면에서 높은 수준의 언론을 요구할 수 있는 독자, 즉 소극적인 수용자가 아닌 적극적인 언론이용자가 되어야 할 것이다.

일반 시민들 스스로가 뉴미디어 기술이 초래하는 사회적 변화와 정치질서의 재편가능성에 대한 성찰과 비판을 해야 하며 이러한 변화를 주도하고 통제하며 공적인 숙의와 행동을 통해 적극적으로 참여하여 미디어의 권력화를 방지하여야 한다. 뉴미디어가 정치영역에서 전자독재 혹은 전자감시사회라는 비관적 형태로 변할 수 있음을 지적하는 회의적인 관점들이 있다. 이러한 입장은 오늘날의 정보기술이 권력집단의 지배력을 강화하기 위한 방편으로 의도적으로 개발·확산된다고 본다. 미디어는 정부나 정당의 정치적 내용을 즉각적으로 국민에게 전달할 수 있는 능력을 소유함과 동시에 이를 통제하는 기능도 가지고 있다.[40]

미디어가 안고 있는 문제점들을 해결하기 위한 다른 방법은 정당들이 담당했던 역할들을 가능한 한 복귀시키는 것이다. 다시 말하면, 경직성과 비효율성의 증대에 따라 급변하고 다양화되는 사회에 대처하지 못하고 있는 대의제도의 기능을 될 수 있는 한 바람직한 상태로 회복시키는 것이다.

뉴미디어의 상호작용의 특징을 활용하여 대의제의 단점을 보완하면서 참여 민주주의를 활성화시키는 것은 한계가 있다. 우선 참여민주주의를 주도하는 주체가 누구인지, 어느 정도 국민의 대표성을 가지는지, 그리고 어떻게 선택되었느냐의 문제가 있다. 그리고 근본적으로 언론은 '선출되지 않은 권력'이다. 정당과 의회는 선거를 통해 선발된 시민의 대표자로 구성되어있지만 미디어는 그렇지 못하다. 일반 시민들은 의회와 정당의 활동을 감시하고 비판·평가하고 그 구성원을 교체할 수도 있지만 언론으로부터는 단지 영향을 받기 쉽다.

주

1) 문창주, 「미국의 대한정책과 여론의 영향」, 『국제문제』, 1982, 7: 14.

2) Bernard Cohen, *The Press on Foreign Policy*(Westport, CT: Greenwood Press, 1963), pp.4-13.

3) Walter Lippman, *Public Opinion*(N.Y: MacMillan, 1923), pp.12-13.

4) 이홍종, 「언론과 외교정책」, 민만식 외, 『현대 미국정치의 쟁점과 과제』, 전예원, 1996, p.246.

5) 이상철, 『미국과 언론』, 일지사, 1993, p.3.

6) 법적으로도 언론의 자유는 모든 표현물에 의한 사상 표현의 자유로 연결되므로 언론은 광의의 의미로 사용되는 것이 적합하다.

7) 이숭녕, 『새국어대사전』, 한국도서출판중앙회, 1996, p.384, 830.

8) 유석진, 「정보화와 민주주의」, 전자민주주의연구원 제1회 세미나 논문집, 『정보화시대 한국의 정치 과정: 정치커뮤니케이션, 여론과 인터넷』, 1997, p.5.

9) 미디어 민주주의는 일반적으로 미래사회의 정치를 낙관적으로 표현하는 용어로 사용되지만, 오렌은 미디어 민주주의의 부정적인 면도 강조한다.

10) Gary R. Orren, Martin Lipst (ed.), "Thinking about the Press and Government", *Impact: How the Press Affects Federal Policymaking*(N.Y: W. W. Norton & Company, 1986), pp.1-20.

11) Robert D. Novak, Harry M. Clor (ed.), "The New Journalism", *The Mass Media and Modem Democracy*(Chicago: Rand McNally College Publishing Company, 1974), p.6; Frank L. Mott, *American Journalism-A History of Newspapers in the United States through 260 years: 1690 to 1950*(N.Y.: The MacMillan Company, 1950, rev. ed), pp.123-126.

12) 예를 들면, 아테네의 직접 민주주의를 고전적 민주주의의 원형으로 생각하는 것이다.

13) Mott, 앞의 책, p.242, 275-276; V. O. Key, *Public Opinion and American Democracy*(N.Y: Alfred A, Knopf, 1967), pp.391-395.

14) Orren, 앞의 글, pp.4-9.

15) 1960년, 미국대통령 선거전에서 케네디가 닉슨에게 승리한 것은 TV토론 덕분이었다. 이것은 미디어 정치시대 도래의 상징적인 예로 거론되고 있다.

16) Donald L. Shaw, *et al.*, *The Emergence of American Political Issue: The American-setting Function of the press*(St. Paul: West Publishing Co., 1997), pp.3-4.

17) Orren, 앞의 글, p.10; Sidney Kraus and Dennis Davis, *The Effects of Mass Communication on Political Behavior, University Park*(Pa: The Pennsylvania State University Press, 1976), p.1.

18) Orren, 앞의 글, p.10; David H. Weaver, *et, al*, *Media Agenda in a Presidential Election: Issues Images, and Internet*(N.Y: Praege Publishers, 1981), p.43, 56.

19) 김병국, 「정당과 언론」, 이동신·박기순 편, 『정치커뮤니케이션원론』, 법문사, 1996, pp.224-242.

20) 구경서, 「미디어정치의 민주주의적 수용 가능성」, 한국정치학회 춘계학술회의논문집, 『한국정치 50년의 성찰』, 1999, pp.11.

21) Jack K. Holley, "The Press and Political Polling", Jack K. Holley and paul J. Larrakas (eds.), *Polling and Presidential Election Coverage*, Newsbury(Ca.: Sage

Publications, 1991), pp.225-226; E. J. Dionne Jr., "The Illusion of Technique: Impact of Polls on Reporters and Democracy", Thomas E. Mann and Gary R. orren (eds.), *Media Polls in American Politics*(Washington, D. C.: The Brookings Institution, 1992,), p.156; Thomas E. Mann and Garry R .Orren, "To Poll or Not to Poll…and other Question", 같은 책, pp.2-4.

22) E. M. Rivers, *Communication Technology: The New Media in Society*(N. Y.: Free Press, 1986), p.16; Austin Ranney, Anthony King (ed.), "Broadcasting, Narrowcasting, and Political", *The New American political System*(Washington,, D. C.: The AEI Press, 1990), p.200.

23) 김재영, 『현대정치학』, 삼우사, 1995, p.246.

24) Colin Seymour-Ure, *The Political Impact of Mass Media*(Beverly Hills: Sage, 1974), p.223; Thomas E. Patterson, *The Mass Media Election: How American Choose Their President*(N. Y.: Praeger Publishers, 1988), p.24.

25) Rivers, 앞의 책, pp.228-229; Ranney, 앞의 글, pp.182-183.

26) 이홍종, 「뉴미디어와 민주주의: 미디어 기술의 발달이 민주정치에 미치는 영향의 양면적 성격」, 『미국학논집』 제31집 1호(여름), 1999, p.201, 203, pp.208-211.

27) Ranney, 앞의 글, pp.182-183.

28) 원우현, 「정보사회와 정치」, 이동신·박기순 편, 앞의 책, 1996, pp.159-160.

29) 전석호, 『정보사회론』, 나남출판, 1997, pp.316-317.

30) 전석호, 앞의 책, pp.318-320.

31) 유석진, 앞의 글, pp.17-19.

32) 구경서, 앞의 글, p.4.

33) Russell W. Newman, 전석호 역, 『뉴미디어와 사회변동』, 나남출판, 1995, pp.188-189.

34) 전석호, 앞의 책, pp.497-499.

35) Newman, 앞의 책, p.194; 유석진, 앞의 글, p.9.

36) 유석진, 앞의 글, pp.9-11

37) 유석진, 앞의 글, pp.11-12; 최정호 외, 『매스미디어와 사회』, 나남, 1990, pp.360-363.

38) 강정인, 「민주주의 이론과 전자 민주주의의 미래상」, 전자민주주의연구원 제1회 세미나 논문집, 『정보화시대 한국의 정치 과정: 정치커뮤니케이션, 여론 형성과 인터넷』, 1997, p.3, 13.

39) 원우현, 앞의 글, pp.161-162.

40) 강정인, 앞의 글, p.81; 구경서, 앞의 글, p.17.

미국학과 미국경제

이경원

1. 미국학으로서의 미국경제

미국이란 나라는 국가로서의 역사가 비교적 짧다. 그럼에도 여러 면으로 우리에게 시사하는 바가 많다. 짧은 역사이지만 형성 초기에 유럽으로부터 전수해 온 문화와 사상이 미국 특유의 환경에 접목되어 특수한 문화를 형성했다. 그리고 미국은 그 후에도 지속적으로 전 세계, 즉 아프리카, 아시아 등지로부터 유입된 이민, 그리고 그들과 함께 들어온 문화와 사상이 섞여 미국 특유의 정치·경제·사회·문화를 형성해 온 나라이다. 그런데다 자율과 자유 속에 나름대로의 시행착오(試行錯誤)와 절차탁마(切磋琢磨)를 해오며 짧은 기간의 역사이지만, 오래되고 정체된 사회보다 더 그 역동성 속에 다양한 사건을 농도 짙게 경험한 나라이다. 우리는 우리나라를 반만년의 오랜 역사를 지닌 나라라고 말한다. 그러니 국가로서 겨우 200여 년의 역사, 더 나아가 유럽인들의 진출이 시작된 시점으로부터 불과 400년 정도의 역사를 지닌 나라로부터 우리가 배울 것이 뭐 있겠는가라는 주장이 없는 바도 아니다. 그럼에도 우리는 오늘날 걸핏하면 미국을 거론하고 인용한다. 어찌 보면 지나칠 정도로 미국 의존적인 면이 없지 않다. 이런 대미 의존적 현상을 희화(戲畵)적으로 꼬집는 주장이 없는 것도 아니다.[1]

무엇이 그렇게 만들고 있는가. 생각의 범위를 좁혀 우리나라의 경우를 보면 1945년 이후 국가의 탄생, 한국전쟁의 발발과 전쟁수행, 경제개발과 수출입국정책(輸出立國政策)의 추진, 최근의 세계화 추진 등의 과정에서 미국은 우리 삶 속에 가까이 다가와 있기 때문이다. 그리고 시야를 넓혀 전 세계 어느 곳을 보아도 미국의 존재와 영향이 매우 가시적임을 부인할 수 없다. 그것은 미국의 영화, 음악과 같은 문화적 측면 때문이기도 하지만, 그들의 강한 군사력·과학·스포츠 또는 나름대로 잘 된다고 생각되는 그들의 정치 그리고 어디에 내놓아도 상대적으로 우수하다는 질 높은 교육 또한 미국의 영향력을 더욱 가시적으로 만들고 있다. 심지어 동서 냉전의 시대를 뒤로 한 요즘을 팩스 아메리카나(Pax Americana) 시대로 주장할 정도로 20세기 세계사를 주도했던 미국은 21세기에도 다시 세계사의 흐름에 주요한 영향을 미칠 것으로 보인다.[2] 그런데 이런 미국의 힘은 그것이 문화·군사·과학·교육 분야 등 무엇이 되었건 다름 아닌 그들의 경제력을 바탕으로 하고 있고, 이런 분야들은 다시 그들의 경제력에 보탬이 되고 있으니 미국경제야말로 미국학에서 중요한 연구·교육의 대상이 될 수밖에 없다. 좋은 문화와 정치, 그리고 사회도 이들을 담을 수 있는 경제라는 그릇이 튼튼해야 가능한 것이다.

'미국학과 경제문제'란 명제를 대하면 우선 다음의 세 가지 질문이 떠오르게 된다.

첫째 : 넓게는 미국학, 좁게는 미국경제를 왜 연구·교육해야 하는가? 즉, 미국경제 연구·교육의 목적은 무엇인가?

둘째 : 미국학으로서의 미국경제에서는 무엇을 연구·교육해야 하는가? 즉, 미국경제 연구·교육의 내용은 무엇이어야 하는가?

셋째 : 미국학으로서의 미국경제는 어떻게 연구·교육해야 하는가? 즉, 미국경제 연구·교육의 방법은 무엇인가?

장황하게 나열된 질문으로 보이지만, 미국학으로서의 미국경제 연구·

교육이 성공적이기 위해서는 그 목적·내용·방법에 대해서 입장정리가 된 연후에 추구되어야 할 일이다. 이것은 유독 미국학의 연구·교육에서만 문제되는 것은 아니다. 다른 학문에서도 그 목적·내용·방법에 대한 검토가 있어야겠지만 비교적 국내에서 그 역사가 짧은 미국학의 경우 그 목적·내용·방법에 대한 논의는 활발히 이뤄져야 할 일이다.

2. 미국경제 연구·교육의 목적

모든 학문이 하나의 학(學)으로 존재하기 위해 필수적으로 중요한 요건 두 가지를 들면 '독자성'과 '공익성'이 있어야 한다는 점을 들 수 있다. 미국학도 예외일 수가 없다. 미국학은 분명 그 독자성이 있다. 수많은 나라 가운데 미국에 관한 학문이니 분명 독자성이 있음은 분명하다. 공익성이 있어야 한다는 말은 좀 애매한 표현이지만 우리의 삶에 도움이 되어야 함을 의미한다. 여기서 우리라 함은 좁게 보면 한국인을 의미하고 넓게 보면 세계인을 의미한다. 이러한 각도에서 볼 때 미국학 가운데 경제문제의 연구·교육활동도 근본적으로 그것이 우리의 삶에 도움이 되는 방향으로 접근해야 함을 의미한다. 우리의 삶에 도움이 되기 위해 미국경제를 연구·교육하는 데는 우선 두 가지 목적을 생각할 수 있다.

첫째는 미국경제를 연구·교육하여 그들의 성공과 실패를 본보기로 우리 경제의 건전한 성장발전에 도움이 되도록 해야겠다. 즉, 미국경제가 잘한 것은 따라서 하고 잘못한 것은 안 하도록 하는 것이 미국경제를 연구·교육하는 목적이 돼야 한다는 말이다. 미국경제는 50년 전에 전 세계 총생산의 약 50%를 차지했었다. 그러던 것이 최근에는 약 25%밖에 차지하지 못하고 있다. 이는 결코 미국경제가 쇠퇴해서가 아니라 다른 나라들의 경제가 그만큼 많이 성장했기 때문이다. 즉, 아직도 미국경제는 세계 최대 최강의 경제이다. 더구나 지난 50년간 많은 경제적 성취를 이룬 국가들의 경제운용이 미국의 것을 그대로 답습하지는 않았지만 많은 것을 미국경제로부터 배웠다는 점을 상기할 필요가 있다. 한때 1970년대부터 1980년대에 이르기까지 독일경제나 일본경제에 비해 미국경제가 효율성·경쟁력 등에서 뒤지자 심한 경우에는 미국멸망론이 등장하기까지 했다. 그러나 미국인들은 자신들의 경제적 어려움이 미국경제의 특징인 자율과 경쟁이 규제와 독점에 의해 질식 상태에 있었기 때문임을 인식하고 규제철폐와 경쟁촉진을 적극적으로 추진했다. 이로 인해 미국경제의 경쟁력은 되살아났다.[3] 그런데다 IT 산업의 씨앗이 자율과 경쟁이 있는 미국경제란 토양에 떨어져 성장하고 꽃을 피워 최근 미국경제의 호황으로 연결되기도 했다. 이런 의미에서 미국경제의 연구·교육은 우리 경제에 많은 시사점을 준다. 즉, 미국경제 연구·교육의 첫 번째 목적은 미국경제를 보고 좋은 점은 배우자는 데 있다.

미국의 경제적 성취를 논할 때 그들의 풍부한 자연자원이 거론되고, 그 정도의 풍부한 자원여건이 갖춰지면 누구는 그 정도의 경제적 성공을 못하겠는가라는 견해가 등장할 수도 있다. 그러나 남북미 신대륙에는 이미 1억 명이나 되는 원주민이 살고 있었으나 이들은 낙후된 신석기 시대를 살고 있었다. 그리고 유럽에서도 미국을 만드는 데 주역을 한 영국인에 앞서 스페인이나 포르투갈 사람들이 현재의 미국이 아닌 멕시코를 포함한 남미에 많이 진출해 있었고 북미에도 프랑스인들이 넓은 땅의 영유권을 주장하며 진출해 있었다. 그럼에도 뒤늦게 영국계가 주축이 되어 정착 개발된 미국이 경제적으로 보다 더 큰 성공을 이룬 데는 분명 그 이유가 있을 것이다. 자연 자원으로 말하면 브라질이나 아르헨티나 혹은 칠레도 북미 대륙에 못지않은 여건을 갖추고 있다. 그러나 이들은 오늘날에도 경제적 난국과 낙후를 면치 못하고 있다. 이런 관점에서 미국의 경제를 보고, 그들의 경제·철학·사상·제도·교육 등에서 배울 점은 배워야겠다. 우리는 시행착오를 통해 많은 것을 배운다. 그리고 직접 경험하지 못한 것은 남의 경험을 통해 간접적으로 배운다. 미국이 짧은 역사기간 동안 자유라는 토양 위에서 역동적으로 시행착오를 통해 오늘날 세계 최강의 경제를 이룬 것은 우리에게 시사하는 바가 크다.

둘째는 대결구도의 중상주의적 접근방법으로 보이지만 흔히 말하듯 "지피지기(知彼知己)면 백전백승(百戰百勝)한다"는 의미에서 미국을 제대로 알자는 데 있다. 근래 세계화(Globalization)라는 유행어와 함께 마치 국경이 없어진 듯한 주장이 많이 들리기도 한다. 그러나 현실을 보면 국경은 엄연히 존재하고 있으며, 생산의 3대 요소인 토지·노동·자본 가운데 자본만이 비교적 자유롭게 국경을 넘나들 뿐 토지와 노동은 결코 자유롭게 국경을 넘나들 수 없다. 물론 세계무역기구(WTO)가 탄생하기도 했고 자유무역이 모두를 잘살게 하리라는 주장이 널리 수용되고 있지만, 우리는 엄연히 국경이 존재하는 국가주의 시대의 현실 속에 살고 있다. 더구나 동서냉전 시대에는 그래도 동맹이니 하는 등의 이유로 비경제적 요인에 의해 경제문제가 해결되는 예가 있기도 했었다. 예를 들면 동서 양대 진영이 같은 진영에 속한 우방을 경쟁적으로 도와주던 그런 일 말이다. 그러나 냉전(冷戰)시대를 뒤로하고 각 국가들이 치열하게 경제적 경쟁을 하고 있는 경제 열전(熱戰) 시대에 살고 있는 오늘날의 우리는 다른 나라들을 정확히 알아야 할 입장에 놓여 있다. 이런 터에 우리가 자주 당면하는 과제가 한미 간의 통상마찰 또는 통상협상과 같은 쌍무협상(bilateral negotiation)이다. 이런 관점에서 미국경제, 미국통상정책, 미국산업구조 등을 연구·교육하여 한미 간의 쌍무협상에 임하는 데 필요한 정보와 인재를 생산해 낼 필요가 있다. 이는 결코 편협한 국수주의적 중상주의(nationalistic mercantilism)의 발상에서가 아니라 현실을 인식하고 막연한 세계 인류의 복지증진보다 당장 작은 집단인 세계 인류의 일부분인 한국인의 삶의 질을 높이는 데 미국경제의 연구·교육이 공헌할 수 있음을 인지하자는 말이다.

어찌 보면 아시아에 있어서 미국이란 나라는 애증이 교차되는 그런 대상이다. 경제적 기적이라고도 불리는 동아시아의 경제 발전은 이 지역의 군사적 안정에 도움이 된 미군 주둔, 미국이 이들 개발도상국 제품의 시장이 되게 만들어준 GSP(Generalized System of Preferences)[4], 미국상사들의 투자와 함께 들어온 미국의 자본, 기술 그리고 아이디어가 없이는 어려웠을 것이다.[5] 이러한 미국의 경제적 공헌에도 불구하고, 미국을 좋아하지 않는 사람들이 이곳에 많이 있음을 미국인들은 이해하기 어려울 것이다. 이처럼 국가 간의 경제적 이해관계는 냉정한 것이다. 지난 1999년 12월 미국 시애틀에서 열렸던 WTO 관련 회의 때 미국의 정치인들이 다른 나라에게는 지구적 이익을 우선하라고 권장하면서 정작 자신들은 지구적(global) 이익에 앞서 국가적(national) 이익을 우선시하는 것을 보고 많은 비미국인들은 미국에 대해 실망을 하기도 했다. 사실 모든 나라가 자국의 이익을 우선시하는 것은 당연한 일이다. 미국이라고 하여 지구적 이익을 위해 자국의 이익을 희생하리라 기대하는 것은 잘못이다. 물론 어느 나라건 자국의 이익만을 위해 지구의 환경을 파괴하는 행위가 용납되어서는 안 되겠지만 말이다. 어쨌든 우리는 막연히 과거 미국으로부터 원조를 받던 시대의 익숙한 미국의 자비로움에 기대기보다 냉정한 태도로 모든 국가가 자국의 이익 극대화를 위해 최선을 다한다는 것을 인지하고 미국을 바로 알기 위한 노력을 해야 할 것이다. 특히 미국은 우리나라의 최대 무역 파트너이다. 미국은 한국 총수출의 18% 정도를 차지하는 큰 시장이며 총수입의 23% 정도를 공급하는 중요한 무역 파트너이다. 이런 면에서 미국경제에 대한 올바른 이해는 매우 중요한 명제 중의 하나이다.

미국경제를 잘 알면 세계경제의 중심이라고 볼 수 있는 미국으로의 진출에도 도움이 될 것이다. 즉, 미국경제를 연구·교육해 한국인들이 미국을 포함한 해외로 진출해 할 일을 잘하도록 해야겠다. 그들이 실리콘 밸리(Silicon Valley)로, 월 스트리트(Wall Street)로 가서도 일 잘하도록 만드는 것이 미국경제를 이해하고자 하는 또 하나의 목적이다. 우리나라는 전 세계에서 인구밀도가 네 번째로 높은 나라이다. 그나마 전체 국토의 3분의 2가 산악지대이며 농사를 짓고 평지에 살 만한 면적만을 고려하면 아마

인구 밀도가 세계에서 가장 높은 나라일 것이다. 그런 의미에서 보면 우리가 잘 살기 위해서는 어떤 형태로든지 해외로 진출하지 않을 수 없다. 상품의 해외 진출은 물론 우리 기업체, 기업인들의 해외진출이 이루어져야 한다. 지금 미국은 경제의 세계화를 선도하고 있다. 이제 자본은 국경 없는 세계를 무대로 종횡무진 흐르고 있다. 월 스트리트는 미국 자본시장의 중심이라기보다 세계 자본시장의 중심이다. 그리고 캘리포니아의 팔로알토(Palo Alto)와 샌호세(San Jose) 등지에 걸쳐 있는 실리콘 밸리는 미국 IT산업의 기술센터가 아니라 전 세계 IT산업의 기술센터이다. 이런 곳으로 한국의 기업 또는 기업인이 진출해 성공하기 위해서는 세계 경제의 중심인 미국경제를 제대로 이해하는 것이 중요하다.

3. 미국경제 연구·교육의 내용

임상적 경험으로서의 미국경제의 연구·교육

경제문제는 누가 무엇을 어떻게 생산하고 그것이 유통되어 누가 소비하는가로 요약된다. 즉, 경제용어를 빌려 말하자면 누가 어떤 생산 요소들을 어떻게 배합하여 어떤 재화와 용역들을 생산하는지가 어떻게 결정되며, 누가 어떤 경로로 그 재화와 용역들을 확보·소비하게 되는가가 경제의 주된 문제이다. 물론 미국경제도 예외는 아니다. 이런 경제적 문제를 풀기 위해 미국이 어떤 시행착오와 어떤 어려움과 실패와 성공을 했는가를 아는 것은 우리에게 도움이 된다. 미국경제는 흔히들 말하는 대로 혼합경제이다. 즉, 완전히 시장에 의존해 경제문제를 해결하는 것이 아니고 부분적으로 정부가 간섭하여 해결한다. 그러나 상대적으로 볼 때 비교적 경제문제의 많은 부분이 자율적 시장기능(market mechanism)에 의해 해결되고 있다. 자유방임적 시장경제이론의 고전인 아담 스미스(Adam Smith)의 『국부론(The Wealth of Nations)』이 1776년에 출간되고, 우연히도 같은 해에 탄생한 미국이란 나라에서 그 이론이 실제로 응용되어 미국경제가 성공했다고

할 정도로 미국경제는 건국 초기부터 전통적으로 자율적 시장경제가 그
근간이 돼왔다.

　스페인이나 프랑스 같은 유럽의 다른 나라들도 신대륙에 진출했으며, 더
구나 스페인 같은 나라는 영국보다 훨씬 먼저 신대륙에 진출했다. 그런데
영국은 스페인이나 프랑스와는 다른 방법으로 진출을 시도했다. 영국은 프
랑스나 스페인과는 달리 민간회사가 신대륙 진출을 주도했고, 그것도 모국
의 정치적, 종교적, 경제적 속박을 벗어버리고 자유를 찾아오는 모든 사람
들에게 문호를 열어주었다. 이에 비해 스페인과 프랑스는 카톨릭 신자들에
게만 신대륙으로의 진출을 허용했으며 신대륙에서까지 전제군주제를 지속
하려 했었다. 즉, 영국계의 신대륙 진출은 민간과 자유가 근간이 되어 진행
되었던 데 비해 다른 나라들은 관권과 규제가 근간이 되어 진행됐던 것이
다. 미국인들은 유럽의 폭정을 피해 온 사람들이기에 정부라는 기구를 싫
어했다. 그래서 미국은 자율적인 시장경제 운용의 좋은 시험무대가 됐다.
건국 초기 제퍼슨(Thomas Jefferson)이 해밀턴(Alexander Hamilton)과 대립
할 당시 연방정부의 적극적 역할에 대해 반대했을 때 드러난 바와 같이
미국 내에는 강력하고 비대한 정부에 대한 반대가 전통적으로 있어왔다.
이처럼 지상의 어느 국가보다 미국경제는 전통적으로 민간이 주도하는 자
율적 경제였다. 물론 1930년대 대공황 이후 진보주의자들이 많이 득세하
여 그후 약 50년간은 정부의 역할이 많이 늘어났지만, 미국의 저변에는
작은 정부를 선호하는 경제적 보수주의가 언제나 깔려 있었고 그것은
1980년대에 있었던 경제정책의 보수화로의 선회를 선도했다. 사회주의가
전 세계를 풍미하던 때에도, 미국에서는 사회주의가 성공할 수 없는 정치·
경제·사회 환경이 형성되어 있었다. 이처럼 미국경제는 그동안 노사갈등,
경제공황, 빈부격차의 여러 문제가 있었음에도 불구하고 자유시장경제의
기조를 유지한 채 오늘날의 부강한 경제로 성장 존재하고 있는 것이다.
역시 부강한 경제를 이루려 노력하고 있는 우리에게 미국의 경험은 좋은
참고가 된다.

건국 초기 독립 이전의 상태를 보아도 이들이 얼마나 민간주도의 경제 운용에 익숙해 왔는지 알 수 있다. 식민 초기, 즉 17세기 초 영국인들의 신대륙 진출은 경제적 이득을 추구하는 하나의 투자 사업으로 민간 기업체가 주도해 추진했던 것이다. 이윤을 추구해 진출한 신대륙에서의 사업이 수지가 맞지 않자 이 기업체들은 정착촌인 제임스타운이나 플리머스 식민지를 재빨리 정착민에게 넘겨버렸다. 그러자 정착민들은 스스로의 삶을 영위하기 위해 그들 자신의 지역사회와 경제를 스스로 건설해 가게 되었다. 그런 여건에서 미국이란 나라는 정부가 사람들에게 이래라 저래라 하는 정부 주도형 경제 운용과는 거리가 먼 사회였다. 이 사회에서는 정착민들이 자율적으로 운용하는 삶이 있고 난 후에 정부와 국가가 형성된 것이다. 건국 초기에도 연방정부가 보호관세로 유치산업을 보호해야 한다며 정부의 역할을 강조한 초대 재무장관 해밀턴이 있었는가 하면, 정부의 정치적 경제적 탄압으로부터 사람을 보호해야 한다는 초대 국무장관 제퍼슨이 서로 다른 견해를 피력하며 나라살림을 이끌어간 나라이기도 하다. 이에 더해 건국 후 계속 진행된 서부로의 이동은 미국인들을 더욱 개인주의적으로, 스스로의 성패를 스스로 책임지며 어떤 종류의 정부의 도움에도 강하게 반대하는 사람들로 만들어놓았다. 개척정신과 개인주의가 강하게 나타난 사례를 살펴보면, 1829년에 대통령이 된 잭슨(Andrew Jackson)은 미국 연방은행의 재설립을 반대하고 심지어 미 정부의 예금을 연방은행에서 주은행(州銀行)으로 옮기기까지 했다. 연방의 대통령이 연방은행을 지지하지 않을 정도로 미국인들의 생각 속에는 정부의 통제와 간섭을 싫어하는 태도가 면면히 이어져 내려오고 있는 것이다.

그러나 미국인들이 이토록 정부의존적이 아니었던 시대에 우리는 미국을 알지 못했다. 우리가 미국과 많은 접촉을 하기 시작한 것은 1945년 미군정 시대 이후이니, 그 후 1950년 발발한 한국전쟁, 그 후의 동맹관계, 전후 복구사업을 위한 미국의 원조시대, 그리고 한국경제개발을 위한 미국의 참여 등 밀접한 한미관계는 주로 20세기 후반에 들어와서 형성된 것이다. 이 시대는 미국도 1930년대의 공황을 벗어나고, 제2차 세계대전을 치르느라 정부가 비대화한 시대이다. 이러한 시대에 미국을 알게 되었으니 우리는 정부가 비대화한 미국의 모습을 미국의 전통적 모습으로 생각하기 쉬운 것이다. 20세기 후반, 즉 우리가 미국과 빈번한 접촉을 하게 된 시기는 미국 역사상 정부의 경제적 역할이 가장 비대해진 시기였고 복지정책이 극대화된 시기였다. 미국에서는 1930년 대공황의 극복을 위해 전개된 루즈벨트의 뉴딜(New Deal)정책을 통해 정부지출을 늘려 실업자 구제와 경제회복을 꾀했고, 이때 사회보장법(Social Security Act) 등의 제정으로 복지정책을 전개해 나가느라 정부의 비중이 커졌다. 그런데다 제2차 세계대전을 치르느라 정부는 더욱 비대화되었고 그 후 한국전쟁, 월남전을 치르느라 총국민생산에서 정부지출이 차지하는 비중이 계속 높았다. GNP 중 정부지출이 차지하는 비율이 1929년에 8.2%이었던 것이, 1950년에 13.3%, 1975에는 22.1%로 늘어난 통계가 이를 잘 대변하고 있다. 그리고 팽배한 복지정책을 실시하느라 높은 누진율의 소득세와 저소득층을 위한 전이소득(transfer income)으로 소득 재분배를 널리 시행하고 있었다. 우리는 이런 시대의 미국을 많이 상대하며 보고 배웠다. 그리고 우리의 경우는 원래 왕권시대에 정부가 국민 위에 군림하던 시대를 산 직후였고, 일제 강점기를 거쳐 민주 공화국 시대에 들어와서는 전쟁을 치러야 했고, 그 후 또 다시 정부 주도의 경제계획 시대를 살아가느라 정부가 무소불위의 권능을 발휘하던 시대를 겪었다. 그러다 보니 비대한 정부는 국민들에게 너무도 자연스럽고 당연한 것으로 생각됐고, 국내에서 전개되고 있는 복지정책도 서둘러 시행해야 하는 정치적 환경 때문에 정부가 경제에서 차지하는 비중은 계속 높은 수준에 있었다. 그러나 미국경제를 1930년부터 1980년까지만 국한해서 보지 말고 보다 더 긴 시간대에 걸쳐보면 우리에게 시사하는 바가 크다.

이런 의미에서 미국의 경험을 주로 다루는 미국경제사에 관한 연구·교육은 우리에게 많은 도움이 될 것이다. 다른 나라의 경제사 연구·교육은 한 나라의 경제를 개선하는 데 필요한 '임상적 경험(clinical experience)'을 얻는 데 좋은 역할을 한다. 자신의 위치를 모르고서는 어디로 가야 할지를 모르듯이 우리는 우리가 걸어온 길을 알기 위해 역사공부를 해야 한다. 이것을 바탕으로 현재의 미국경제를 알아야 한다. 앞에서 언급된 바와 같이 미국은 건국 초기에도 해밀턴의 연방주의와 제퍼슨의 민본주의가 서로 견제하며 공존했다. 이런 현상을 슐레징거(Arthur Schlesinger, Jr.)와 같은 사학자는 미국의 "정치적 주기는 개인 재산의 신성함, 이윤의 극대화, 자유시장과 같은 보수적 가치관과 평등, 자유, 사회적 책임성, 재산과 이윤의 공적인 규제 등과 같은 진보적 가치관의 지속적 투쟁"이라고 묘사했다.[6] 이런 보수와 진보의 투쟁으로 채워진 정치적 주기에도 불구하고 전통적으로 미국은 보수적 가치의 전통이 강한 나라이다.[7] 오늘날에는 진보주의자(liberals)라면 높은 세율, 사회복지를 위한 국방비 지출 감소, 기업에 대한 규제, 마이너리티(minority)에 대한 우호적 배려를 선호하는 사람들로 정의되지만, 50년 전만 해도 진보주의자란 개인의 자유, 평등, 자본주의, 개인의 노력과 능력으로 성패가 결정되는 시장을 믿는 사람을 의미했다.[8] 이처럼 미국은 전통적으로 보수적인 나라이다. 건국 초기부터 미국인들은 자신들의 보다 나은 삶은 각자가 스스로 책임을 지고 노력해서 얻어야지 위에 있는 어떤 지배세력에 의해 주어지는 것이 아니라고 믿어왔다. 즉, 미국인들은 볼테르(Voltaire, 1694~1778)나 루소(Rousseau, 1712~1778) 같은 사상가가 선도한 프랑스 계몽사상보다 로크(Locke, 1632~1704)나 스미스(Smith, 1712~1778) 등이 선도한 영국 계몽사상(Anglo-Scottish enlightenment)의 영향을 많이 받았다.[9] 그런데다 유럽의 여러 가지 경제적, 정치적, 종교적 사회적 속박을 피해 신대륙으로 떠나온 사람들이 광활한 신대륙에서 삶을 엮어나가자니 자연히 미국인들은 개인주의, 민주주의, 자유, 기회의 균등이라는 4개의 가치체계를 성립한 것이다.[10] 앤드류 잭슨 시대를 뒤로 하고 일어난 남북전쟁은 인구와 경제력이 월등하게 우월한 북부의 승리로 끝나게 된다.[11] 남북전쟁도 경제력의 중요성을 다시 한번 확인시킨 계기가 됐

다. 남북전쟁이 북부의 승리로 끝나자 미국의 경제는 남부의 농장주보다
북부의 산업가들에 의해 주로 영향을 받고 추진되어 19세기 후반에 급속
하게 산업화를 이룬다. 급속한 산업화로 인해 소수의 자본가가 형성되고
빈부의 격차가 심하게 나타나고 격렬한 노동자 운동도 등장했다. 이에 더
해 사회주의가 유럽 곳곳에서 인기를 얻어가고 미국 내에서도 상당한 인
기를 얻기도 했다. 그러나 미국에서는 사회주의가 끝내 유산(流産)되고 만
다. 미국은 자유와 민주가 근본인 사회이다. 국민들이 사회주의를 지지했
다면 피를 보는 혁명을 일으키지 않고도 사회주의 국가체제가 실현될 수
도 있었을 것이다. 그러나 미국의 사회 토양은 유럽과 달랐다. 즉, 미국인
을 구성하고 있는 민족과 인종의 다양성, 미국인의 높은 유동성, 미국인에
게는 없는 계급의식, 대체적으로 호황을 누린 미국경제의 특성, 서둘러 성
취된 정치적 평등, 노동계 내부의 불화 등이 미국사회를 사회주의가 성공
하기에는 부적합한 사회로 만들었다. 그러나 이에 더해 산업화로 인해 심
화된 빈부 격차에 대해 많은 지식인들이 비판적이기도 했지만, 한편에서
는 다른 지식인들이 빈부격차의 불가피성을 지적한 것이 미국 내에서 사
회주의가 성공치 못하게 한 무시 못 할 원인으로 작용했다고 볼 수 있
다.[12] 부유층을 냉소적으로만 보지 않는 문화가 미국의 경제발전에 도움
이 되기도 했다.

　급진적인 개혁주의자들의 예를 들자면 헨리 조지(Henry George), 벨러
미(Edward Bellamy), 또는 로이드(Henry Lloyd) 등이 있다. 『진보와 빈곤
(*Progress and Poverty*)』을 쓴 헨리 조지의 주장은 이렇다. "노동만이 모든 부
의 기본이 돼야 한다. 현 제도 하에서는 철도가 놓이거나 도시가 생겨나면
서 땅값이 올라 토지 투기자들은 불로소득을 얻게 되는데 이들 부당한 소
득에 유일세를 부과해야 한다"는 것이다. 벨아미는 그의 소설 『뒤돌아보
기(*Looking Backward*)』에서 정부가 지혜롭게 모든 산업을 운영하는 서기
2000년의 이상향을 그리며 그런 이상향에서 모든 악은 사라지고 사람들은
조화롭게 살게 될 것이라 하였다. 로이드는 『국민 공영에 역행하는 부

(*Wealth against Commonwealth*)』에서 트러스트의 무자비한 사업형태를 그리면서 록펠러의 스탠더드 오일을 공격하였다. 이 저서들은 널리 읽히기는 했으나, 이들이 제안한 사회문제 해결책은 정치인들이나 미국인 다수에 의해 받아들여지지 않았다.[13] 그 외에도 철도재벌을 문어(octopus)로 표현한 노리스(Frank Norris), 도시 빈민층의 비참함을 묘사한 리스(Jacob Riis), 시카고 육가공업체의 어두운 면을 '정글'로 고발한 싱클레어(Upton Sinclair), 도시의 부패상을 『도시의 수치』에서 지적한 스테펀스(Lincoln Steffens) 등 빈부격차를 비판적으로 지적한 예는 많다. 그러나 이러한 비판적 견해에 반해 벼락부자나 빈부의 격차에 대해 그의 불가피성을 지적하며 현실을 받아들여야 한다는 주장들도 많이 있었음을 우리는 알고 있어야 한다. 비처(Henry Beecher)나 콘웰(Russell Conwell)은 록펠러(John Rockefeller)나 모건(J. P. Morgan)을 '가난에서 부유함으로(from rags to riches)'의 본보기로 부각시키며 가난은 가난한 사람 자신의 결함 때문이라고까지 주장했다. 영국의 사회학자 스펜서(Herbert Spencer)는 사회 진화론(Social Darwinism)을 내세워 빈부격차의 심화는 사회 진화 과정에서 불가피하며, 기업의 활동을 규제하는 것은 종(種)의 자연적 진화를 막는 것과 같다고 주장했다. 그 외에도 종교계의 지도자인 매사추세츠 영국 성공회 주교 로렌스(William Lawrence)의 "신은 부자의 편이다"라는 주장, 교육계의 컬럼비아대 총장인 버틀러(Nicholas Butler)나 예일대 사회학자인 섬너(William Sumner) 등에 의해 부의 찬양이나 빈부의 격차를 피할 수 없는 현상으로 합리화하는 견해들이 많이 등장했다.[14] 이처럼 미국에는 빈부격차에 대한 현실비판과 현실인정이 병행하며 오늘에 이른 것이다. 산업화 시대를 거치고 난 후 1930년대의 대공황을 맞아 그 대책으로 뉴딜정책을 전개할 때에 개인과 기업의 자유를 소중히 여기는 보수진영은 뉴딜정책을 매우 비판적인 시각으로 보았다. 뉴딜정책의 전개는 높은 세율과 정부의 개입 증대로 대변되는 바, 이 고율의 세금과 정부계획과 규제는 개인의 자유는 물론 개인기업 활동을 저해하게 된다는 비판을 받았다. 그뿐 아니

라 미국의 최고 법원(Supreme Court)은 뉴딜 관련법 중 몇 개 법을 위헌이라고 판결하기도 했다. 예를 들면 농민이 농업생산을 줄이는 대가로 정부가 세출을 지불하는 것은 한 그룹의 혜택을 위해 또 다른 그룹으로부터 돈을 가져가는 것이기 때문에 농업 조정법(the Agricultural Adjustment Act)은 위헌이라고 판결했던 것이다. 그럼에도 불구하고 뉴딜정책 이후 미국사회에서도 늘어난 정부의 간섭이 정상으로 보이게 되고 자본가, 시장 경제 주창자들은 그들의 자리를 새로운 질서 경제를 관리하려는 정부 관료들에게 내주게 되었다. 그리고 곧 제2차 세계대전에서 독일·일본과 싸우느라 국가 동원을 위해 그리고 사회의 복지와 사회 보장을 위해 큰 정부를 당연시하게 되었다. 루즈벨트의 뉴딜(New Deal), 트루만의 페어딜(Fair Deal), 케네디의 뉴프론티어(New Frontier), 존슨의 위대한 사회(Great Society)는 사회의 잘못된 것을 고치는 데 정부의 역할이 중요하다고 국민이 인정한 정책이다.

이로써 미국 내의 보수전통은 단절된 것으로 보일 지경이었다. 그러나 그런 가운데에도 미국의 보수전통은 면면히 흐르고 있었다. 특히 자유가 거의 무정부적이다시피 되고, 경제는 과거의 패전국인 독일이나 일본에 비해 상대적으로 악화되고, 월남전, 워터게이트 사건과 같은 국가적 쇼크를 겪으면서 미국인들은 새로운 대안으로 보수주의를 지지하게 되었다. 1960년대에는 골드워터(Barry Goldwater)가 대통령후보로 전국적 관심을 불러 일으켰고,[15] 1980년 레이건이 집권하고, 1994년 선거에서 민주당이 집권한 후에도 보수주의가 그대로 유지된 것은 미국사회·정치·경제의 보수주의 회복이라 볼 수 있다. 이 보수전통의 부활은 '개인적인 책임'과 '작은 정부'로 특징 지워지는데, 그동안 진보주의 홍수 속에서도 꾸준히 전개해 온 보수주의 지식인들의 저작 활동이 이 보수전통의 부활에 크게 기여한 것이다. 이들을 정리해 보면 표1과 같다.

표1 미국 보수주의 형성에 기여한 저작물

연대	연도	저자	책명
1940s	1944	Friedrich von Hayek	*The Road to Serfdom*
	1948	Richard Weaver	*Ideas Have Consequences*
	1949	Peter Viereck Ludwig Von Mises	*Conservatism Revisited* *Human Action*
1950s	1951	William F. Buckley, Jr	*God and Man at Yale*
	1952	Eric Voegelin	*The New Science Of Politics*
	1953	Russell Kirk Leo Strauss Robert Nisbet Whittaker Chambers	*The Conservative Mind* *Natural Right and History* *The Quest for Community* *Witness*
	1955	Clinton Rossiter	*Conservatism in America*
	1957	James J. Kilpatrick	*The Sovereign States*
	1959	Harry Jaffa	*Crisis of a House Divided*
1960s	1961	Barry Goldwater	*The Conscience of a Conservative*
	1962	Milton Friedman James Buchanan and Gordon Tullock	*Capitalism and Freedom* *The Calculus of Consent*
	1965	George J. Stigler Forrest McDonald	*Essays in the History of Economics* *E Pluribus Unum*
1970s	1970	Edward Banfield Willmoore Kendall and George Carey	*The Unheavenly City* *The Basic Symbols of the* *American Political Tradition*
	1972	Irving Kristol	*On the Democratic Idea in America*
	1975	Thomas Sowell	*Race and Economics*
	1976	George Nash	*The Conservative Intellectual Movement in America Since 1945*
	1978	Harvery Mansfield	*The Spirit of Liberalism*
	1979	M. E. Bradford Norman Podhoretz	*A Better Guide Than Reason* *Breaking Ranks*
1980s	1981	Milton and Rose Friedman	*Free to Choose*
	1982	George Gilder Herbert Storing	*Wealth & Poverty* *The Antifederalists*
	1983	George Will	*Statecraft as Soulcraft*
	1984	Richard Neuhaus Charles Murray	*The Naked Public Square* *Losing Ground*

	1987	Allan Bloom	*The Closing of the American Mind*
		E. D. Hirsch	*Cultural Literacy*
1990s	1991	Shelby Steele	*The Content of Our Character*
	1992	Dinesh D'Souza	*Illiberal Education*
	1993	William Bennett	*The Book of Virtues*
	1994	M. Stanton Evans	*The Theme Is Freedom*
	1995	Newt Gingrich	*To Renew America*

자료: Charles Dunn and David Woodard, *The Conservative Tradition in America*(Rowman & Littetield puslishers, inc., 1996), pp.16-17.

비판세력이 없는 것은 아니지만 최근 미국은 신경제의 호황을 누렸다.[16] 물론 장기적으로 보면 미국경제의 호황이라는 거품이 터지면 새로운 경제 불황이 몰려온다는 우려가 있었고 실제로 미국경제가 1990년대 후반의 경제호황을 뒤로 하고 경기후퇴를 하기는 했다.[17] 그러나 IT산업에 힘입어 촉발된 지난 1990년대 후반의 경제호황은 인플레이션을 동반하지 않은 호황이었다. IT산업은 미국뿐 아니라 세계 도처에 있다. 그런데 왜 유별나게도 미국에서만 신경제의 호황으로 나타나는가 라고 전문가들은 자문하고 있다. 이에 대한 답은 이렇다.[18] 무엇보다 중요한 이유는 혁신을 하도록 해주는 넓은 의미에서의 시장여건 때문이다. 즉, 지난 1980년대 이후 지속적으로 노력해 온 규제완화는 주식시장, 금융시장, 벤처자본을 포함해 세계에서 가장 크고 가장 창의적인 자본시장의 발전을 가져왔으며 낮아진 세율, 유동적이고 규제가 완화된 노동시장, 그리고 위험을 부담하며 사업에 뛰어드는 전통적인 사업가 정신이 IT산업의 발전을 경제호황으로 꽃피우는 데 기여하게 됐다는 말이다. 이는 신경제의 호황이 간접적으로 낮은 세율, 규제완화로 특징져질 수 있는 레이건 이후의 경제정책에 그 뿌리가 있음을 말하고 있는 것이다.

사실 1980년대나 1990년대 초반만 하더라도 많은 미국의 지식층 인사들(수정주의자라고 불릴 수 있는 인사들)은 일종의 일본공포증(Japan phobia)에 걸려 있었다. 그들은 일본의 통상산업부(MITI: Ministry of International Trade and Industry)가 산업정책을 세워 경제를 조정선도하기 때문에 경제가 성공적으로 운용이 되고 있다고 생각했다. 심지어 존슨(Chalmers Johnson) 같은 사람은 "미국이 잘되려면 신고전파 경제학자들이 미의회 의사당에 목매달아야 할 것이다"라고까지 했다. 소위 산업정책(industrial policy)을 칭송하며 그것이 없는 미국의 문제점을 지적했던 것이다. MITI가 일본의 기업에게 어느 기술이 미래를 위해 좋은 것인지 알려주고 지원해 주니 일본의 산업이 미국을 앞서 갈 수밖에 없다는 것이었다. 그러나 이들 수정주의자들은 MITI의 중요성을 과장했을 뿐 아니라 오히려 MITI가 일본경제에 해를 끼친 것을 간과했던 것이다. 지난 10여 년간 일본경제가 침체에 빠져 있는 것은 산업정책이 없어서가 아니라 산업정책 때문이다. 지금 세계를 바꾸어가고 있는 인터넷만 해도 위에서 아래로 만들어져 퍼져나간 것이 아니라 밑에서 위로 퍼져나간 것이다. 만일 기술혁신이 정부에 의해 하향식으로 됐더라면 인터넷은 오늘날처럼 퍼져나가지 못 했을 것이다. 인간은 신이 아니기 때문에 전지전능하지 않다. 이 시대의 성공적인 사업가 빌 게이츠(Bill Gates)도 인터넷의 중요성을 몰랐다. 이런 사례에서처럼 게이츠가 미국 MITI의 책임자가 됐더라도 산업정책에 의해 경제의 성공이 보장되는 것은 아니다. 즉, 지난 10여 년간의 미국경제의 성공은 미국시장의 개방성과 자율성에 기인한 것이었다.[19] 이와 같은 개방성과 자율성이 레이건의 경제정책에 의해 미국 내에 신장되었던 것을 유의해 보아야 할 것이다.

이처럼 우리는 미국경제를 배우는 데 있어서 오늘날 미국경제에서 친숙하게 발견되는 높은 세율, 소득의 재분배, 널리 보급된 사회복지정책, 환경운동, 노동자복지, 기업규제 등만을 미국경제의 특징으로 보지 말고 길고 넓은 역사적 시간대에 걸쳐 미국경제를 볼 필요가 있다. 그동안 우리가 미국과 빈번하게 접촉한 시대는 미국 내에서 진보주의가 풍미하던 시기였기 때문에 우리는 미국의 전통을 진보주의적인 것으로 오해할 수도 있다. 그래서 미국사회가 전통적으로 보수적이며 1980년대에 들어 보수전통이 부활되고 그것이 미국경제 호황에 도움이 되었다는 점이 간과되기 쉽다. 이를 알기 위해서는 미국경제를 경제사적인 시각에서 연구·교육해야 한다.

경제 활동은 구성원들에 의해 행해지고 영향 받는 것이다. 그런 의미에서 미국의 정치·사회·문화적 요소들도 이해해야 한다. 미국사회의 가치체제의 4대 요소는 민주주의·개인주의·자유·기회의 균등으로 볼 수 있다. 이 모든 요소가 미국경제에 영향을 주기도 하고 미국경제로부터 영향을 받기도 한다. 현재의 미국경제를 보면 최근에 일부 축소됐음에도 불구하고 복지정책이 사회 구석구석에 퍼져 있는 것으로 보인다. 그러나 미국경제의 성장은 복지정책 없이 많은 고통을 딛고 성취된 것이다. 그리고 오늘날에도 지나친 복지정책이 사람의 생산성을 떨어뜨리고 미국경제의 경쟁력을 낙후시킨다며 복지정책을 축소하자는 주장이 팽배한 곳이 미국이기도 하다.

그리고 오늘날의 미국기업체를 보면 소유와 경영이 분리되어 있다. 현재의 많은 대기업의 소유자들은 창업자들의 4대 내지 5대 후손들이다. 이들은 경영을 하라고 해도 골치 아픈 기업경영보다 삶을 즐기려 한다. 기업의 소유와 경영의 분리는 경영자로 하여금 경영을 쉽게 하도록 하는 면도 있으나 소유주의 이익보다 경영자 자신들의 이익 챙기기를 우선하는 경향이 있다. 그래서 장기적인 기업발전보다 단기적인 성과를 통해 경영인 자신이 잘 보이도록 하는 노력을 하게 만든다. 그리하여 때로는 소유와 경영의 분리는 미국경제의 취약성을 드러내기도 한다. 현재 미국경제 현상의 표면을 보고 그것을 그대로 모방하는 것만이 최선의 선택이 아님은 여기에서도 드러난다.

앞에서 언급된 바와 같이 우리가 미국과 많은 접촉을 하기 시작한 때는 미국정부가 비대화된 후이다. 이런 상태의 미국을 보기 시작한 우리는 당연히 비대한 미국정부가 미국의 전통인 것으로 오해할 수도 있다. 그러나 미국 내에 면면히 흐르는 작은 정부에 대한 선호, 세율 인하에 대한 욕구 등을 우리는 미국경제의 연구·교육을 통해 간파해야 한다. 예를 들자면 미국의 대통령선거에서는 얼마나 세금을 감면해 줄 것인지가 선거의 중요한 쟁점이다. 이에 반해 우리나라의 대통령선거 또는 기타 선거에서는 정부가 무엇을 얼마나 해줄 수 있는지를 경쟁적으로 공약하는 것이 상례화되어 있다. 정부는 마치 도깨비 방망이라도 있는 것처럼 유권자를 모두 착각하게 하고 있는 셈이다. 정부가 쓰는 돈은 모두 국민의 부담이다. 그것은 세금을 더 걷어서 하건, 국채를 팔아서 하건, 또는 통화를 증발해서 하건 모두 국민이 부담해야 하는 것들이다. 그런데도 유권자들은 제 돈 들어가는 것은 모르고 뭐 해준다니까 무작정 좋아한다. 그리고 정치인들은 자기 돈도 아니면서 유권자들의 돈을 선심 쓰듯 쓰겠다고 공약을 남발한다. 이런 사항들은 미국경제를 공부하며 우리가 깨우치고 배워야 할 것들이다. 사실 이들 공약사업을 추진하려 해도 돈이 필요하게 마련이고 이를 위해서 정부는 세금의 형태로 세입을 늘려야 한다.

지금은 우리나라에서나 미국에서나 공히 당연한 것으로 받아들여지고 있는 소득세나 상속세가 미국에서 도입, 채택된 역사는 그리 길지 않다. "과세란 왕이 자신의 개인적 사용을 위해 백성의 재산을 강제로 빼앗는 것과 다름없다"는 것이 이들의 태도이듯 미국사회에서는 전통적으로 조세저항이 있어왔다. 미국인들의 조세에 대한 저항은 애플파이처럼 미국적(美國的)이어서 건국 초기부터 있어온 것이다. 현재 미국에서는 대통령선거에서 투표를 하는 사람보다 세금보고를 하는 사람이 많다. 과세에 관한 논쟁은 모든 수준의 선거에서 중요한 쟁점이 되고 있다. "과세하는 기술은 거위의 꽥꽥 소리를 최소화하면서 거위의 털을 뽑는 것과 같다"고 하는 말이 암시하듯 미국인들의 조세저항은 심하다. 따라서 정치가들 또한 세금 인상을 두려워하는 것이 미국의 전통이다. 과거의 역사를 보면, 미국인들이 얼마나 세금 문제에 조심스럽게 접근했는지를 알 수 있다. 남북전쟁 시에 필요한 재원확보를 위해 부과했던 누진소득세는 위헌 판결을 받기도 했지만, 1913년 수정헌법 16조에 의해 합헌화됐으며, 유산세(estate tax)는 1916년에, 증여세(gift tax)는 1924년에 입법된 것이다.[20]

19세기 말, 1930년대 그리고 월남전 당시 미국의 좌파 인사들은 20세기 미국의 자본주의 문제에 대한 해결책으로 미국인들이 사회주의를 택하리라 기대했다. 19세기 말과 20세기 초 미국 내에서 전개된 사회주의 운동과 그 실패에 관해서는 앞에서 언급한 바 있다. 대공황 당시 실업률이 1933년에 최고 37.6%에 달했을 때, 뉴딜정책은 정부의 개입으로 고용을 창출하고 공공투자를 늘리고 복지정책을 확대하는 등의 사회주의적 접근이었다. 그러나 개인 기업의 국유화 등의 조치는 일어나지 않아 자본주의의 골격은 그대로 유지되었다. 월남전 당시의 반전무드 속에서 자본주의에 기본적인 결함이 있으며, 기존의 경제체제에 대한 불만을 해결하는 대안이 사회주의인 것으로 생각한 좌파인사들은 미국이 사회주의화되기를 희망했었다. 그러나 현실은 그렇게 되지 않았다. 더구나 1980년대 말 동구권이 몰락하는 경험을 하고 중국도 사회주의를 포기하고 시장경제를 도입하여 경제성장을 하는 것을 목격했던 사람들은 줄기차게 자유시장경제의 기본 골격을 유지해온 미국의 저력을 보고 다행으로 여기게 되었다. 물론 사회주의의 몰락이 자본주의의 무결함(無缺陷)을 의미하지는 않는다. 그러나 미국경제의 역사가 짧아도 그 기간 동안에 겪은 경험을 하나의 임상적 경험으로 받아들여 우리의 경제운용에 참고해야 할 것이다.

대미 통상과 진출을 위한 미국경제의 연구·교육

경제적 측면에서 미국과 미국인을 이해하기 위해서는 앞에서 논의된 미국경제의 역사적 이해가 우선돼야 한다. 그래야 통상을 위해서나 미국 진출 시에 미국인들이 어떻게 사고하고 그들의 당면과제를 어떻게 해결해 나가는가를 알 수 있다. 이를 위해서는 미국사 또는 미국문화사에 대한 이해가 전제돼야 한다. 왜냐하면 경제활동도 사람들이 엮어가는 일이기 때문에 그 사람들은 어디에서 어떤 이유로 신대륙에 와서 어떻게 그들의 삶을 영위해 왔는가에 대한 이해가 전제돼야 하는 것이다. 이런 바탕 위에 범위를 좁혀 미국사의 경제적 측면에 대해 집중적으로 연구·교육이 돼야 한다.

미국경제의 개괄적 이해를 위해 미국경제 개론이 연구·교육되고 난 후에는 다음에 제시되는 세분화된 분야의 연구·교육이 필요하다. 미국경제 개론에서는 미국경제가 어떻게 운용되고 있는가, 미국의 중소기업과 대기업, 증권 및 상품시장, 경제 분야에서의 정부의 역할, 금융 및 재정정책, 미국의 농업, 노동자와 노동조합, 국제무역과 세계화 등이 논의됨이 바람직하다.

미국의 경제지리는 미국 각 지역이 어떤 지리적 특성을 갖는지, 즉 토질과 기후 등에 대해 연구·교육되고 그에 기초해 어디에서 무엇이 어떻게 생산되고 거래되는지에 대한 이해가 추가돼야 한다. 각 지역의 산업적 입지, 자원의 분포와 활용, 생산물의 수송 유통, 소비시장, 지역주민의 구성원과 그 특성, 즉 인류학적 요소들에 대한 이해도 필요하다.

미국에는 다양한 산업이 존재한다. 농업·석유산업·자동차·강철·맥주·컴퓨터·제약·영화·카지노·항공·대학스포츠 산업 등 매우 다양하다. 이들 산업에 대한 이해를 위해서는 그 산업의 역사, 해당 산업 제품에 대한 시장, 산업집중도, 국제경쟁, 산업별 규모경제, 진입장벽, 가격결정, 비가격 경쟁요인, 생산 효율, 사회적 효율, 공공정책, 독과점 금지대책, 외국경쟁으로부터의 보호, 안전과 환경관련 규제 등 광범위한 분야에 대해 연구·교육이 돼야 한다.[21]

미국은 세계 최대의 무역국이며 우리에게도 세계 최대의 무역파트너이다. 그런 이유 때문에 미국의 통상정책이 어떻게 변하는가는 우리에게 매우 중요한 관심 사항이다. 한미 통상현안과 미국의 통상정책의 현상이 어떻고 그것이 어떻게 변하는가를 아는 일은 매우 중요한 일이다. 이와 같은 현상에 대한 이해에 더해 통상정책의 결정과정에 대한 연구·교육이 병행돼야 한다. 즉, 통상정책 결정과정에서의 대통령·의회·USTR·로비스트의 역할에 대한 연구·교육이 필수불가결하다. 그리고 통상정책의 변화는 미국국민들의 사고방식에 의해 영향을 많이 받기 때문에 미 통상정책을 잉태하는 미국사회의 기반에 대한 이해도 함께 이루어져야 한다.[22]

이러한 미국경제 관련 연구·교육이 제대로 이루어지기 위해서는 거시경제론·미시경제론·국제경제론과 같은 기초적인 경제이론에 관한 연구·교육이 전제돼야 한다. 이에 더해 바람직한 것은 미국정부·미국사회구조·미국사상·미국법에 대한 기본적인 이해가 함께 이루어져야 한다는 점이다.

4. 미국경제 연구·교육의 방법

일찍이 공자는 『논어』에서 "배우고 생각하지 않으면 어두우며 생각하고 배우지 않으면 위태롭다(學而不思則罔, 思而不學則殆)"는 말을 했다. 이 말은 이론이나 역사적 사실을 배우는 데 그치지 말고 스스로 생각해 우리가 당면한 과제에 어떻게 참고하고 이용할까를 생각하란 말이고, 한편 이론이나 역사적 사실들은 배우지 않은 채 혼자의 상상에 따라 생각하고 행동을 하는 것은 위험하다는 말이다. 비록 2천 5백여 년 전의 중국 사람이 한 말이지만 어느 분야든지 학문을 하는 데 있어서는 귀담아 들어야 할 말이다. 즉, 미국학도 경제문제와 관련해서 배우고 생각하는 일을 동시에 균형 있게 해야겠다. 그것은 앞에서 논의된 미국학의 연구·교육의 목적을 염두에 두어야 가능한 일이다. 어떤 목적도 없이 잡다한 많은 것들을 알고 있다는 사실은 별로 우리에게 도움이 안 된다. 그렇다고 해서 객관적인 역사적 사실(史實)을 구명(究明)하는 일이 중요하지 않다는 말이 아니다. 사실구명과 함께 그에 대한 올바른 해석 그리고 그 해석으로부터 얻어내는 교육이 균형 있게 이뤄져야겠다.

현재의 미국이 되기까지의 미국경제사에 관한 이해를 바탕으로 현재의 미국을 알려는 노력도 중요하다. 그리고 그 경제는 정치·사회·문화라는 환경 속에서 형성되고 변화된다. 그런 의미에서 이들 관련 학문에 관한 이해도 있어야 한다. 예를 들자면 산업화 시대의 미국인들의 고통이 싱클레어(Upton Sinclair)의 『정글(The Jungle)』이란 작품에 나타나고, 1930년대의 농업공황의 고통이 스타인벡(John Steinbeck)의 『분노의 포도(The Grapes *of Wrath)*』에 나타난다. 그럼에도 공산화된 2000년의 미국경제를 상상력에 입각해 소설화한 벨러미의 『뒤돌아보기(*Looking Backward*)』, 가난한 뉴요커의 모습을 그린 리스의 『다른 반은 어떻게 사나(*How The Other Half Lives*)』 등의 작품은 미국경제문제를 드러낸 작품이기도 하다. 이런 작품들에 대한 이해도 미국경제를 이해하는 데 도움이 된다. 그뿐 아니라 미국경제의 이해를 위해서는 관계가 먼 것으로 생각되기 쉬운 지리·지학·농학 등에 대한 이해도 필요하다. 물론 미국의 대외경제정책을 제대로 알기 위해서는 관련 정부관료 몇몇의 태도를 아는 일도 중요하나, 미국인들의 입법 경향과 그를 만들어가는 국민들의 여론을 간파할 수 있도록 해야 한다. 미국경제를 이해하기 위해서는 미국사람들을 이해해야 한다. 이를 위해서는 책과 기타 자료를 통한 연구·교육 외에 현지연수 또는 미국사회 속에 섞여 사는 것을 통해 미국을 느끼고 생각하도록 해야 한다.

이때 정부와 사람들의 관계에 있어서 간과해서는 안 될 것이 있다. "정부는 사람이 주는 힘에 의해 움직인다. 사람이 정부에 의존하기보다 정부가 사람에 의존한다. 사람이 좋아져야 한다. 그러면 정부는 좋아진다. 사람이 나쁘고 정부가 좋으면, 사람은 정부를 나쁘게 만들고 부패시킨다"라는 윌리엄 펜(William Penn)의 말이 좋은 예이다. 이는 정부의 변화도 사람의 변화에서 가능하다는 미국인들의 생각을 잘 드러내는 말이다. 이는 미국이 하나의 국가로 탄생되기 전인 식민지 지도자의 말이지만 미국인들의 저변에는 이런 사상이 깔려 있다. 경제는 정치·사회·문화와 밀접한 관계가 있음을 인지하고 미국학이 학제적 학문이듯이 미국경제문제도 학제적으로 접근해야 한다.

5. 미국경제에 대한 균형잡힌 이해

미국이란 나라는 우리와 교류한 역사가 짧은데 비해 너무나도 우리 옆에 가까이 와 있다. 불과 100여 년 정도의 교류 역사를 갖고 있음에도 특히 20세기 후반에 와서는 정치·경제·군사·문화 등 여러 측면에서 우리는 미국이 만들어놓은 틀 속에서 살고 있다고 할 정도로 미국은 우리 삶 깊이 다가와 있다. 그런 의미에서 미국학 연구·교육의 필요성은 분명해진다. 미국학 분야 중 경제 분야에 관한 연구·교육은 미국을 반면교사의 상대로서, 통상 또는 진출 대상국으로서도 알아야 하기 때문이다. 미국경제 운용에 있어 잘잘못을 알아야 잘한 것은 배우고 잘못한 것은 안 하도록 하는 반면교사의 대상으로 삼을 수 있고, 미국을 잘 알아야 미국과의 통상을 잘하고 미국으로의 진출도 잘 할 수 있다. 그리고 미국을 포함한 세계무대로의 진출을 위해서도 미국경제를 연구·교육해야 할 필요가 있다. 이런 과정에서 무엇을 연구·교육해야 하는가 하는 문제가 제기되는데, 특히 미국경제의 성공과 역동적 발전은 그들의 자유시장경제적 접근이 건국 초기부터 면면히 이어져오고 있다는 점이다. 그동안 때로는 불황과 대공황의 늪에서 허우적거리기도 했으나 미국경제는 그런 문제를 극복하고 세계 최대 최강의 경제로 부상해서 오늘날에 이른 것이다. 한때는 경제적 불평등, 경제적 부정부패 등의 문제로 많은 개혁주의자들의 도전을 받고 때로는 사회주의로부터 체제 자체에 대한 도전을 받기도 했지만, 미국은 자본주의 시장경제의 골격을 유지한 채 오늘날에 이른 것이다.

그러나 최근 1930년 이후 50여 년간은 비대한 정부와 널리 보급된 복지경제체제로 생산성이 뒤떨어지는 때도 있었으나, 1980년 이후 세율 인하·복지감축 등의 정책을 통해 본래의 시장경제의 모체인 자율과 경쟁체제를 회복하여 최근의 신경제(New Economy) 호황을 누리기까지 했다. 그런데도 우리가 미국과 접촉을 많이 한 시대는 1945년 이후, 즉 미국이 뉴딜정책 채택한 이후이기 때문에 미국경제가 높은 세율, 널리 보급된 정부개입과 규제 또는 사회 구석구석에 파급된 복지정책으로 특징 지워질 수 있는 것으로 오해하는 사람들이 많다. 이런 연유로 미국경제의 진보주의적 성향은 우리에게 잘 알려진 반면 그 보수주의적 성향은 비교적 덜 알려졌다. 이런 관점에서 미국경제의 보수적 측면에 대한 연구·교육이 많이 이루어져야 한다. 이를 위해서는 미국을 긴 역사적 관점에서 보고 미국에서 면면히 이어져온 보수전통을 이해해야겠다. 왜냐하면 미국경제의 성공은 작은 정부, 자율적 경제운용으로 특징지을 수 있는 보수주의에 기인한 것이지, 비대한 정부, 정부의 규제와 계획, 지나친 복지정책 등으로 특징지을 수 있는 진보주의에 의한 것이 아니기 때문이다.

그리고 미국을 통상 대상국 또는 진출 대상국으로 보고 균형잡힌 이해를 필요로 하는데 이를 위해서는 미국경제 관련 과목 외에 기타 관련 분야, 즉 미국정부·미국사회구조·미국사상·미국법·문학·농학·지리학 등에 관해서도 교육 연구돼야겠다. 즉, 미국학이 학제적 학문이듯 미국경제에도 학제적 접근을 해야겠다. 그래야 미국경제를 균형 있게 이해할 수 있고, 그런 균형잡힌 이해 위에서야 미국으로부터 배우기, 미국과의 성공적 통상, 미국으로의 성공적 진출이 가능한 것이다.

주

1) 정규화 지음, 『미국이 있으니까』.
   "저수지가 아니라 섬진강 강물이 다 마른다 해도 뭣이 답답하다고 앙가슴
   태우느냐 벼 한 포기 살아남지 못해도 걱정할 것 없다. 우리 뒤에는 언제나
   미국이 있으니까.
   이 땅의 모든 강에서 물고기가 떼 지어 죽는다 해도 우리는 열심히 고스톱이
   나 치고 밤낮으로 술만 마시면 된다. 늘 그랬듯이 미국이 알아서 할 테니까.
   일본 핵탄두가 금수강산 어디를 겨누든 괜히 우리가 나설 게 아니다. 혈맹인
   미국이 있으니까.
   독도가 일본에 가 붙더라도 폭우가 지리산을 밀고 가더라도 논밭이 산갈대
   밭으로 변하더라도 이 땅을 열강이 나눠 차지하더라도 양심이 있는 모든 사
   람이 감옥에 가더라도 신경 쓸 것 없다. 우리가 죽는 날까지 미국은 우리
   곁에 있을 테니까."

2) 관심 있는 인사들이 "21세기도 미국의 시대인가"를 놓고 '그렇다' '아니다'라
   는 대립된 의견을 개진하고 있지만, 21세기에 들어선 오늘날 미국이 계속해서
   세계사를 주도하고 있는 것은 사실이다. Mortimer Zuckerman, "A Second Ameri-
   can Centry", *Foreign Affairs*(May-June 1998), pp.18-27; Paul Krugman, "America the
   Boastful", *Foreign Affairs*(May-June 1998), pp.32-41.

3) Henry Dethloff, Gerald Nash and Richard Etulain, *The United States and the Global
   Economy since 1945*(Harcourt Brace College Publishers, 1997, pp.141-169.

4) '일반특혜관세제도'라고 번역되는 이 제도는 미국이 개발도상국을 돕기 위해
   시작한 제도로서, 몇몇 국가로부터 수입되는 물품에 대해 기존의 관세보다 낮
   은 관세를 부과하도록 한 제도이다. 한국은 1999년 1월 1일(미국은 1988년 1월
   27일에 입법) GSP를 졸업해서 이 제도의 혜택을 더 이상 받고 있지 않다.

5) Kishore Mahbubani, "Asia's Rocky Romance", *Newsweek*(January 31, 2000), p.17.

6) Charles W. Dunn and J. David Woodard, *the Conservative Tradition in America*(Maryland:
   Rowman & Littlefield Publishers, inc., 1996), p.6.

7) 여기서 보수(conservative)와 진보(liberal)에 대한 의미를 단순하게 한번 정리할
   필요가 있는데, 보수는 경제적으로 '시장경제'를 신봉하기 때문에 정치적으
   로 '작은 정부'를 선호하는 것이고 진보는 경제적으로 '정부의 개입'을 선호
   하기 때문에 정치적으로는 권위적인 '큰 정부'를 수용하는 태도를 의미한다.
   이런 연유로 영어표현을 빌려 구분하자면 다음의 매트릭스(matrix)를 상상할
   수 있다.

구분	경제	정치
보수	conservative	libertarian
진보	liberal	authoritative

8) Louis Hartz, *The Liberal Tradition in America: with an Introduction by Tom Wicker*(Harcourt
   Brace, 1991).

9) Chalres W. Dunn and J. David Woodard, *Ibid.*, pp.73-76.

10) 개인주의는 이기주의와 다르다. 개인주의는 나의 문제는 내가 해결한다는 생
   각이다. 미국인들이 개인주의자가 된 데는 나름대로의 다음과 같은 그 환경
   적 요소가 있다. 사회의 변화도 구성원인 개개인의 변화를 통해 가능하다는
   18세기의 영국 계몽사상, 식민주의 초기에 서부로 이동하며 소유권도 없는

땅을 일구며 살다 근처에 다른 집의 연기라도 보이면 그들의 불법 정착이 탄로 날까 두려워 또 다시 다른 곳으로 이주해 가며 살았던 그런 문화, 자작농법 시행 후에도 분배받은 공유지 위에서 살아야 자기 소유가 되므로 이웃과 떨어져 살아야 했던 그런 문화 등이 미국인들을 개인주의적으로 만드는 데 크게 기여했다. 내가 잘살고 못살고도 나의 탓이라 생각하는 미국인들이 많다. 부모 탓, 사회제도 탓, 배경 탓을 적게 하는 것이 이들의 특징이다. 민주주의는 식민 시대부터 정부가 없이 스스로 대표를 선출하여 자치를 해온 데서 비롯한다. 정부는 주민들이 개별적으로 할 수 없는 공공의 일을 하도록 만들어놓은 하나의 기구라는 태도, 그러니까 공직자들은 이 주민들이 내는 세금으로 맡은 바 일을 하는데 필요한 비용에 충당하는 심부름꾼이라는 생각이 지배적인 나라가 미국이다.

자유는 미국인들이 가장 소중히 여기는 가치이다. 전통적으로 이들은 유럽의 정치적·종교적·사회적·경제적 속박이 싫어서 고난을 무릅쓰고 신대륙에 건너와 새 삶을 시작한 사람들이다. 미국에도 대도시에는 무주택 걸인이 많다. 이들을 수용시설에 모아 살게 하자는 의견이 없는 것도 아니다. 그러나 한편에서는 왜 이들이 구걸하며 살고자 하는 자유를 속박하느냐는 주장이 나오는 나라가 미국이다.

기회의 균등은 결과의 평등과 다르다. 미국은 결과의 평등이 아니라 기회의 균등을 이루려 노력한다. 복지정책도 저소득층이 가난 때문에 교육을 못 받아 정신적 능력이 계발되지 못하는 일, 또는 영양실조로 육체적 능력이 계발되지 못하는 일이 일어나지 않도록 하는 데 역점을 두고 있다. "모든 사람에게 기회를, 모든 사람으로부터 책임을(opportunity for all, responsibility from all)"이라는 주제가 클린턴 재선 선거운동 때 즐겨 쓰이던 슬로건 중의 하나였다. 유권자는 공짜로 무엇을 바라지도 않고 후보자는 해주겠다는 약속의 남발도 하지 않았다.

11) 남북전쟁 시 북측(the United States of America)에서는 징집을 받은 사람이 300달러를 내고 군 입대를 피할 수 있었다. 당시 300달러는 비숙련 노동자의 1년 소득에 해당되는 액수였다. 이를 두고 남측(the Confederate States of America)에서는 "이 전쟁은 가난한 이들이 싸우는 부자들의 전쟁이다"라고 비난하기도 했다. 이처럼 경제적 우위에 있던 북측이 전쟁에 승리한 것은 미국의 경제발전에도 영향을 주었으리라 짐작된다. Howard Cincotta (ed.), *An Outline of American History*(United States Information Agency, 1994), p.177.

12) 이경원, 『왜 미국에서 사회주의는 실패했는가?』, 새천년, 2000. 5. pp.115-128.

13) James W. Davidson and Mark H. Lytle, *A History of the Republic, The United States*(Prentice Hall, Inc., 1986), p.409.

14) 이경원, 『전게서』, pp.123-127.

15) Barry Goldwater, *The Conscience of a Conservative*(Regnery Publishing, 1990); Mary Brennen, *The Conservative 1960s*(University of North Carolina, 1995).

16) 신경제의 주요 요인으로 꼽히고 있는 IT 산업은 주로 유통산업 분야에서 수익성 개선을 하는 데 도움이 됐지만 19세기 산업혁명 때 있었던 생산성 증가와는 비견할 만한 것이 못된다. 1990년대 후반의 미국경제 호황은 실물경제의 생산성 증가보다 과열된 주가상승으로 소비가 촉진되고 해외자본의 미국 유입으로 인한 거품현상이었다. 주가폭락으로 소비와 투자가 위축되고 미국의 사상 최대의 경상수지적자가 달러화를 평가절하하게 하고 미국으로부터의 자본유출을 부추기면 미국경제와 세계경제는 불황의 늪에 빠지게 된다. 신경제의 호황은 디지털 혁명에 의한 생산성 향상 때문이 아니라 제3세계의 저임금 장시간 노동의 착취에 근거한 것이다. 더그 헨우드 외 저, 국제연대

정책정보센터 역, 『신경제의 신화와 현실』, 이후 출판사, 2001.

17) Robert Brenner, *The Boom and the Bubble: The U.S. in the World Economy*(Verso, 2002).

18) Lee Price, "What is New in 'The New Economy'?", *Digital Economy* 2000, pp.59-90.

19) Alexander Tabarrok, "New Policies for the New Economy, Speech given" at 'Adam Smith.Com: Free Enterprise and the New Economy', October 21, 2000.

20) Jonathan Hughes and Louis Cain, *American Economic History, 5th ed.*, (Addison-Wesley Educational Publishers, Inc.), 1998, pp.427-428; Michael J. Graetz and Deborah H. Schenk, *Federal Income Taxation, Principles and policies, 4th ed.*(New York, Foundation Press, 2001), pp.1-57.

21) Walter Adams and James Brock (ed.), *The Structure of American Industry*, 9th ed.(Prentice Hall, 1995).

22) 서울대학교 미국학연구소, 『미국의 통상정책 결정과정』, 서울대학교 출판부, 1995.

정치문화와 제도

임용순

1. 독특한 정치제도

실로 미국정치는 독특한 정치이다. 첫째, 미국은 인류의 정치사에서 최초로 대통령중심제라는 특유한 정치제도를 창출하고 운영하는 나라이다. 지금은 대통령중심제로 국정을 운영해 가는 나라들이 많이 존재하지만 미국과 같이 안정적이고 원활하게 운영하지는 못하고 있다. 유럽에서 운영되는 정치제도는 대개 의원내각제 정치제도이다. 미국은 영국의 영향을 크게 받았지만 영국과는 다른 정치제도를 도입했다. 실로 미국은 특유한 정치제도를 창출하기도 하였지만 또한 제도를 운영하는 데에도 특유한 면모를 보이고 있다.

둘째, 미국의 대통령은 다양한 분야에서 선출된다. 대부분의 국가들이 국가지도자를 선출할 때는 정치계에서 오랫동안 활약한 사람들을 선출하는 것이 관례이다. 물론 비민주적인 후진국에서는 군사 쿠데타 이후 군 출신이 나라의 통치자가 되는 수가 종종 있다. 그러나 민주주의 국가에서 통치권자를 선출할 때는 정치경륜이 오래된 인물을 선출하게 마련이다. 그러나 미국은 민주주의 국가이면서도 비정치인을 대통령으로 영입하는 경우가 종종 있다. 예를 들어, 그동안 많은 장군들이 미국의 대통령이 되었다. 이들은 쿠데타에 의해서 대통령이 된 것이 아니고 민주적인 절차에 의해서 선출되었다. 아이젠하워, 그랜트, 잭슨, 워싱턴 대통령 등이 장군 출신이다. 미국의 역대 대통령 중에는 변호사 출신이 가장 많다. 그러나 레이건 대통령은 영화배우 출신이고, 트루먼 대통령은 시골의 판사 출신이고, 카터 대통령은 농산물 창고업을 했다. 이같이 통치자가 다양한 분야에서 선출되는 민주주의 국가는 드물다.

셋째, 정치 과정이 무척 복잡한 것이 특징이다. 미국정부는 연방정부이다. 즉, 독자적인 2개 단위의 정부가 있다. 연방정부는 사법부·입법부·행정부로 구성이 되어 있다. 동시에 각 부는 다른 부에 대한 거부권이 있다. 대통령은 입법부에 대하여 거부권을 행사할 수 있고 입법부는 행정부의 거부권에 대하여 재적인원의 2/3의 의결로 대통령의 거부행위를 제압할 수가 있다. 또한 사법부는 행정부의 행위나 입법부의 행위에 대하여 위헌 판결을 내릴 수가 있다. 또한 미국은 50개 주에 독자적인 입법부·사법부·행정부가 존재한다. 연방정부와 마찬가지로 주정부 각 부 간에도 서로 거부권을 행사할 수 있다. 연방정부와 주정부는 거의 독자적으로 기능한다.

연방정부의 대통령을 선출하는 과정은 무척 복잡하다. 4년마다 대통령을 선출하는데 50개 주는 11월의 두 번째 주 화요일에 전국민투표를 실시한다. 그리고 이 국민투표 결과를 토대로 각 주는 그 주의 인구비례를 감안해서 배당된 선거인단을 선출한다. 선거인단은 그 주의 최다득표자가 독식을 하게 되어 있다. 이렇게 선거인단의 과반수(271표)를 획득한 사람이 대통령이 된다. 하지만 이 같은 절차로 인해서 국민투표에서 다수를 획득하고도 대통령이 되지 못하는 경우가 종종 있다. 2000년 대통령선거 당시 결과를 공표하는 시간이 무척 늦어지고, 민주당과 공화당이 선거 후 법정공방까지 했던 것도 이 같은 복잡한 선거절차에 기인한 것이다. 만일 후보가 선거인단의 다수 획득에 실패하면 대통령은 연방정부의 하원에서 선출되며, 부통령은 연방정부의 상원에서 선출되게 되어 있다. 이같이 대통령을 선출하는 과정만 복잡한 것이 아니라, 상원의원·연방법원 판사·주법원 판사·주지사·주의원·시장·시의원의 선출과정이 각양각색인 것이 미국정치의 특성이다. 이외에도 미국정치의 특색은 여러 가지가 있다.

2. 미국의 역사적 환경

미국은 역사는 짧지만 어떤 면에서는 최초의 개발도상국(Developing Nation)이었다고 할 수 있다. 초기의 미국인들은 자유와 새로운 기회를 찾기 위하여 유럽에서 이주한 다양한 분야의 사람들이었다. 또한 미국은 계급이나 지위가 엄하게 정해져 있지도 않았다. 미국에는 봉건제후나 귀족도 없었고, 특정한 종교 세력이 지배하는 사회도 아니었다. 적은 수의 영국계 귀족이 있었으나, 그들은 독립전쟁이 발발하자 본국으로 귀환했다. 미국은 종교도 다양하다. 많은 이주민들이 유럽에서 각종 종교적 탄압이 제기되었을 때 박해를 피해서 미국으로 온 사람들이다. 오늘날에도 모국에서는 성공하지 못한 교파들이 미국에 건너가서 성공한 사례가 무수하다. 한국의 통일교도 국내에서는 핍박을 받다가 미국에 건너가서 성공한 예가 되겠다.

이미 언급했듯이 미국으로 이민 온 초기 사람들은 대부분 본국에서 농업이나 상업에 실패한 사람들이다. 때로는 본국에서 범법을 저지른 자들도 허다했다. 최근에 와서는 부유한 사람들이 미국으로 이주하는 경우도 있지만 당시에는 대부분 가난한 사람들이었다. 이 같은 환경에서 미국인들은 인간의 평등에 대한 강한 의식을 갖게 되었다. 미국정치규범에서 자유와 평등은 정치·경제의 절대적인 윤리가 되었다. 실로 미국인들의 평등에 대한 열망은 대단하다. 한 예로 미국의 저술가 토크빌은 19세기 중반에 미국 여행을 한 후에 술회하기를, 미국인들이 평등한 조건에서 생활하지는 않지만 평등에 대한 열정은 대단하다고 했다.

이 같은 환경에서 미국인들은 잘났다고 주장하는 사람들을 의심하게 된다. 그러므로 똑똑한 척하는 사람들을 무척 싫어한다. 지난 대통령선거에서 미국인들은 고어 후보가 똑똑하고 아는 것이 많다는 것을 인정했다. 그럼에도 불구하고 결과적으로 똑똑치 못한 부시를 선택한 사람이 더 많았다. 미국의 선거에서는 후보자들이 화려한 학력이나 경력을 나열하는 경우가 없다. 후보자들은 본인이 유권자들과 대등한 사람이라는 것을 강조한다. 즉, 미국인들이 소유하고 있는 평등의식에 호소하는 작전이다.

미국의 역사적 환경의 중요한 요건 중 두 번째는 미국이 무척 풍요한 사회라는 사실이다. 미국인들의 물질적인 풍요는 사고방식도 바꾸어놓았다. 전통적 사회에서 개인의 인지도는 흔히 가문·출생지·직업에 의해서 결정되게 마련이다. 그러나 미국인들은 좀 다르다. 미국인들의 개인 인지도는 물질적인 소유권에 의해서 결정되기 일쑤다. 자동차·보트·수영장 등의 소유가 개인의 인지도를 높이게 한다. 아버지가 훌륭하다, 좋은 대학을 졸업했다는 것은 별로 개인의 인지도에 기여하지를 못한다. 그러나 재산을 소유하고 있다는 것은 그 개인을 인정하는 데 중요한 요건이 된다. 이 같은 물질 소유권에 대한 강한 집념은 자본주의 제도를 발전시키는 데 크게 기여하였다.

미국 역사상 사회주의 운동은 한 번도 성공한 적이 없다. 1930년대의 대공황 속에서도 미국에서는 적극적인 사회주의 운동이 야기되지를 못했다. 미국인들에게 공산주의란 마치 저주와도 같은 소리로 들리게 되어 있다. 결국 미국인들의 강한 소유의식은 재산권을 신성시하게 만들었다. 미국인들은 사기업이나 개인의 노력과 창의력을 자유권만큼이나 중요하게 생각한다. 이 같은 정치의식은 풍요한 사회에서 야기된 요인이다.

세 번째 환경요인은 미국인들이 무척이나 이동성(mobility)이 높은 국민이라는 것이다. 이동성은 계급적인 의미에서나 지리적 의미에서 공히 존재한다. 미국인들의 조상은 이미 외국에서 이민 온 사람들이다. 처음 정착한 대부분의 미국인들은 가난한 노동자이거나 농부들이었다. 이들은 후일 대개 민주당원이 된다. 그러나 이들의 자식들은 공부를 해서 변호사나 의사가 되기도 하고, 기업인이 되기도 한다. 이 같은 사회적인 이동성 때문에 부모와 자식 간의 가치관에 알력이 생기기도 한다. 아버지의 정서는 민주당이지만 자식의 지위는 공화당에 속한다. 이 같은 갈등은 결국 많은 미국인들을 중도파로 만들기도 한다. 또한 지리적인 이동성은 미국인들로

하여금 평등의식을 강화하게 만들었다. 대부분의 국가에서는 국민들이 일반적으로 한 지역에 오랫동안 거주하게 마련이다. 그러나 미국은 영토도 방대한데다가 사람들은 거주지를 자주 옮긴다. 결과적으로 많은 미국인들이 다른 지역으로 자주 옮겨 다니기 때문에 지방정치는 극히 소수에 의해서 좌우되고, 대부분의 시민들은 정치에 관심이 적다. 또한 많은 사람들이 지역을 옮겨 다님으로써 서로가 평등하다는 의식이 더욱 강화되게 된다.

넷째, 미국인들은 실용주의 의식이 강한 국민이다. 미국인들은 기술을 개발하여 인간 사회의 문제를 해결하려는 의지가 높은 국민이다. 인류 역사상 숱한 발명품이 미국인들에 의해서 만들어졌다. 토마스 에디슨의 무수한 발명품, 그레험 벨이 만든 전신·전화, 포드가 만든 자동차 등은 인류의 삶을 윤택하게 만들었다. 미국이 배출한 철학도 윌리엄 제임스, 토마스 듀이 등이 잘 보여주듯이 실용주의에 근거했다. 미국의 실용주의 철학은 도구론적 철학을 산출했다. 이 같이 미국인들은 실생활에서나 철학에서나 실용주의 경향이 강하다. 이 같은 전통은 정치에 큰 영향을 미쳤다. 미국의 정치는 원칙이나 명분이 중요하지만 더욱 중요한 것은 정치의 과정이다. 미국인들은 상이한 이해관계에서 원칙에 근거하여 정치적인 투쟁을 시작하지만, 그 과정에서 타협을 잘 한다. 우리의 정치와 같은 극한 투쟁은 미국인들에게는 무척 드문 현상이다.

미국의 헌법은 비교적 간단하면서도 때로는 애매한 점도 있는 문서이다. 미국인들은 이 간단한 문서를 시대적 요청에 따라 적절히 해석하면서 정치를 운영하고 있다. 미국정치인들은 당선될 때와는 달리 자기의 입장을 바꾸는 경우가 종종 있으나, 국민들의 이해를 적당히 대변하는 한 국민들은 이들 정치인들을 쉽게 용서하는 경향이 있다. 이는 미국 국민들이 실용적이기 때문이다. 이 같은 실용적인 사고방식 때문에 미국의 공공정책은 항상 부분적인 결정으로 끝나며, 전면적인 개혁이란 미국정치에서는 보기 힘들다.

다섯 번째 요소는 미국 국민들의 구조와 관계가 있다. 미국의 역사는 이민의 역사라고 해도 과언이 아니다. 초기에 이민 온 사람들은 영국인, 프랑스인, 독일인, 아일랜드인 등 유럽의 핵심부에서 이민 온 사람들로 구성되어 있었다. 그 후 점차 이탈리아인, 동유럽인, 유태인들이 대거 미국으로 이민을 왔고, 다시 중국인, 일본인 등 동양인들도 합류했다. 물론 아프리카인들 다수도 초기엔 노예로서, 후일에는 자유민으로 미국에 정착했다. 결국 미국의 인구는 다양한 종류의 인종으로 구성되게 되었다. 이 같은 인종의 구조가 미국정치에 특유한 현상을 자아내게 했다. 즉, 미국에서는 각 정당이 공직자들을 지명할 때 인종적 균형을 감안하는 것이 보편화되었다. 특히 대도시일수록 인종적 균형정책은 더욱 현저하다. 뉴욕 주나 캘리포니아와 같은 큰 주는 민주당이나 공화당이 주지사를 비롯한 각종의 공직에 후보를 지명할 때 항상 인종적인 균형을 유지한다. 미국은 다양한 인종으로 구성된 국가이기에 이들로부터 표를 얻으려면 이들을 대표하는 사람들을 당에 유입해야 한다. 그러므로 미국정치계는 마치 인종전시장과 같은 인상을 준다. 결국 미국정치 과정에서 다양한 종족의 이해를 증진하기 위한 로비가 극심한 것은 너무나 당연하다. 이와 같은 미국의 환경적 요인은 미국 역사에 있어 정치 과정에 영향을 미치고 있는 변하지 않는 요인들이다. 그러나 최근에 미국사회가 변함으로로써 정치 과정에 변화를 초래한 요인들이 더 있다. 이들을 몇 가지만 소개하자.

첫째, 최근 미국사회는 새로운 지식의 엄청난 발전으로 사회의 변화를 경험하게 되었다. 의학의 발전으로 시민의 생명이 연장되게 되었고, 또한 과학의 발전으로 인해서 여러 가지 환경이 변하게 되었다. 이 같은 과정에서 중앙정부의 중요성이 지방정부에 비해서 더욱 강화되게 되었다. 또한 중앙정부는 시대적 요청에 따라 이 같은 지식의 발전에 일조를 하게 되었다. 미국의 각종 연구기관들이 연방정부의 보조에 의해서 운영되게 되었다. 현재 연방정부는 의학의 발전, 항공기술의 발전, 우주공학의 발전 등 온갖 지식의 개발을 연구하는 기관에 재정적인 지원을 하고 있다. 정부가 과학의 발전에 참여함으로써 과학자들이 정치에 참여하는 숫자가 엄청나게 늘었다. 즉, 공공정책의 결정과정에 과학자들이 참여한다는 사실이 매우 중요하게 인식되었다. 이제는 미국 연방의원들이나 주지사들 중에 과학자 출신을 자주 보게 된다. 결국 과거의 정치인들에 비해 현재 미국정치인들의 직업배경은 무척 다양해졌다.

둘째, 최근 미국은 생산기술이 엄청나게 발전하였다. 생산기술의 발전은 산업구조를 변화시켰다. 생산기술의 발전은 대량생산을 가능하게 만들고 동시에 작은 기업은 경쟁력을 잃게 되어 대기업의 발전을 보게 되었다. 이 같은 대기업에 저항하기 위하여 노동자들은 거대한 조직으로 성장할 수밖에 없었다. 오늘날 미국의 노동조합은 거대한 조직이 되었다. 결과적으로 거대한 기업체가 쓰러지거나 또는 노동조합의 파업이 극심하게 되면 미국의 경제가 마비될 우려가 있다. 이 같은 상태가 결국 미국정부를 경제적인 투쟁에 몰입하게 만들었다. 미국의 의회나 연방준비은행 등이 미국인들의 경제 행위를 통제하는 데 참여하게 된 것이다.

셋째, 인구의 이동과 인구구조의 변화가 미국정치에 영향을 미치게 되었다. 미국이 산업화됨으로써 많은 인구가 도시로 몰려들게 되었다. 또한 밀집된 도시가 빈민화되면서 도시의 인구가 교외로 이동하는 현상이 발생했다. 초기에는 도시가 공화당의 중심이었으나, 이제는 민주당 세력이 도시를 지배하게 되었다. 동시에 농촌이나 교외는 공화당의 근거지가 되었다. 2000년 선거에서도 큰 도시가 존재하는 주는 민주당 고어가 승리했고, 농촌지역이나 소도시가 중심인 주에서는 공화당의 부시가 승리하게 되었다. 또한 많은 시민들이 교외에서 살면서 도시에서 일을 하게 되어 각종 광역 정부가 발전하게 되는 현상이 일어났다. 또한 큰 도시에는 아프리카계의 인구가 집중되고, 이곳에서 흑인 정치인들이 성공하는 예가 많이 늘어났다. 이 같은 현상은 미국의 연방정부가 주정부의 교육이나 복지정책에 보조를 해야 되게끔 만들었다. 이는 또한 연방정부의 권력을 강화하는 현상을 야기했다. 미국인들의 평균수명이 엄청나게 길어지면서 노인의 투표가 중요하게 되었다. 동시에 노인의 복지문제가 투표의 향배에 영향을 주는 결과가 야기되곤 한다. 동시에 노인이 정치에 참여하는 경우가 많아졌다. 미국 상원에는 97세인 스트롬 거몬이나 86세인 제시 헬름이 아직도 건재하다.

넷째는 국제적인 환경의 변화이다. 미국은 신생국이며 개발도상국가였다. 그러나 제1·2차 세계대전을 거치면서 세계 최강국가로 등장했다. 또한 공산세력과 투쟁하는 대표적인 국가가 되었다. 경제력도 세계에서 가장 큰 국가가 되었고, 무역은 전 세계를 상대로 하게 되었다. 이 같은 결과로 미국 시민들은 국제적인 문제에 점차 관심을 갖게 되었다. 물론 아직도 미국인들은 국내정치에 더 관심이 많다. 그러나 국제문제의 전문가들이 많아지면서 정치영역에서도 이들의 중요성이 높아지고 있다. 새로이 대통령에 당선된 부시도 국제문제의 전문가들이 주위에 많다. 이같이 변화된 환경으로 인해서 미국은 거대한 상비군을 유지해야만 하게 되었다. 동시에 군비의 신장으로 군수산업이 발전하고, 군사적 과학기술이 엄청나게 발전했다. 이로 인해서, 또한 환경적 요인으로 인해서 미국은 많은 전쟁에 개입하는 국가가 되었다. 이 같은 현상으로 미국정치 과정에서 대외정책이 선거의 이슈로 등장하게 되었다. 외국과의 무역관계로 때로는 관세의 문제가 정치적인 이슈가 되기도 한다.

3. 미국의 정치문화

정치문화란 국민의 정치제도나 권위에 대한 인식을 말한다. 국민의 정치에 관한 인식은 정치지도자를 선출하는 데 영향을 준다. 국민이 소유하고 있는 정치문화는 정치과정의 특징을 만든다. 정치문화는 사회의 환경에서 연유하기도 하지만, 주위의 환경을 결정하기도 한다. 이제 미국인들의 정치문화의 몇 가지 특징을 열거해 보자.

첫째, 미국인들은 미국의 정부가 국민의 정부라고 강하게 믿고 있다. 링컨 대통령이 연설한 "국민에 의한, 국민이 실시하는, 국민을 위한 정부는 지상에서 영원하다"라는 것을 미국인들은 믿고 있다. 즉, 미국정부는 국민의 동의를 얻어 통치한다고 믿고 있다. 하지만 미국의 역사를 살펴보면 미국정부는 비민주적인 통치를 한 적이 많다. 과거에 흑인들은 노예였고, 여성들의 투표권도 20세기에 와서야 인정해 준 국가이다. 미국은 또한 소수민족에 대한 심한 차별을 한 국가이다. 또한 남쪽 주에서는 1968년에 와서야 흑·백인 간의 결혼이 가능했던 국가이다. 뉴욕 시나 시카고 등은 한 때 조직 폭력배에 의해서 통치되었다. 미국은 한 때는 인권을 위한 극심한 투쟁을 했던 국가이다. 1950년대에 미국은 사회주의나 진보주의자들을 공공연하게 억압하기도 했다.

또한 특기할 것은 미국인들의 정치 참여율이 무척 낮다는 것이다. 대통령선거에서만 50%의 유권자들이 투표에 참여하고 있을 뿐 지방선거는 너무나 투표율이 낮아 후보자는 유권자의 15%의 지지만 획득하고도 공직에 당선되곤 한다. 이 같은 저조한 투표율로 보면 공직자들이 다수의 미국 국민들을 대표한다고 주장하기는 무척 어려운 상태이다. 이 같은 상황에서 미국사회에도 각종 대중 운동을 전개한 단체들이 있다. 그러나 미국 역사상, 특히 최근에는 극단적인 운동이 크게 성공한 예는 드물다. 특히 공산주의나 전체주의와 같은 운동은 한 번도 성공한 적이 없다. 또한 각 단체는 자기의 입장을 수정하여 온건파가 받아들일 수 있게 만든다.

이같이 많은 비민주주의적인 경험에도 불구하고, 대부분의 미국 시민들은 미국정부가 국민의 정부라고 믿고 있다. 결국 이 같은 정치문화는 정치 지망생들이 민주주의를 선호하는 태도를 갖도록 만든다. 미국의 정치후보들은 좋은 학력이나 화려한 경력을 나열하기보다는 시민의 평등한 일원임을 강조한다. 시민들은 관료들이나 정치인들이 불친절할 때는 무척 분노하여 즉시 항의하며 정치인들은 유권자들의 항의를 무척 겁낸다. 미국인들의 정치문화는 미국인들로 하여금 정치제도나 헌법을 존경하게 만든다. 미국정부 제도나 미국의 헌법은 국민들의 동의에 의해서 수립된 것이기 때문이다.

둘째, 미국인들은 미국정부의 기능이 제한되어 있다고 믿는다. 미국인들은 미국정부가 국민의 정부라고 생각하면서도 미국정부에 무한한 권력을 줄 의사는 전혀 없다. 미국인들은 식민통치의 경험을 통해서 권력에 대한 의구심과 두려움을 갖게 되었다. 또한 미국인들은 모든 공공의 영역에서 권한이 제한되어야 한다고 믿고 있다.

미국인들은 재산권·개인주의·자본주의 등을 신성시하면서 정부권한의 비대를 항상 우려하고 있다. 현대 사회와 경제는 무척 복잡하게 발전하고 있다. 이 같은 복잡성 때문에 때로는 사회적인 또는 경제적인 문제가 야기되기도 한다. 이 같은 현상에 대하여 우리 한국인들은 흔히들 정부가 관여해야 한다고 한다. 반면에 미국인들은 사회적인 문제에 정부의 권력을 사용하는 것을 무척 꺼려한다. 미국인들은 개인 기업체나 개인이나 단체의 노력에 의해서 사회적인 문제를 해결하는 것을 선호한다. 이 같은 사고방식이 미국정치의 행태를 결정한다. 미국정치인들은 항상 작은 정부를 표방하고 출마한다. 대통령 후보는 항상 워싱턴의 수구세력을 공격하면서 연방정부예산 삭감을 주장하며 상대방을 공격한다. 실제로는 미국정부의 예산은 항상 증가하고 있으나, 정치인들은 이를 삭감한다고 주장한다. 이 같은 정치현실의 모순은 미국인들의 정치문화 때문이다. 미국의 대통령후보나 다른 공직에 출마한 사람들은 권한이 더 필요하다고 솔직하게 말하는 사람은 한 사람도 없다. 미국 시민들은 권한을 더욱 요구하는 정치인을 의심하기 때문이다. 그러한 정치문화 때문에 미국 시민들은 개인이나 기업체가 돈을 넉넉히 쓰는 것은 상관하지 않지만, 정부나 정부관리들이 돈을 넉넉히 쓰는 것은 용서하지 않는다. 그러므로 예산삭감이라는 표어는 아무리 비현실적이라도 국민들에게는 인기가 있게 마련이다.

셋째, 미국인들의 정치에 대한 사고방식은 무척 순진하다. 미국인들은 자유로운 사람들이다. 또한 자기의 생각을 타인들에게 쉽게 얘기한다. 그러므로 정치문제에 관해서도 주저하지 않고 자신들의 의견을 피력한다. 그러나 미국인들은 정치에 관해서 관심도 없지만 지식도 부족하다. 그러므로 미국인들의 정치에 관한 의견은 단순하기도 하지만 현실과는 무척 거리가 먼 내용이다. 미국인들은 자기들이 항상 정당하다고 믿는 경향이 있다. 또한 미국은 정의로운 국가라고 믿는다. 이 같은 순진하고 비현실적인 정치문화 때문에 경제가 잘못되면 미국인들은 월가(街)가 미국을 팔았다고 비난한다. 또한 외교정책이 잘못되면 국무성 내에 간첩이 있다고 생각할 정도로 미국인들의 국제 감각은 어리석을 정도이다. 결국 미국 시민들에게는 미국의 정치인들이 이해할 수 없는 사람들로 종종 비쳐지곤 한다. 그러므로 정치 엘리트들과 대중들 사이에 정치현실을 인식하는 데 큰 차이가 있다.

넷째, 미국인들은 국가와 정부를 다른 체제로 차별하는 경향이 있다. 미국인들은 독립혁명 이후, 독립선언문과 헌법을 통해서 국가의 목표와 이상을 설정했다. 그 이상들은 때로는 분명하지만 때로는 애매할 때도 있다. 하지만 미국이라는 국가가 대표하는 이상에는 훌륭한 것이 많다. 문제는 미국정부가 이 국가가 대표하는 이상에 어긋나는 짓을 종종 한다는 것이다. 미국은 제국을 건설하면서 숱한 양민을 학살하기도 했고, 남의 나라를 침범하기도 했다. 이 같은 미국정부의 행위는 미국의 이상이 용서할 수 없는 짓이다. 이 같은 괴리에 대하여 미국인들은 미국정부는 잘못했어도 미국은 정의의 편이라고 생각하기도 한다. 결국 이 같은 이중적인 잣대 때문에 미국인들은 국가와 정부를 분리해서 생각하게 된다. 그들은 미국의 고상한 이상에 자기들을 일체화하려는 정치문화를 산출한다. 이 같은 문화 때문에 미국인들의 국가에 대한 충성심은 대단하다.

다섯째, 미국의 정치문화는 과정을 중요시한다. 미국정치제도는 상호 억제하면서 균형을 이루는 체제이기 때문에 과정이 중요하다. 미국의 복잡한 제도에서 정책을 채택하고 이행하려면 어쩔 수 없이 각 정파 간에 타협을 해야만 한다. 또한 미국제도는 재산권·자유권도 헌법으로 보장하지만, 소수인의 권한도 보호하게 되어 있다. 결국 어느 부처나 개인이 일방적인 조치를 취하기가 어려우므로 서로 조절을 하고 타협을 해야만 하게 되어 있다. 미국이 과정을 강조하는 것은 어쩌면 다른 나라에서는 지위·계급·가문 등을 중요시하는 것과 마찬가지가 되겠다. 미국은 계급이나 가문, 지역 연관 등이 고착되어 있는 나라가 아니기에 누구든지 정치협상 과정에 진입할 수 있는 기회가 많은 국가이다. 그러므로 결국 과정이 소중한 국가가 된 셈이다. 특히 미국의 헌법은 간단하고 행정부의 지침도 비교적 단순한 국가이기에 절충과 조절을 할 수 있는 기회가 많은 편이다. 결국 이러한 정치문화권에서는 원칙이나 이념보다는 과정이 더욱 중요하게 된다. 이 같은 정치문화로 인해서 미국인들은 정치인들의 타협 결과를 관대하게 수용하고 있다. 이런 체제에서는 정치인들의 기술적인 리더십을 많이 요구하게 되어 있다.

4. 미국의 정치제도

미국 행정부는 대통령이 연방정부를 대표하고, 주지사가 각 주를 대표한다. 대통령은 미국의 선거인단에 의해서 선출되고, 이 선거인단은 국민의 투표를 반영한 각 주의 대표단으로 구성되어 있다. 선거인단의 수는 각 주의 연방의회의 상하 양원의원의 수와, 수도인 워싱턴 시를 대표한 3명을 합쳐서 538명이다. 4년마다 국민투표가 끝난 후 각 주의 선거인단의 다수를 획득한 사람이 대통령이 된다. 각 주의 국민 투표에서 다수를 획득한 대통령후보는 당해 주의 선거인단의 전체 수를 독식한다. 이 승자독식 제도 때문에 국민 투표에서는 패배하고도 대통령에 당선된 대통령이 4명이나 있다. 지난 번 대통령선거의 결과도 이 같은 예가 되겠다. 이같이 어찌 보면 불합리한 미국 대통령선거제도도 미국정치의 특성의 하나인 타협의 결과로 생겨난 제도이다. 건국 초기의 미국인들은 식민지 총독을 연상시키는 강력한 대통령을 원치 않았다. 결국 국민의 의사를 대표하는 대통령을 원했으나, 당시로서는 하루에 전국적인 선거를 치를 수가 없었다. 또한 흑인노예들의 대표성 문제도 있고 해서 각 주의 의사를 단체로 표현하는 선거인단 제도를 선택했다. 결국 국민의 의사를 표현하되 각 주의 의견을 단체적으로 표현하는 절충식의 제도이다.

대통령은 행정부와 사법부의 요원을 지명하되 상원의원의 가결을 필요로 하게 만들었다. 이는 입법부의 행정부에 대한 제어권으로 작용한다. 이 같은 제도로 인해서 미국의 정치제도는 연방제이면서도, 미국 국민과 미국의 주를 동시에 대표하게 되어 있다. 이 제도는 미국이 현존 헌법을 제정하기에 앞서, 구헌법과 과거 식민지 시대 각 주가 사용하던 제도를 절충해서 만든 제도이다. 즉, 미국에게 주어진 환경이 오늘날의 사고방식에 의하면 무척 불합리한 제도를 만들게 되었다. 그러나 이들은 이 제도를 고치기를 꺼려하고 있다. 이 제도를 고치려면 엄청난 정치적 타협과 조정을 거쳐 국민의 합의를 도출해야 되기 때문이다. 또한 미국인들은 정부의 권한은 제한되어 있다고 믿기에 항상 권력에 대한 우려를 갖고 있다. 이 같은 이유로 현대사회에서는 대통령에게 상당히 융통성이 있는 권한이 필요함에도 국민들은 이를 대통령에게 주려고 하지 않는다. 이 또한 선거인단에 관한 법 개정을 꺼려하는 이유의 하나이다.

미국의 대통령은 의원내각제와는 달리 왕처럼 국가의 상징이며 또한 대표이다. 결국 국가를 대표한다는 것은 마치 식민지 시대의 총독과도 같다. 그러나 대통령이 임명하는 모든 공직자는 상원의 재가를 받아야 한다. 이는 의원내각제와 비슷하다. 또한 대통령은 정부의 예산안을 의회에 제출해서 의회의 허락을 받도록 되어 있다. 이 또한 왕권제도와 의원내각제를 절충한 제도라고 볼 수 있다. 이처럼 미국인들은 이상적인 헌법을 만들어서 밀어붙이는 식이 아니라 현실적으로 가능한 방향을 모색하는 실로 실용적인 길을 선택한 것이다.

미국 연방의회는 당시의 현실에서 가능한 타협점을 모색해서 만든 제도이다. 미국의 의회는 상하양원으로 나뉘어 있다. 상원은 100명이고 하원은 435명이며, 워싱턴 시의 대표 3명이 하원에 대표로 참여하기는 하지만 의결권은 없다. 각 주에 배당된 하원의원의 수는 10년마다 호구조사 이후

인구의 증감에 따라 줄기도 하고 늘기도 한다. 인구가 늘어난 주는 하원의 원의 수도 늘고, 인구가 감소한 주는 하원의원의 수도 감소한다. 그러나 하원의원 전체의 수에는 변동이 없다. 이 의회제도 역시 당시의 현실을 감안하여 타협에 의해서 이루어진 제도이다. 새 헌법을 제정할 당시, 작은 주이며 북쪽을 대표하는 뉴저지 주의 방안은 자유민을 중심으로 한 인구 비례로서 단원제 또는 각 주가 동일한 숫자를 갖게 되는 의회 제도를 주장 하는 것이었다. 이에 반해서 큰 주이며 남쪽을 대변하는 버지니아 주는 인구비례에 따른 양원제를 주장하고, 또한 노예건 자유민이건 인구수에서 는 동일하게 취급해야 한다고 주장했다. 결국 코네티컷 주에서 타협안을 제출했다. 즉, 상원은 모든 주가 동일하게 2명씩 선출하고 하원은 인구조 사를 해서 국민의 수에 의해서 배정하기로 했다. 동시에 노예는 5명 중 3명만을 인정해 주게 되었다. 실로 지금 생각하면 기상천외한 타협안이 아닐 수 없다. 그러나 미국인들은 실용적인 사람들이기에 이 타협안을 받 아들였다. 후일 노예제도는 폐기되었고, 여성에게도 참정권을 주게 되어 오늘의 체제로서 미국의 의회는 유지되고 있다. 또한 하원이 국민을 대표 하고 상원은 주를 대표하기에 국가의 세입을 위한 세제법은 반드시 하원 에서 발의하게 되어 있다. 또한 하원은 국민을 대표하기에 임기를 2년으로 하고, 상원은 주를 대표하기에 임기를 6년으로 하였다. 이것은 국민의 감 정을 신속히 반영하면서도 상원을 통해 국민의 일시적일 수도 있는 감정 을 억제하려는 의도에서 수립된 제도이다. 각 주에는 주의회가 있는데 이 또한 양원제로 되어 있다. 주의 상원과 하원 역시 주정부를 정점으로 하면 서 기능은 연방의회와 비슷한 역할을 한다. 여하간 미국인들의 독특한 정 치문화가 중앙정부와 지방정부가 공존할 수 있는 연방정부를 인류 역사상 처음으로 실험하고 성공시켰다고 할 수 있다.

미국의 사법부 또한 연방의 사법부와 주의 사법부가 동시에 공존하면서 각자의 특유 영역으로서 존재한다. 사법부는 연방정부의 경우 지방법원, 고등법원, 대법원으로 3분화되어 있고, 판사는 상원의 동의를 거쳐 대통령이 임명한다. 미국은 사회적으로 큰 이슈가 되거나 중요한 문제는 의회가 입법화함으로써 법률화한다. 동시에 사법부의 판례가 법이 된다. 또한 사법부는 행정부나 입법부의 행위에 대하여 위헌 판시를 할 수도 있다. 그러므로 미국 대법원의 판시는 미국정부의 최종 결정이 된다. 사법부는 이같이 엄청난 권한으로 행정부와 입법부를 견제할 수 있다. 이 같은 제도 역시 미국의 정치문화에서 기인된 것이다. 이미 언급했듯이 미국인들은 권력에 대한 의구심과 두려움을 갖고 있다. 그러므로 한 부처의 권력남용을 두려워한다. 즉, 대통령이나 의회가 권력을 남용할 때 이를 견제하는 수단으로서 사법부를 이용한다. 또한 실용적인 면에서, 사회의 수많은 문제들을 일일이 입법부를 통해서 법제화하기도 하고 폐기하기도 해야 한다. 이 같은 사태를 피하기 위한 미국인들의 실용적인 생각은, 중요한 것은 입법화하고 다른 문제들은 법권을 통해서 해결하자는 데 있다. 이 같은 사고 때문에 판사들의 많은 결정들이 법이 된다. 즉, 판례법은 미국인들의 실용적인 사고방식에 기인한 것이다. 주의 판사의 선임은 각 주에 따라 다르다. 또한 주의 판사 임명 방법이 시대에 따라 많은 변천을 했다. 과거에는 대부분의 주의 판사들이 선거에 의해 선출되었다. 그러나 현재에는 지방법원과 고등법원, 대법원 판사들의 상당수를 주지사가 주상원의 동의를 거쳐 임명한다. 그러나 아직도 주에 따라 판사들이 선거에 의해 선출되는 경우도 있다. 중요한 것은 임명직이든 선출직이든 각 주의 특수성에 의해서 수립된다는 것이다.

5. 미국정치의 특색

지금까지 미국정치에 영향을 준 요소들과 미국정치제도에 관해서 설명했다. 이제 결론의 장으로서 미국정치의 특색을 논해 보자. 첫째, 미국의 정치는 비이념적 정치이다. 유럽의 대부분의 국가들의 정당은 이념을 표방하고 있다. 영국의 노동당과 보수당은 전혀 다른 이념을 대표하고 있다.

독일에서도 사회당과 기독교 민주당은 전혀 다른 정치적 이념을 기초로 운영되고 있다. 프랑스도 마찬가지로 여러 개의 정당이 특유한 이데올로기를 대표하고 있다. 아시아의 대부분의 국가에서나 아프리카에서도 정당정치는 이념의 차이를 핵심으로 하고 정치투쟁을 전개한다. 이같이 지구상의 대부분의 국가의 정치는 이념의 정치이다. 물론 다당제를 허용하지 않는 중국, 베트남, 쿠바와 같이 공산주의만을 허용하는 일당정치는 예외라고 하겠다.

미국은 거대한 영토를 보유하고, 2억 7천만의 인구가 거주하고 있다. 인종이나 종교도 무척 다양하다. 그러나 특유한 이념을 대표로 하는 정당이 없다. 있더라도 너무나 세력이 적어서 정치적인 의미가 없다. 민주당이나 공화당은 근본적으로 이념이 같은 정당이다. 양당 모두 공화정치를 기본으로 하며 자본주의 체제를 신봉하고 있다. 양당의 차이가 있다면 이념적인 차이가 아니고, 소소한 정책의 차이에 있다. 대체로 공화당은 재정정책에서 보수적인 경향이 있고, 민주당은 융통성 있는 재정정책을 운용한다. 민주당은 복지정책이나 교육정책에 더욱 중점을 두는 반면, 공화당은 국방정책이나 경제정책에 좀더 무게를 두는 정강정책을 운용한다. 이같이 미국의 양대 정당은 근본적으로 비슷한 이념을 갖고 사소한 정책적인 차이만 있기에 정당이 바뀌어도 혁명적인 변화를 기대하기는 어렵다. 물론 보기에 따라서는 이 같은 정책의 차이도 큰 차이라고 생각할 수도 있다. 그러나 다른 민주주의 국가에 비해서 이 같은 변화는 상대적으로 작은 것이라고 말할 수 있다. 이같이 미국은 양대 정당 간에 큰 이념의 차이가 없기에 항상 양당은 타협의 정치를 운영한다. 또한 다양한 민족을 가진 미국이지만 이같이 비이념적인 정치를 하기에 항상 타협이 가능하다. 우리나라와 같이 선명야당, 극한투쟁을 정치의 운영방식으로 한다면 실로 미국의 정치는 혼란의 정치가 되겠다. 미국 국민들도 정치에 관한 한 비이념적이다. 미국인들의 이념을 최대로 표현할 수 있는 것이 소위 보수파, 또는 진보파라고 하는 정도가 되겠다. 이 같은 개념도 대부분의 미국인들에게는 별로 의미가 없다. 많은 여론조사 기관들이 조사한 바에 의하면 대부분의 시민들이 어떤 정책이 진보적이고 보수적인지를 잘 분별하지 못한다. 결국 이 같은 현상은 미국의 정치에 이념적 색깔이 결여된 데서 비롯된 현상이라 하겠다.

둘째, 미국정치의 특색은 이미 누누이 설명했듯이 극단적인 실용주의 정책이다. 물론 이 실용주의 정치는 미국인들의 성향이 비이념적이기 때문이기도 하다. 그러나 그보다는 근본적으로 미국인들이 실용적인 사람들이기 때문이다. 이미 언급했듯이 미국인들은 환경적인 요소나 과학적인 원칙을 현실 생활에 응용하는 데 귀재이다. 정치에서도 후보들은 국민이 원하는 것은 무엇이든 약속한다. 우선 당선되고 보아야 한다. 하지만 그들은 국민에게 모든 것을 약속할 수는 없으므로 이길 수 있는 연합체를 형성하는 범위 내에서는 무엇이든지 약속한다. 때로는 선거민들의 극심한 분열이 있을 때 정치인들은 애매모호한 입장을 취할 때가 흔하다.

미국과 같이 방대한 영토, 많은 인구 그리고 다양한 민족이 혼재해 있는 곳에 정당이 2개만 존재한다는 것은 어찌 보면 이상할 정도이다. 여기에는 이유가 있다. 즉, 양대 정당이 무척 실용적으로 정강정책을 조절해서 국민들의 지지를 받도록 노력하기 때문이다. 또한 국민들은 실용적이기에 투표할 때는 당선 가능한 정당에게만 투표를 한다. 이 같은 미국민의 투표 행위가 항시 양당 정당 제도를 운영하게 한다. 예를 들어 민주당이 장기집권을 해서 싫증이 나면 국민들은 민주당을 이길 수 있는 정당을 선택해서 표를 준다. 결과적으로 민주당을 이길 수 있는 정당은 공화당이지 소수당이 아니다. 이 같은 미국민들의 실용적인 사고방식은 결국 양당 제도를 발전시키게 만들었다. 미국의 실용적인 사고방식은 결국 중도파 정치인을 성공하게 만든다. 미국에서 진보파와 보수파가 경쟁을 하지만 극단적인 보수파나 극단적인 진보파는 성공하지를 못한다. 다양하고 많은 이해관계를 조절하고 운영하려면 중도파에 가까운 완만한 보수파나 완만한 진보파만이 성공하게 되어 있다.

또한 미국인들은 실용적인 사람들이기에 우리나라에서 흔히 작용하는 학연이나 지연이 별로 유용하지 못하다. 그들은 합리적인 사고방식에 의해서 자기들에게 이익을 줄 수 있는 지도자를 선출한다. 지난번 선거에서 고어 대통령후보가 자기 고향인 테네시 주에서 다수 표를 획득하는 데 실패했다는 사실은 우리나라 정치 과정과는 너무나 다르다는 것을 보여주는 좋은 예이다.

셋째, 미국은 민주주의를 비민주주의적인 요소에 의해서 실현하는 특유한 정치 과정을 갖고 있다. 미국은 연방주의제도를 창설한 대표적인 민주주의 국가로 알려져 있다. 실로 미국은 현재에도 어느 국가와 비교해도 대표적인 민주주의 국가임에 틀림이 없다. 그러나 미국은 비민주주의적인 역사의 과정을 거쳤다. 흑인노예의 존재, 여성투표권의 박탈, 흑·백인 간의 혼인금지 등 무수한 비민주주의적인 행태를 제거해 왔지만 아직도 비민주주의적인 제도가 존재한다.

가장 비민주주의적인 미국의 제도는 미국 연방정부의 사법부이다. 연방정부의 사법부는 지방법원, 고등법원, 대법원으로 나뉘어 있다. 사법부의 판사들은 국회의 동의를 거쳐 대통령이 임명한다. 사법부 제도가 비민주적인 이유는 일단 임명만 되면 판사들은 종신직이라는 것이다. 이들이 맘에 들지 않는 행위를 해도 제거할 길이 없다. 판사를 축출할 수 있는 유일한 방법은 연방의회를 통한 탄핵의 방법이지만 미국의회에서 탄핵의 과정은 엄청나게 어려운 과정이다. 특히나 미국의 대법원은 9명의 판사로 구성되어 있고 이들이 사회적으로 미치는 영향은 대단하다. 이들은 미국의 대중을 대표하는 사람들이 아니고, 교육수준이 높고, 가문이 훌륭하고, 사회적 지위가 높은 엘리트들이다. 이들 엘리트들은 서민과는 다른 세계에서 사는 사람들이다. 그러나 이들의 결정이 민주주의 국가인 미국사회에 미치는 영향은 대단하다. 아이러니컬하게도 이 가장 비민주주의적인 대법원이 미국의 민주주의 발전에 엄청난 기여를 했다. 이 비민주적인 정부조직이 불평등한 교육환경, 불평등한 주거문제, 또한 시민의 참정권의 제약 등을 개선하는 데 크게 기여했다. 이처럼 미국의 대법원은 다수 국민의 편에서 국민을 위한 정책결정을 하는 대표적인 조직체가 되었다. 그러므로 이 조직체는 비민주적임에도 불구하고 국민의 사랑과 신뢰를 받게 되었다. 아마도 미국정치의 가장 특유한 면이 미국의 대법원제도라고 할 수 있겠다. 참으로 미국은 민주적인 제도와 비민주적인 제도가 잘 조화되는 정치이다. 또한 미국의 행정부나 입법부는 현대적인 여건에 준하기 위해 제도적 개선을 계속 진행해 왔다. 하지만 대법관의 수나 권위는 옛날이나 지금이나 마찬가지이다. 즉, 미국의 정치는 현대적인 제도와 전근대적인 제도가 잘 조화된 정치제도라고 특징지을 수가 있겠다.

넷째, 미국정치의 또 다른 특징의 하나는 그 다양성이라 하겠다. 우선 연방정부와 주정부 사이에는 제도상으로도 큰 차이가 있다. 또한 주정부와 시정부 사이에도 구조적인 차이가 현저하다. 동시에 이들을 대표하는 기관장 모두가 독자적인 선거로 선출된다. 연방정부의 상원의원의 임기는 6년이나 되며 2년마다 상원의원의 1/3을 선출한다. 하원의원은 임기가 2년이다. 주정부의 판사들의 선출방식도 주마다 특이하다. 시장의 선출방식도 주마다 틀리며 대통령선거인단의 선출방식도 주마다 상이하다. 그리고 주정부나 시정부의 구조도 주마다 상이하다.

제도적으로만 주마다 상이한 것이 아니라 정치 과정도 다양하다. 정당정치도 미국의 중앙정치는 항상 양당제도이나 주정부는 반드시 양당 제도를 운영하는 것은 아니다. 주에 따라 공화당 또는 민주당이 의회를 일당 지배하는 경우도 종종 있다. 또한 주에 따라 특수한 소수민족을 중시하는 정당이 있다. 뉴욕 주에서는 항상 유태계나 이탈리아계의 지원을 받아야 주지사나 시장에 당선될 수가 있다. 또한 주에 따라 종교단체의 영향이 강한 주들도 있다. 이같이 미국의 정치는 다른 국가와는 달리 매우 다양하다.

다섯째, 현재 미국은 세계에서 군사력이나 경제력이 가장 강한 국가이다. 현재의 국제질서는 미국에 의해서 주도된다고 해도 과언은 아니다. 이같이 세계 전체와 깊숙이 관련되어 있는 미국이지만 미국의 정치는 항상 국내 문제를 우선시하는 특성이 있다. 대통령 또는 상하원 선거에 있어서 국제문제나 외국의 문제는 선거에 큰 이슈가 되지를 못한다.

미국은 세계에서 가장 거대한 무역 국가이다. 그러나 정치에서는 항상 국내 경제가 이슈가 된다. 그러므로 국내경제가 좋아지면 여당에 유리하고, 국내경제가 나빠지면 야당에게 유리해지는 것이 일반적인 경향이다. 클린턴 대통령이 재선되는 데 중요하게 작용한 것도 국제정치의 업적 때문이 아니라 미국경제의 호황 때문이었다. 미국 시민들은 가장 풍요한 나라에서 세계 최고의 고등교육기관을 보유하고 있는 국민들이지만 대부분이 외국문제를 잘 알지 못하고 있다. 또한 이들은 외국문제에는 관심도 없는 편이다. 이들은 스포츠나 레저활동이나 영화에 더 관심이 크지 외국문제에는 관심이 적다. 이 같은 미국 시민들의 사고의식이 미국정치를 국내화하고 있다. 정치인들은 현실적이기에 국민의 관심사에 관해서만 논한다. 외국문제는 그저 막연히 국방력의 강화에 대한 논쟁이 고작이다. 실로 미국과 같이 세계적인 국가의 국민이 외국의 문제에 큰 관심을 가지지 않는 것도 미국의 특색이 되겠다.

여섯째, 미국의 정치는 근본적으로 보수적인 정치이다. 우선 미국은 영국에서 독립한 국가이지만 정신적으로나 제도적으로 영국의 것을 답습했다. 미국의 독립선언문의 정신은 영국의 철학자인 존 로크의 것을 계승했다. 미국의 사법부 역시 영국의 판례법을 계승했고 배심원에 의한 재판제도 역시 영국의 제도를 답습했다. 미국에서는 계약이 법과 같은 기능을 하는데 이 역시 영국의 법제도를 모방한 제도이다. 재산권에 관한 엄청난 관리도 영국식의 제도이다. 이같이 미국은 보수적인 영국의 전통을 계승했다. 현재도 미국은 민주당과 공화당이 계속 지배하고 있다. 민주당이 진보파라고 해도 타국에 비하면 보수적인 진보계열이라고 할 수 있다. 미국 역사상 급진운동이 성공한 적도 없지만 현재에도 급진적인 집단은 미국의 정치 과정에서 전혀 힘을 쓰지 못하고 있다.

또한 미국의 제도는 새로운 제도를 만들기가 무척 어렵게 되어 있다.

예를 들어 미국 연방의회에서 새로운 법률을 채택하려면 다수 의원들의 동의가 있어야 되며, 다수 의원들이 통과시킨 법률이라도 거부권을 제압하려면 의원의 2/3의 동의를 얻어야 한다. 이같이 미국의회에서 새로운 법안을 통과시키기는 무척 어렵다. 반면에 새로운 법안을 거부하기는 무척 쉽다. 예를 들어 법안이 의회에 제출되어도 해당 상임위원장이 본회의에 제출하지 않으면 자연히 그 법안은 소멸된다. 이같이 미국정치에서는 새로운 세력이 등장하기가 어렵다. 대통령후보도 민주당이나 공화당의 후보가 되지 못하면 희망이 없다. 즉, 미국의 선거인단 제도는 새로운 세력의 참여를 어렵게 만들었다.

또한 미국 시민들 자체가 무척 보수적인 경향이 있다. 미국 시민들 사이에 공산주의자나 사회주의자라는 칭호는 마치 악마와 같은 개념으로 사용되고 있다. 상원이나 하원의원 후보 중 사회주의를 표방하는 사람이 당선된 적이 없다는 사실은 보수적인 미국사회에서 급진적인 후보는 설 땅이 없다는 것을 보여준다.

결론적으로 미국정치의 특성은 미국의 역사적 환경, 미국의 정치문화, 미국의 정치제도에 의해 만들어졌다. 그러므로 미국정치의 특성을 이해하려면 이 같은 종합적인 관찰이 필요하다.

임용순, 『역사를 바꾼 통치자들 — 미국편』, 미래사, 1995.

A. Stone & R. Barke (ed.), *Governing the American Republic*(New York: St. Martin's Press, 1985).

Alan Ware (ed.), *Political Parties: Electoral Change and Structural Response*(New York: Basil Blackwell, 1987).

David Edwards. *The American Political Experience.*(New Jersey: Prentice Hall, 1988).

Edward Hamilton. *America's Global Interests*(New York: W.W. Norton & Company, 1989).

Janda, Berry, Goldman (ed.), *The Challenge of Democracy*(Boston: Houghton Mifflin, 1992).

John Ikenberry. *American Foreign Policy: Theoretical Essays*(New York: Harper Collins, 1996).

Lowi & Ginsberg (ed.), *American Government*(New York: W.W. Norton & Company, 1990).

Richard Watson. *The Presidential Contest*(New York: John Wiley & Sons, 1980).

Sidney Milkis. *The President and the Parties*(New York: Oxford Univ. Press, 1993).

Thomas Dye & Harmon Zeiglier (ed.), *American Politics in the Media Age*(Belmont: Wadsworth, 1986).

4부 사회와 인간

이민과 인종문제

이현송

미국인이 인터넷으로 미지의 상대와 접촉할 때 가장 알고 싶어하는 기본 정보들은 연령 및 성별과 함께 상대방의 인종이라고 한다. 미국인의 경우 자신이 어떤 인종 혹은 민족 집단에 속하는가에 따라 소득·교육수준·수명과 건강상태·직업·거주지역은 물론 좋아하는 음악과 선호하는 여가 활동의 유형에 이르기까지, 요컨대 개인의 전반적인 삶의 기회와 질이 자신이 속하는 인종과 민족 범주에 크게 좌우된다. 그 결과, 대부분의 사회과학자들은 미국의 사회문화를 결정하는 주요 요인의 하나로 인종과 민족 문제를 꼽는 데 주저하지 않는다. 산업화 및 도시화와 함께 선진 산업국들에게서 공통적으로 나타나는 사회문제들의 경우에도 미국은 유럽 국가들과는 달리 이러한 문제들이 인종과 민족 문제와 밀접하게 얽혀 있어 문제의 해결을 어렵게 한다. 현대 미국사회에서의 인종과 민족 문제는 과거 노예시대 못지않은 중요성을 갖고 있다. 이 글에서는 미국사회와 문화에서 이렇게 중요한 위치를 차지하고 있는 인종 및 민족 문제가 형성된 과정과 실태를 파악하고자 한다.

1. 인종과 민족의 정의

미국인들이 그렇게 중요하게 생각하는 인종이나 민족이란 대체 어떤 것을 지칭하는지 알아볼 필요가 있다. 일견 자명해 보이는 인종과 민족의 의미이지만, 실제 미국사회에서 통용되는 관습을 조금만 깊이 들여다보면 매우 복잡한 사회 현상의 산물이라는 것을 발견하게 된다. 먼저 인종의 의미부터 살펴보면 다음과 같다. 인종(race)이란 "사회구성원들이 사회적으로 중요하다고 생각하는 생물학적 특질을 공유하는 사람들로 구성된 범주"로 정의된다.(Macionis, p.214) 사람들은 피부색, 모발특성, 기타 얼굴 및 몸에서 보이는 특성 등으로 인종을 분류한다. 여기서 주의할 점은 인종적 범주를 구분하는 기준이 한편으로는 세대 간에 유전되는 생물학적 특질과 동시에 다른 한편으로는 사회적으로 중요하다고 규정하는 특질 양쪽에 걸쳐 있다는 사실이다.

한 인간에게서 나타나는 수많은 생물학적 특징들 중 어떤 것을 인종을 구분하는 기준으로 사회에서 인정하느냐 하는 것은 매우 자의적이다. 예컨대 외면적으로 뚜렷한 생물학적 특징인 신장이나 몸무게의 크고 작음은 인종을 구분하는 기준으로 채택되지 않는다. 반면에 실제 생물학적 차이가 거의 없는 기준으로 서로 다른 인종을 구분하기도 한다. 과거 노예제도가 존재하던 시절 오랜 혼혈의 결과 외면적으로는 거의 흑인의 특성을 보이지 않으나 사회적으로 흑인으로 규정된 경우도 있다. 그 당시에는 과거 5대조 선조 중 한 명이라도 흑인이 포함되어 있으면 흑인으로 분류되었다. 역사적으로 악명 높았던 또 다른 인종 구분의 예로 유태인 민족을 들 수 있다. 독일의 히틀러는 학자들로 하여금 게르만 민족과 유태인 민족을 인종적으로 구분하는 유전적 특징을 연구하도록 하였으며 미국에서도 유태 민족의 박해를 위한 근거로 생물학적 저열성을 거론하기도 하였으나 이는 과학적 근거가 없는 것으로 밝혀졌다. 사실상 서유럽 민족과 유태 민족을 인종적으로 구분할 수 있다는 주장은 허구이다. 요컨대 인종 범주란 부분적으로 유전적 특질에 근거하고 있기는 하지만 이러한 기준으로 볼 때에는 매우 자의적이며 불확실한 범주 구분이다. 그보다는 사회적으로 규정되는 범주라고 보는 것이 더 타당하다.

인종과 유사한 개념으로 민족(ethnicity)의 의미는 순전히 사회문화적 특성에 따른 구분이다. 민족 집단이란 공통된 기원과 관심을 의식하며 어느 정도 통합되고 응집력을 가진 사람들의 집단으로 정의된다.(Cashmore, pp.119-125) 민족 집단의 구성원들은 공통된 조상과 신화·언어·종교 등에서 뚜렷한 공통점을 가지며, 역사적으로 중요한 사건에 대한 기억을 공유하며, 사회화 과정을 통해 이러한 공통된 유산들을 세대 간에 전승하고자 적극적으로 노력한다. 또한 자신의 민족 집단 밖의 사람들과 집단에 소속된 사람들을 구분하는 물질적·상징적 체계를 구축하고 있다. 민족이란 다른 집단과 다르다는 자신들만의 공통된 정체성을 갖고 있다고 사람들이 믿는 한에서만 존재하는 '상상된 공동체(imagined community)'라고 할 수 있다.(Anderson) 유전적 특질에 부분적으로 의존하는 인종 개념과는 달리 민족 집단이란 순전히 사회문화적 범주 구분이므로 다른 집단과는 차별화된 사회문화적 특징을 상실한다면 민족 집단으로서의 정체성을 유지하기 어렵다. 즉, 민족 집단이란 새로이 만들어지기도 하고 없어지기도 하면서 항시 변화하는 형태를 갖는다.

인종과 민족 범주 구분이 일치하는 경우도 있지만 서로 어긋나는 경우도 많다. 예컨대 미국의 백인들 중에서도 영국계와 남유럽 혹은 동유럽계 사람들은 서로 매우 상이한 민족적 정체성을 갖고 있다. 반면 미국에 있는 중남미계 사람들은 스페인어를 모국어로 하며 카톨릭교도라는 문화적 공통점을 갖지만 이들 중에는 백인, 흑인, 혼혈인 등 다양한 인종들이 섞여 있다. 외모로만 보면 전혀 구별이 불가능한 하이티계 흑인과 미국 태생 흑인들은 서로 간에 매우 상이한 민족적 정체성을 갖고 있다. 미국에 건너온 유태인들은 출신 국가도 상이하고 언어도 상이하며 심지어는 유전적 특징도 상이하나 유태교를 믿는다는 종교적 공통점으로 민족적 정체성을 유지하고 있는 극단적 예이다.

사람들이 중요하다고 생각하는 기준에 따라 인종과 민족 집단이 정의되기 때문에 사람들의 생각과 관습이 변화하면 이에 따라 인종과 민족의 사회문화적 중요도는 물론 집단 범주 자체도 변화한다. 미국 역사를 개관해 보면, 과거 노예제가 존재하던 시절에는 백인과 흑인을 구분하는 것이 매우 중요한 사회적 의미를 가졌다. 또한 20세기 초기까지도 백인들 내에서 영국계인지 남유럽 혹은 동유럽계인지 하는 민족적 구분은 사회문화적 차이를 발생시키는 매우 중요한 기준이었다. 이후 백인들 간의 동화과정이 진전되면서 백인 민족들 간의 구분은 상대적으로 사회적 중요성이 떨어지게 되었다. 이민 초기 세대일수록 민족적 정체성이 뚜렷하나 후대로 내려갈수록 다른 민족과 구별되는 민족적 정체성에 대한 자의식은 약화되는 경향을 보인다.

2. 미국인의 인종과 민족분포

앞에서 보았듯이 인종과 민족의 개념이 복잡하기 때문에 이에 따른 구분이 용이하지 않다. 미국에서 매 10년마다 이루어지는 인구조사는 인종과 민족의 개념을 혼합해서 적용하고 있으며, 순전히 응답자의 주관적 판단에 따라 인종 범주를 파악한다. 2000년에 시행된 인구조사의 경우 이전과는 다른 두 가지 기준을 새로이 도입하였다. 하나는 근래에 올수록 비중이 증가하고 있는 중남미계 사람들을 별도의 범주로 파악한 것이며, 다른 하나는 두 인종 이상의 정체성을 갖는 사람들을 별도의 범주로 분류한 것이다. 2000년 인구조사에 따르면 백인은 전 인구의 75.1%를 차지하며 다음으로 흑인이 12.3%, 아시아계가 3.7%, 미국 원주민이 0.9%를 차지하는 것으로 나타났다. 한편 중남미계 사람들은 전 인구의 12.5%를 차지하는데, 이들의 인종적 특성은 백인·흑인·기타 민족의 범주를 고루고루 포괄하고 있다. 1990년의 센서스와 범주 구분이 일치하지 않으므로 정확한 비교는 곤란하나, 중남미계 사람들의 경우 지난 10년 동안 3.5%나 증가했으며, 인종적 구분으로 본 흑인의 비중보다 더 많은 수를 차지하는 것으로 나타났다. 인구조사는 법적 지위를 판별하지 않고 현재 거주사실을 기준으로 한 조사이므로 불법 이민자를 포함한 숫자라는 점을 감안할 때, 미국에서 현재 백인 다음으로 많은 수를 차지하는 인구집단은 중남미계

(Hispanic or Latino) 사람들로 결론 내릴 수 있다.

중남미계 다음으로 빠른 증가를 보이는 인종은 아시아계로 1990년의 2.9%에서 2000년에는 3.7%로 매우 급속한 신장을 기록하고 있다. 흑인의 경우 지난 10년 동안 12.1%에서 12.3%로 미미한 증가를 보였으며, 반면 본인이 백인이라고 의식하고 있는 사람들은 지난 10년간 4.9%나 감소하였다. 2000년 인구조사 결과 과거 예상했던 것보다 백인의 점유율이 보다 빠르게 감소할 것으로 예상되며, 과거 추계치에서 2050년경에 백인이 50% 이하의 점유율을 보일 것이라는 예상 시기가 조금 더 단축될 것으로 판단된다.

표1 미국인의 인종과 중남미계에 따른 인구 분포, 2000.

구분		인구수(천명)	점유율(%)	1990센서스의 점유율
전체 인구수		281,422	100.0	100.0
인종 구분				
단일 인종 정체성		274,596	97.6	−
	백인	211,461	75.1	80.0 (유럽계)
	흑인	34,659	12.3	12.1 (아프리카계)
	미국 인디언	2,476	0.9	0.8
	아시아계	10,643	3.7	2.9
	기타	15,359	5.5	−
복수 인종 정체성		6,826	2.4	−
중남미계 (Hispanic or Latino) 구분				
중남미계		35,306	12.5	9.0
비중남미계		246,116	87.5	91.0

출처: US Census Bureau, *US Census 2000 Brief and US Census Report* 1990(http://www.census.gov).

근래에 보이는 특징적인 현상 중의 하나는 자신을 어느 단일 인종이나 민족에도 속하지 않는다고 생각하는 사람들의 비중이 증가하고 있다는 점이다. 2000년 인구조사에서 자신이 하나 이상의 인종에 속한다고 응답한 사람의 비중은 전체 인구의 2.4%로 나타나는데, 또 다른 미국 통계청 조사에 따르면 두 인종 이상의 부모 사이에서 출생한 자녀의 수는 1990년에 이미 4%를 넘어선 것으로 보고 되고 있다.(http://www.census.gov) 미국으로 이민 온 이후 세대가 계속되면서 이러한 민족 간 혼인의 사례가 증가함에 따라 미국사회가 다인종(multiracial) 사회로 바뀌리라는 성급한 주장도 나오고 있다. 앞으로 인종 간 혼인, 특히 백인과 비백인들 간의 혼인이 얼마나 확산될 수 있을 것인가는 아직 확실히 예상하기 어렵다. 다만 각 인종 범주 내에서 다양한 민족 간의 혼인으로 인하여 민족적 정체성이 약화되는 경향은 뚜렷이 읽을 수 있다. 예컨대 남유럽 혹은 동유럽계 백인들과 서유럽계 백인들 상호 간의 혼인은 크게 확산되어 왔으며, 그 결과 이민 후세대들의 민족적 정체성이 크게 약화되어가고 있는 것으로 보고된다. (Alba) 한편 2000년 인구조사에 따르면 상이한 인종 간 혼인의 빈도에서 확률적으로 가장 빈도가 높아야 할 백인과 흑인 간의 혼인은 백인과 미국 인디언이나 백인과 아시아계와의 혼인에 비해 현저히 떨어지는 것을 확인할 수 있다. 이는 백인들이 아메리카 인디언이나 아시아계보다 흑인에 대한 집단적 배타성이 더 높음을 의미한다.

표2 복수 인종 정체성의 분포

혼합 유형	점유율 (%)
백인과 미국 인디언	15.9
백인과 아시아계	12.7
백인과 흑인	11.5
흑인과 미국 인디언	2.7
기타 두 인종 간의 혼인	50.5
세 인종 이상들 간의 혼인	6.7
합계	100.0

출처: US Census Bureau, *US Census 2000 Brief* (http://www.census.gov).

3. 민족집단의 형성과정: 이민의 역사

아메리카 인디언을 제외한 모든 미국인들은 다양한 민족적 배경을 갖고 이민 온 사람들의 후예이다. 1565년 콜럼버스가 플로리다 해변에 착륙했을 당시에 미국 인디언은 1,000만 명에 달했을 것으로 추정되나 1776년 미국 건국 당시에는 200만 명으로 줄어들었으며 이후 지금까지 미국 역사의 변방에 머물러 있다. 현재 미국사회문화의 주류를 형성하는 사람들은 1607년 버지니아의 제임스타운에 식민지 건설을 위해 최초로 건너간 잉글랜드계 영국인들로부터 비롯된다. 이후 오늘날에 이르기까지 영국 이외의 나라에서 건너간 이민자들의 수는 영국 이민자들을 수적으로는 압도하나, 1776년 건국 이전까지 미국으로 건너간 영국계 이주민들이 만들어 놓은 사회문화의 틀은 오늘날까지도 미국의 주류로 인정되는 관습, 법, 제도, 문화 전반을 지배하고 있다.(Lipset) 이들은 본국에서 종교적 혹은 정치적 박해를 피하여 혹은 미대륙에서 경제적 성공 기회를 찾아서 이주하였다. 한편 영국인이 이주한 지 얼마 안 된 1616년에 흑인이 서인도제도에서 수입되었다. 이후 1808년 노예무역이 금지되기까지 흑인은 비자발적 이주민으로서 건국 당시 전 인구의 20%를 차지하였다.

유럽인들의 경우 먼저 정착한 민족들이 사회의 기득 이권을 차지하고 문화적 주류를 형성하면서 후에 정착한 민족들에게 과거에 자신이 차지했던 자리를 물려주는 식으로 뒤에 온 민족들을 흡수하는 경향을 읽을 수 있다. 이 경우 앞에 온 민족들은 후에 온 민족들에게 주변적 위치를 물려주면서 자신은 주류사회로 한 걸음 더 다가가 흡수되었다. 최초에 미국에 건너온 집단 중 하나인 영국의 퓨리턴이 중심이 되어 형성한 주류사회와 문화에 뒤에 온 민족들이 부분적으로 영향을 미치기는 하지만 시간이 지나면서 동화 혹은 미국화(Americanized)되는 과정을 겪는다. 그 결과 흔히 WASP(White Anglo-Saxon Protestant)로 일컬어지는 잉글랜드 출신의 백인 기독교도의 문화적 중심성은 최근 들어 다문화주의의 아우성이 높아지기

전까지 거의 도전을 받지 않았다.[1]

1603년 최초의 영국인이 동해안에 상륙한 이래 약 100년 동안은 거의 전적으로 잉글랜드 영국인이 이주해 왔다. 이들은 매우 동질적인 집단이었으며 미국의 주류문화를 구축하면서 자신을 이주민으로서보다는 미국에서 식민지 건설과 건국의 중심으로 인식하여 소위 토착인(natives)이 라고 자신을 지칭하면서 이후에 건너온 타민적에 대한 배타적 인종 민족주의의 핵심 세력이 된다. 이들 잉글랜드로부터의 이주민들이 주류사회를 건설한 이후 17세기 후반부터 도래하기 시작한 이주민들은 도래한 시기에 따라 상이한 특징을 보이며 미국사회에서 소수민족 집단을 형성하게 된다.(Mauk and Oakland, pp.58-80; Foner, pp.251-270)

첫 번째 비잉글랜드계 이주민 집단은 17세기 후반부터 1776년 건국 이전까지 건너온 사람들로 주로 스코틀랜드계 아일랜드인, 독일인, 흑인노예로 구성된 집단이다. 두 번째 집단은 19세기 초 미영전쟁 이후 1890년경 미개척지가 고갈되는 시점까지 소위 구이민자(old immigrants)라고 하여 아일랜드 및 서유럽과 북유럽 출신의 이주민 집단이다. 세 번째 집단은 1890년에서부터 1930년경 이민 제한이 본격적으로 법제화되기까지 소위 새로운 이민자(new immigrants)라고 하여 남유럽 및 동유럽으로부터 건너온 집단이다. 네 번째는 제2차 세계대전과 이후 1965년 이민법 개정을 거치면서 주로 중남미와 아시아로부터 건너온 집단이다. 다음에서는 각 시기에 따른 이민 집단의 특징을 간단히 서술한다.

이민의 첫 물결: 1680~1776

1660년경 영국 국왕 찰스 2세의 중상주의 정책에 따라 본국인이 국외로 이주하는 것을 금지하는 정책을 편 결과, 이후 영국 식민지로 새로이 이주하는 사람들의 구성은 잉글랜드 및 웨일즈 지역 이외의 영국인과 북서유럽인이 주종을 이루게 된다. 이 시기 가장 큰 이민 집단은 스코틀랜드계 아일랜드인(Scots-Irish)이다. 잉글랜드는 아일랜드를 통치하는 수단으로

1500년경 스코틀랜드 사람들을 아일랜드 북부지방으로 강제로 이주시켰는데, 이들은 토지가 척박하며 영국인으로부터 차별대우를 받는 북아일랜드 지역을 떠나 새로운 경제적 기회를 찾아서 미대륙으로 건너왔다. 이들은 대부분 계약 노예(indentured servants)의 형태로 건너왔는데, 대서양을 건너는 운임의 대가로 약 7년간 일을 해주고 계약기간이 종료되면 약간의 돈과 농기구를 받아 미개척지로 이동하여 자립농으로 자리잡았다. 이들은 매우 이동성이 강하여 항시 새로운 개척지를 향하여 이동하는 특성을 보이며 흩어져 사는 고립된 생활을 선호하여 식민지 시대 초기의 신개척지였던 뉴잉글랜드에서 조지아 주에 걸친 애팔래치아 산간 지역으로 많이 이주하여 정착했으며 이들은 상대적으로 고립된 이곳에서 아직도 이민 초기 시절의 문화적 특성을 유지한 채 살아가고 있다.

이 시기에 스코틀랜드계 아일랜드인 다음으로 많이 건너온 이주민은 독일인인데 이들은 이후에도 19세기 전 시기에 걸쳐 꾸준히 미국에 대량으로 이주하여 현재 가장 규모가 큰 유럽계 민족을 형성하고 있다. 독일인은 본국의 정치적 혼란과 경제적 어려움을 피해서 온 자영농이 주류를 이루는데, 대체로 미대륙의 신개척지 부근에 자기 민족의 이주민만으로 구성된 집단 촌락을 만들어 거주하는 경향이 있다. 그들은 처음부터 도시보다는 농촌 개척 지역에 거주하였으며 식민지의 정치에는 거의 관여하지 않았다. 또한 독일인들은 일단 집단촌에 거주하면 좀처럼 이동하지 않고 매우 단단한 공동체를 형성하였다. 독일인들은 농사기술이 좋고 근면하였기 때문에 물질적으로 비교적 풍부한 생활을 누릴 수 있었다. 이후에 이주한 독일인들도 비슷한 유형을 보이며 중서부 지역에 자신들의 집단 공동체를 건설하였다. 이렇게 단단한 집단 공동체를 만들며 물질적으로 풍부한 생활을 누린 독일계 이주민들은 영국계 이주민들이 때때로 벌이는 외국인 배척운동(nativism)의 배척 대상이 되기도 하였다.[2]

이들 이외에도 영국으로부터 죄수와 빈민들이 들어왔으며 이외에 아일랜드인과 스코틀랜드인 및 비자발적 이주민인 흑인노예들도 대량으로 들어와, 1776년 건국시에는 잉글랜드 영국계는 52%에 불과한 반면 흑인이 전체 인구의 20%나 차지하고 특히 남부 일부 주에서는 과반수를 넘는 매우 다양한 민족 구성을 갖게 되었다.

이민의 두 번째 물결: 1820~1890

영국의 산업혁명의 영향으로 유럽의 인구가 급증하고 '인클로저 운동' 등으로 농민으로서의 생활이 어려워진 유럽인들은 나폴레옹 전쟁과 미영 전쟁이 끝난 이후 대규모로 미대륙에 몰려들어왔다. 증기선의 발명으로 운임이 싸졌으며, 우편제도의 보급으로 이주민의 소식이 유럽에 급속히 전파되어 이주를 자극한 것도 주요 원인이다. 이 시기 이민들을 규모 순으로 보면 독일인, 아일랜드인, 영국인, 스칸디나비아인이 주를 이루었으며 그 외에 프랑스계 캐나다인, 중국인, 스위스인, 네덜란드인들도 적지 않게 들어왔다.

아일랜드인의 경우 1850년대와 1880년대에 아일랜드를 휩쓴 혹심한 감자 기근을 피해서 일시에 대규모로 미대륙에 건너왔는데, 이들은 극심하게 가난하여 개척지를 구입할 돈이 없어 대도시에 대규모로 정착했다. 이들은 이전의 이주민과는 달리 도시 빈민을 형성하고 카톨릭교를 믿어 1850년대 극심했던 외국인 배척운동의 주요 목표물이 되었다. 이 시기의 이민자들은 다양한 요인으로 미국에 건너왔다. 1940년대 후반부터 불붙은 골드 러시, 1962년 홈스테드 법으로 대표되는 중서부 지역의 정착민 유치 정책, 미국의 산업화에 따른 숙련 및 미숙련 노동력의 대규모 수요 등이 이들의 이주를 자극하였다. 스칸디나비아인들의 경우 중서부 지역에 정착하여 농사 혹은 벌채업에 종사하였으며 이후 서북부의 신개척지로도 이동하면서 주로 비도시적 특성을 띤다. 중국인들의 경우 1940년대의 골드러시와 1960년대 대륙간 횡단철도 건설을 계기로 적극적으로 유입된 뒤 곧이어 불어 닥친 경제 불황기에 외국인 배척운동의 가장 큰 희생양이 되어 본국으로 강제 송환되기도 하였다. 이는 중국인들의 문화가 기존의 유럽계 이주민들과 매우 상이한데다 중국인들이 매우 강한 집단 결속력을 가지며, 근면하고 검소하여 백인들의 기득권에 위협이 되는 경쟁자로 비추어졌기 때문이다. 그 결과 미국 역사에서 최초로 이민을 억제하는 법규인 중국인 이민금지법이 1882년에 만들어졌다.

이민의 세 번째 물결: 1890~1930

미국의 신개척지가 고갈되는 1890년경이 되면 북서유럽으로부터 이주해 오는 사람은 드물어지고 대신 남유럽과 동유럽으로부터 짧은 기간 내에 대규모로 이주민이 몰려든다. 이탈리아인, 유태인, 폴란드인, 헝가리인 등이 이 시기에 들어온 주요 집단이며, 이외에도 멕시코인, 러시아인, 체코인, 그리스인, 포르투갈인, 시리아인, 일본인, 필리핀인 및 기타 다른 민족들도 적지 않은 숫자가 이 시기에 이주한다. 이들은 이전의 북서유럽계 이주민과는 매우 상이한 특성을 보인다. 이들은 과거 영국계 이주민들이 신교도들인 것과는 달리 카톨릭이나 그리스정교를 믿어 WASP를 중심으로 한 미국인의 정체성을 위협하는 존재로 비추어졌다. 또한 이들은 도시 빈민지역에 밀집하여 민족의 집단 공동체(ethnic enclave)를 이루며 빈곤, 범죄, 불결, 실업, 부패 등 도시문제의 주범으로 지목 받았다. 이는 수중에 변변한 자본도 없이 미국에 이주해 온 이민자들로서는 신개척지가 사라진 상황에서 도시에서 생존수단을 모색할 수밖에 없으므로 지극히 당연한 귀결이었다.

이러한 매우 상이한 민족의 급작스런 대량 출현으로 인하여 미국사회는 통일성을 유지하는 문제를 둘러싸고 매우 긴장하게 되었다. 그 결과 이러한 새로운 종류의 이민을 극소수로 제한하는 이민 법안을 수 차의 개정을 거치면서 1924년에 만들게 된다. 또한 같은 해에 동양으로부터의 이민자를 금지하는 법안을 만들었다. 그 결과 1965년 이민법 개정이 이루어질 때까지 과거와 같이 본격적인 이민의 물결은 미국 땅에서 한동안 사라지게 되었다.

이민의 네 번째 물결: 1965년 이후

1924년의 이민법은 북서유럽인 이외의 이민을 사실상 금지시켰으나 1965년에 이민법이 개정될 때까지 적지 않은 수의 멕시코인과 함께, 두 차례의 전쟁 기간 중에는 유럽과 아시아로부터의 피난민을 받아들였다. 그러나 본격적인 이민의 물결이 다시 시작된 것은 1965년 이민법을 개정하면서 이민자 선발 기준을 국가별 할당으로부터 반구별(hemisphere) 할당으로 바꾸고, 또한 기술 인력과 친족관계자 초청 이민의 길을 열어놓으면서부터이다. 이 시기가 되면 유럽으로부터의 이민은 격감하고 대신 미국보다 가난한 제3세계 국가들로부터의 이민이 주류를 이루게 된다. 중남미 국가들과 아시아의 이민자들이 주류를 이루며, 1990년 소련연방이 붕괴하면서 과거 공산권에 속한 국가들로부터의 이민도 급증하게 되었다. 이들은 과거의 이주민들보다도 더 유럽의 문화와는 상이한 사회문화적 배경을 갖고 있었으며, 또한 이주민 상호 간의 다양성도 더 높아졌다. 1990년대에 들어 매년 약 20만 명의 합법적 이민자들이 미국에 입국하고 있으며, 이와는 별도로 약 50만에서 100만 명의 불법 이민자들이 매년 미국 땅을 밟고 있다.

중남미 국가들 특히 멕시코로부터의 이주민은 쿠바를 제외하고는 대부분 본국에서 사회경제적으로 매우 어려운 처지를 벗어나고자 이민 온 경우이다. 이들은 미국사회에서 하층 직업을 전전하며 지리적 근접성으로 인해 본국에 남겨놓은 친지들과 밀접한 관계를 유지하고 있다. 아시아인들의 경우 본국에서 비교적 높은 교육을 받고 왔으며 미국에 정착해서도 근면과 검약으로 짧은 시기 안에 주류사회로 근접해 가는 경향을 보인다.[3] 이들은 과거의 이주민들과는 달리 거의 모두가 대도시 지역에 정착한다.

지금까지 서술한 일련의 이민의 물결을 종합하면 몇 가지 일반적 경향을 읽을 수 있다.

첫째, 근래로 올수록 최초의 영국계 이민자들과는 사회문화적 배경이

다른 좀더 이질적인 집단의 이민자들이 미국으로 들어오고 있다. 과거에 이민 온 집단일수록 북서유럽의 사회문화적 전통에 근접한 반면 근래에 이민 온 사람들은 이 전통으로부터 매우 동떨어진 사회문화적 출신 배경을 보인다.

둘째, 근래로 올수록 이민자들 상호 간의 사회문화적 이질성은 더욱 커지고 있다. 과거 18세기 초반에 이민 온 집단인 스칸디나비아인들과 독일인 간의 차이보다는, 19세기 후반에 이민 온 이탈리아인들과 폴란드인들 간의 차이가 더 크며, 이들보다는 20세기 후반에 이민 온 베트남인과 멕시코인 간의 차이가 더 크다.

셋째, 이민자들의 세대가 거듭될수록 미국화되어가는 경향이 있다. 거꾸로 최근에 건너온 이민자 집단일수록 고유의 사회문화적 정체성을 더욱 강하게 갖고 있다. 초기에 이민 온 독일인이나 스칸디나비아인들의 경우 대부분 미국화된 반면, 최근에 이민 온 멕시코인들의 경우 자신의 사회문화적 전통과 정체성을 강고히 유지하고 있다.

넷째, 이민자 집단의 도미 시기가 오래될수록 미국사회에서 차지하는 지위가 높으며 근래에 왔을수록 사회경제적으로 하층을 점한다. 18세기 초에 건너온 스코틀랜드계 아일랜드 이주민 후손이 19세기 중반에 건너온 아일랜드계 후손보다 사회적으로 상층의 지위를 점하며 최근에 이민 온 중남미계인들은 사회경제적으로 최하층에 근접해 있다.

다섯째, 흑인들은 위에 기술한 모든 일반적 경향에서 예외적인 현상으로 존재한다. 그들은 가장 최초로 미대륙에 건너왔으나 영국계 백인들과의 이질성이 매우 크고, 독자적인 민족적 정체성을 갖고 있으며, 사회적으로 최하층을 점하고 있다.

4. 민족집단의 특성과 실태

앞에서 미국의 민족 집단들이 이민을 통해 시계열적으로 형성된 과정을

살펴보았다. 여기에서는 현재의 시점에서 이들의 특성과 실태를 간단히
살펴본다.(Mauk and Oakland; Macionis)

아메리카 인디언(American Indians)

아메리카 인디언은 콜럼버스 도래 이전 북미 대륙에 살던 수많은 상이한
부족을 포함한다. 이들은 농경에서부터 유목, 수렵, 채취에 이르기까지 매
우 다양한 생활양식을 보이고 있었다. 1970년대 민족적 정체성을 찾으려는
의식적인 노력이 이루어지기 전까지 아메리카 인디언은 조직적 통일성을
갖고 있지 않았으며 단지 백인의 대인디언 정책의 대상으로 집합적으로 분
류된 집단으로서만 존재했었다. 아메리카 인디언들은 유럽인이 전한 전염
병과, 토지를 둘러싼 백인들과의 싸움에서의 잇따른 처절한 패배, 뒤이어
생존 환경이 매우 열악한 보호구역 속에서 겪은 절망과 빈곤으로 인하여,
놀랍게도 콜럼버스 도래시에 1,000만 명에 이르던 인구가 200년 후인 건국
초기에는 200만 명으로 줄어들더니 20세기 초기에는 25만 명에 불과하여
한때는 '사라져가는 미국인(vanishing Americans)'으로 불리기도 하였다.

백인들의 아메리카 인디언에 대한 정책은 초기에는 강제적인 분리 정책
을 취하여 백인들이 살고 싶어하는 지역으로부터 멀리 떨어진 지역으로
쫓아내 백인으로부터 격리시키는 것이었다. 땅을 둘러싼 백인 집단과 인
디언 간의 불공평한 협정과 뒤이은 백인들의 일방적인 협정 위반, 잇따른
인디언의 저항과 굴복, 또다시 새로운 협정과 일방적인 위반, 저항과 굴복
이 반복되었다. 인디언들은 생존수단이 매우 열악한 지역으로 내몰리고
이어 더 열악한 지역으로 다시 내몰리는 과정을 20세기 초반까지 반복하
면서 결국 오늘날의 인디언 보호구역으로 제한되었다.

19세기 후반에는 인디언을 백인사회에 강제적으로 동화시키는 정책을
취하기도 하였다. 인디언의 자녀를 강제적으로 부모로부터 분리하여 멀리
떨어진 기숙학교에서 백인의 문화를 교육받도록 하였으며, 1887년에는
'Dawes Act'라고 하여 인디언 부족의 전통적인 토지 공동소유제를 파괴하

고 개인소유제로 전환하는 법률을 강제로 시행하였다. 1930년대 루즈벨트 대통령은 이러한 부족 파괴정책을 되돌리는 법안을 통과시키기도 했으나, 1950년대에는 다시 인디언들의 실업문제를 해결한다는 취지에서 이들을 도시로 강제 이주시키는 정책을 추진하기도 하였다. 이러한 일련의 정책은 대부분 인디언들의 열악한 생존 조건을 향상시키는 데 실패하였다. 현재 인디언 보호구역에서의 실업률은 50%를 상회하고, 빈곤율도 전국 평균의 세 배 이상이며 대학 졸업자 비율도 전국 평균의 삼분의 일에도 미치지 못한다. 그 결과 인디언 보호구역에서 살고 있는 인디언의 수는 전체 인디언의 수의 4분의 1에도 미치지 못하며 많은 수의 인디언들이 도시에서 어려운 삶을 살고 있다.

인디언들이 이렇게 사회적으로 매우 열악한 삶을 영위하고 있는 원인은 여러 가지로 진단할 수 있다. 가장 큰 원인은 지속적인 핍박의 결과 소득을 얻을 수 있는 자원으로부터 배제되어 있는 상황 속에서 세대 간에 빈곤을 전승하고 있다는 점이다. 인디언 보호구역은 거의 모두가 경작에 적당하지 못한 토지이며, 인디언은 도시에서 취업하기 위하여 필요한 기술이나 교육을 받을 기회로부터도 배제되어왔다. 두 번째는 인디언에 대한 백인사회의 차별이다. 인디언에 대한 체계적이며 지속적 차별의 결과 교육과 취업의 기회나 사회적 성공의 기회로부터 차단당하고 있다. 세 번째로 지적되는 원인은 인디언 문화 특유의 비경쟁적 인생관이나 이와 연관된 백인의 교육에 대한 거부감이다. 인디언들은 자연과 인간 및 인간과 인간 간의 조화라는 기본 가치를 보유하고 있는데, 이는 백인사회에서 성공하기 위하여 요구되는 경쟁적 이기적 인간관과는 맞지 않는다. 네 번째 원인은 부정적 자기 정체성이다. 백인으로부터의 핍박으로 처절하게 패배한 조상에 대한 기억과 이에 대한 후손들의 무기력은 매우 절망적이며 부정적인 자아상을 갖게 한다. 그 결과 많은 인디언들은 알코올 중독에 빠져 있으며 장래에 대한 계획이나 희망을 상실한 상태이다. 이러한 부정적인 집단 기억을 극복하고 긍정적인 자아상을 갖는다는 것은 일개인의 노력으로는 매우 힘든 일이다.

아메리카 인디언들은 1960년대 후반 민권운동의 영향으로 민족적인 정체성을 회복하기 위한 조직 활동을 시작하였다. 1969년 샌프란시스코 앞바다에 있는 알카트라즈 섬을 점거하고 시위를 벌인 사건 이래 전미인디언운동(American Indian Movement)을 조직하고 일련의 법정투쟁에서 과거 선조들이 억울하게 굴복하여야 했던 불평등 조약에 대한 배상을 받아내는 등의 노력은 인디언 민족의 자긍심을 새롭게 하는 계기가 되었다. 대학에 인디언 연구분야가 개설되고 인디언의 문화와 역사를 새로이 조명하는 작업은 인디언 민족의 긍정적 자화상을 만드는 데 크게 기여하였다. 그 결과 1990년의 센서스에서는 본인이 인디언이라고 밝힌 인구가 이전에 비하여 급속히 증가하는 현상을 가져왔다.(Fost)

흑인 혹은 아프리카계 미국인(African Americans)

미국 역사에서 흑인은 초기부터 백인과 함께 미대륙에 상륙했으나 1863년 링컨 대통령이 노예제도를 법적으로 종식시킬 때까지 흑인노예의 문제는 건국 초기부터 미국사회를 왜곡시키는 가장 심각한 문제로 인식되었다. 남부 지역의 경우 플랜테이션 농업은 흑인노예를 매우 경제적 가치가 높은 자원으로 만들었으며, 노예제가 공식적으로 종식된 이후에도 흑인들을 종속 상태에 두고 백인의 기득 이권에 접근하지 못하도록 하기 위한 체계적인 차별이 지속되었다. 이러한 경제적 이득에 기인한 차별을 정당화하기 위하여 흑인의 생물학적 저열성을 옹호하는 이데올로기가 만들어졌으며, 심지어는 최근 학계에서 흑인의 지능이 백인보다 열악하다는 주장이 나와 전국적으로 큰 반향을 일으키기도 하였다.(Hernstein and Murray) 흑인은 게으르고 자발성이 부족하며 감정적으로 둔하고 지저분하며 미래를 위하여 현재의 만족을 보류할 줄 모른다는 등의 고정관념과 함께 근래에 들어서는 범죄 성향이 강하며 마약을 하고 무책임한 섹스와 임신 출산을 한다는 등의 편견이 덧붙여졌다.

　1960년대 민권운동에서 부정될 때까지 흑인에게는 실제적으로 참정권이 주어지지 않았으며, 또한 남부지역의 경우 '짐크로우 법(Jim Crow laws)'이라고 통칭되는 흑백 간의 분리는 일상생활의 사소한 것에 이르기까지 흑인의 자존심을 옥죄는 효과를 발휘했다. 인권 평등을 규정한 헌법 조항이 엄연히 있음에도 1857년 대법원의 'Dred Scott 사건'에서는 흑인을 미국 시민이 아니라고 판결했으며, 1896년 'Plessy vs. Ferguson 사건'에서는 흑백 간의 분리가 헌법의 평등 정신에 어긋나지 않는다고 판결하였다. 20세기 중반까지도 백인은 흑인을 폭행하고도 무사할 수 있었으나, 흑인은 법정에서 백인에게 불리한 증언을 하지 못하도록 하였다.

　흑인들의 민족적 정체성에 대한 의식이 본격적으로 형성된 것은 두 차례에 걸친 세계대전 특히 제2차 세계대전에서 흑인이 백인과 함께 전장에서 싸우면서 평등의식이 높아진 것이 주요한 계기이다.(Foner) 이후 1950년대와 1960년대에 걸쳐 조직적으로 민권운동을 펼치면서 우호적인 백인들의 지원을 받아 흑백 간 제도적인 차별을 철폐하는 조치를 단계적으로 성취해 나갔다. 그 결과 1964년 민권법에서 마침내 흑인과 백인 간의 법적인 차별이 완전히 철폐되었다. 그러나 법적인 차별의 철폐에도 불구하고 흑백 간의 사회경제적 차별과 격차는 쉽게 개선되지 않는 상황에 접하여 1960년대 중반 전국적으로 대규모의 도시 폭동과 흑인 분리주의 운동이 출현하기도 하였다. 과거의 차별로 인한 격차를 보상하기 위하여 흑인에게 의도적으로 더 우월한 혜택을 주는 제도인 'Affirmative Action Program'은 1990년대에 들어와 백인들의 반발에 부딪쳐 중단되기는 했으나 많은 흑인들에게 고등교육과 중산층 직업을 가질 수 있는 기회를 제공하였다. 그 결과 1960년대 민권운동 이래 흑인의 사회경제적 지위 상승은 지속적으로 이루어져왔으며 특히 정치적인 참여는 다른 어느 소수민족보다도 두드러진다. 흑인 민권운동은 흑인의 문화적 정체성을 확립하는 운동으로 확산되어 대학에서 흑인 문제 전공 학과가 생기고 흑인 고유의 문화를 발굴하는 등 이에 대한 긍정적 의식이 확산되고 있다. 심지어는 흑인 문화의 정체성을 강화하기 위하여 '콴자(Kwanza)'라고 하여 흑인 고유의 축일을 새로이 만들어 지키는 운동을 벌이기도 한다.

이렇게 20세기에 들어서서 흑인들의 사회적 지위와 민족적 정체성이 높아지고 있기는 하지만 여전히 사회경제적 지위는 매우 열악하며 흑인에 대한 사회경제적 차별이나 문화적 편견도 매우 강하다. 흑인들은 평균적으로 백인의 65%의 소득만을 벌고 있으며 빈곤율이나 실업률은 백인 대비 두 배를 넘어서고 있다. 백인 중산층과 함께 교외지역에 사는 흑인들도 적지 않으나, 여전히 대부분의 흑인들은 도시 빈곤지역에 집단 거주하면서 범죄, 마약, 미혼모 등 사회문제의 가장 큰 가해자이면서 피해자인 것이 현실이다.

아시아계 미국인(Asian Americans)

아시아계 미국인은 출신 지역에 따라 매우 상이한 사회문화적 배경을 가진 민족으로 구성되어 있다. 1990년 인구조사에 따르면 아시아계 미국인의 인구수는 중국인·필리핀인·일본인·인도인·한국인·베트남인 순으로 나타났는데, 이들 상이한 민족들 간의 사회문화적 차이는 매우 크다. 이들은 19세기 중반의 골드러시에 이주한 중국인을 시발로 하여 20세기에 들어서 가장 빠르게 성장하는 이주민 집단으로 부상하고 있기는 하지만, 최근에 이르러서야 '범아시아인의 정체성(pan-Asian identity)'을 구축하기 위한 사회 운동이 시작됐을 만큼, 개별 민족적 정체성을 넘어선 전체 아시아계 미국인으로서의 정체성은 형성되어 있지 않다.

아시아계 미국인은 유럽계 미국인으로부터 엄청난 편견과 차별에 시달려야 했다. 이는 유전적 및 사회문화적으로 매우 이질적이라는 사실과 더불어, 자녀 교육을 중요시하고 근면 검소한 가치관 덕택에 경제적 기반을 착실히 확보해 나가면서 백인사회의 경쟁자로 부상하는 것에 대한 시기가 더해진 결과이다. 아시아계 미국인들은 19세기 중후반에 기승을 부린 외국인 배척운동의 주요 희생자가 되어 강제 추방당하거나 이민을 금지 당하였다. 20세기 중반 제2차 세계대전이 발발할 때까지도 아시아계 미국인이 많이 거주하던 서부지역에서는 이들에게 시민권을 제한하거나 백인과의 혼인을 금하거나 가옥과 토지의 소유를 금지하는 법안을 만드는 등 체계적으로 이들을 차별하였다. 아시아계 미국인들이 대도시의 일부 지역에 모여 살면서 자신들만의 공동체를 계속 유지한 것은 한편으로 미국사회에 적응하기 위한 자발적 선택의 측면도 있지만, 그보다는 체계적 차별로 인하여 외부로부터 강요된 거주 및 사회경제적 기회의 제한이 낳은 귀결이라는 해석도 있다.(Takaki)

표3 아시아계 미국인들의 사회경제적 지위 비교, 1990.

	가족소득	빈곤율	4년제 대학 졸업자 비율*
중 국 계	$41,316	14.0%	40.7%
일 본 계	$51,550	7.0%	34.5%
한 국 계	$33,909	13.7%	34.5%
필 리 핀 계	$46,698	6.4%	39.3%
아시아계미국인 전 체 평 균	$42,240	14.0%	37.7%
미 국 전 체 평 균	$35,225	13.1%	20.3%

출처: US Bureau of Census, Macionis, 1999, p.229에서 재인용.
* 20세 이상 성인 중의 점유율임.

　　아시아계 미국인들은 출신 지역과 이주 시기에 따라 편차가 매우 크다. 먼저 이주 시기에 따른 차이를 보면 1965년 이민법 개정 이전에 들어온 이민자는 대부분 돈도 기술도 없이 성공의 기회를 찾아서 도시 지역에 정착한 과거의 이민자의 유형과 흡사하다. 반면 이민법 개정 이후에 새로이 문호가 열리면서 들어온 이주민들은 상대적으로 교육수준이 높고 출신 국가에서도 세련된 도시 생활자로 중산층의 직업을 영위하던 사람들이 주종을 이룬다. 그러나 이들도 미국에 들어오면 언어 장벽과 차별로 인하여 백인 주류사회에 흡수되기는 어려우며 과거의 이민자들과 마찬가지로 저임금의 최하위 직업이나 혹은 장시간 노동의 자영업에 종사한다. 이들이 과거의 이주민들이나 혹은 다른 소수민족들과 다른 점은 자녀 교육수준을 매우 중요시하며, 이민 2세대가 되면 많은 수가 높은 교육수준을 배경으로 하여 상위의 직업에 진출하게 된다는 사실이다.

아시아계 이주민들의 출신지역에 따른 편차 또한 매우 크다. 중국계 미국인들의 경우 처음 이주한 이래 오랜 시간이 흐르고 세대를 거듭하면서 중국인들 내에서도 내적인 다양성을 크게 보인다. 전체 중국계 미국인들 중 약 20% 정도가 대도시의 중국인 집단 거주지역에서 살고 있는데, 이들 중 많은 수는 여전히 중국어를 제1언어로 쓰고 중국 문화에 보다 더 익숙하며 사회경제적으로 상대적으로 낮은 수준의 생활을 영위하고 있다. 한편 중국인 집단촌 밖에 거주하는 나머지 대다수 중국인들은 미국사회에 흡수되었다. 이들 중 많은 수가 레스토랑 등의 자영업을 경영하기는 하지만 주류사회의 전문 직종에도 많이 진출해 있으며 교외 지역에 거주한다. 그 결과 중국계 미국인 전체를 놓고 볼 때, 소득이나 교육수준은 미국인 전체 평균보다 높지만 빈곤율 또한 전국 평균보다 높다. 이는 중국인들 내에서도 부자와 가난한 사람 간의 격차가 상당함을 뜻한다.

일본계 미국인들은 중국인과는 매우 다른 적응 양태를 보인다. 그들은 초기 정착 과정에서부터 다른 아시아계와 차이를 보이는데, 많은 일본계 이주민들은 처음부터 농촌지역에 정착하였다. 이후 세대를 거듭하면서 대부분이 도시로 이주하였으나 다른 아시아계 이주민들에 비하여 도시 일부 지역에 집단 거주하면서 자신의 사회문화적 전통을 계속 유지하려는 경향은 상대적으로 희박하다. 다른 아시아계 미국인들과 비교하여 백인과 혼인하는 비율이 월등히 높으며, 세대를 거듭하면서 빠른 속도로 미국 주류 사회에 흡수되는 경향을 보인다. 일본계 미국인들은 소득 수준에서 다른 아시아계 미국인들이나 미국 전체 평균보다 월등히 높으며 빈곤율도 매우 낮다. 특히 하와이 지역의 경우 아시아계 미국인들이 인구 수 면에서 과반 수 이상을 차지하며 그 중에서도 다수를 차지하는 일본계 미국인들은 하와이 주의 정치와 경제를 지배하고 있다.

20세기 초반 하와이에 사탕수수 노동자로 미국 땅에 최초로 진출한 한국인들은 이후 1965년 이민법의 개정 이래 본격적으로 미대륙 본토로의 이민을 시작하였다. 이들은 중국인들과 유사하게 대도시에 집단 거주지를 구축하면서 자신의 사회문화적 전통을 계속 유지하는 관행을 보인다. 이들은 출신국가에서는 상대적으로 우월한 사회경제적 배경을 갖고 있으나, 미국으로 건너와서는 이민 1세대의 경우 잡화점이나 청과물상 등의 자영업에 주로 종사하며 이민 2세대에 이르러 높은 교육수준을 배경으로 백인 주류 사회에 진출한다. 중국계나 일본계 미국인보다는 사회경제적 수준이 많이 뒤처지는데, 이들의 수입은 아직 전국 평균치에 미치지 못하며 빈곤율도 전국 평균치보다 높다. 성인 중 대학 졸업자 비율은 전국 평균치보다는 높으나 다른 아시아계 미국인 집단들에 비하여 상대적으로 낮은 편이다.

스페인계 혹은 중남미계 미국인(Hispanic or Latino)

중남미계 미국인들은 현재 미국사회에서 가장 빠르게 성장하는 집단으로 2000년 인구조사에서는 비합법적 이주민까지 포함할 때 흑인의 인구수를 앞질러 최대 규모의 소수민족의 지위를 차지하였다. 그러나 중남미계 미국인들은 아시아계와 흡사하게 상호 간 매우 이질적인 집단을 포괄하며, 범스페인계 민족으로서 단일한 민족적 정체성을 형성하고 있지 않다. 인구 규모 면에서 보면 멕시코 출신이 전체의 3분의 2 이상을 차지하며 다음으로 푸에르토리코인, 쿠바인 및 기타 중남미의 다양한 국가들 출신으로 구성되어 있다. 이들의 인종적 특징은 백인, 흑인, 아메리카 원주민 및 다양한 조합의 혼혈에 이르기까지 매우 상이하다. 이들 중에는 1848년 미국과의 멕시코전쟁 이전부터 미국 땅에 거주했던 사람들도 있지만 대부분은 제2차 세계대전 이후 특히 1970년대부터 집중적으로 이주한 사람들이다. 스페인어를 쓴다는 공통점을 제외하고는 미국에 적응하는 방식이나 사회경제적 특징이 출신 지역에 따라 매우 상이하다.

멕시코계 미국인들은 남서부에 집중적으로 거주하며 LA지역의 경우 전체 인구의 과반수를 점할 정도이다. 남서부지역에서 이들의 점증하는 세력은 백인사회와 문화에 압박 요인으로 작용하여 긴장을 촉발시키고 있다. 남서부 지역에서 멕시코계 미국인들의 정치적 대표성이 높아지고 있으며 스페인어를 교육 기관에서 공식 언어로 채택하도록 하는 법안을 만들기도 하였다. 남서부 지역의 멕시코계 미국인들은 자신들의 문화적 정체성에 대한 자각도 점차 높아져 스페인 문화를 보존하고 활성화하는 적극적 노력이 전개되고 있다. 이들은 본국과의 지리적 근접성 및 수적 우세를 배경으로 하여 미국에 이주해서도 스페인어를 유지하고 자체의 민족적 문화를 지속시키는 경향이 있다. 그러나 세대가 거듭하면서 영어를 주로 쓰고 백인 주류사회의 교육과 직업체계에 편입함으로써 성공을 거두려고 하는 이민자의 일반적 경향을 따른다. 이들은 전반적으로 비숙련 저임금 노동에 종사하기 때문에 소득수준이 낮고 빈곤율이 높은 편이나 흑인 집단보다는 상대적으로 나은 상태를 보인다. 남서부의 경제가 이들의 저임금 노동력에 크게 의존하기 때문에 이들에 대한 사회적 차별에도 불구하고 불법 월경자를 포함한 스페인계 이주민의 유입이 계속 용인되고 있다.

푸에르토리코는 1898년 미국과 스페인의 전쟁으로 미국에 편입되었는데, 푸에르토리코인들이 미국으로 본격적으로 이주한 것은 1970년대 이후이다. 이들의 경우 다른 이주민과는 달리 미국 내 거주에 대한 법적 지위에 불안이 없으므로, 미국 본토에 이주한 후에도 적응에 어려움을 겪으면 다시 본국으로 복귀하였다가 다시 이주를 반복하는 유형을 보인다. 푸에르토리코 이주민의 90% 이상은 뉴욕의 집단 주거지에 정착해 살며 멕시코인과 비교하여 현저하게 열악한 사회경제적 수준에 머물러 있다. 영어를 사용하고 미국인의 교육에 참여하면서 미국 주류사회에 적응하는 면에서는 매우 느린 진전을 보이며, 미국의 흑인과 유사하게 실업·범죄·마약·미혼모 문제 등으로 어려움을 겪고 있다.

쿠바계 미국인들은 여타 스페인계 사람들과는 매우 상이한 특성을 지니고 있다. 대부분의 쿠바계 미국인들은 1959년 쿠바의 공산화를 계기로 정치적 동기에서 쿠바를 탈출한 사람들로서 교육수준이나 사회경제적 수준에서 쿠바 사회의 상위를 차지했던 사람들이다. 이들은 미국에 이주해서도 마이애미에 집단 이주촌을 건설하고 스페인어와 민족적 정체성을 매우 강하게 유지하고 있으며 사회경제적 수준도 매우 높다. 그러나 백인사회로부터의 차별로 인하여 주류사회에 진출하는 데는 어려움을 겪어, 미국인 전체와 비교해 볼 때 여전히 낮은 소득, 높은 실업률과 빈곤율을 기록한다.

백인 민족 집단(White Ethnic Americans)

앞 절에서 보았듯이 19세기까지의 이민사는 유럽지역으로부터 백인의 이주가 주류를 이룬다. 최초의 영국인에 뒤이어 스코틀랜드계 아일랜드인, 독일인, 북유럽인, 아일랜드인, 남유럽인, 동유럽인과 유태인의 순으로 진행된 이민의 물결은 이민의 역사가 길수록 WASP를 중심으로 한 사회문화적 주류로부터 동심원의 바깥쪽으로 퍼져나가면서 백인사회의 사회문화적 동질성에서 멀어져 간다. 20세기에 들어와 유럽으로부터 대규모 이민이 중단되고 이주민의 세대가 이어지면서 교육과 혼인을 통한 상호 간 결합이 증가함에 따라 백인사회 내의 동질성이 강화되는 현상을 관찰할 수 있다. 예컨대 아일랜드인과 남유럽인들은 케네디 대통령과 듀카키스 대통령 후보의 사례가 보여주듯이 주류 백인사회에 근접하게 되었으며, 동유럽인들과 유태인들의 경우에도 정도의 차이는 있으나 초기 이민자로부터 세대가 계속되면서 동화의 과정이 상당히 진전된 것으로 관찰된다.

그러나 앵글로색슨(Anglo-Saxon)인들이 아닌 경우 아직도 많은 지역에서 고유의 민족 정체성을 유지하고 있는 경우가 많다. 백인 민족 집단 중 단일 규모로는 가장 큰 독일계 미국인이나 북유럽계 사람들의 경우 일부 지역을 제외하고는 거의 미국화(Americanized)된 것으로 보이며 프랑스계 또한 루이지애나 일부 지역을 제외하고는 독자적 민족적 정체성을 유지하고 있지 않다. 스코틀랜드계 아일랜드인 및 스코틀랜드인의 경우 거의 완전히 미국화되었으며 짧은 시간 안에 대규모로 이주한 아일랜드인들만이 최근까지 민족적 정체성을 부분적으로 유지하고 있다. 반면 남유럽계인들이나 동유럽계인들의 경우 WASP문화와의 이질성으로 인하여 박해와 차별을 받았으며, 그 결과 사회경제적으로도 서유럽계 민족들에 비하여 상대적으로 낮은 지위를 차지하고 있다.(Alba)

이들의 많은 수는 여전히 문화와 생활관습에서 앵글로색슨 주류문화와 차이를 보이고 있다. 1960년대 흑인 민권운동과 흑인문화회복운동에 영향을 받아 백인 민족 집단들도 자신의 문화적 고유성에 대한 자각이 새로이 높아지게 되었다. 대학과 문화계를 중심으로 하여 민족 고유의 문화를 발굴하고 활성화하려는 노력이 흑인, 아시아계, 스페인계는 물론 백인 민족 집단, 특히 남유럽과 동유럽계 민족 집단들에게 활발하게 전개되었다. 그러나 이들의 경우 민족 고유의 언어를 사용하는 경우는 거의 없으며, 젊은 세대일수록 미국화되는 경향을 읽을 수 있다.[4]

표4 유럽계 미국인의 분포, 1990

민족 구분	점유율(%)
유럽계 미국인 전체	80.0
독일계	23.3
아일랜드계	15.6
잉글랜드계	13.1
이탈리아계	5.9
프랑스계	4.1
폴란드계	3.8
네덜란드계	2.5
스코틀랜드-아일랜드계	2.3
스코틀랜드계	2.1
스웨덴계	1.9

노르웨이계	1.6
러시아계	1.2
웨일즈계	0.8
덴마크계	0.6
헝가리계	0.6

출처: US Bureau of Census, Macionis, 1999, p.216.

5. 다문화주의와 인종문제의 전망

1960년대 민권운동의 시기까지 미국인이 숭상한 원칙은 미국 시민이 되고자 하는 모든 사람들은 미국주의(Americanism or American Creed)라고 통칭되는 단일한 미국의 사회문화 체계로 미국화(Americanized)되는 것이었다. 미국의 주화에 각인된 '다수로부터 하나로(E Pluribus Unum)'라는 문구나 용광로(melting pot)의 비유가 이러한 이념을 반영한다. 여기서 암묵적인 가정은 여러 다양한 민족의 사회문화적 요소를 질료로 하여 새로운 사회문화 체계를 만드는 것이 아니라, WASP를 중심으로 하여 식민시대 초기에 설정된 주류문화에 새로운 이주민들을 흡수시키는 것을 의미하였다. 새로운 이주민들은 자신의 문화적 전통을 버리고 미국의 주류문화로 흡수되도록 강요되었다. 또한 이민 집단의 사회경제적 지위에 따라 각 민족의 문화에도 위계서열이 매겨져 있어 WASP 문화를 정점으로 하여 흑인과 최근 이민족의 문화가 최하위를 차지하였다. 그러나 이러한 문화의 위계체계는 1960년대 민권운동 이래 흑인 문화를 필두로 하여 WASP가 아닌 민족들의 문화에 대한 긍정적 재평가 시도와 함께 고유의 민족적 정체성을 발굴하려는 노력과 부딪치면서 1980년대에 들어 격렬한 다문화주의 논쟁을 불러왔다.(Macionis; D'Innocenzo and Sirefman; Hunter 1991)

다문화주의 옹호론자는 각 민족 문화의 정체성과 고유성을 상호 인정하고 존중하며 서로 간에 조화로운 공존을 주장한다. 이들의 주장은 다양한 문화를 상호 존중함으로써 미국 문화의 다양성이 높아지고 이질적인 요소간에 상승작용을 통한 발전의 원동력이 된다는 긍정론으로 요약된다. 반면 다문화주의를 반대하는 입장에서는 극단적 문화적 상대주의(cultural relativism)로 빠질 경우 가치관의 혼란을 초래하며 인류 모두에게 보편타당한 문화적 기준을 무시할 경우 사회문화적으로 후퇴할 수도 있다는 주장을 편다. 또한 극단적 다양성의 주장은 사회문화적 통합성을 저해하여 미국이라고 하는 하나의 사회문화로서의 정체성을 상실하도록 하여 유고슬라비아와 같은 사회적 분열을 가져올 수 있다고 주장한다. 이러한 다문화주의 반대론자의 주장은 1980년대 미국 학생들의 학력 수준이 저하되고, 청소년 범죄와 마약 및 미혼모 문제가 크게 부각되면서 설득력을 얻게 된다.(Bloom)

다문화주의를 둘러싼 논쟁은 특히 영어 이외의 언어의 공용화 논쟁과 다문화주의를 반영한 교육 내용의 수정을 둘러싸고 치열하게 전개되었다. 미국인 여섯 명 중에 한 명이 집에서 영어 이외의 언어를 사용하는 상황에서 영어 이외의 언어의 공용화 논쟁은 미국사회 내에 실제적으로 다문화가 병존하는 현실을 인정하고 존중하자는 주장에 대하여 앵글로색슨 문화의 주도권을 둘러싼 세(勢)대결로 치닫게 되었다. 이러한 주장은 사회문화적 응집력(solidarity)을 떨어뜨린다는 우려에서 백인 주류사회로부터 적극적인 반대 운동을 촉발시켰으며, 그 결과 1990년대 초반 많은 주에서 미국 역사상 처음으로 영어만을 공용어로 인정한다는 법을 제정하는 것으로 막을 내리게 되었다.

다문화주의에 맞게 교육 내용을 바꾸자는 주장은 보다 복잡하게 전개되었다. 여기서 다문화주의는 70년대 중반부터 급속히 활성화된 여권주의와 결합하여 전개된다. 여권주의자들은 여성도 민족 집단과 마찬가지로 편견과 차별을 받는 소수집단(minority)의 일원에 포함해야 한다는 주장을 편다.[5] 다문화주의자의 주장은 남성 WASP 이외의 여성이나 소수민족들에 관한 서술을 보다 더 교과 내용에 포함시키고, 이들의 역할이 기존의 미국 역사 기술에서 소외되어왔던 점을 바로잡아 긍정적으로 재평가하고, 매우 다양한 견해와 민족의 문화가 공존하고 있는 현재 미국사회문화의 현실을 미국화의 관점이 아니라 있는 그대로 이해시키자는 주장으로 요약된다.

이러한 주장은 대부분 1980년대 레이건 정부 이래 사회 전반적인 보수주의의 분위기 속에서 격렬한 논의를 촉발시켰으며, 부분적으로 수용되기도 하였으나 많은 부분 받아들여지지 않았다. 흑인과 아메리카 인디언의 역사적 역할과 문화적 고유성에 대한 긍정적 서술이 교육 내용에 많이 삽입된 것이나, 거꾸로 백인들이 아메리카 인디언에 대하여 잔학 행위를 한 사실을 객관적으로 서술토록 한 것이 이러한 노력의 반영이다. 또한, 학계와 문화계를 중심으로 하여 여성과 소수민족의 고유성에 대한 관심이 크게 일어났다. 흑인과 아메리카 인디언의 실상을 밝히는 「Roots」와 같은 TV 프로그램이나, '운디드니(Wounded Knee)'에서의 인디언 학살에 대한 서적 출판이 대표적인 예이다. 그밖에 소설, 음악, 미술, 요리법, 건축양식, 경축행사 등에서 민족적인 성격이 반영된 사례를 흔히 볼 수 있게 된 점도 다문화주의의 성과로 해석할 수 있다.

다문화주의 운동의 결과 민족적 정체감이 높아졌다고는 하나 앞으로도 미국과 같은 다민족사회에서 개별 민족 고유의 정체성이 계속 유지될 수 있을지는 확실하지 않다. 과거 이민자들과 같이 근래에 이민 온 사람들의 경우에도 세대가 계속되면서 영어를 제1언어로 사용하게 되고 미국의 교육제도에 편입되어 미국적인 가치관(American Creed)을 습득하면서 소위 주류사회에서 성공하려는 경향을 보이기 때문이다. 소수민족 고유의 학교에서 교육받고 민족 고유의 언어와 관습을 유지하는 것이 앵글로색슨족을 중심으로 한 미국 주류사회에서의 성공에 불이익이 된다는 의식이 존재하는 한 이러한 경향성은 사라지지 않을 것이다. 다만 개별 민족 집단이 처한 상황에 따라 주류사회에 동화되는 속도에는 큰 차이를 보일 것이다. 예컨대 일본인은 한국인이나 중국인보다 미국 주류사회에 더 빨리 동화되었으며, 반면 스페인계 미국인들은 아시아인들보다 자신의 언어나 문화를 좀더 오래 유지하는 경향이 있다. 문제는 기존에 WASP 중심의 사회문화

적 주도권이 앞으로도 계속될 것인가 하는 점인데, 흑인과 스페인계와 아
시아계를 합친 인구수가 백인보다 우위를 차지하게 될 21세기 중반에 가
서는 현재 하와이에서 보는 것처럼 백인과 아시아인의 문화가 동등하게
병존하거나 최소한 비백인에 대한 차별의 소멸 현상을 어느 정도는 기대
할 수도 있겠다.

1) 영국 이외의 유럽의 이주민들이 영국계 문화에 미친 사회문화적 영향력을 어떻게 평가할 것인가 하는 점에 대해서는 논란이 있다. 그러나 대부분의 학자들은 20세기 중반까지 이들 비영국계 이주민들이 미국의 사회문화에 미친 영향력은 주변적인 수준에 머물러왔다고 평가한다. 예컨대 비영국계 이주민으로 가장 규모가 큰 민족 집단인 독일계 이주민들이 미국문화에 미친 영향력은 미미하다. 반면 20세기 중반 이래 규모가 커진 중남미계와 아시아계의 경우 현재의 미국사회문화에서 상당한 비중을 차지하고 있다. 그러나 이들도 과거 유럽계와 같이 세대가 거듭되면서 얼마나 민족 고유의 문화적 정체성을 유지할 수 있을지는 두고 볼 일이다.(Zelinsky, 2001)

2) 지금은 대부분의 독일계 이주민 후손들이 영국계의 주류문화에 흡수되었다. 그러나 여전히 오대호 연안의 중서부 농촌지역에는 독일어를 말하거나 혹은 독일인 후손들이 모여 사는 집단 공동체가 유지되고 있다.

3) 교육수준, 소득, 사회적 평판도 등 사회적 지위를 나타내는 지표에서 아시아계 이민자들은 비백인 소수민족들 중에서 가장 앞서 있다. 그 결과 백인사회에서 '모범 소수민족(model minority)'이라는 별칭을 얻으며, 여타 다른 소수민족들 특히 흑인들로부터 질시의 대상이 되기도 한다. 그러나 이러한 아시아계 이주민들도 백인 집단과 비교하여서는 사회적 지위에서 여전히 큰 격차를 보이며 주류사회에 진출하려고 할 때 차별의 벽이 매우 높다.

4) WASP집단에 속하지 않는 유럽인으로서 오랫동안 차별을 받아오면서도 민족의 정체성을 강고하게 유지한 유태인의 경우에도 20세기 후반에 들어와서는 미국화가 빠른 속도로 진전되고 있다. 비유태계 사람들과 혼인을 하는 경우가 늘어나며, 유태인 집단 거주지에서 살지 않는 사람들의 비율이 증가하고, 유태인의 전통과 관습을 고집하지 않는 개혁파 세력이 증대하고 있다. 그 결과 유태계 후손이 미국의 주류사회에서 큰 성공을 거두었으며, 이들에 대한 사회적인 편견과 차별도 거의 사라졌으나, 그에 대한 대가로 민족적 정체성은 매우 약화되었다.

5) 다문화주의와 여권주의는 상호 구분할 수 없을 정도로 매우 밀접하게 연결되어 전개되었다. 예컨대 1990년대 특히 학계를 중심으로 '정치적 올바름(political correctness)'이라 하여 여성과 소수민족에 대한 편견과 차별에 민감하게 반응하면서 과거 그릇된 관행을 교정하자는 취지의 운동이 적극적으로 추진되기도 하였으나, 보수주의자의 반발에 부딪쳐 왜곡되기도 하였다.

참고문헌 ───

Alba, Richard, *Ethnic Identity: The Transformation of White America*(New Haven: Yale University Press, 1990).

Anderson, Benedict, *Imagined Communities: Reflection on the Origin and Spread of Nationalism*(London: Verso, 1991).

Bloom, Alan, *The Closing of the American Mind*(Harmondsworth: Penguin, 1988).

Cashmore, Ellis, *Dictionary of Race and Ethnic Relations*(New York: Routledge, 4th ed. 1996).

D'Innocenzo, M. and Sirefman, *J.P. Immigration and Ethnicity: American Society -'Melting Pot' or 'Salad Bowl'?*(Westport: Greenwood Press, 1992).

Foner, Eric, *The New American History*(Philadelphia: The Temple University Press, 1990).

Fost, Dan, "American Indians in the 1990s", *American Demographics.* Vol 13(12)(1991), pp26-34.

Herrnstein, Richard and Charles Murray, *The Bell Curve: Intelligence and Class Structure in American Life*(New York: Free Press, 1994).

Hunter, J.D. *Culture Wars: The Struggle to Define America*(New York: Basic Books, 1991).

Lipset, Seymour, *The First New Nation: The United States in Historical and Comparative Perspective*(New York: W.W. Norton, 1979).

Macionis, John J., *Society, the Basics*(New York: Prentice Hall, 1999).

Mauk, David and John Oakland, *American Civilization; An Introduction*(New York: Routledge, 1997).

Nagel, Joanne, "Constituting ethnicity: creating and recreating ethnic identity and culture", *Social Problems*, Vol. 41(1)(1994), pp.152-176.

Rosenberg, Norman L. and Emily S. Rosenberg, *In Our Times: America Since World War II*(Englewood Cliffs: Prentice Hall, 5th ed. 1995).

Schlesinger Jr. Alfred, *The Disuniting of America: Reflections on a Multicultural Society*(New York: Norton, 1992).

Takaki, Ronald, *Strangers from a Different Shore: A History of Asian Americans*(Boston: Little Brown, 1989).

Zelinsky, Wilber, *The Enigma of Ethnicity, Another American Dilemma*(Iowa City: University of Iowa Press, 2001).

'남부' 이미지의 허구와 실제

이영효

1. '남부'라는 곳

역사 속에서 사람들은 많은 신화를 만들고, 한번 만들어진 신화는 쉽게 해체되지 않는다. 그것은 신화가 상당 부분 사실에 기초한 것이 아니면서도 심리적으로 의미를 갖는 인식체계로 기능하기 때문이다. 신화의 힘과 영향력은 그것이 사실과 허구의 이중적인 산물이면서도, 그 근거에 대한 합리적인 검증보다는 이미지의 재생산을 통해 심정적인 각인을 행하는 데 있다. 즉, 신화는 감정과 개념을 하나의 형상(image)으로 융해한 지적 산물이며, 인간의 이성과 논리보다는 감정과 감각을 동원하고 자극하는 데 그 생명력이 있다.[1]

남부신화는 미국의 대표적인 신화의 하나이다. 그것은 남부를 예외적인 지역으로, 즉 미국의 전형적인 역사 전개를 대표하는 북부와는 다른 역사적 경험과 문화를 가진 지역으로 정의한다. 농장신화(plantation myth) 혹은 카발리어 신화(cavalier myth)로 대변되는 남부의 이미지는 흔히 구남부(Old South) 시대에 형성된 것으로 알려져 있다. 그것은 대농장주 중심의 정치·노예제에 기초한 농업중심 경제, 온정주의적 사회 윤리와 관습 등을 의미하였다. 특히 대농장주들은 자신의 신분에 따르는 의무의 미덕을 갖춘 신사들로써, 고상하고 우아한 매너와 친절하고 관대한 품성을 지니고 명예를 존중하는 사람들로 이상화되었다. 그들은 거대한 맨션을 짓고 노예들에게 온정을 베풀면서 여가를 즐기는 카발리어였다. 귀족적인 품성과 행동 규범을 갖춘 남부 신사들의 존재는 전통 농업사회에 대한 향수와 낭만을 갖고 있던 북부인들에게도 상당한 호소력이 있었다.[2]

하지만 남부인의 이미지가 긍정적인 것만은 아니었다. 남부인들은 감정적이고 보수적이며 경제적 고려보다 이념과 명분을 더 중시하여 비현실적이고, 나태·무식·사치·방종·무질서·폭력성·쾌락 추구 등의 특성을 지녔다고 여겨졌다. 그에 반해 북부인들은 질서·근면·검약·기업정신·협동성·지적 욕구를 지니고 있으며 이성적이고 현실적이며 진보적이라고 하였다. 특히 북부의 '자영농 신화(yeoman myth)'는 독립적인 자영농에 의한 민주사회를 상징하였다. 북부인들은 남부사회의 노예제와 '가부장적이고 위계적'인 사회 질서를 북부의 자유로운 임금노동제와 '민주적'인 청교도 문화와 비교하였다. 그들은 더 나아가 두 지역의 경제체제의 차이 및 남부 경제 발전의 지체가 곧 사상과 규범 및 문화를 비롯한 사회 전반의 차이에서 비롯되었다고 보았다.[3]

구남부사회에 대한 당시의 인식은 전쟁 이후에도 지속되고 강화되었다. 전쟁 이후 남부인들은 남부의 이상과 용기, 자부심을 북돋우며 남부 정신과 정체성을 확립하고자 하였다. 하지만 남부는 법과 관습으로 인종을 구분하였고, 경제적으로 빈곤하였으며, 민주적 변화가 적었고, 백인만을 대변하는 일당 정치가 지배하였다. 따라서 남부가 경험하게 된 경제적 피폐와 인종 갈등은 '골칫거리 남부(problem South)'라는 이미지를 만들었고, '남부주의(Southernism)' 혹은 '남부성(Southernness)'은 정치적 보수성, 경제적 후진성, 그리고 사회문화적 온건주의를 함축하는 개념으로 자리 잡았다. 우드워드(C. Vann Woodward)에 의하면, 자유와 평등, 부와 통합, 순수와 성공 그리고 인종적 다양성으로 상징되는 미국의 역사에서 남부는 구속과 불평등, 가난과 분리주의, 죄의식과 패배 그리고 인종주의를 상징하는 지역이었다.[4]

그러나 노예제와 그에 따른 남부의 사회문화적 특성을 탐구해 온 역사가들은 구남부사회에 대한 전통적인 인식의 문제점을 지적하여 왔다. 그들은 대농장주가 아니라 노예를 소유하지 않은 자영농이 남부의 대다수를 차지했으며, 노예소유주들 중에서도 20명 미만의 노예를 소유한 중소 노예소유주들이 대부분이었음을 밝혀냈다. 구남부의 경제도 결코 후진적이지 않았고 오히려 노예제 경제는 효율적이고 합리적인 자원 배분과 자본 투자를 통해 높은 생산성과 수익성을 올리며 번성하고 있었다고 주장하였다. 농장주들은 귀족적인 카발리어가 아니라, 자본가적 기업정신으로 원거리 시장 생산을 위해 농장을 경영하며 이윤추구에 몰두한 사업가들이었다는 것이다. 무엇보다 그들은 남부를 동질적인 가치와 태도 및 문화가 지배한 하나의 단일 지역이자 정체된 사회로 보는 견해를 비판하면서, 구남부 사회의 역동적인 지리적 팽창과 그에 따른 갈등과 단절, 변화의 측면을 강조하였다.[5]

이러한 연구성과는 당시 남부사회의 지역적 특성에 대한 인식이 어느 정도로 역사적 실제와 부합된 것이었는가에 대한 검증을 요구한다. 과연 북부와 남부라는 지역 개념은 언제 등장하였는가? 남부와 북부의 지역적 차이 혹은 남부의 '지역성'은 무엇을 의미했으며 그 근거 및 토대는 무엇이었나? 구남부사회에 대한 독특한 이미지는 남부인들이 정치적으로 그리고 이념적으로 다른 지역으로부터 자신들을 분리시키려는 명분을 가지고 주창한 것인가, 아니면 대부분의 미국인들이 이미 북부와 남부라는 두 개의 분열된 사회와 문화를 인식하고 있었던 것인가? 이 연구는 이러한 의문들의 답을 구하기 위해 남북전쟁 이전 시기를 중심으로 남부에 대한 인식의 형성 과정 및 그 내용을 살피고 남부신화의 허와 실을 규명하고자 한다.

2. '남부'의 등장

미국의 남부 그리고 남부인들에 대한 차별적인 인식은 일찍이 남부 식민지를 방문한 영국인들의 편지, 일기, 여행기 등의 기록에 등장하고 있었다. 영국 신사들은, 버지니아 농장주들을 비천한 신분 출신이며 알코올 중독에 찌든 무식한 벼락부자들이라고 여기고 그들에 대한 노골적인 편견, 조롱, 경멸, 프로빈셜리즘(provincialism)을 나타냈다. 특히 1717년에 영국 의회가 특정 범죄자들을 식민지로 추방하는 법을 만든 이후 버지니아는 영국의 채무자 및 빈민들을 버리는 장소로 여겨졌다. 영국인들은, "버지니아에서는 아무 미덕도 갖추지 않은 자가 돈, 노예, 토지를 얻으면 신사가 될 수 있다"고 하면서, 물질적 부(富)만이 버지니아 젠트리의 유일한 기준이라고 비꼬았다. 또한 농장주들의 낭비, 허식, 사치품에 대한 과다한 소비, 그리고 노예를 잔혹하게 대하는 태도를 비난했다.[6]

영국인들의 이러한 부정적인 인식은 버지니아 농장주들의 이미지 고양을 위한 노력을 자극하였다. 그들은 자신들을 편안한 여가와 안락을 즐기는 장원의 주인(patriarch)이자 귀족(aristocrat)으로 칭하면서, 신분에 맞는 공손한 매너와 어법 그리고 친절하고 관대한 태도를 실천하려 하는 등 영국 젠트리의 고상한 미덕을 추구하였다. 하지만 윌리엄 버드 2세(William Byrd II), 윌리엄 피츄(William Fitzhugh), 로버트 '킹' 카터(Robert 'King' Carter) 등 대농장주들은 담배의 재배, 수확, 선적 등을 감독하고 회계장부를 기록하는 등 농장의 모든 일을 관리해야 했으며 토지를 확장하고 부를 쌓기 위해 끊임없이 노력했다. 그들 중에는 포목상의 아들이었던 피츄처럼 평범한 신분에서 재산을 쌓은 사람들도 있었다. 그럼에도 불구하고 그들은 영국 친구나 친척에게 노예를 거느리고 귀족적인 문화를 향유하는 농장주의 이미지를 전달하고자 노력했다. 그리고 단순히 귀족적 지위의 외양 뿐 아니라 그에 어울리는 문화와 태도를 갖기 위해, 영국 젠트리의 전통적인 스포츠인 사냥, 승마 등을 즐기고 그들의 행동규범에 관한 책을 읽으며 따라하고자 하였다. 이처럼 버지니아 농장주들이 심고자 했던 인상과 태도는 이후 남부사회와 농장주에 대한 이미지를 만드는 데 중요한 유산이 되었다.[7]

하지만 미국인들은 아직 남부와 북부라는 지리적 구분의 개념을 갖고 있지 않았고 각 식민지는 독립적인 발전을 추구하고 있었다. 알든(John R.

Alden)에 의하면 이해를 달리하는 하나의 지역으로서 '최초의 남부(The First South)'가 이미 독립혁명과 헌법 제정의 시기에 등장하였다고 하지만, 다른 지역과 다른 독특한 정체성을 갖는 '남부'라는 지역 개념은 아직 형성되지 않았다. 이 시기 미시시피 강까지 한정되었던 남부 주들은 집단 내의 동질성을 마련하거나 공동의 이해를 갖는다는 심리적 기반을 갖고 있지 않았다. 물론 남부의 주들이 주권(州權)을 강조하면서 연방의 권한을 강화하려는 뉴잉글랜드와 갈등하였고, 영국이라는 공동의 적에 맞서 있는 상황에서도 식민지 간의 이해의 차이를 드러낸 것은 사실이다. 예를 들어 사우스캐롤라이나는 영국과 서인도에 대한 모든 수출을 중단하기로 한 식민지 연합의 결정에 반발하여 쌀과 염료를 계속 수출하려 하였고 결국 그것이 허용됨으로써 연합이 유지될 수 있었다. 동시에 관세법의 시행 권한을 연방정부에 두는 데 동의해 주는 대가로 노예무역을 20년간 지속시키는 것에 대한 뉴잉글랜드의 동의를 얻어내기도 하였다. 하지만 아직까지 지역(section)에 대한 충성보다는 각 주의 이해에 대한 충성이 우선이었다. 버지니아인들의 경우 버지니아를 연방의 '중심(central)' 주로 생각하였지 남부 주로 여기지는 않았다.[8)]

그런데 19세기에 들어서는 북부 주들이 보호관세 및 상공업, 제조업의 발전을 위한 입법을 적극 추구하면서 양 지역의 경제 질서의 차이가 부각되었고 그에 따른 지역 간의 긴장도 심해졌다. 뉴잉글랜드에서는 강경 연방파가 1803년에 에섹스 결사(Essex Junto)를 결성하고 북부연합(Northern Confederacy)을 시도하였다. 그리고 1814년에는 영미전쟁을 반대하였을 뿐만 아니라 전쟁 중에 공포된 통상금지령(Embargo Act)에 저항하여 분리주의 운동을 일으켰다. 그들은 자기 주의 이익을 좇아 영국과 평화조약을 체결하고 연방으로부터 분리하여 뉴잉글랜드 국가를 건설하려 했다. 이처럼 뉴잉글랜드가 연방을 이탈하려고 시도하는가 하면, 한편에서는 확대된 영토에 대한 영향력을 둘러싸고 북부와 남부의 갈등이 시작되었다. 특히 경제 입법 및 대법원의 판결, 연방정부와 주의 권력 분배에 대한 입장의 차이는 궁극적으로 새로운 영토에서의 노예제 문제에 대한 남부와 북부 간의 공방으로 이어졌다.

당시 토마스 제퍼슨의 입장은 이미 북부와 남부를 서로 다른 지역으로 보는 인식의 일단을 보여준다. 그는 은행, 지폐, 관세, 투기, 상업적 이윤 등을 추구하는 북부 주들이 미국의 도덕적 타락을 초래하고 있으며, 그것은 자유토지보유농에 의한 공화주의 사회에 위협이 될 것이라고 염려하였다. 따라서 그는 북부 주들이 원한다면 분리하게 할 것을 주장하였고 버지니아주는 농업을 추구하는 주들과 연합할 것을 희망했다. 제퍼슨은 연방정부가 외교와 국방문제를 다루고 주 정부는 자유의 참다운 보루로서 독자적이고 독립적인 행정을 보장받아야 한다고 생각했다. 1819년에 미주리주가 노예주로 가입하는 문제에 대해서도 제퍼슨은, 만약 의회가 미주리의 연방 가입을 거부한다면 자동적으로 다른 주들은 노예제를 없앨 것이며 이는 중앙정부의 권력이 주의 내부문제를 통제하게 되는 것이라고 보았다. 1824년 대통령 선거가 다가오면서 제퍼슨은 부패하고 타락해 가는 북부에 비해 남부만이 공화주의의 미덕과 특성을 지니고 있다고 믿었으며 남부 분리를 지지하였다.[9]

하지만 이러한 갈등에도 불구하고 미주리 타협(Missouri Compromise)[10] 을 이루어낸 북부와 남부는 국민주의 정서에 동참하며 변화와 개혁을 함께 경험하고 있었다. 신앙부흥 운동의 영향을 받은 사회계몽 활동은, 사법체계와 보호시설의 개선 및 공교육의 확대를 위한 학교 개혁으로 이어졌다.[11] 노예제에 반대하는 의견의 양이나 정도에 있어서도 남부와 북부 사이에 큰 차이가 없었다. 버지니아에서는 노예제를 남부 번영의 토대로 옹호하는 입장과 함께 노예제가 버지니아의 경제 발전을 지체시키고 백인들의 윤리와 도덕에 해악을 끼치고 있다는 주장이 강하게 제기되었다. 실제로 1831년에 노예를 소유하고 있던 버지니아 하원의원의 절반 이상이 노예제를 반대하였다. 북부의 반노예제 정서도 노예에 대한 동정심에서 기인한 것이 아니라, 비옥한 서부 지역에서 얻게 될 이익과 혜택을 남부에 빼앗기지 않으려는 것이었다. 즉, 북부인들이 원했던 것은 새로운 영토로 노예제가 확산되는 것을 막는 것이었고, 남부에서의 그 지속 여부는 별 관심사가 아니었다. 북부의 일부 급진적인 저널이 남부 노예들의 반란을 선동하는 글을 싣기도 했지만, 그것은 북부 내에서도 상당한 비난을 받았다.12) 남부의 지역적 단합과 정치적 연대도 미약하였다. 면화농업의 확산에 따른 운하, 철도의 개발 및 관세 정책에 대한 남부 주들의 이해와 입장은 분열되었고, 그것은 1832년에 사우스캐롤라이나가 관세법 무효선언(Nullification)13)을 했을 때 어떤 남부 주도 그것을 지지하지 않은 것에서 분명히 드러났다.14)

그러나 1830년대에 정치권력의 주도권을 잡으려는 지역 간의 대립이 심화되고, 「해방자(Liberator)」의 창간과 냇 터너(Nat Turner)의 반란 등으로 북부 반노예제주의자들의 주장과 활동이 활발해지면서 그것은 북부에 대한 남부의 지역적 자의식과 적대감을 자극하였다. 1832년에 개리슨(William L. Garrison)이 <뉴잉글랜드 반노예제 협회(New England Anti-slavery Society)>를 조직하고, 도망노예들의 북부이주로(Underground Railroad)를 가동하는 등 노예제에 대한 북부의 비난이 심해지자, 그에 대한 남부의 대응도 변화하였다. 1820년대까지 계몽사상 및 자연권 사상에 기초한 반노예제 신념을 주창하던 남부의 신문과 종교 단체는 서서히 노예제를 옹호하는 입장으로 선회하였다. 제퍼슨의 공화주의 이념을 계승하여 자영농의 이상과 전통의 수호자로 자처했던 남부인들은, 이제 노예제에 기초한 농장주 지배 사회의 미덕을 예찬하기 시작했다.15)

이후 윌모트 단서조항(Wilmot Proviso)16) 및 캘리포니아의 주 승인 문제, 드레드-스콧 사건17) 등은 지역적 균형을 뒤집어 놓는 위기를 초래했다. 특히 1846년 멕시코전쟁 이후 확대된 서부 영토에 노예제를 인정할 것인가의 여부를 둘러싸고, 남부와 북부 사이의 대립이 심해졌다. 두 개의 전국 정당인 민주당과 휘그당(후에 공화당)이 존재하였지만, 정당의 정강이나 이념보다 지역의 경제적 이해관계를 중시하는 지역주의(sectionalism)적 정치 양태가 전개되었다.[18] 북부에서 자유토지(free soil) 및 자유노동(free labor)을 지지하는 공화당이 결성된 1850년대에 이르면, 남부와 북부의 입장은 더욱 경직되고 각기 상대 지역을 위협적으로 여기게 되었다. 특히 남부는 남부 권리의 초석인 노예 소유를 합법적으로 인정하지 않는 공화당이 급격히 성장하자, 점차 북부 다수에 의해 지배되는 미국에서 소수가 될 것을 두려워했다.[19]

이러한 과정에서 남부와 북부 그리고 남부인과 북부인에 대한 미국인들의 생각과 주장은 편견과 오해에 근거하거나 과장과 예찬의 성격을 띠는 경우가 많았다. 특히 노예제를 둘러싼 북부와의 공방이 치열해지면서 남부인들은 자신들의 사회질서를 수호해야 하는 상황에 직면하였고, 노예제를 비인간적인 제도이자 도덕적 죄악이라고 비난하는 북부에 맞서 방어에 나서지 않을 수 없었다. 남부를 대변하는 데 앞장섰던 칼훈(John C. Calhoun)을 비롯하여 드 보우(James De Bow), 피츄(George Fitzhugh), 듀(Thomas R. Dew) 등이 노예제를 옹호하기 위해 내세운 근거는 온정주의(paternalism)였다. 즉, 남부의 노예소유주는 노예에게 헌신적인 사랑과 의무를 다하고 있으며, 노예제는 열등하고 게으른 흑인들에게 혜택을 베푸는 제도라는 것이다. 그리고 농장주는 가부장적 미덕(patriarchal values)을 갖추고 안정된 위계질서 사회를 구축한 지도자들이라고 주장했다. 결국 노예제는 신의 축복이고 민주주의의 토대이며 남부사회를 북부보다 우월하고 완전한 사회로 만드는 제도로 미화되었다. 또한 온정주의는 노예제의 윤리적 합법성을 주장하는 근거였을 뿐 아니라 동시에 북부 사회의 노동착취와 잔혹함을 비난하는 근거였다. 피츄는, "북부의 육체노동자들은 바로 노예들"이라고 하면서, 자유 경쟁이란 자본이 노동을 지배하는 수단이며 그것은 이기심과 물질적 탐욕을 배양한다고 하였다. 북부에 진정한 사회적 유동성이나 이해의 조화는 존재하지 않는다는 것이다.[20]

친노예제론의 또 다른 이념적 토대는 복음주의 종교였다. 복음주의 프로테스탄티즘은 노예제는 신의 계율에 대한 위반이 아니라 성경에 기초한 성스러운 신의 제도라고 옹호하였다. 하지만 복음주의자들은 노예제의 해악을 인정하였고, 노예주(主)의 책임과 각성을 촉구하는 '노예소유 윤리(slaveholding ethic)'를 제시하였다. 그들은 노예제를 양 인종이 모두 지지하는 인간적인 제도로 만들기 위해서는 노예소유주들이 노예들을 가족처럼 대하고 보호할 의무가 있다고 보았다. "노예를 소유한 우리는 그 권한을 행사하는 데 있어서 신의 계율을 숭상한다." 이 말은 사우스캐롤라이나의 침례교 목사가 노예를 잔혹하게 다루는 노예소유주에게 보낸 훈계의 편지 내용이다. 노예소유주들은 그 권한을 신에 의해 위임받았으므로 자신의 의지로 노예들을 다루어서는 안 된다는 것이다. 더 나아가 복음주의자들은 노예들에게 근면, 검약, 정직 등 주인의 가치를 가르치고 개종시킴으로써 그들의 행동과 믿음을 변화시키고자 하였다. 친노예제 주장의 선두에 있었던 손웰(James H. Thornwell) 목사는 말년에 노예의 점진적인 해방을 주장하기도 하였으나, 복음주의 종교는 노예제를 흑백 간의 상호 신뢰 구축을 통해 존속될 수 있는 제도로 보았다.[21]

이와 같은 남부의 친노예제 주장은 처음에는 북부 노예제 폐지론자들의 공격에 대한 대응으로 만들어졌으나 이후 남부의 단합을 이끌어내는 데 사용되었다. 이제 노예제를 지지하는 것은 곧 남부에 대한 충성의 표시로 여겨졌고, 남부는 점차 일치와 단결을 추구하는 사회로 변해갔다. 북부와의 대결과 갈등은 남부인들의 마음속에 점차 남부를 지리적인 위치 이상의 애국심의 대상으로 인식하게 만들었다.[22]

그렇다면 과연 남부인들은 노예제를 진정으로 인간적인 제도라고 보았을까? 아니면 경제적 이해와 정치적 필요 때문에 노예제를 옹호한 것인가? 캐쉬(W. J. Cash)와 우드워드에 의하면, 남부 백인들은 혁명기부터 노예제를 '필요악'으로 생각했고 그에 대해 죄의식을 느끼고 있었다. 특히 복음주의 종교가 전파되면서 남부인들은 양심의 가책과 불안에 시달렸다는 것이다. 그럼에도 불구하고 남부인들은 자신들의 경제적·인종적 이익 때문에 노예제를 포기하지 못하였고, 소위 '적극적인 선'으로서의 노예제의 도덕성을 자신들에게 설득하는 데도 실패하였다. 즉, 다수의 노예소유주들은 노예제의 도덕적 문제를 인식하였고, 다만 노예소유에 따른 경제적 이익을 외면할 수 없었던 것이다.23)

그러나 남부의 종교적 신념이 반드시 노예제에 대한 죄의식을 자극하거나 기존의 경제질서 및 인종질서를 위협하지는 않았다. 남부인들 중에는 교회에 나가지 않는 반교권적(anticlericalism) 성향의 사람들이 많았으며, 다수의 노예소유주들은 노예를 교육시키고 계몽하려 한 복음주의자들의 시도를 위험시하였다. 노예제와 노예무역에 대한 회의가 존재했다 하여도 그것이 곧 노예제 반대를 의미하지는 않았다. 노예를 해방시키는 농장주들이 있었다고 하지만, 그 수는 미미했으며 그 이유도 노예들 사이의 분열을 조장하기 위한 수단이었다. 실제로 대부분의 농장주들은 노예제를 보호하기 위한 모든 가능한 수단을 동원했으며 노예소유주들의 특권을 보장하는 법을 제정하였다. 쿠퍼(Thomas Cooper)는, 노예제가 온정적인 혜택을 베푸는 제도가 아니라 농장주의 이윤 획득과 경제적 필요에 유용한 제도라고 공언하기도 하였다. 전쟁이 일어날 즈음에는 농장주들 사이에 노예제에 대한 의심은 남아 있지 않았으며 남부는 노예제를 지지하는 합의를 이루고 있었다.24)

이처럼 남부인들은 기본적으로 노예제의 도덕적 문제에 관심이 없었고 그 점에서는 북부도 마찬가지였다. 1834년에 '미국의 민주주의적 성격'에 관한 역사서를 발간한 뱅크로프트(George Bancroft)는 북부인이면서 노예제 영역의 확장을 지지하는 민주당의 일원이었는데, 노예제가 미국 문명의 발전에 장애가 된다고 보지 않았다. 그는 노예제의 책임을 그 제도를 미국에 도입한 유럽 상인들에게 돌리면서도 노예제가 오랜 역사를 가진 인류의 보편적 제도이며 전혀 '독특한(peculiar)' 것이 아니라고 보았다.25) 1850년대에 남부의 친노예제론에 대한 반격으로 '자유노동'의 기치를 내걸고 노예제의 폐단을 지적하는 데 앞장섰던 공화당도 노예소유주의 윤리와 책임을 묻기보다는 자유노동의 상대적 우수성을 강조하는 데 몰두하였다. 그들은 흑인이 낭비가 심하고 게으르며 백인의 노동만큼 생산적이지 못하다고 하면서 남부 경제는 노예제 때문에 쇠퇴하고 정체되었다고 주장하였다. 더구나 '반동적인 귀족들'이 남부의 정치·사회적 개혁과 진보를 가로막고 남부사회를 지배하고 있다는 것이다. 사실 그들에게 중요한 것은 새로운 영토가 자유로운 백인 노동의 땅으로 확보되느냐의 여부였으며, 노예제의 도덕적 문제나 흑인의 이해가 아니었다. '자유노동'을 주장한 북부인들은 노예제의 확산을 반대하였던 것이며, 노예제 폐지를 지지한 사람은 소수에 지나지 않았다. 1856년에 "노예제는 도덕적으로 정당하지 못하고 정치적으로 현명하지 못하며 사회적으로 해악적인 것"이라고 정의했던 시워드(William Seward) 등 북부 정치가들의 노예제 비난은 정치적 수사에 가까웠다.26)

그런데 남부를 옹호하는 남부인들의 주장과 남부사회의 인식은 때론 양면적이고 상충적이었다. 1840년대 등장한 「드 보우의 저널(*Debow's Review*)」은 초기에는 남부 농업을 개선하고 다양화할 것 그리고 산업 발전을 도모할 것을 주장하였다. 그러다 점차 노예제 문제에 초점을 맞추어 '백인의 자유와 민주주의'를 지키기 위한 친노예제 입장을 대변하였다. 심지어 노예제 국가인 쿠바를 합방하고 아프리카 노예무역을 재개할 것을 기치로 내세우기도 하였다.27) '남부인(Southern Man)'으로 공언했던 칼훈도 역시 노예제를 '필요악(necessary evil)'이라고 하였던 입장을 바꿔 '적극적인 선(positive good)'으로 변호하였다. 그는 남부가 가난한 농민과 부유한 농장주가 동등한 사회라고 주장하였고, 말년에는 남부의 제조업과 상업 증진의 필요성을 역설하였다. 버지니아의 피츄도 남부의 산업 성장을 적극 지지하였으며, 노예제와 산업 발달이 공존할 수 없다고 보지 않았다. 1852년에 '친노예제론(Pro-Slavery Arguments)'을 발표했던 대표적인 노예제 옹호자 듀는 자유와 노예제, 평등과 위계질서가 양립할 수 있다고 주장하였다. 제퍼슨 데이비스(Jefferson Davis) 역시 남부는 유일한 민주사회이자 동시에 참된 귀족주의 사회라고 하면서 가부장적 전통과 민주적 전통을 동시에 강조하였다. 이처럼 남부인들의 목적은 남부를 결점이 없는 사회로 부각시키는 데 있었고, 그것이 민주적이든 귀족적이든, 가부장적이든 평등적이든, 농업적이든 산업적이든 중요하지 않았다.[28]

역설적인 것은 노예제를 온정적인 제도로 묘사하고 남부를 예찬한 '신화 만들기'에 북부도 한 몫을 하였다는 것이다. 테일러(William R. Taylor)에 의하면, 남부 '카발리어'와 농장생활에 대한 향수를 그린 남부 소설은 남부사회의 이미지를 만드는 데 중요한 영향을 미쳤다. 문학작품에서 남부 농장주는 자연과 문명, 자유와 절제의 조화를 추구하는 귀족이었으며, 그는 가족과 공동체에 대한 애정과 온화한 성품을 지니면서도 엄격한 명예의식과 책임감을 가진 인물이었다.[29] 그런데 이러한 낭만 소설은 남부인들뿐 아니라 사회의 급격한 변화에 불안과 두려움을 느끼고 있던 북부인들에게 안정된 사회질서에 대한 향수를 불러일으켰다. 당시 북부에서는 자본주의의 팽창을 개인의 권리와 자유의 증진으로서보다는 개인의 삶에 대한 통제의 상실로 경험하였다. 그리고 초기 자본주의에 대한 비판 및 자유노동을 상품화하는 데 대한 비판은 '임금노예제(wage slavery)' 논란을 불러일으켰다. 소설가 쿠퍼(James Fenimore Cooper)는 1828년에 남부를 '세련된 신사의 마지막 희망'이라고 하면서 탐욕적이고 비도덕적인 북부사회를 비판하였다. 농장소설을 읽은 북부인들도 남부 '신사'의 노블리스 오블리제(noblesse oblige)와 그들의 안락하고 고상한 생활을 부러워하였다. 이처럼 남부와 북부는 모두 귀족적 이상에 대한 향수와 동경으로 카발리어 신화를 만들고 있었던 것이다.[30]

그러나 북부인들의 이러한 인식이 반드시 남부사회 전체에 대한 우호적인 평가에 근거한 것은 아니었다. 1830년대에 미국을 둘러 본 후 다분히 북부에 초점을 맞추어 미국사회를 예찬하였던 토크빌(Alexis de Tocqueville)은 노예제에 따른 남부의 나태와 궁핍을 지적하였는데, 그것은 남부사회에 대한 당시 북부인들의 시각의 일단을 반영하고 있었다. 그는 북부를 신분적 차별이 없는 평등한 사회로 예찬하면서, 북부인은 활동적이고 재산을 중시하며 실용적인 반면 남부인은 충동적이고 게으르며 여가와 유희를 더 탐닉한다고 보았다. 특히 남부에는 가난한 사람들이 많은데 그들은 전혀 일하려고 하지 않고 노동보다는 차라리 가난을 택한다는 것이다.[31] 이러한 토크빌의 남부 인식은 1850년대에 남부를 방문했던 북부 언론인 옴스테드(Frederick L. Olmsted)의 관찰과 매우 유사하였다. 그는 남부를 경제적·사회적으로 후진적인 사회로 보고 역시 그 원인이 노예제에 있다고 하면서, 남부인의 가난·무식·나태·폭력 성향을 북부인의 근면·검약·진보 성향에 대비하였다. 하지만 토크빌과 옴스테드는 모두 남부 농장주들을 솔직하고 온후하며 귀족의 취향 및 관대함을 지닌 신사들이라고 보았다. 그들이 비록 자신들의 이익을 위해 남부 전체의 복지를 희생시키고 있지만, 명예를 중시하고 위엄이 있어 유럽의 귀족계급과 유사한 카발리어라는 것이다.[32]

남부가 명예심, 기사도, 여가, 안락함의 사회이자 동시에 게으르고 정체된 사회라는 토크빌과 옴스테드의 이러한 관찰과 기록은 당시 북부의 남부 인식을 대변하고 있었다. 1850년대 북부와 남부의 정치적 대립은 상대 지역에 대한 극심한 비판으로 확산되었고, 양 지역은 점차 상대 지역과의 심리적 구분을 의식하고 있었다. 정치 지도자들과 선동가들은 지역감정(sectional passions)을 이용하며 여론을 조성하는 데 앞장섰다. 지역 갈등에 따른 심리적 위기는 남부에서 더욱 심하였다. 1859년 존 브라운(John Brown)과 그 추종자들이 버지니아의 무기고를 장악하고 남부의 노예반란을 선동한 사건이 일어났을 때도 북부의 반응은 매우 비판적이었다. 북부 사업가들은 그 주동자들을 비난하고 남부를 안심시키려 하였으며 심지어 노예제를 옹호하기도 하였다. 또한 북부 보수주의자들과 연방주의자들은 브라운과 그의 행동을 비난하는 시위를 벌였다. 그러나 남부의 선동가들은 존 브라운 사건이 남부 전역에서의 노예 반란의 신호였다고 주장하면서 남부인들의 불안을 자극하였다. 이제 남부의 반응은 외부에 대항하여 자신의 지역을 방어하려는 포위문화(siege mentality)의 성격을 띠면서, 양 지역은 전혀 다른 가치와 윤리체계를 지닌 지역으로 그리고 지역 간의 갈등은 북부와 남부 사이가 아니라 두 체제와 문명 간의 갈등으로 정의되었다.[33]

3. 남부신화 분석

남북전쟁 이후 '구남부사회에 대한 신화(pseudo-past)'는 더욱 강화되었다. 특히 카발리어 신화는 신남부(New South)의 윤리를 고양시키는 데 심리적으로 사용되었고, 남북전쟁은 남부의 생활방식과 남부 권리(Southern Rights)를 지키기 위한 성전(crusade)으로 미화되었다. 즉, 남북전쟁은 북부 양키들의 탐욕에 맞서 남부의 숭고한 정신과 이념을 지키기 위한 전쟁이었다는 것이다. 남부인들은 도덕적 이상과 자부심, 명예의식과 같은 가치를 추구하며 합의와 단결을 도모하였고 새로운 남부를 건설하고자 하였다. 그러나 남부의 경제는 갈수록 피폐해졌으며 곳곳에서 인종갈등이 심화되었다. 이에 북부는 '야만적인 남부(Savage South)'의 이미지를 통해 남부를 구별하였고, 인종문제와 같은 미국의 사회문제를 '남부 문제'로 정의함으로써 남부를 희생양으로 만들었다.[34]

이후 역사가들의 인식도 남부 신화의 지속에 공헌하였다. 그 선두에 있었던 캐시(W.J. Cash)는 남부를 프런티어 단계를 벗어나지 못하였던 단순하고 정체된 사회로 봄으로써 그 부정적인 특성을 부각시켰다. 그에 의하면, 남부는 농장주나 일반 백인이나 할 것 없이 현실 인식을 결여한 채 사회 개혁이나 지적 욕구를 개발하지 못하고 철저한 자기만족에 빠져 있었다. 남부의 지적 문화는 피상적인 것이었고 정치적 수사와 지위의 상징으로 차용되었을 뿐이다. 남부인들은 사회 조직이나 법질서의 제약을 받지 않았고, 노력과 성취에 대한 보상보다는 여가와 쾌락을 추구하였다. 이러한 환경에서 남부의 하층백인은 농장주에 대해 적대감이나 계급의식을 갖지 않고 오히려 그들을 오랜 친구나 친족으로 여겼으며 농장주들의 지식과 판단을 존경하고 의지하였다. 즉, 남부는 기질만 있었지 정신을 갖지

못하였고 점차 폐쇄적인 순응의 정서로 변해 갔다는 것이다.[35]

남부의 자연환경 및 노예제, 환금작물 경제가 곧 남부의 나태와 도덕적 실패를 초래했다는 캐시의 생각은, 필립스(Ulrich B. Phillips)와 지노베제(Eugene D. Genovese)로 이어졌다. 그들은 남부를 완전히 비합리적이고 시대착오적인 전(前)자본주의 사회로 정의했다. 즉, 명예와 권위를 상징하는 귀족사회이고, 온정주의적 인간관계 및 반부르조아적 가치와 정신이 지배한 사회였다는 것이다. 그리고 더 나아가 남부의 문화적 동질성이 남부 결속력의 토대이자 동시에 남부 경제 발전을 지체시킨 요인이라고 하였다.[36] 브라운(Bertram Wyatt-Brown)도 남부가 신사다움과 '명예존중(honor)'의 가치에 의해 지배되었다고 보았다. 남부인들이 전쟁에 나선 것도 남부의 '명예'를 지키기 위해서였으며, 그만큼 북부와 남부의 차이는 상호 공존할 수 없는 이념과 윤리에 있었다는 것이다.[37]

그렇다면 과연 남부는 풍요하고 안락하며 여유 있는 카발리어들에 의해 지배되는 온정주의 사회였는가? 그리고 동시에 나태하고 사치하며 개인의 자유와 진보의 가치를 거부한 폐쇄되고 정체된 사회였는가? 경제적으로도 남부는 노예제와 환금작물 농업에 치중하여 시장 자본주의로 발전하지 못한 가난하고 후진적인 사회였는가? 또한 남부는 소수의 농장주 계급에 부가 집중되었으며, 교육 기회도 부족하여 노력과 성취에 대한 욕구나 관심이 부족하였는가? 남북전쟁은 결국 민주적이고 상업적인 북부 문명과 귀족적이고 농업적인 남부 문명의 대립이었는가? 지난 몇 십 년간 역사가들의 연구 성과는 이러한 남부의 스테레오타입적 이미지에 맞지 않는 구남부의 모습을 발굴하였다.

먼저 경제면에서, 북부의 산업화가 진전되었지만 남부와 북부는 모두 기본적으로 농업중심 사회였다. 물론 남부의 제조업은 미국 전체의 20퍼센트가 되지 않았고, 상업·재무·수송 분야가 미비하였다. 그러나 남부는 제당업·조면업·제분업의 발달 및 공업화 수준에 있어서 다른 선진국가들에 뒤지지 않았으며, 상당한 내륙수로와 해운체계 및 철도시설을 바탕으로 지리적으로 팽창하며 번영하고 있었다. 1860년 당시의 철도건설은 세계 2위, 면직공업은 세계 6위, 선철 생산은 세계 8위였으며 1인당 소득은 세계 4위였을 정도로 남부는 성공적인 경제 성장을 이룩했다. 경제 작동도 역시 세계자본주의 체제와의 긴밀한 관계 속에서 원격지 시장을 대상으로 영리를 추구하는 기업정신에 토대하였다. 농장주들은 저렴하고 효율적인 노예노동 체계를 활용한 농장경영자였을 뿐만 아니라 철도, 은행, 조면, 제조업 등에 투자하며 이윤 추구에 몰두한 사업가들이었다. 남부의 경제는 특히 다른 노예제 사회와 비교하였을 때 그 산업투자와 시장규모 및 사회적 유동성이 월등히 앞서 있었다.[38] 그럼에도 불구하고 남북전쟁 이전의 남부를 '빈곤하고 정체된' 경제로 표현한 것은, 남부 정치가들의 이데올로기의 산물이기도 하였다. 즉, 그들은 북부 편향적인 경제정책에 대항하여 남부인들의 연대의식을 고양하고자 남부의 경제적 어려움을 강조하였던 것이다.[39] 모리스(Christopher Morris)는 18세기 말에 오하이오나 인디애나와 같은 개척지였던 미시시피가 면화농장지대로 발전해 나간 과정을 살피면서, 도시 발전, 부의 집중, 제조업에의 투자 등을 통해 남부가 기본적으로 북부와 다르지 않았으며 함께 같은 변화의 과정을 경험하였다고 하였다.[40]

남부의 사회구성과 부의 분배도 북부와 크게 다르지 않았다. 1860년 당시 남부 백인가구의 4분의 3은 노예를 소유하지 않았으며 이들의 다수인 75퍼센트는 중서부 지역의 농민처럼 자신의 토지를 소유한 자영 농민들이었다. 더구나 남부 노예소유주의 약 87퍼센트는 5명 미만의 노예를 소유했고 약 10퍼센트의 노예소유주만이 20명 이상의 노예를 가진 농장주들이었다. 100명 이상의 노예를 가진 대농장주는 2천 명도 되지 않았다. 노예소유주들의 다수는 검소한 집에서 대부분의 시간을 노예들과 일하며 보냈다. 즉, 남부는 플랜테이션이 아니라 농가(farm)가 기본 농업단위였으며, 북부의 요먼보다는 가난하였지만 남부의 전형적인 백인은 자영농이었다.[41] 부의 분배와 그 불평등의 정도 역시 두 지역이 유사하였다. 1850년대 이후 남부사회의 부의 집중이 심화되었지만, 미국 전역을 통틀어 부의 집중은 심각하였고 북부는 결코 평등한 재산분배의 천국이 아니었다. 토크빌은 북부가 남부보다 더 평등하고 사회적 상승의 기회가 많은 지역이었다는 신화를 심어주었지만, 사회적·경제적 유동성은 남부와 북부 모두 미약하였다. 남부에서는 서부로의 면화경작지 확장을 주도한 중소 노예소유주들이 가장 유동적인 집단이었고, 그들은 근면·검약·이윤추구와 같은 부르주아적 이념을 적극 수용하였다. 이들의 존재는 곧 남부의 지속적인 번영의 주춧돌이었으며, 결국 양키와 카발리어의 절대적인 구분이 존재하지 않았음을 보여준다.[42]

또한 노예제가 북부와 다른 남부만의 가치관과 사회 윤리를 만들어낸 것은 아니었다.[43] 남부가 노예제를 옹호하는 근거였던 온정주의는 자본주의 윤리와 함께 남부의 사회이념과 정서로 작용하였다. 굿만(Herbert G. Gutman)은 강제적으로 노예 노동을 착취했던 제도 하에서 상호의무를 강조하는 온정주의는 기능할 수 없었다고 단언하였지만,[44] 노예제를 수익성이 높은 집단노동체제로 보았던 포겔과 엥거만(Robert W. Fogel & Stanley L. Engerman)은 온정주의가 농장의 효율적 경영을 위한 원리로 공존하였다고 보았다. "가부장적 책임감은 더 능률적인 노동을 유도함으로써 이윤을 증대시킬 수 있었다"는 것이다. 노예제의 정당성을 옹호했던 복음주의 종교도, 노예소유주들에게 노예에 대한 온정적 의무를 다할 것을 강조하는 한편 청교도 노동윤리인 근면을 통한 개인적인 성취와 물질적 성공 등 부르주아 이념을 전파하였다.[45] 농장주와 자영농 사이의 관계 역시 가족, 친족, 이웃을 중시하는 전통적인 공동체 유태가 지속된 것은 아니었다. 다양한 사회, 경제적 배경을 가진 친족조직은 유산 상속 및 법정 다툼 등을 통해 표면적인 유태 저변의 갈등을 겪었으며 심각한 계급적 대립을 경험하였다. 그것은 노예제에 따른 공동의 이해를 공유하지 못했던 산간 구릉지대 및 피드몽(Piedmont) 지역의 자영농들이 전쟁 중에 남부연합에 적대적인 '조용한 혁명'을 일으키는 정치적 양태로 표출되었다. 노예를 소유하지 않은 남부 백인들이 노예제를 반대하지 않은 것도, 농장주와의 유태관계 뿐만 아니라 흑인노예를 통제함으로써 자신들이 기대할 수 있는 경제적 이익과 사회 심리적 지위 때문이었다.[46]

무엇보다 남부의 사상과 이념은 역사가들에 의해 당시의 지적 조류를 거스르는 시대착오적인 것으로 평가절하되어왔다. 하지만 남부는 북부와 마찬가지로 유럽의 영향 하에서 정치, 법, 신학 등의 지적 문화를 발전시켰다. 오브라이언(Michael O'Brien)은 친노예제론을 제외한 남부의 사상적 자유와 역량이 남북전쟁 이후 발굴, 연구되지 않고 사장되었음을 지적하였다. 그에 의하면, 드 보우의 저널을 제외하고는 남부의 주요 저널에서 노예제에 관한 글은 많아야 3분의 1을 넘지 않았다. 또한 노예제를 지지하였던 남부인들도 당시 유럽 사상의 수용과 적용에 있어서 그 이념적 근거의 차이를 보였다. 북부의 자유노동론(free labor)에 맞서 치열한 이념적 대결을 벌였던 칼훈은 북부인들과 같은 자유주의적 정치사상의 소유자로서 이성과 개인주의에 기초한 정부를 추구하였다. 그는 개인의 자유에 대한 신념으로 노예제를 통한 남부사회의 질서와 안정을 택하였다. 복음주의자 손웰은 영국 도덕주의자들의 논리를 빌어 친노예제론을 주장했으며, 피츄는 꽁트(Auguste Comte)의 사상에 경도되어 있었다. 그는 상층계급의 책임감과 하층계급의 안정을 가져오는 노예노동이 조화롭고 질서 있는 사회를 건설하는 데 자유노동보다 우월하다고 보았다. 한편 쿠퍼는 공리주의(utilitarianism)를 빌어 노예제를 옹호하였는데, 그는 북부 및 영국과 아일랜드 노동계급의 비참한 공장 생활을 예로 들면서 자유노동이 진보와 번영을 가져온 게 아니라 불행과 가난을 초래했다고 하였다. 따라서 노예제가 주인과 노예 모두의 행복을 증진시키는 공리적이며 선한 제도라고 하였다. 불평등 제도와 노예제의 정당성은 역사적으로 증명된 것이며, 흑인들은 도덕적으로 그리고 지적으로 열등하기 때문에 그들의 노예화는 정당하다는 것이다.[47]

노예제에 대한 도덕적 입장과 인종 의식에 있어서도 양 지역이 크게 다르지 않았다. 공화당 정치인을 비롯한 대부분의 북부인들은 서부를 백인의 땅으로 만드는 데 관심이 있었고 노예제 폐지에 따른 흑인들의 북부 유입을 두려워하였다. 그것은 아프리카, 중앙아메리카, 혹은 미국 내에라도 흑인 식민지를 건설하려고 하였던 여러 시도에서 드러났다. 노예제 폐지를 주창한 사람들은 북부에서도 소수의 비판세력에 불과했다. 오히려 북부인들의 다수는 남부 노예들이 해방되거나 파멸적인 전쟁이 일어날 것을 염려하여 노예제폐지론자들에게 상당한 적개심을 갖고 있었으며 폭력을 행사하기도 하였다. 북부에서 노예제가 일찍 소멸된 것도 북부인들의 도덕성 때문이 아니라 북부의 기후 조건에 맞지 않는 흑인들의 높은 사망률 및 상이한 자연환경에 따른 경제구조의 차이 때문이었다.[48]

토크빌은 흑인에 대한 인종적 폭력이 남부보다 오히려 북부에서 더 심하였다고 보았지만,[49] 인종 편견은 북부뿐 아니라 서부에서도 강하였고 민주주의·평등·개인주의의 배양지로 알려진 북서부에서 가장 강하였다. 그 이유의 하나는 노예제 사회의 반흑인 정서를 가지고 온 남부 출신 인구 때문이었지만, 미시간이나 위스콘신처럼 대부분의 인구가 동부에서 이주한 주들에서도 인디애나·일리노이·오하이오보다는 더 미약한 정도이기는 하지만 역시 인종적 편견이 강했다. 그것은, 흑인들이 서부사회의 상당한 사회적 유동성을 바탕으로 사회·경제적 지위 상승을 도모할 것을 경계하였기 때문이다. 특히 남서부 지역과 사회적 위계질서가 가장 미약했던 캘리포니아, 오리건과 같은 변경 주들에서는 법적인 인종차별이 가장 심하였다. 즉, 역설적이게도 서부에서의 사회적 유동성이 바로 인종적 편견을 심화시키고 흑인들의 지위 향상을 가로막았던 것이다.[50]

남부 흑인의 경험 역시 면화농장에서의 노예 생활에만 제한되지 않았다. 구남부사회에는 많은 수의 자유흑인들이 있었는데 1790년에 3만 명, 1810년에 9만 명, 1840년에 18만 명, 그리고 1860년에 25만 명으로 늘어났다. 그 80퍼센트는 상부남부의 도시에 거주하였으며, 목수·조선공·제철공·벽돌공 등 숙련공으로 일하거나 가내노동 및 음식점·호텔·상점·창고·

부두·야채시장 등에서 미숙련 노동자로 일하였다. 이들은 1790년대와 1800년대의 대규모 노예해방 때 자유를 얻은 흑인들로서 부유층은 많지 않았다. 그러나 1840년대 이후 산업발달로 숙련노동자의 수요가 증가하면서 이들의 부도 크게 증가하였다. 반면에 상당한 부를 축적한 자유흑인들은 사우스캐롤라이나와 조지아, 루이지애나 등 하부남부에 많았고 찰스턴이나 뉴올리언스와 같은 도시에도 거주하였다. 그들은 대체로 백인 농장주와 흑인노예 사이에 태어난 혼혈인들이었고, 백인들과의 유태를 유지하면서 자신들의 사회문화적 공동체를 형성하였다. 1830년에 하부남부에는 약 1,500명의 자유흑인 농장주들이 있었고 이들은 7,000여 명의 노예를 소유하고 있었다. 특히 루이지애나 지역은 원래 스페인 그리고 프랑스의 식민지 지역으로써 혼혈인 크레올(Creole)이 많았는데 이들의 상당수가 많은 부와 재산을 소유하고 있었다. 루이지애나는 다른 남부지역과 달리 모든 혼혈인을 자유인으로 규정하였으며 1857년까지 남부에서 가장 급진적인 노예해방법을 시행하였다. 노예소유주는 자기 의사로 노예를 해방시킬 수 있었고 노예들은 자신의 자유를 살 수 있었으며 대리인 없이 소송을 제기할 수 있었다. 노예를 학대하거나 임금을 지불하지 않은 노예소유주 및 고용주를 법으로 처벌할 수도 있었다.[51]

무엇보다 남부신화의 문제는 '남부'라는 지리적으로 단일한 지역의 존재를 가정하고 있다는 점이다. 남부는 거대한 지리적 지역이며 그 범위도 역사적으로 계속 확대되어 왔다. 18세기까지 대서양 연안지역에 불과했던 남부의 영토는 19세기 들어 플로리다, 앨라배마, 미시시피, 테네시, 미주리, 아칸소, 루이지애나 등으로 확대되었고 19세기 중반에는 텍사스까지 포함하게 되었다. 남부는 메이슨-딕슨(Mason-Dixon)선 이남 지역을 말하지만, 메릴랜드와 델라웨어는 노예주였음에도 불구하고 1840년대에 사실상 노예제도가 소멸되었고 전쟁기간 중에 연방에 남았기 때문에 북부에 편입시켜 분류한다. 반면 켄터키와 테네시는 노예제도가 존속했으나 그 정치적 성향이 서부에 가까웠기 때문에 서부로 분류되기도 한다.[52]

특히 영토의 확장과 함께 남부는 그 안에 수많은 하부지역(subregion)들로 나누어졌으며, 지리적 특징에 따라 델타지역과 구릉지역 혹은 농장지대와 산간오지 혹은 하부남부(Lower South, Deep South, Black Belt)와 상부남부(Upper South, White Belt)로 구분되었다. 하부남부는 다시 노예들이 백인들의 숫자를 압도한 지역과 거의 노예들이 없었던 피드몽 지역으로 구분된다. 이 지역들은 환금작물에의 의존도, 농장 및 노예노동의 비중, 인구 구성, 정치적 영향력, 그리고 노예무역과 노예제에 대한 의견도 매우 달랐다. 상부남부인 버지니아, 메릴랜드, 켄터키에는 자영농문화가 발달하였고, 1820년 남부 제조업 인구의 약 60퍼센트가 거주하고 있었다. 따라서 은행, 관세, 토지, 수송정책 등에 대하여 다른 지역들과 상당한 의견대립이 있었다. 상부 남부의 주요 재배 작물이 밀, 담배였던 데 반해 하부 남부는 면화, 쌀, 사탕수수 등을 주로 재배하였고, 그것은 지역에 따른 노예들의 노동 조건 및 노예소유주의 비율과 부의 정도 차이를 가져왔다. 노예수요와 노예가격도 지역에 따라 차이가 있었기 때문에 같은 수의 노예를 소유하고 있다 하더라도 노예소유주들의 부는 동일하지 않았다.[53] 정치적 입장에서도 연방탈퇴에 적극적이었던 하부남부와 달리 상부 남부에는 연방주의자들이 많았으며 이들은 연방이탈 후에도 남부연합에 비판적이었다. 노예소유주들도 모두 남부분리를 지지한 것은 아니었으며, 대서양 연안주의 농장주들보다는 앨라배마와 미시시피 등의 젊은 신흥 농장주들이 노예제 방어와 연방이탈을 더 강하게 주장하였다.[54]

따라서 남부의 지역성을 논할 때 그 대상 지역이 지리적으로 어느 곳인가에 따라서, 그리고 시기적으로 어느 시기를 지칭하느냐에 따라서 남부 사회의 특성은 매우 다르게 정의될 수 있다. 19세기 초까지 주로 버지니아 중심의 대서양 연안 주들로 대변되던 남부는 지리적 영역의 확대와 함께 면화농장이 번성하면서 종래에는 자급자족적인 소농들의 개척지였던 미시시피 델타지역 등이 가장 남부적인 지역으로 일컬어졌다. 이처럼 팽창과 변화의 과정에 있던 구남부는 지역과 시기에 따른 편차가 다양한 사회였고 특히 그 지리적인 다양성 때문에 일찍이 터너(Frederick J. Turner)가 지적했듯이 '하나'의 남부가 아니라 '여러' 개의 남부들이 존재했다. 옴스테드도 남부를 단일한 경제적·사회적 지역으로 여기지 않았다. 그는 해안지역과 내륙지역, 저지대와 고산지대, 멕시코만 지역과 북부경계 주들 간의 차이와 다양성을 목격했으며, 그의 남부 인상은 지역별 편차를 갖고 있었다. 예를 들어 미시시피의 경우 "고상하고 세련된 교양 있는 대농장주는 매우 소수이며, 다수는 비도덕적이고 상스럽고 무식한 신흥부자들이다"라고 하였다. 즉, 남부는 버지니아의 대농장주와 켄터키 농민, 미시시피의 신흥 농장주의 이미지를 다 갖고 있었고, 어떤 특정한 모습이 전체를 대변할 수 없는 복합적인 면모의 사회였다. 따라서 대농장주의 농장문화만으로 상징된 남부의 이미지는 남부의 각 지역에 따른 역사적 경험의 다양성을 담아내지 못하였다.[55]

이상에서 살펴본 것처럼 북부와 남부 사이에 공존할 수 없는 차이가 존재한 것이 아니라면 남북전쟁은 왜 일어난 것일까? 그것은 서부로의 팽창과정에서 생긴 정치적 충돌이자 경제적 이해의 갈등이 빚어낸 결과로 볼 수도 있지만, 동시에 '지역적 차이의 산물이기보다는 차이에 대해 발전된 감정의 산물'로 보아야 할 것이다. 특히 1850년대 들어 양 지역 사이의 적대감이 증대하면서 남부와 북부에는 상대 지역에 대한 극단적인 정의와 비난이 팽배하였고, 그것은 공화당의 '자유토지론'과 남부의 '친노예제론' 사이의 논쟁을 정치적 수사와 선동으로 발전시켰다. 또한 남부와 북부 사이에 문화적 차이가 있고 경제적 이해가 달라 경쟁하였다고 해도 그러한 조건의 모든 지역이 전쟁을 하는 것은 아니다. 관세, 은행, 홈스테드법 등을 둘러싼 경제적 갈등은 정당과 정책의 대결을 통해, 그리고 노예제는 점진적인 보상과 남부 내부의 경제개혁을 통해 해결될 수도 있었다. 사실 북부인들에게 노예제에 대한 공포가 있었다면 그것은 가상의 것이었다. 즉, 노예제가 서부로 확장될 경우에 그들의 노동시장이 줄어든다는 것이었지만, 노예주의 수는 균형을 이루고 있었다. 오히려 북부인들은 노예가

해방되었을 때를 더 두려워하였다. 즉, 노예제는 양 지역의 진짜 이슈가 아니라 상징이었다. 북부는 일부 노예제폐지론자들을 제외하고는 흑인노예의 복지나 해방에는 상관없이 연방을 보존하는 데 관심이 있었다. 남부도 노예제에 대한 제한을 남부의 헌법적 권리, 즉 주권(州權)에 대한 침해로 받아들여 중대한 문제로 본 것이지, 그 도덕적 우월성을 신봉하였던 것은 아니다. 결국 보다 중요한 것은 감정과 정서의 극단화였다. 양 지역의 정치 지도자들과 선동가들이 실제의 차이를 과장하면서, '정상적인' 미국의 갈등은 공존할 수 없는 '문명들의 투쟁(struggle of civilizations)'으로 변화되었다. 그리고 어쩌면 미국인들은 상대 지역에 대한 허상의 이미지에 대항하여 전쟁을 치렀던 것이다.[56]

4. 견고한 남부의 신화

미국 역사에서 지역 간의 차이 혹은 지역민의 특성에 대한 인식은 그것이 내전의 대립으로 이어지고 이후 미국 역사 유산의 중요한 토대가 되었다는 점에서 의미를 갖는다. 구남부사회의 역사 경험 속에서 만들어진 남부신화는 전쟁 이후에도 지속, 강화되어 왔으며, 아직도 미국사회의 특성을 이해하는 한 지표로 역할하고 있다. 특히 신남부 이미지가 구남부사회에 대한 인식에 소급 적용되어 구남부사회를 정의하였다. 하지만 남북전쟁 이전은 북부의 발전과 남부의 팽창 및 번영이 동시에 이루어진 시기로써, 남부는 정착한 지 20년이 채 안된 지역을 포함하여 다양하고 복합적인 변화와 갈등을 경험하고 있었다. 남부가 미덕을 갖춘 신사들의 안정된 사회라는 카발리어의 이미지나 나태하고 정체된 사회라는 이미지는 모두 구남부사회 전반의 현실과는 거리가 먼 것이었다. 그러나 남부와 북부의 정치적, 경제적 갈등이 심화되면서 양 지역은 모두 서로 다른 문화를 가진 지역이라는 신화를 만들고 대립하였다. 남부와 북부의 차이가 있었다면 그것은 종류가 아니라 정도의 차이였다. 그럼에도 불구하고 남부에 대한 이미지는 지리적으로 다양한 남부 지역의 경험의 편차가 반영되지 못한 채 문학작품과 대중매체를 통해 꾸준히 확산되어왔다.[57]

　오늘날 미국사회에서 독특한 지역으로서의 남부 이미지는 많이 희석되었다. 남부는 경제구조나 사회환경 그리고 인종구성도 변하였고, 새로운 인구의 유입과 함께 보다 개방적이고 우호적인 지역으로 부상했다. 하지만 남부는 구남부(Old South), 상실한 명분(Lost Cause), 신남부(New South)의 이미지와 함께 아직도 다른 지역과 구별되는 독특한 문화와 이념적 전통을 지니고 있다고 인식된다. 남부의 독특한 지역정서와 함께 그 인종적, 정치 사회적 보수성의 이미지도 많은 미국인들에게 남아 있으며, 그것은 오랜 역사 경험 속에서 형성된 미국 남부에 대한 이미지가 얼마나 견고한 것인가를 보여준다.[58] 그러나 이제 남부신화에 가려졌던 구남부사회의 새로운 면들이 부각되는 시점에서 남부 전체의 역사적 실제를 대변하지 못하는 단일한 이미지의 고착은 경계되어야 할 것이다.

1) George B. Tindall, "Mythology: A New Frontier in Southern History", in Frank E. Vandiver, *The Idea of the South: Pursuit of a Central Theme*(Chicago: Univ. of Chicago Pr., 1964), pp.1-11.

2) A. Cash Koeniger, "Climate and Southern Distinctiveness", *Journal of Southern History* 54:1(1988), pp.21-44; Monroe L. Billington (ed.), *The South: A Central Theme?*(Huntington, N.Y., 1976).

3) 북부인들은 남부 여성에 대해서도 정숙함과 도덕성, 자비심을 갖춘 최상의 미덕의 존재로 이상화하는 한편 남부의 성차별적인 사회관계를 보여주는 존재로 보았다. Cherry Good, "The Southern Lady, or the Art of Dissembling", *Journal of American Studies* 23(1989), pp.72-77; William R. Taylor, *Cavalier & Yankee: The Old South and American National Character*(Cambridge, Mass.: Harvard Univ. Pr., 1957, 1979), p.15.

4) 우드워드는 남부를 미국의 유산을 공유하면서도 독특한 역설과 비극의 경험을 지닌 지역으로 정의하였다. 그는 특히 남북전쟁 이후의 남부가 풍요와 성공이 아닌 고난과 실패를 겪었으며, 이 과정에서 남부인들은 시련을 딛고 이겨낸 자신들의 용기와 희망 그리고 동지애 등을 통해 결속을 다지고자 하였다고 보았다. 즉, "전쟁에서는 졌지만 정신, 도덕에서는 승리했다"고 하면서 카발리어 신화의 재건을 추구하였다는 것이다. C. Vann Woodward, *The Burden of Southern History*(Baton Rouge, La.: Louisiana State Univ. Pr., 1960), pp.3-25, pp.188-190; Tindall, "The Central Theme Revisited", in *The Ethnic Southerners*(Baton Rouge: Louisiana State Univ. Pr., 1976), p.86.

5) 남부사회에 대한 이러한 해석은 Frank Owsley를 비롯하여 Robert W. Fogel과 Stanley L. Engerman, Gavin Wright, James Oakes 등에 의해 제시되었다. 이영효, 「구남부의 경제와 사회구성」, 『미국사연구』 4, 1996, pp.13-36.

6) 1760년대에 영국에서 반노예제 운동이 일어났을 때는 남부인들을 '노예를 부리면서 자유를 사랑한다고 말하는 위선자들'이라고 비난하였다. Michal J. Rozbicki, "The Curse of Provincialism: Negative Perceptions of Colonial American Plantation Gentry", *Journal of Southern History* 63:4(November 1997), pp.727-752.

7) 버지니아의 존 랜돌프(John Randolph)는 인간의 천부적 불평등과 사회의 유기체적 본질을 강조하면서, 자신을 '자유를 사랑하고 평등을 증오하는 귀족(aristocrat)'이라고 공언하였다. 버지니아 농장주들은 신사의 행동규범을 정리한 *The Compleat Gentleman, The English Gentleman*과 같은 책들을 널리 소지하고 있었다. Richard Gray, *Writing the South: Ideas of an American Region*(Baton Rouge: Louisiana State Univ. Pr., 1986), pp.1-30.

8) 헌법 제정기에 매디슨(James Madison)도 식민지들 간의 '심각한 이해의 분열'을 지적하였고 연방내의 남부 주들과 북부 주들 간의 갈등을 인식하고 있었다. 하지만 그러한 갈등이 곧 '지역 정체성'의 형성으로 이어지진 않았다. John Richard Alden, *The First South*(Baton Rouge: Louisiana State Univ. Pr., 1961), p.9-10, 17, 90-98; Jack P. Greene, *Imperatives Behaviors & Identities: Essays in Early American Cultural History*(Charlottesville, Va.: Univ. Pr. of Virginia, 1992), pp.327-347; Carl Bridenbaugh, *Myth & Realities: Societies of the Colonial South*(New York: Atheneum, 1951), pp.1-51.

9) 당시 버지니아의 존 랜돌프나 제퍼슨 등은 개인적으로는 자신들의 노예를

해방시키려고 하였지만, 미주리 문제와 관련해서는 미주리를 노예주로 연방에 가입시켜 노예주의 영역을 확장하고자 하였다. Jefferson to William H. Crawford, June 20, 1816, Jefferson to Lafayette, Dec. 26, 1820, Nov. 4, 1823, Paul L. Ford (ed.), *The Writings of Thomas Jefferson*(New York & London, 1892~1899), p.x, 34-37, 179-181; Richard M. Weaver, "Two Types of American Individualism", in *The Southern Essays of Richard M. Weaver* (ed.), George M. Curtis, III & James J. Thompson, Jr.(Indianapolis, 1987), pp.77-103; Robert E. Shalhope, "Thomas Jefferson's Republicanism and Antebellum Southern Thought", *Journal of Southern History* 42(November 1976), pp.529-556.

10) 1820년에 미주리 주와 메인 주를 동시에 연방에 가입시키되, 미주리는 노예주로 그리고 메인은 자유주로 인정하기로 한 타협안이다. 이 결과 노예주와 자유주의 수는 각각 12개로 균형을 이루었다. 그리고 북위 36°30' 이북의 땅에서는 노예제를 영원히 금지한다는 것을 규정하였다.

11) 남부는 대중교육 수준의 개선보다는 고등교육, 즉 대학교육을 확대하였다. 1860년 당시 북부 인구의 94%와 남부 백인의 83%가 글을 읽을 수 있었다. Charles S. Sydnor, *The Development of Southern Sectionalism, 1819~1848*(Baton Rouge: Louisiana State Univ. Pr., 1968), pp.302-305.

12) 1820년에 반노예제 단체의 수는 북부 주보다 남부 주에 더 많았다. 1829년 보스턴에서 발간된 「*Walker's Appeal*」이라는 저널에 실린 과격한 반노예제 주장은 많은 북부인들의 비난을 받았다. Sydnor, *Development of Southern Sectionalism*, *pp.54-103; Carl N. Degler, Place Over Time: The Continuity of Southern Distinctiveness* (Athens: Univ. of Georgia Pr., 1977, 1997), p.32.

13) 1832년에 사우스캐롤라이나는 1828년과 1832년의 관세법을 무효라고 선언하였다. 그리고 만일 연방정부가 강제로 관세를 징수하려 한다면 사우스캐롤라이나는 연방으로부터 탈퇴할 것이라고 경고하였다. 결국 클레이의 타협안에 의해 관세는 그대로 두되 앞으로 10년 동안 관세율을 점진적으로 낮추어 간다는 데 합의하였다.

14) Degler, *Place Over Time*, pp.32-39.

15) Woodward, *Burden of Southern History*, pp.198-199.

16) 1846년에 민주당 하원의원인 윌모트가 제안한 안으로, 멕시코로부터 획득한 영토에 노예제 도입을 금지하는 내용이었다. 하원은 통과했으나 상원에서 부결되었다.

17) 노예를 재산으로 인정한 1857년의 드레드-스콧 판결을 말한다.

18) 1845년 이후 플로리다, 텍사스, 오리건, 캘리포니아 등이 미국 영토에 편입되었다. 이후 캘리포니아 주는 자유주로 하고 유타와 뉴멕시코는 주민투표에 의해 노예제 문제를 결정하기로 하였다. 1854년에 캔자스와 네브래스카도 주민투표를 통해 노예제 여부를 결정하기로 하였으나, 미주리 타협안이 거부되면서 1856년에 John Brown에 의한 '유혈의 캔자스' 사건이 일어났다. 이어 1857년에는 '도망노예 송환법'이 무효판결을 받는 등 남부가 정치적 수세에 몰리게 되었다. 양재열, 「1840년대 미국정치와 지역주의」, 계명대학교대학원 박사학위논문, 1993, pp.1-6.

19) 1840년에 결성된 자유당은 1848년에 자유토지당 그리고 1854년에는 공화당으로 세력을 강화했다. 한편, 1850년 당시 남부 11개 주의 인구는 550만이고 (그 중 노예가 32%), 북부 19개주의 인구는 1,900만이어서 남부 백인들은 수적 절대적인 열세에 있었다. Ulrich B. Phillips, "The Central Theme of Southern History", *American Historical Review* 34(October 1928), pp.30-43.

20) Eric Foner, *Free Soil, Free Labor, Free Men: The Ideology of the Republican Party Before*

the Civil War(New York: Oxford Univ. Pr., 1970, 1995), pp.40-72.

21) 복음주의자들은 남부가 양키와 영국인 조상들이 만든 노예제도를 상속받았을 뿐이라고 함으로써 남부 백인들의 부담을 덜어주는 한편, 노예소유주들에게 어리석은 편견과 교만을 버릴 것을 설교하였다. 하지만 흑인노예들을 교육시키고 개종시키고자 하였던 남부 복음주의자들의 노력은 노예소유주들의 반대로 큰 성과를 거두지는 못했고, 북부에 의해 노예제를 영속화하려는 음모라고 비난받았다. William W. Freehling, "James Henley Thornwell's Mysterious Antislavery Movement", *Journal of Southern History* 57(August 1991), pp.383-406; Donald G. Mathews, *Religion in the Old South*(Chicago: Univ. of Chicago Pr., 1977), pp.136-182; James Oakes, *The Ruling Race: A History of American Slaveholders*(New York: Vintage Books, 1982), pp.96-122.

22) Sydnor, *Development of Southern Sectionalism*, pp.331-339.

23) W. J. Cash, *The Mind of the South*(New York: Knopf, 1941, 1969), pp.61-89; Woodward, *Burden of Southern History*, pp.3-25; Gaines M. Foster, "Guilt Over Slavery: A Historiographical Analysis", *Journal of Southern History* 56(November 1990), pp.681-694; Mechal Sobel, "Whatever You Do, Treat People Right: Ted Ownby (ed.), Personal Ethics in a Slave Society", *Black and White Cultural Interaction in the Antebellum South*(Jackson: Univ. Pr. of Mississippi, 1993), pp.55-88.

24) 19세기 전반의 남부는 교회 신도 수의 급속한 증가율에도 불구하고 그 수는 많지 않았다. 1840년에는 남부 인구의 8분의 1이 그리고 1860년에는 4분의 1이 교회구성원이었고 그 중의 약 3분의 1은 흑인이었다. Edward R. Crowther, "Holy Honor: Sacred and Secular in the Old South", *Journal of Southern History* 58(November 1992), pp.619-636.

25) George Bancroft, *History of the United States, From the Discovery of the American Continent*, 14th ed.(Boston, 1850~74), I, pp.159-164, II, p.170-177, 408.

26) 물론 가난한 남부 백인들을 선동하여 남부에서 노예제를 전복시킬 것을 주장하거나, 1856년 뉴욕의 「*Tribune*」지처럼 북부 자본가, 상공업자, 상인들을 남부로 이주시킬 것을 제안하는 북부인들도 있었다. Foner, *Free Soil, Free Labor, Free Men*, pp.40-72.

27) 「De Bow의 저널」은 뉴올리언스에서 'The Commercial Review of the South and West'라는 이름으로 발행되어 남부, 서부, 그리고 남서부의 경제개선에 공헌할 것을 지향하였다. Paul F. Paskoff & Daniel J. Wilson (ed.), *The Cause of the South: Selections from De Bow's Review, 1846~1867*(Baton Rouge: Louisiana State Univ. Pr., 1982), p.1-9, 17-19.

28) 남부 작가들도 William Gilmore Simms처럼 남부사회를 가부장제(plantation patriarch) 사회로 정의하는가 하면, 일부는 남부가 북부와 같은 모험정신과 근면의 태도를 받아들여 개선될 필요가 있다고 주장하기도 하였다. Gray, Writing the South, pp.31-74; Degler, *Place Over Time,* pp.52-53.

29) 남부 작가들인 George Tucker, Beverly Tucker 그리고 William A. Caruthers는 James Fenimore Cooper의 작품을 많이 모방하였으며 구남부의 선전가들이라는 비판을 받았다. Taylor, *Cavalier & Yankee*, pp.177-201; Michael Kreyling, *Figures of the Hero in Southern Narrative*(Baton Rouge: Louisiana State Univ. Pr., 1987); Robert E. Snyder, "Telling About the South", *American Quarterly* 41(June 1989), p.394.

30) 북부의 '임금노예제'를 비판한 북부인들의 주장은, 노예제는 흑인들의 것이

고 자유는 백인들을 위한 것인데 임금노동이 백인들을 흑인과 같은 수준으로 하락시킨다는 인종적 의미를 담고 있었다. Taylor, *Cavalier & Yankee*, p.95-133, 146; Eric Foner, *Free Soil, Free Labor, Free Men*, pp.xvii-10.

31) 토크빌은 계급갈등이 없는 북부사회를 예찬하는 한편 남부에서의 인종 갈등 문제를 지적하였다. 하지만 남부사회에 대한 그의 기술은 극히 일부분에 그쳤으며, "남부에는 노예를 가지지 못할 정도로 가난한 가정은 없다"고 하는 등 부정확한 부분도 있었다. 또한 토크빌의 관찰은, 미국을 거칠고 천박하고 오만하고 지적으로 빈곤한 사회라고 평하였던 영국의 찰스 디킨슨의 평가와는 매우 대조적이었다. A. 토크빌, 『미국의 민주주의 I』, 임효선·박지동 옮김, 한길사, 1997, pp.452-487.

32) Frederick L. Olmsted, *The Cotton Kingdom: A Traveller's Observations on Cotton and Slavery in the American Slave States*, 1853~1861(New York: Da Capo Pr., 1861; Arthur M. Schlesinger (ed.), 1996), p.xlviii-lv, 614-622.

33) 1860년 선거에서의 북부 투표율은 84퍼센트로 정치에 대한 당시 대중의 관심은 매우 높았다. Taylor, *Cavalier & Yankee*, pp.329-341; Woodward, *Burden of Southern History*, pp.53-67; Louis D. Rubin, Jr., "The American South: The Continuity of Self-Definition", in *The American South: Portrait of a Culture*(Washington, D. C., 1979), pp.3-22.

34) 남부인들은 앵글로 색슨과 노르만 혈통으로 북부와 남부의 계보를 나누기도 하였고, 양키와 흑인의 발음을 버리고 남부 백인의 순수하고 고상한 언어를 회복함으로써 언어적 일치를 달성하고자 하였다. Tindall, "Mythology", 15; Vandiver, "The Confederate Myth", in *The Myth and Southern History* (ed.), Patrick Gerster & Nicholas Cords(Urbana & Chicago: Univ. of Illinois Pr., 1989), pp.147-148; Drew G. Faust, *The Creation of Confederate Nationalism: Ideology and Identity in the Civil War South*(Baton Rouge: Louisiana State Univ. Pr., 1988), pp.7-21.

35) 캐시의 이러한 인식은 남부에 대한 '여가-나태 신화(leisure-laziness myth)'를 만드는 데 공헌했다. Cash, *Mind of the South*, pp.32-54, 68-107; David Bertelson, *The Lazy South*(New York, 1967), pp.40-41, 75-77; Woodward, "The Southern Ethic in a Puritan World", in *Myth and Southern History* (ed.), Gerster & Cords, pp.41-66.

36) Phillips, *American Negro Slavery*(Baton Rouge: Louisiana State Univ. Pr., 1966); Eugene D. Genovese, *The Political Economy of Slavery: Studies in the Economy and Society of the Slave South*(New York: Vintage Books, 1965), pp.23-31.

37) Bertram Wyatt-Brown, *Southern Honor: Ethics & Behavior in the Old South*(New York: Oxford Univ. Pr., 1982), pp.vii-5, 18-24, 88-114.

38) Robert W. Fogel & Stanley L. Engerman, *Time on the Cross: the Economics of American Negro Slavery*(Boston: Little, Brown, 1974), pp.247-257; Degler, *Place Over Time*, p.55; Gavin Wright, *The Political Economy of the Cotton South: Households, Markets, and Wealth in the Nineteenth Century*(New York: Norton, 1978), pp.43-89; Frederick F. Siegel, *The Roots of Southern Distinctiveness: Tobacco and Society in Danville, Virginia, 1780~1865*(Chapel Hill: Univ. of North Carolina Pr., 1987), pp.25-37; Richard Graham, "Economics or Culture? The Development of the U.S. South and Brazil in the Days of Slavery", in Kees Gispen, *What Made the South Different?* (ed.), (Jackson: Univ. Pr. of Mississippi, 1990), pp.97-124; 양동휴, 『미국경제사탐구』, 1994, pp.3-48.

39) 예를 들어, 1832년 사우스캐롤라이나는 관세무효화를 선언하면서, "관세는 북부를 살찌게 하고 남부를 패망시킨다. 만일 그렇지 않다면 한랭한 기후와 척박한 토지를 가진 북부가 계속 세력과 부를 늘려가는 반면에 아메리카의 정원인 남부가 급

속히 몰락하고 있는 것을 어떻게 설명할 수 있겠는가?”라고 하면서 남부의 ‘가난’
을 강조하였다. 토크빌, 『미국의 민주주의 I』, p.494.

40) Christopher Morris, *Becoming Southern: The Evolution of a Way of Life, Warren County and Vicksburg, Mississippi*, 1770~1860(New York: Oxford Univ. Pr., 1995).

41) 구남부사회를 농장주 중심의 귀족주의 사회로 보는 ‘농장주 지배설(planter-dominance)’에 대해서는, 다수의 ‘번영하는 소농’ 계급이 전형적인 남부 농업경영을 담당하였다는 ‘요먼 민주설(yeoman-democracy)’이 Owsley에 의해 오래 전에 제기되었다. Steve Hahn, J. William Harris, Lacy K. Ford 등도 남부사회에서 자영농 층의 역할을 부각시켰다. Frank L. Owsley, *Plain Folk of the Old South*(Baton Rouge: Louisiana State Univ. Pr., 1949); Steve Hahn, *The Roots of Southern Populism: Yeoman Farmers and the Transformation of the Georgia Upcountry*, 1850~1890(New York: Oxford Univ. Pr., 1983); J. William Harris, *Plain Folk and Gentry in a Slave Society: White Liberty and Black Slavery in Augusta’s Hinterlands*(Baton Rouge: Louisiana State Univ. Pr., 1985); Lacy K. Ford, *Origins of Southern Radicalism: The South Carolina Upcountry, 1800~1860*(New York: Oxford Univ. Pr., 1988); John B. Boles, “The New Southern History”, *Mississippi Quarterly*(1993), pp.369-383. Johnson은 남부 소농의 압력 때문에 조지아의 대농장주들이 연방이탈을 추진했던 사례를 통해 남부의 소위 '농장주지배정치'의 허실을 지적하였다. Michael P. Johnson, *Toward a Patriarchal Republic: The Secession of Georgia*(Baton Rouge: Louisiana State Univ. Pr., 1977).

42) 중소노예소유주의 부르주아적 이념은 James Oakes에 의해 강조되었다. Oakes, *Ruling Race*, pp.52-96. 남부와 북부 모두 가장 부유한 1퍼센트의 인구가 전체 부의 4분의 1이상을 소유하고 있었다. Edward Pessen, “How Different from Each Other Were the Antebellum North and South?”, *American Historical Review* 85 (December 1980), pp.1119-1149; Lee Soltow, *Men and Wealth in the United States, 1850~1870*(New Haven: Yale Univ. Pr., 1975), p.133, 142.

43) Degler, *Place Over Time*, pp.68-72; David M. Potter, *The Impending Crisis, 1848~1861* (New York: Harper & Row, 1976), p.472; Taylor, *Cavalier & Yankee*, pp.329-341; Pessen, “How Different from Each Other Were the Antebellum North and South?”, pp.1119-1149.

44) 굿만은, 노예들이 가혹한 환경 속에서도 안정된 가족구조와 유태에 토대한 흑인 공동체를 형성한 것은 노예소유주의 시혜적인 온정주의 덕택이 아니라 흑인노예들의 주체적인 저항을 통해 쟁취한 것이라고 하였다. Herbert G. Gutman, *The Black Family in Slavery and Freedom*, 1750~1925(New York: Pantheon, 1976).

45) Fogel & Engerman, *Time on the Cross*, p.73.

46) 해리스에 의하면, 농장주와 이웃 백인들은 사회적·경제적 유태관계 하에 있었으며, 노예제는 남부 백인들을 분열시키기보다 동일 인종으로서의 단합에 보다 기여하였다. Harris, *Plain Folk and Gentry*, pp.1-7; Degler, *Place Over Time*, pp.80-83; Degler, “There was Another South,” in *Myth and Southern History* (ed.), Gerster & Cords, pp.121-123; Stampp, “The Southern Road to Appomattox”, *The Imperiled Union: Essays on the Background of the Civil war*(New York: Oxford Univ. Pr., 1980), pp.246-269; Randolph B. Campbell, “Planters and Plain Folks: The Social Structure of the Antebellum South”, John B. Boles and Evelyn T. Nolen (ed.), *Interpreting Southern History: Historiographical Essays in Honor of Sanford W. Higginbotham* (Baton Rouge: Louisiana State Univ. Pr., 1987), pp.48-77; Robert C. Kenzer, *Kinship and Neighborhood in a Southern Community: Orange County, North Carolina, 1849~1881*(Knoxville: Univ. of Tennessee Pr.,

1987).

47) 친노예제론자들의 자유 이념은 백인들만을 위한 것이었기 때문에 노예제와 갈등을 초래하지 않았다. 손웰에게 영향을 끼친 영국 도덕주의자 팰리 (William Paley)는 노예소유주가 노예의 육체노동에 대해서 갖는 권한을 인정했으며, 다만 노예의 정신과 영혼은 자유로워야 한다고 보았다. William W. Freehling, "James Henley Thornwell's Mysterious Antislavery Movement", *Journal of Southern History* 57(August 1991), pp.383-406; Michael O'Brien, "Conservative Thought in the Old South. A Review Article", *Comparative Studies in Society and History*, 34(July 1992), pp.566-576; Michael O'Brien, "On the Mind of the Old South and Its Accessibility", *Rethink the South: Essays in Intellectual History*(Athens: Univ. of Georgia Pr., 1988), pp.19-37; Michael O'Brien, "The Endeavor of Southern Intellectual History", *Southern Review* 24(Win. 1988), pp.65-78; Degler, *Place Over Time*, pp.85-88. 쿠퍼는 남부 농업과 토양의 조건에는 강제노동이 필요하며 노예제는 남부의 경제적, 사회적 필요에 유용한 것이라고 주장했다. 그는 영국에서는 노예무역을 비판했으나, 미국의 사우스캐롤라이나로 건너와서는 성경을 인용하며 노예제를 옹호하였다. Daniel Kilbride, "Slavery and Utilitarianism: Thomas Cooper and the Mind of the Old South", *Journal of Southern History*, 59(August 1993), pp.469-486.

48) 북부의 찬 기후 조건은 1920년대까지도 흑인들의 북부 이주를 지연시켜 흑인 인구의 90퍼센트가 메이슨-딕슨 선(Mason-Dixon line: 북위 40도) 이남에 거주하였다. Christian Warren, "Northern Chills, Southern Fevers: Race-Specific Mortality in American Cities, 1730~1900", *Journal of Southern History* 63(February 1997), pp.23-56. 전쟁 중에도 북부 여러 도시에서 인종 폭동과 과격한 노동자들의 시위가 일어났다. 당시 노예해방선언을 한 링컨은 미국 내 일부 지역에 흑인들을 분리하여 거주하게 하려는 식민화 계획을 제시했는데 북부인들은 이에 크게 반대하였다. Woodward, *Burden of Southern History*, pp.70-86.

49) "북부지방에서는 흑백 간에 결혼이 법률적으로 이루어질 수 있지만…여론에 의해 오명의 낙인이 찍히고…흑인들에게 선거권이 부여되었지만…투표장에 갈 경우 그들 생명이 위태롭다…남부에서 법률상의 처우는 더욱 가혹한 것이지만 주민들의 습관은 훨씬 관대하고 동정적이다…북부지방에서…흑인을 더욱 가혹하게 배척한다…합중국에서 노예제도를 폐지하려는 조처가 취해지는 것은 흑인들을 위한 것이 아니고 백인들을 위한 것이다." 토크빌, 『미국의 민주주의 I』, pp.446-448.

50) Eric Foner, *Free Soil, Free Labor, Free Men*, pp.261-262.

51) 전쟁 이후 1870년대에는 부유한 흑인들이 거의 상부남부의 도시지역에 살았다. Loren Schweninger, "Prosperous Blacks in the South, 1790~1880", *American Historical Review* 95(February 1990), pp.31-56; Joel Williamson, *New People: Miscegenation and Mulattoes in the United States*(Baton Rouge: Louisiana State Univ. Pr., 1995); Ira Berlin, *Slaves Without Masters: The Free Negro in the Antebellum South*(New York: Oxford Univ. Pr., 1974), pp.135-181.

52) Michael O'Brien, "Finding the Outfield: Subregionalism and the American South," *The Historical Journal* 38(1995), pp.1047-1056.

53) 담배 경작지인 버지니아와 면화 재배지인 조지아와 미시시피는 중소노예소유주와 대노예소유주의 비율이 대체로 비슷하였다. 그러나 밀 경작지인 북버지니아와 내륙산간의 북조지아 지역은 압도적인 다수의 노예소유주들이 4명 이하의 노예를 소유한 영세소유주들이었다. 노예가격을 비교하면, 사탕수수를 주로 재배하는 루이지애나와 미시시피가 담배를 주로 재배하는 켄터키와

테네시보다 대체로 높았다. 지역 간의 차이는 같은 주 내에서도 드러났다. 테네시 주는 서부의 델타 농장지역, 동부의 산간지역, 가운데 혼합경제지역으로 구분됐으며 각 지역은 노동 관행, 시장생산의 규모, 수입 정도 등이 달랐다. 사우스캐롤라이나 지역은 해안지역의 부유한 쌀 농장주들, 영국국교도 및 프랑스 구교도 출신의 찰스턴의 상인 및 은행가들, 스코틀랜드 및 아일랜드 출신의 면화 농장주, 그리고 피드몽 지방의 자영농 등 지역에 따른 다양한 사회 집단으로 구성되었다. Sydnor, *Development of Southern Sectionalism*, pp.1-32; Timothy J. Lockley, "Antebellum Southern Society Re-examined", *The Historical Journal* 37(1994), pp.937-943.

54) 사우스캐롤라이나에도 Benjamin F. Perry 등 연방주의자들이 존재하였다. 하부남부인 조지아와 루이지애나에서도 남부분리에 대한 표 차이가 거의 없을 정도로 지지와 반대가 백중세였다. Degler, *Place Over Time*, pp.96-97; Jon L. Wakelyn (ed.), *Southern Pamphlets on Secession*, Nov. 1860~Apr. 1861(Chapel Hill: Univ. of North Carolina Pr., 1996), p.xxix.

55) 남부의 사회적 유동성을 강조하였던 헌들리(D. R. Hundley)도 『Social Relations in Our Southern States(1860)』에서 남부 신사는 소수이며 농장주들의 다수는 새로 개척된 프런티어의 속물들(Cotton Snobs)이라고 하였다. Daniel R. Hundley, *Social Relations in Our Southern States* William J. Cooper, Jr. (ed.), (Baton Rouge: Louisiana State Univ. Pr., 1979); Olmsted, *Cotton Kingdom*, pp.336-404; Gray, *Writing the South*, pp.36-45.

56) Avery Craven, *The Repressible Conflict* 1830~1861(Baton Rouge: Louisiana State Univ. Pr., 1939); Craven, *The Coming of the Civil War*(Chicago: Univ. of Chicago Pr., 1966); Foner, *Free Soil, Free Labor, Free Men*, pp.1-10; Grady McWhiney, *Southerners and Other Americans*(New York: Basic Books, 1973), pp.3-4; Immanuel Wallerstein, Numan V. Bartley (ed.), "What Can One Mean by Southern Culture?", *The Evolution of Southern Culture*(Athens: Univ. of Georgia Pr., 1988), pp.1-13.

57) Degler, *Place Over Time*, pp.56-60; Drew G. Faust, "The Peculiar South Revisited: White Society, Culture, and Politics in the Antebellum Period, 1800~1860", Boles & Nolen, (ed.), *Interpreting Southern History* pp.78-119; John Shelton Reed, *The Enduring South: Subcultural Persistence in Mass Society*(Lexington, Mass.: Heath, 1972), pp.24-90.

58) 남부신화는 남부 공동체 의식을 형성하여 남부사회를 통합시키는 데 기여한 한편, 미국사회의 현실을 조종하는 데도 영향을 미쳤다. 예를 들어 인종차별적인 남부의 이미지는 남부의 인종주의를 더욱 공고하게 만들면서 동시에 '인종 갈등'이라는 미국인들의 문제를 짊어질 편리한 속죄양으로 남부를 이용하는 데 공헌했다. Tindall, "Mythology," pp.1-15; Degler, *Place Over Time*, pp.7-25; Timothy J. Lockley, "The Changing South?: From Slavery to Sunbelt", *The Historical Journal* 39(1996), pp.1109-1116.

마이너리티, 흑인의 삶

김형인

여러 인종이 모여 사는 다문화사회인 미국에서 가장 풀기 어려운 사회적 문제는 흑인과 백인의 갈등이라고 해도 과언이 아니다. 머지않아 흑인들은 소수민족 제1의 지위를 히스패닉에 넘겨줄 것이다. 그리고 이러한 변화는 앞으로 미국사회의 다양한 변수 중의 하나로 등장할 것이다. 흑인들은 미국에서 제1의 소수민족으로서 거의 400년을 유일하게 존재해 오면서, 소수민족이 겪는 아픔을 그 중심에 서서 감당해 내야 했다. 미국사회에서 소수민족에 대한 정당한 존엄성을 인정하기 시작한 것은 불과 반세기도 되지 않았다. 그리고 흑인 모두는 그 계기가 그들이 이룩한 민권운동의 결과가 확산되기 시작한 데서 비롯되었다는 자부심을 갖고 있다. 여기에서 필자는 흑인들은 어떠한 경로로 현재 미국에서 살게 되었고 그동안 어떻게 핍박을 받아왔는가, 또 그들은 역경을 어떻게 이겨내고 미국사회에 어떠한 영향을 주었는가, 현재 그들이 처한 사회적인 문제는 무엇이고 그것을 어떻게 풀어야 되는가에 대하여, 그들의 과거와 현재를 짚어보면서 생각해 보려고 한다.[1]

1. 노예시대

미국의 노예제도 연구는 1960년대 민권운동과 더불어 그동안의 백인 일색의 연구 자료에서 벗어나 새로운 연구방법과 시각을 통하여 새로운 지평을 열었다. 그 결과 노예가 살던 모습이 밀도 있게 재구성되었다. 그리고 여러 가지 주제들, 즉 노예제도의 성립, 대서양 노예무역, 노예들의 생활·문화·저항, 그들의 법적 지위, 주인과의 관계, 그리고 남부 경제의 수익성에 대해서 많은 재해석이 나타났다.

노예제도의 수립

1619년 영국령 북아메리카 식민지에 처음 나타난 아프리카인은 애초에는 노예가 아니었다. 왜냐하면 영국에는 노예라는 신분이 없었기 때문이었다. 그들은 식민지에서 그 당시 노동력을 주로 제공했던 백인 계약노동자(indentured servants)와 비슷한 처지로 취급되었다. 계약노동자들은 식민지로 이주하는 데 드는 선박요금을 무료로 얻는 대신에 고용주에게 몇 년을 무료로 봉사한 다음 자유민으로 자립하였다.

그로부터 수십 년이 지나자 이 흑인들은 노예가 되었다. 1660년대에 이르면 그들은 법적으로 노예의 신분으로 전락하기 시작하였고, 1680년대부터 반세기 동안 흑인의 다량유입과 더불어 노예제도는 확고히 뿌리내렸다. 그리하여 18세기 중반기에 이르면 흑인은 곧 노예와 동일시되었다. 이미 서양문명에는 인종차별의 관념이 암암리에 퍼져 있었기 때문에 이러한 흑인 신분의 하락의 과정에는 아무 문제가 없었다.[2]

17세기 마지막 4분기에 흑인의 노예화가 강화되기 시작한 것은 미국으로 유입되는 흑인 인구가 증가한 데 기인한다. 당시 영국에서는 크롬웰 덕분에 경제상태가 나아지고 명예혁명 후 정치적 안정이 오면서 아메리카로 계약노동자로 가려는 영국인들이 갑자기 줄어들었다. 선주(船主)들은 그 대신에 아프리카에서 흑인들을 싣고 와서 그들을 노동자로 미국식민지에 공급하였던 것이다. 한편 주인들도 흑인을 부리는 것이 백인 계약노동자를 부리는 것보다 낫다고 생각하는 부분도 있었다. 왜냐하면 아프리카인은 미국 지리에도 밝지 못하고 피부색깔이 달라 도망치기가 쉽지가 않았던 반면, 백인 계약노동자들은 한번 도망가면 잡기가 힘들었기 때문이다. 그리고 남부의 농업은 점점 온난한 아열대성 기후지역으로도 널리 퍼져갔는데, 흑인들은 강한 햇볕 아래 견디며 일하는 지구력이 백인보다 강했기 때문이다.

아프리카인들이 유럽의 노예로 대대적으로 전락해 버리기 시작한 것은 15세기 후반 원양 항해에 처음 나선 포르투갈인들이 아프리카 해안의 마을들을 습격하여 흑인을 노획하면서부터였다. 이들은 점차 아프리카 서북쪽의 섬들에 흑인들을 집단적으로 수용하며 사탕수수 재배를 시작하였다. 뒤이어 이 방법을 전수받은 스페인인과 영국인들은 카리브 해의 섬들에서 사탕수수 재배에 흑인노예를 사용하였다. 뉴잉글랜드 무역업자들은 카리브 해역의 사탕수수 농장에 밀가루, 콩, 돼지고기와 같은 노예의 식량을 수출하고 그곳에서 당밀을 사들여 럼주를 만들어서 아프리카에 팔고, 그 수익금으로 다시 노예를 사서 아메리카에 파는 삼각무역을 발달시켰다. 대서양 횡단 노예무역은 19세기 중반까지 계속되었다.

아프리카 내지(內地)에서 생포된 흑인들은 해안가로 옮겨져서 서구의 노예상들과 옷감, 그릇, 총포, 술 같은 것과 교환되었다. 그 후 이 흑인들은 서구 각국의 기항지(寄港地)에 있는 노예집적창고에 한동안 수용되었는데, 그것은 주로 큰 흙구덩이로 이루어져 있었다. 이렇게 해서 잡혀온 자들이 약 200명 내지 300명이 모이게 되면, 선장은 노예를 배에 싣고 대서양 횡단을 하는 '중간 항해(middle passage)'를 시작한다. 이 과정의 잔혹상은 상상을 초월한다. 배에 노예들을 실을 때는 공간의 효율적 사용을 위해 배 밑바닥에 이층이나 삼층으로 차곡차곡 실었다. 그들에게는 5피트도 안되는 높이에 겨우 몸을 움직일 수 있을 정도의 공간만이 주어졌으며, 발목에는 줄줄이 쇠고랑이 채워졌다. 선원들은 때때로 그들을 갑판으로 끌고 올라가서 몸을 펴고 신선한 공기를 마시게끔 하였다. 약 두 달쯤 걸리는 '중간 항해'에서 20퍼센트의 노예들이 죽어갔다. 서인도 제도에 도착하면 그들은 그곳에서 한동안 길들여져서 미국이나 브라질 등 아메리카의 각 지역으로 팔려갔다.

얼마나 많은 흑인들이 아메리카로 유입되었는가에 대해서는 1960년대에 종래의 학설에 수정이 가해지면서 대략 천2백만 명 정도가 유입된 것으로 추정되고 있다. 커튼(Phillip D. Curtin) 같은 이는 여태까지 아메리카로 수입된 노예들 중에서 단지 5퍼센트만이 미국으로 들어왔는데, 1950년 당시 미국에는 아메리카에 거주하는 흑인 총인구의 30퍼센트나 되는 많은 흑인이 살고 있었던 반면, 서인도제도에서는 전체의 30퍼센트의 흑인이 유입되었으나, 20퍼센트만이 생존하고 있었다는 사실에 주목했다. 그리고 이것은 미국에서 노예들이 자가 증식률이 높았고 생활조건이 좋았다는 것을 증명한다고 주장했다.[3]

18세기 전반기를 통해 인종적 노예제도는 미국에서 계속 발전하였다. 그러나 미국 독립혁명기 무렵에는 노예제도가 머지않아 미국 땅에서 완전히 사라질 것으로 내다보는 사람들이 많았다. 상업을 위주로 한 북부의 경제에는 노예 노동이 불필요하였다. 그 결과, 혁명기 즈음이 되면 노예제도는 북부의 식민지들에서 사라져갔다. 1777년에 처음 버몬트에서 시작하여 1781년 매사추세츠를 마지막으로 노예제도는 폐지되었다. 남부인들도 노예제도가 자연 도태하리라고 믿었는데 거기에는 또한 경제적 요인이 작용했다. 노예 노동력을 이용해서 주로 영국으로 수출해 왔던 남부의 담배나 쪽농사는 혁명기에 영국이라는 시장과 자본 출처를 잃고서 수익성을 완전히 잃어버렸다. 이에 반해 먹여 살려야 할 노예의 수는 증가 일로에 있었다. 이에 따라, 남부 자체에서도 노예제 무용론이 대두되었는데 특히 남부의 윗부분에서 강했다.[4]

이렇게 혁명기에는 노예제도에 대한 죄의식과 노예제 무용론이 남·북부 전역에서 광범위하게 확산되어갔으나, 현실적으로 어쩔 수 없는 여건으로 말미암아 노예문제는 현상유지 상태가 되었고 건국조부들은 노예문제에 대하여 타협책을 모색했다. 이에 따라 독립선언서의 서문은 인간은 모두 평등하게 태어났다고 말문을 열었다. 그러나 미국의 헌법은 헌법상의 권리를 모든 '사람'들에게가 아니라 흑인이 제외된 모든 '시민'에게만 부여했고 또한 '3/5법칙(the three-fifths rule)'을 세워 남북의 타협이 이루어졌다. 이는 연방하원 선거를 할 때 남부의 노예 한사람을 3/5인으로 계산한 것으로, 그것은 백인 인구가 적은 남부의 정치적 세력을 강화하는 동시에 연방정부의 국고수입을 증대하려는 차원에서 이루어진 타협이었다. 연방정부는 의회에 대표자를 보내는 수에 비례하여 각 주에 세금을 부과했기 때문이다. 그리고 헌법은 '노예'라는 말을 어느 한 구절에서도 언급하지 않음으로써 노예에 관한 권리와 의무의 경계를 정하기를 피해 갔다. 그러나 다른 한편으로, 건국시조들은 헌법을 제정할 때, 수도(首都) 워싱턴에서 노예의 매매를 금지했으며, 그로부터 20년 후인 1808년에는 노예를 외국으로부터 수입하는 것을 미국 내에서 전면적으로 금지할 것이라는 법을 수립하였다. 또한 오하이오 강 이북에서 노예제도를 금한다는 법령을 정했다.

독립혁명기에 팽배한 공화주의적 정치이념은 노예제도와 걸맞지 않다고 보는 견해가 대부분이다. 그러나 에드먼드 모건(Edmund S. Morgan)과 같은 학자는 노예제도와 공화주의가 공존하는 데는 아무런 문제가 없다고 주장했다. 왜냐하면 공화제는 자산가들에 의해 지배되는 정치였으므로, 무산자들을 구속하는 노예제도를 수용하는 데는 아무 문제가 없었으며, 더욱이 17세기 버지니아에서 노동력의 부족과 더불어 지배층과 하층민의 갈등이 대두되자 이를 흑인의 노예화로 해결했다는 것이다.5)

그러나 건국시조들의 공화주의적 이념이 재산권을 기초로 하고 있었더라도, 그들이 공화제의 다른 양상인 자유나 평등의 개념과 노예제도가 잘 맞지 않는 것에 시달린 흔적은 많이 있다. 예컨대 로드아일랜드의 조합교회(congregational church)의 목사, 홉킨스(Samuel Hopkins)는 대륙회의에서 노예제도가 공화제의 이론을 위반하며 흑인들을 노예상태로 묶어두는 한 신의 분노가 새 나라에 떨어질 것이라고 연설했다. 한편 독립전쟁에 연락병, 공병, 민병대로 참여했던 흑인들도 건국 시기의 이러한 분위기에 고무되어서 자신들의 지위 향상을 위해 보다 적극적으로 노력하였다. 매사추세츠에서는 1777년에 일단의 노예들이 21세가 되면 해방시켜 달라는 탄원서를 주 하원에 제출하였다. 그들의 요구는 그 주에서 노예제도를 점차 폐지시키는 성과를 가져왔다. 그러나 1791년에 찰스턴의 자유흑인들이 그들도 법 앞에 동등하게 설 수 있도록 해달라고 주의회에 요구했을 때, 그들의 요구는 무시되었다.[6]

노예의 생활

미국 남부에서 노예들은 면화, 담배, 사탕수수, 쌀, 쪽 등을 재배했으나 그 중에서도 면화가 주 작물이었다. 19세기 초부터 남북전쟁에 이르는 기간에 미국에서 종목별 가장 큰 수출액은 언제나 면화가 차지하였다. 담배농사는 체서픽 연안의 버지니아나 메릴랜드에서 식민지 초기에 개발되었고, 쌀농사는 조지아·아칸소·앨라배마 등지의 준(準)아열대기후 지역의 해안가나 강가로 퍼져나갔다. 그리고 1820년대 이후에 미시시피나 루이지애나와 같이 무더운 지역에 이주민들이 정착하면서 사탕수수가 재배되었다. 여러 가지 이유로 퇴락해 가던 담배농사 지역에서 남아도는 흑인노예들은 이 남쪽의 사탕수수 재배지역으로 팔려갔다.

노예들의 농사일은 재배하는 작물에 따라 약간씩 달랐다. 면화농사 지대의 노예들은 대부분 소위 집단노동(gang labor)을 했다. 여름의 성장기에는 작물을 돌보고, 수확기에는 목화를 따고, 비 오는 날에는 헛간에서 목화씨를 골랐다. 어린아이들은 대개 5~6세가 될 때까지 별 일을 안 하는데 노예노파들이 주로 돌보았다. 이러한 집단노동은 담배농사 지역에서도 행해졌다. 노예들은 자신들의 식량을 위한 옥수수 농사도 함께 짓는다. 수확기에 일손이 모자라는 작은 농장은 이웃 농장으로 노예들을 품앗이를 보내는데, 이때 젊은이들은 이웃 노예들과 교류를 할 기회를 가진다. 수확한 옥수수 껍데기를 모닥불 주위에 둘러앉아 밤을 새워 벗길 때면 때로는 잔치 분위기도 무르익는다. 겨울이면 한차례 크리스마스 휴식을 하고 돼지를 훈제하면서 월동준비를 하고, 남자들은 주로 농장의 수리나 건설 등의 일을 한다. 여자들은 창고에 모여서 목화를 고르는 일 등을 한다.

쌀농사 지대에서는 이상과 같은 전형적인 집단노동과는 달리 할당제
(task labor)라는 비집단적인 형태의 노동이 주로 행해졌다. 이것은 노예의
능력에 따라 매일 아침 농장주인이나 관리인이 그날 할 일의 양을 정해
주는 것이다. 노예들은 대부분 오후 두어 시쯤이 되면 자기가 맡은 할당량
을 다 해치운다. 그러면 나머지 푹푹 찌는 오후 시간을 자유롭게 쉬거나
저녁나절에 자신의 채소밭을 가꾸면서 보낸다. 이들에게 때로는 의복 대
신에 옷감이 배급되었는데 간단한 옷은 지어 입었다. 그리고 그들은 자기
몫으로 재배한 약간의 식품을 농장 밖에 사는 사람들과 교환하기도 했다.
이러한 생활 형태를 보고 필립 모건(Phillip D. Morgan)같은 역사가는 쌀농
사 지대의 미국노예들은 거의 소작농과 비슷한 모습(proto-peasant type)으
로 살았다고 주장했다. 그러나 그렇게 단정하기에는 여러 가지 여건이 부
족하다. 노예들은 농장 울타리 바깥으로 못 나간다든가 매일 작업에 대한
감독을 받았다는 점으로 미루어볼 때 자신들의 행위를 통제하는 독자적
영역을 가진 소작농이라 부르기에는 너무 부족하였다.[7]

미국 남부에서 노예들은 대부분 농촌에서 살았으나, 어떤 노예들은 도
시에서 살았다. 큰 농장에서 사는 노예는 농사, 가사, 장인노예로 구분되었
다. 농장은 대개 50~100명 정도의 노예를 갖고 있는데 그 중에는 목수,
대장장이 등이 있어서 농장내의 건축물의 유지는 자급자족적으로 이루어
졌다. 가사를 돌보는 노예로는 요리사, 하녀, 유모, 마부 등이 있었다. 도시
의 노예는 하인이나 장인이었는데 어떤 도시인들은 노예를 많이 거느리고
다른 사람들에게 대여했다.[8]

남부 백인사회의 저변에서 노예들은 자신들만의 공동체와 문화를 이룩
하면서 생존해 나갔다. 강제노동의 악조건에서 그래도 아프리카인들의 삶
을 받쳐주고 있었던 것은 바로 노예공동체에서 오는 그들끼리의 연대감이
었다. 남부 농장에는 노예들의 주거지가 밀집해 있는 노예구역(slave
quarter)이 있다. 집단농장 사회였지만 백인의 손이 닿지 않는 틈새 공간
(elbow room)에서 노예들은 자기들만의 행동규범과 가치관을 세우고 백인

의 지배적 문화와는 색깔이 다른 자기들만의 세계를 구축해 갔다.[9]

노예 공동체의 기본 단위가 되었던 것은 가정이었다. 그러나 노예가정은 매매, 증여, 유산상속 등에 의해 수시로 파괴되었다. 노예들은 그들의 가정이 파괴되더라도 그러한 현실을 수용하면서, 그 파괴된 가정 위에 끊임없이 다시금 새로이 가정을 세워갔다. 그리고 결손가정을 보완하는 차원에서 비혈연적 유태관계를 통하여 유사가족관계(fictive kinship)를 만들어가며 아이들을 키웠다. 말하자면, 부모가 없는 아이들은 옆집 아저씨나 아주머니, 언니, 오빠가 돌봐주었다는 것이다. 가정생활은 노예들의 의식주생활과 인성교육의 구심적 역할을 하였으며 아프리카 전통의 많은 부분을 전수시키는 문화공간의 역할을 했다.[10]

또한 노예공동체를 유지하는 데 큰 역할을 한 것은 종교의 힘이었다. 노예들은 기독교를 자기 나름대로 소화시켜 '보이지 않는 교회(invisible church)'를 세우고 밤에 모여 아프리카의 주술적 의식과 비슷하게 떠들썩한 예배를 보았다. 그들은 또 백인 교회 뒤편에서 예배를 보기도 했고, 백인 전도사가 농장을 순회하거나 아니면 노예들 중에서 지도자가 나서서 저희들끼리 예배를 보기도 했다. 흑인들은 하나님을 인성을 가진 아버지와 같은 존재로 이해하는 인격주의적 신앙을 믿고 언젠가는 메시아가 나타나 자기들의 속박을 풀어줄 것을 믿으면서 그들만의 독특한 종교를 구축해 나갔다. 흑인들은 자신들이 세운 교회에서는 아프리카의 전통적 종교의 특성을 많이 가미한 그들 특유의 예배의식을 가졌고, 그 형식의 많은 부분은 현재까지도 흑인 교회에 많이 전해져 내려온다. 전도사를 포함한 흑인 종교 지도자들은 흑인공동체를 이끌어 나가는 데 큰 역할을 하였다.[11]

노예들의 의식주는 경우에 따라 달랐으나 대부분 당시 유럽의 노동자보다는 나았다고 여겨진다. 그들은 대개 일주일에 한 번 토요일에 옥수수, 소금에 절인 돼지비계 등을 배급받았다. 채소류 같은 것은 노예들이 자신들의 텃밭에서 가꾸어 먹었다. 이상적인 농장에서는 토요일에는 반공일을 노예들에게 주어 자신들의 빨래와 집안 청소 등을 하도록 했다. 그리고 일요일에는 예배를 보고 일손을 놓고 쉬게 했다. 그리고 부부가 서로 다른 농장에 소속되어 따로 떨어져서 사는 소위 '농장 외 결혼(marriage abroad)'을 한 노예들은 일요일이면 남편이 부인의 농장으로 자기의 처와 아이들을 보러 갔다.

미국에서는 노예를 포함한 흑인은 시민이 아니었으며 흑인을 위하여 특별히 마련된 흑인법(Negro Code)에 의하여 다스려졌다. 그에 의하면, 노예는 종신노동에 종사하며 노예의 신분은 모계(母系)로 유전되고 백인과의 결혼, 총포(銃砲)의 소지가 금지되었다. 노예가 외출할 때에는 주인이 쓴 허가증을 지참해야 하며, 노예나 자유흑인 서너 명이 백인의 참여 없이 저희들끼리 한데 모여 있는 것이 금지되었다. 노예들은 어떠한 종류의 계약도 할 수 없었고, 글을 배우거나 글을 가르치는 것 모두가 금지되었으며, 투표권도 갖지 못했다. 그리고 흑인은 백인에 대항해서 소송을 할 수 없었으며, 백인이 관련된 사건에서 재판 시에 증인으로서 설 수도 없었다. 하지만 그들 상호 간에 일어나는 문제는 법에 호소할 수 있었고 증인이 될 수도 있었다. 그럼에도 불구하고, 노예에게는 법적 인격이 결여되었으므로 백인 후원자가 노예를 대신하여 법정소송을 해야 했다. 만일 노예가 상해를 입는 사건이 발생하면, 법정에서 그것은 주인들의 재산상의 손실에 관한 사건으로 취급되고, 대개 벌금형으로 끝났다. 때로 포악한 노예들은 대부분 사설(私設)이었던 노예 교도소(work house)로 보내져서 벌을 호되게 받고 한동안 가두어졌다. 노예가 도망가면 마을의 순찰대(patrollers)가 사냥개들을 앞세우고 수색에 나섰다. 그들은 아무데서나 수상한 흑인을 심문하고, 말채찍으로 때렸고, 법으로 보장된 가택수색권을 갖고 있었다. 법의 보호 밖에 놓여 있는 노예들은 따라서 대부분 노예주인이 정한 규율에 따라야 했다. 즉, 농장에서 주인이 세운 사적(私的) 규율이 곧 노예들의 법이었던 것이다. 특히 여자 노예들은 주인이나 농장관리인의 성적 희롱과 폭력 앞에서 무력하였다.[12]

남부의 큰 항구도시에는 노예시장이 있어 새로 들어온 노예를 경매하느

라 바빴다. 노예가격은 시기에 따라 다르나, 소위 건장한 장정은 약 1,000~
2,000달러이고, 여자나 연로자, 혹은 어린이는 그 쓰임새에 따라 값이 떨어
진다. 대개 숙련공 장인노예는 가장 비싼 값으로 2,000달러를 호가했다.
고객은 경매대에 선 노예 몸의 각 부분을 조사한다. 때로는 이곳에서 가족
끼리 생이별을 하는 노예도 있었으나 대개 어린이와 어미는 한데 붙여 팔
았다. 이 일종의 노예도매시장은 노예소매상들과 연결되어 있었고, 소매상
들은 전국 각지를 다니면서 노예를 사고팔았다.[13]

　　이렇게 미국의 노예들은 법적 보호도 못 받고, 매매의 대상이 되어 가정
파괴의 잠재적 위협을 언제나 안고 살았다. 또 채찍질의 위협 아래 자손대
대로 인종차별을 받으면서, 폭력적 지배를 근간으로 하는 강제노동을 하
며 살아갔다. 이러한 역경을 노예들은 그들의 가정이나 공동체, 종교 생활
을 통하여 그들만의 문화를 이룩해 가며 슬기롭게 극복하면서 살아갔다.
미국의 노예가 근 250년간의 어려운 삶을 버텨낸 것은 슬기롭게 역경을
극복한 위대한 인간 정신의 승리였다.

남북전쟁을 향해

　　1800년 경 일어난 '면화 붐(cotton boom)'은 자연 도태할 것 같았던 노
예제도를 기사회생시켰다. 면화 붐이 일기 시작한 것은 영국의 산업혁명
덕분이었다. 기계화된 영국의 직물 공장은 원면의 공급을 요구하였고, 미
국 남부는 그것을 공급할 수 있는 최적의 지역으로 떠올랐다. 미국은 기후
가 온난하여 면화 재배에 알맞았고, 서쪽으로 펼쳐진 무한대의 땅이 있었
다. 단지 노동력이 부족할 뿐이었는데 미국인들은 이 문제를 노예의 수입
이라는 방법으로 해결하였다. 특히 면화에서 씨를 빼는 과정을 기계화하
는 조면기(씨아)의 발명은 '면화 붐'에 한층 더 박차를 가하였다. 영국의
공장에 끊임없이 원면을 제공하면서 면화농장은 애팔래치아 산맥을 넘어
서쪽과 남쪽으로 팽창하였다. 이와 더불어 남부와 북부의 지역적 갈등이
나타나기 시작했다.

애초에 미국에서 지역적 갈등은 동서의 대결로 나타났었다. 그러나 19세기 전반에 그것은 점차 남북의 대결로 귀결되었다. 식민시대를 통하여 정치와 경제의 중심지였던 동쪽의 해안지대와 그렇지 못했던 산간지대의 갈등은 큰 것이었다. 그러나 면화농장이 서쪽으로 확대되면서 상황이 급속히 바뀌어 점점 동서 대결은 줄어들고, 그 대신에 남북 갈등이 나타나게 되었다. 남부에서는 서부로 팽창하는 면화농사가 동서 간의 공통점을 마련해 주었고 북부에서는 19세기 전반기에 들어서자 운하개발과 도로공사 덕분으로 서부의 농업지대와 동부의 산업지대가 긴밀히 연결되면서 동질성을 확대해 갔다.14)

1819년 루이지애나 영토에서 미주리 주가 연방가입 신청을 함에 따라 남북의 대결은 표면화되었다. 이것은 미주리를 노예주로 편입시키는 대신 메인 주를 자유주로 세우고, 앞으로는 북위 36도 30분 이북의 지역에서는 노예제도를 금지한다는 타협으로 마무리되었으나, 이 타협안은 한 세대를 견디지 못하고 연방을 분열시켰다.

북부가 노예제 문제를 들추어내기 시작하기는 했어도 북부인들에게 인종차별적 감각이 없었던 것은 아니다. 그들이 반대를 한 것은 노예제도의 서부로의 확장이었고, 그들이 걱정했던 것은 이에 따른 지역적 세력 균형의 문제였다. 북부에서 노예제도는 폐지되었으나 그 후에도 아프리카인들은 시민으로 편입되지 않은 채 자유흑인(free black)의 신분으로 남아 있었다. 그들은 노예보다는 이동(移動)이나 계약의 자유 등 보다 많은 자유와 권리가 있었으나 시민권이나 투표권이 없었고, 고용에서 차별을 받았고, 흑인법에 의해 통제되었다. 1840년에 이르러서야 매사추세츠, 메인, 뉴햄프셔, 버몬트의 4개 주에서만 그들에게 투표권을 부여하였다. 이 자유흑인은 남부의 도시에도 상당히 있었는데, 그들은 흑인들 중에는 가장 개명하였다. 백인들은 이들이 순진한 노예들을 부추겨서 반란을 하도록 이끈다고 여겼다.15)

미국 내에서 흑인 인구가 점점 늘어가게 됨에 따라, 백인들은 노예반란이 일어날까 봐 두려워했다. 남북전쟁 당시 미국 남부에서 노예는 인구의 약 1/3정도가 되었다. 그러나 1740년에 흑인 인구가 이미 과반수를 넘었던 노스캐롤라이나의 경우, 큰 농장들이 모여 있던 바닷가나 섬들에서는 흑인 인구가 2/3에 달했다. 이러한 상황에서 노예반란을 걱정하는 것은 당연하였다. 그들의 걱정을 확인해 주듯이 1739년에는 스토노(Stono)반란이 일어났고 1800년에는 프로써(Gabriel Prosso), 1820년에는 뷔시(Denmark Vesey)가 반란을 음모하다 발각되었다. 그리고 1831년에는 버지니아에서 터너(Nat Turner)의 반란이 일어나 남부의 백인들을 공포의 도가니로 몰아넣었다. 그러나 이후로는 이 정도의 규모로 진행되거나 계획된 노예반란은 미국 내에서 보이지 않는다. 그 원인 중의 하나는 1800년대부터 남부의 여러 주들이 노예에 대한 처우개선과 자유흑인에 대한 통제를 동시에 강화했기 때문이다. 미국의 노예반란은 남아메리카나 서인도제도에서 일어났던 것들보다 대체로 그 규모가 작고 강도나 성공도에 있어서도 떨어진다. 그 이유는 무엇보다도 미국에서는 농장의 규모가 작았기 때문이다. 다른 아메리카 식민지에서는 200~300명 정도의 노예를 수용하는 농장이 보편적이었음에 반해 미국에서는 그 정도 규모의 농장은 전체의 2~3퍼센트밖에 차지하지 않았으며, 대개 농장 1개당 50명의 노예를 갖고 있었다.16)

19세기 초에 일어났던 인도주의적 사상은 미국 백인들의 이러한 노예반란 내지 인종폭동에 대한 걱정과 맞물려서 1810년경에는 소위 흑인들을 위한 식민운동(Colonization Movement)을 탄생시키게 된다. 이것은 미국 내 자유 흑인과 노예들을 아프리카의 라이베리아로 이민시키는 운동으로써, 북부는 물론 남부인들도 이것을 위한 모금운동을 적극적으로 후원하였다. 그러나 이 식민운동은 1820년 경에 실패로 끝났다. 그 주원인은 흑인들 자신의 호응도가 낮았던 데 있다. 결국 식민운동은 백인들이 흑인들을 미국 밖으로 내몰려는 인종차별적인 처사로 해석되고 있다. 식민운동이 실패하자, 노예제도 반대 운동은 점점 더 과격해져갔고 1830년대에는 소위 '즉각주의자(Immidiatests)'들이 출현하게 된다. 이때쯤 되면 남과 북의 대립은 노예 문제 외에도 관세와 국내 교통망 건설(Internal Improvement)에 관한 문제로 더욱 날카로워져 갔다.

식민 시대부터 메노교도(Pennsylvania Dutch)와 퀘이커교도, 그리고 소수의 퓨리턴들은 노예제를 반대하였다. 그들은 "남에게 대접을 받고자 하는 대로 너희도 남을 대접하라"는 기독교의 '황금률(the Golden Rule)'에 의거하여 노예 매매를 비판하였다. 반면에 노예제 찬성론자들은 구약에 나오는 함(Ham)의 저주를 증거로 들며 노예제도를 용인하였다고 주장했다. 즉, 노아에게는 세 아들, 셈(Shem)·함(Ham)·야벳(Japith)이 있었는데 방주에서 나온 후 노아는 처음으로 땅 위에 포도밭을 일군 뒤, 포도주를 마시고 취하여 장막에서 벌거벗은 채로 잠들어버렸다. 아버지의 하체를 본 함은 밖으로 나가 두 형제에게 이를 알렸다. 그러나 셈과 야벳은 옷을 어깨에 메고 뒷걸음쳐 들어가서 얼굴을 돌이키고 그 아비의 하체를 보지 않은 채 아버지의 하체에 덮었다. 노아가 술이 깨어 둘째 아들의 소행을 알고 격노하여, 그의 아들 가나안은 셈과 야벳의 종이 되도록 저주를 내렸다는 것이다.17)

노예제도를 반대하는 사람들은 대륙회의와 의회에 노예 수입과 매매행위 금지를 촉구하는 탄원서를 제출하고, 노예 노동으로 만들어진 제품에 대한 불매운동을 하고, 자유흑인을 교육시키기 위하여 야학을 여는 등 점진적인 노예해방을 모색하였다. 그러나 건국기에 사람들은 비록 노예제도에 대해 불편한 마음을 갖고 있었어도 그 제도에 대한 완전한 폐지를 부르짖을 만큼 과격하게 나아가지는 않았다. 남부인들은 당분간은 현상유지 외에는 도리가 없다는 현실을 감안하면서 착잡한 감정을 갖고 있었다.

그러나 1830년에 이르면 사정이 달라졌다. 남부인들에게 종전의 노예제도 자연 도태론은 사라졌다. 그들은 노예제도에 대해 더 이상 변명하지 않고, 그 제도는 '확실히 좋은(positive good)' 제도라고 주장하면서 노예제도의 장점들을 열거하기 시작했다. 그들은 노예제도는 사회의 복리를 증진하는 탁월한 제도로써 주인의 가부장적 보살핌 속에서 노예들은 행복하고 만족한 생활을 한다고 주장했다. 남부의 지식인들은 남부 노예들의 생활 여건이 프롤레타리아의 상황보다 낫다면서 북부의 비정한 자본주의에 대해 맹공격을 가하였다. 그들은 노예제도를 옹호하는 이론들을 더욱 체계적으로 정립하면서 노예제도는 기독교 교회가 오래도록 용인한 제도일 뿐 아니라, 그리스나 로마에서도 민주·공화주의가 노예제도와 병행하였으므로 노예제도가 공화적 정치체제와 모순이 되는 바가 없다고 반박하였다. 오히려 노예제도 덕분에 남부에서 백인들은 피부색 하나만으로도 직업의 귀천을 막론하고 평등하게 시민적 지위를 갖게 되므로 자유민주주의를 실현하는 데에도 노예제도는 유익하다고 역설했다. 그들은 노예제도가 사회적 윤리를 타락시키고 경제적으로 비능률적이라는 비판에 맞서서 이의를 제기하기도 하고, 남부에서는 노예제도 외에는 흑인들을 통솔할 수 있는 다른 묘책이 없다는 실용적 논지도 폈다. 혹자는 더 나아가 미국의 흑인들은 아프리카에서보다 좋은 의식주생활을 하며 문화의 혜택을 누리고, 기독교도로 개종할 수도 있기에 결국 노예제도는 미개한 아프리카인을 개명으로 이끌어 가는 문화적 제도라고 논하였다.

이렇게 남부인들이 호전적으로 노예제도를 옹호하고 나선 것은 그 즈음에 북부인들이 노예제도 폐지운동을 과격하고 급진적으로 펼쳐나갔기 때문이었다. 1833년 몇몇 과격한 백인들은 <미국노예제 반대회(the American Anti-slavery Society)>를 수립하여 즉각적인 노예해방을 부르짖었다. 북부 흑인들도 1830년에 <전국흑인협회(National Negro Convention)>를 세워서 금주운동, 흑인학교 설립을 위한 모금운동과 더불어 노예제 폐지운동을 전개하였다. 도망친 노예들도 노예해방 운동에 적극 참여하여서 순회강연이나 자서전 집필을 통하여 노예제도의 잔학상을 폭로하거나 지하 철도조직망을 통하여 남부의 노예들을 북부나 캐나다로 밀입국시키는 활동을 하였다. 헌신적으로 노예해방운동에 참여하더라도 백인운동가들에게서는 백인 우월주의의 성격이 드러나는 부분이 있었다. 그리하여 무장봉기를 외치거나, 황금해안·시에라리온·아이티·멕시코령 캘리포니아 등지

로의 이민을 계속 주장하는 흑인들도 있었다.[18]

노예제 찬반론이 분분한 가운데 남북의 교회가 분열하였다. 1844년에 감리교회가 각각 남부·북부교회로 분열하자, 다음 해에 침례교회도 그 뒤를 따랐다. 남부인이 그토록 완강하게 노예제도를 고수한 것은 이제 노예제도가 남부의 정치, 사회, 문화체제를 떠받쳐주는 기초 구조가 되어 있었기 때문이다. 그들에게 노예제도를 포기한다는 것은 그들의 생활양식 모두를 포기하는 것이나 다름없었던 것이다.

이러한 가운데 일어난 것이 1846년의 멕시코전쟁이었다. 남부인들은 면화농장의 확장을 위해 새로운 땅을 절실히 원하고 있었다. 멕시코인이 미국 영토를 침범했다는 부당한 구실로 일어나게 된 이 전쟁을 북부인들은 노예정권의 음모라고 비난을 퍼부었다. 이제 남과 북은 멕시코전쟁에서 얻은 광대한 땅의 처리에 다시 신경을 곤두세우고 팽팽히 대립하였다. 이 땅에서 노예제 확장을 반대하는 사람들이 자유토지당(Free Soil Party)을 결성하면서 노예문제는 가장 중요한 정치 현안으로 비화되었다.[19]

우선 캘리포니아 주의 수립과 연방가입이라는 문제를 놓고 남북의 대결이 다시 표면화되었는데, 이것은 다시금 어렵게 '1850년의 타협'으로 마무리 지어졌다. 그러나 이것은 미봉책에 불과했고 서부영토 관리에 혼란만 가져다주었다. 이 혼란을 가중시킨 것은 4년 후에 수립된 캔자스-네브래스카 법(the Kansas-Nebraska Law)이었다. 이 법은 미주리타협에 따르면 위도 상 노예제가 용인될 수 없는 캔자스 영토에 주민의 의사에 따라 노예제도 존폐 문제를 결정하도록 하였다. 이 법의 수립에 반대하는 세력들은 공화당을 결성할 수 있도록 하였다. 그리하여 이제는 노예제도의 폐지와 유지를 각각 부르짖는 공화당과 민주당으로 정당이 지역적 기반 위에 양분되어 가고 있었다. 또한 이 법이 수립되자 캔자스 영토에는 남부와 북부에서 이민단들이 무더기로 들어왔다. 그 결과 이곳에서 남북 세력이 각각 따로 주정부를 세우며 대결하였고, 결국 두 세력은 '유혈의 캔자스(Bloody Kansas)'사태로 충돌하여 많은 사상자를 내었다.

1860년 대통령 선거에서 공화당 후보였던 링컨의 당선이 확정되자 사우스캐롤라이나를 위시한 남부의 주들이 연방에서 탈퇴하여 새 정부, 남부연합(The Confederate States of America)을 세웠다. 물론 남부에는 연방의 통합을 부르짖는 통일당(Unionists)을 지지하는 세력도 있었으나 역부족이었다. 북부가 남부의 탈퇴를 인정할 리 없었다. 두 지역의 전쟁은 이제 시간문제였다. 1861년 4월 14일 남군이 사우스캐롤라이나 찰스턴 근해에 있는 연방군의 섬터 요새(Fort Sumter)에 발포하면서 남북전쟁은 시작되었다.

전쟁 초기에는 남군이 우세하였다. 우수한 장교단은 거의 모두 기사도를 숭배하는 문화가 있던 남부 출신이었다. 남부는 영국의 산업이 남부의 면화를 계속 필요로 하기 때문에 영국이 결국은 남부를 위해 군사적으로 개입하리라고 믿었다. 이러한 남부의 기대에 쐐기를 박으려고 북부가 취한 조치가 바로 다름 아닌 노예해방선언(Proclamation of Emancipation)이었다. 링컨 대통령은 1863년 1월부터 반란 지역에 있는 모든 노예를 해방한다고 선포하였다. 이것은 실제로는 그 내용에 있어서 아무런 실현 가능성이 없는 문서에 불과했다. 왜냐하면 전시의 남부에서는 연방정부의 어떠한 행정 명령도 효력을 발생하지 못했기 때문이다. 그렇다면 이 선언은 실제적인 노예해방보다는 북부의 전쟁 목적이 노예해방에 있다는 것을 세계에 선포하여 외국, 특히 영국의 남부에 대한 지원을 봉쇄하자는 데 그 취지가 있었다. 이 선언은 또한 남부의 주노동력이었던 흑인을 교란시켜 남부의 경제와 군사체제를 약화시키기 위한 목적도 있었다. 북군이 노예해방선언을 했다는 소식이 노예들에게 전해지자, 그 후 북군 진영으로 탈퇴하는 노예들이 많았다.

2백만 정도 되는 연방군의 거의 10퍼센트에 이르는 18만 6천명이 흑인이었으며 이들의 거의 반은 남부 출신이었다. 전사한 흑인은 3만 8천명으로 백인 전사자보다 40퍼센트가 더 많았다. 흑인들 중에는 약간 명의 장교도 있었으나 대부분 백인 지휘관 밑에서 흑인부대(United Colored Troops)를 이루었다. 이들은 모든 병과에 분포되었으나 특히 남부의 지리를 잘 알아서 척후의 역할을 많이 하였고, 또 스파이로서도 많이 종사했다. 남부에서 수백 명의 노예들을 북부로 빼돌린 터브먼(Harriet Tubman)도 북군의 스파이였다. 흑백 군인들 사이에는 급여의 차이도 있어서, 예컨대 백인이 월 13달러를 받으면 흑인은 7달러를 받았다. 흑인들은 이에 대해 항의했고 1864년에 가서 이러한 차별은 시정되었다. 남부에서도 흑인들을 군인으로 모집하자는 의견이 나왔으나 실현되지 않았다. 그들의 충성심을 믿지 못해서였다. 그러나 노예들은 주인 대신에 착출되어 진지에서 잔심부름이나 노역을 하였다.

중반에 접어들면서 전세는 북부로 기울기 시작했다. 북부는 인력과 산업력에서 남부에 비교가 안 될 정도로 우세하였다. 그리고 링컨 대통령이 그랜트(Ulysses Grant)를 북군 사령관으로 임명하면서 우수한 지휘관들이 북군을 지휘하게 되었고 전투를 승리로 이끌었다. 그리하여 1865년 4월 9일에 피비린내 나는 내란은 4년 만에 휴전협정이 조인됨으로써 막을 내렸다.

미국 노예제도의 특성

미국 노예제도의 특성을 한마디로 잘라 말한다는 것은 불가능하다. 남부의 노예들은 고대 노예와 마찬가지로 주인의 소유 재산이었고 그 신분은 유전되었다. 미국의 노예법은 로마법에서 많은 것을 전수받았으며 법정의 판결도 로마의 판례에서 많은 영감을 얻었다. 두 나라에서 노예는 시민이 아니었고 그들에게는 법적 인격이 결여되어 있었다. 그러나 때로 노예가 범죄를 저지르는 경우, 그들은 인간으로 취급되어 신체적 처벌을 받아야 했다. 미국의 노예들은 고대노예들과 같이 집단노동을 하면서도 다양한 모습으로 생활하였다. 예컨대 노예 대여제도로 보다 자유로운 삶을 영위할 수도 있었고 사실혼을 하여 가정생활을 할 수도 있었다. 그리고 미국의 노예는 수백 년 동안 고대 노예와 같은 용어인 '노예(slave)'라고 불려왔다.

그러나 미국 노예제도에는 중세 농노제도와 비슷한 점도 상당히 많았다. 지노비스(Eugene D. Genovese)는 남부의 농장주는 마치 예전 스페인의 귀족(Seignior)처럼 가부장적으로 노예들을 관리하였고, 노예들이 만든 세계에는 자신들만의 자치체제가 존재했으며, 남부 농장은 이 두 집단의 상호작용에 의해서 유지되었다고 주장하였다. 남부 농장에는 중세 봉건사회의 특징으로 지적되는 사회구성원 간에 긴밀하게 연결된 유기체적인 성격이 존재하였다. 남부의 농장은 '큰집(the Big House)'이라 불리는 농장주의 저택을 중심으로 하여 노예주민들이 자급자족적 경제체제를 이루는 중세의 장원과 비슷한 특성을 많이 가졌다. 그리고 농장주의 사법(私法) 체제는 농노를 정부의 간섭 없이 통치했던 중세 영주의 불수불입제와 비슷하였다.[20]

그럼에도 불구하고, 남부의 농장주들은 중세 귀족 영주와는 달리 영리 추구에 각별히 관심을 기울이는 기업가의 면모를 갖추고 있었다. 그러므로 아메리카의 노예제도는 고전적 노예제도와 구분 지어 '산업노예제(Industrial Slavery)'라고 불렸다. 남부에서 재배되는 면화의 판매는 거의 모두 영국의 공장으로 보내졌고, 그곳에서 만들어진 면제품 또한 세계를 무대로 하는 수출을 겨냥하고 있었다. 그러므로 미국 노예제도는 세계시장체제(World Market System) 내에서만 존재할 수 있었다. 포겔(Robert W. Fogel)은 남부의 농장주들이 근대 기업가의 예리한 이윤추구적 정신을 갖고 농장이라는 사업체를 합리적으로 경영해 갔다고 주장하였다. 그리하여 남북전쟁 당시 노예제도에 기초한 남부의 경제는 고도의 수익을 창출하였다.[21]

이렇듯 미국 남부의 노예제도는 자본주의적 시장구조에서, 고대노예제와 같은 집단노동의 방식으로, 중세 장원과 같은 사회적 여건 속에서 수립되었다고 볼 수 있다. 어쩌면 그것은 지노비스가 지적하듯이 봉건사회에서 자본주의로 이동하는 과도기에 위치한 상업자본주의 시대의 산물이었는지도 모른다. 미국 남부의 노예제도는 그 속에 고대 노예적, 중세 봉건적, 근대 자본주의적 요소를 모두 포함하고 있었으며 남부 나름의 아주 독특한 성격을 갖고 있었다.[22]

미국에서 근대역사학 서술의 제1세대라 할 수 있는 19세기 후엽의 민족주의사가들은 노예제도의 폐지는 미국의 발전을 위한 당연한 과정이었다. 그러나 남부 문학의 르네상스기라고 일컬어지는 1920년대가 되면 필립스(Ulrich B. Phillips) 같은 이들은 예전의 노예제 찬성론자들의 논거(論據)에 근대 역사학의 실증적 연구방법을 적용하며 지난날 노예제도의 장점과 남부사회의 미덕을 재평가하였다.23)

그러나 제2차 세계대전 후 합의주의 역사가들이 부상하여 미국인들 사이의 대동단결을 강조함에 따라 다시 한번, 미국 남부의 노예제는 극히 비미국적이고 부도덕한 제도로 비판받았다. 탄넨바움(Frank Tannenbaum)이나 엘킨스(Stanley Elkins) 그리고 스템프(Kenneth Stampp) 같은 이들은 미국의 노예제도가 다른 어느 나라의 것들보다 잔인하였다는 것을 적나라하게 파헤쳤다.24)

그러나 1960년대 신좌파의 대두는 또 한번 거듭해서 이러한 역사해석을 뒤엎는 결과를 가져왔다. 이 시기에는 1920년대 남부사가들의 학문적 업적을 재평가하는 노력이 두드러지게 나타났다. 이를테면, 북부의 노예제 폐지론자들도 남부인과 마찬가지로 인종주의자였고 노예해방도 결국은 북부의 이기주의에 의해 영도되었으므로, 자유와 평등을 위해 노예제도를 폐지했다는 주장은 신화에 불과하다는 포스트모던적 시각이 강조되었다. 그리고 다양한 각도로 노예들의 생활이 조명되었다. 이렇듯 한 세기 동안 번복에 번복을 거듭한 논쟁은 노예제도에 대한 다양한 해석과 분석을 가져다주었다.

2. 해방 이후

대통령에 재선되어 취임한 지 한 달여 지나서, 그리고 전쟁을 종결한 지 닷새 후에 링컨은 로즈극장에서 저격당했고, 대통령 직을 계승한 부통령 앤드류 존슨(Andrew Johnson)에게 전후처리의 문제가 맡겨졌다. 링컨은 남부의 재건은 행정부가 맡아야 할 일이라고 믿고, 전쟁이 끝나갈 무렵 관대한 조건으로 남부를 다시 연방에 복귀시킬 구상을 하고 있었다. 그는 탈퇴한 주의 유권자 10퍼센트가 미국 헌법에 충성한다는 서약을 하고 연방정부와 법률을 인정한다면 연방에 재가입시키고자 하였다. 한편 그는 전쟁이 끝나기 전에 해방노예의 처리문제에도 관심을 기울여 후에 해방노예국(Freedmen's Bureau)으로 성장할 기구들을 정부의 부처에 세웠다.

재건기

남부 출신인 존슨은 대체로 링컨 대통령의 계획안을 따랐으나, 그래도 훨씬 친남부적으로 재건계획을 밀고나갔다. 그는 남부의 주에 임시 주지사를 임명하고 백인들만의 투표로 주의회를 수립해서 주의회가 노예제도를 폐지하는 수정헌법 13조를 인정한다면 연방에 재가입할 수 있다고 하였다. 그리고 지난날의 남부 고위층 인사들을 많이 사면하여 그들에게 참정권을 다시 부여했다. 이러한 노선에 따라 남부에서는 재건 준비가 착착 진행되었다.[25]

남부의 주의회들은 흑인법(Negro Codes)을 제정하여 흑인들을 예전의 노예상태와 비슷하게 묶어두려고 하였다. 흑인 소작농은 중도에 해약하면 처벌받았고, 그의 자녀들은 도제의 신분으로 주인으로부터 매질을 당할 수 있었고, 부적절한 언어나 행위는 처벌받고, 부랑자는 용역으로 팔아넘겨질 수 있었다. 흑인들은 백인을 상대로 고소할 수도 없고, 그들이 소유할 수 있는 토지도 지역적으로 제한되었다. 물론 그들에게는 투표권도 부여되지 않았다.

반면, 해방노예국을 세워서 해방된 노예들의 자립을 도운 의회는 계속 그 기구를 존속시키고 또 민권법을 세워서 해방노예에게 시민권을 부여하려 했다. 그리고 시민권 부여를 더욱 확고히 함과 동시에 전직 남부연합 고위공직자에게서 참정권을 박탈하기 위해 헌법 수정조항 14조를 통과시키려 했다. 그러나 대통령은 해방노예국 존속과 민권법에 비토를 놓고, 남부의 주의회들은 수정헌법 14조를 비준하려 하지 않았다. 그리고 남부에서 선출된 연방 상하원에는 이전의 남부연합의 부통령을 포함해서 군 장성, 고위 관리 등을 다수 포함하고 있었다.

이러한 처사를 본 예전의 노예해방론자와 공화당 과격파는 노예해방이 수포로 돌아갈 위기감을 느꼈다. 의회는 이들의 의도를 반영하며 재건의 임무를 맡는 역할은 대통령이 아닌 의회에 있다고 주장하며, 우선 남부에서 백인 투표로만 선출된 대의원을 인정하지 않고, 대통령의 제안과는 퍽 다른 재건법(Reconstruction Act)을 1867년에 통과시켰다. 그것에 따르면, 남부 전체가 5개의 군사통치 지역으로 나누어지고, 제헌의회가 새로 소집되어서 주 헌법을 세우고, 헌법수정조항 제14조를 비준하면 연방에 재가입된다는 것이었다. 이렇게 의회와 대통령이 대치국면으로 치닫던 중, 대통령이 친의회적인 국방부장관을 상원의 동의 없이 해임하자 의회는 존슨을 탄핵하였다. 그러나 상원에서 1표가 모자라서 탄핵은 기각되었다. 그후 대통령은 리더십을 잃고 남부의 재건은 의회에서 수립한 재건법에 따라 진행되었다.

재건기 군사통치 하에서는 기회를 찾아간 흑백의 북부인(Carpetbeggers)들이 전후 남부에 새로 열린 정계에 많이 진출했고, 또 해방된 노예들도 정치활동에 참여하였다. 제헌의회의 경우 사우스캐롤라이나에서 61퍼센트나 되는 큰 몫을 흑인대표들이 차지하였고, 루이지애나에서는 흑백이 48명 동수였다. 이들이 1867년과 그 다음 해 동안 수립한 주헌법들은 상당히 진보적이어서 남부연합의 부역자를 제외하고는 모든 남성에게 투표권을 주었다. 그리고 그 헌법들은 현재까지도 주의 헌법으로 남아 있다. 주의회에도 흑인들이 많이 진출하였다. 예컨대 사우스캐롤라이나의 제1회 주의회에는 87명의 흑인과 40명의 백인 의원이 선출되었다. 그리고 부지사, 하원의장, 국무장관, 재무장관도 흑인이 역임했었다. 다른 주에서도 정도의 차이는 있으나 흑인 정치가들이 부상하였다. 1869년에서 1877년까지 남부에서는 총 14명의 흑인이 연방 하원에 진출하였고, 1869년부터 1901년에 걸쳐서 연방의회에 두 명의 상원의원과 20명의 하원의원을 보냈다. 이들은 모두 공화당이었다. 해방노예들에게 링컨 대통령은 그들에게 자유를 가져다 준 거의 신적인 존재였고, 모든 흑인들은 그때부터 뉴딜정책 수립 후 민주당으로 전향할 때까지 충성스럽게 공화당을 지지하였다.[26]

해방노예국은 해방된 노예의 사회 적응을 도왔다. 흑인들에게 구호식품을 배급하고 일자리를 찾아주며 흑인의 복지를 위해 일했다. 그러나 그 기구가 가장 공헌한 바가 많은 부분은 교육 부문이었다. 해방노예국은 기술교육을 위시하여 주말 교육에 이르기까지 다양한 교육을 흑인들에게 제공했으며, 현재까지 유수한 흑인대학들이 자선단체의 도움을 받아 이 관청의 주관으로 세워졌다. 하워드, 햄프튼, 모어랜드, 피스크, 애틀랜타대학교 등이 그런 것들이었다. 1970년 남부에서는 4,329개의 학교에 24만 7,333명의 학생들이 있었다.

재건기 연방정부의 흑인정책에서는 공화당 과격파, 사데우스 스티븐스(Thaddeus Stevens) 같은 이가 외친 "40에이커와 망아지 한 마리!(Forty Acres and One Mare!)"라는 주장은 묵살되었다. 그것은 정부가 농장주에게서 땅을 몰수하여 해방노예들에게 한 몫 떼어줌으로써 그들이 경제적으로 자립하는 것을 도와주자는 견해였다. 과격파들은 경제적 자립능력 없이 주어지는 자유란 쓸모가 별로 없다는 것을 잘 알고 있었다. 다행히 1866년에 제정된 'Southern Homestead Act'는 인종을 초월하여 80에이커의 땅을 정착자에게 주었다. 이에 따라 플로리다에서는 해방노들이 16만 에이커를 받았고, 1870년에 조지아에서는 35만 에이커를 흑인들이 소유하고 있었다. 그러나 이러한 혜택을 받은 흑인들은 소수에 불과했다. 경제적 자원이 없는 해방노들은 대부분 이전의 주인 밑에서 소작농으로 예전과 비슷하게 살아갔다. 그리고 더러는 가까운 도시로 떠나서 도시 주변에 밀집된 흑인촌을 이루며 살아갔다. 재건기의 가장 실패작은 바로 흑인에게 경제적 자립책을 마련해 주지 못한 데 있다.

점차 민주당은 당세를 회복해 가서 1876년의 대통령 선거에서 일반투표에서는 이겼다. 그러나 선거인단 투표에서는 공화당의 러더퍼드 헤이즈 (Rutherford D. Hayes)가 1표 차로 이겼고 여러 곳에서 선거 부정이 폭로되었다. 이 문제로 양당은 타협하였는데, 그것은 공화당의 헤이즈가 대통령이 되는 대신에 남부에서 군사 통치를 종결시킨다는 것이었다. 이렇게 남부에서는 군정이 종식되고 남부는 다시 남부인들의 손으로 돌아갈 수 있는 여건이 마련되었다.

공화당과 흑인 세력의 약화는 1877년에 갑자기 나타난 것은 아니었다. 그것은 재건기 남부사회 속에서 서서히 진행되어왔었다. 거기에는 백인 비밀단체의 역할, 남부 지도급 인사들에 대한 총사면령, 공화당의 부패, 북부 신세대의 태도, 법원의 입장 같은 여러 가지 요인들이 있었다. 남부 백인들이 전후에 진행되는 급진적 재건을 막지 못하자, 그들 사이에는 흑인들을 확실히 지배하기 위한 비밀 결사운동이 퍼져갔다. 전쟁이 끝나자 흑인을 돕는 자선단체로 생겨난 유니언 리그(Union League)는 점차 흑인들에게 투표를 하도록 독려하면서 남부에서 공화당을 증강시키는 중심 세력이 되었었다. 이 리그는 비밀리에 조직되어 밤에 모여 흑인들만의 의전 행사를 하며 회원들을 끌어모았고, 리그 지도부는 그들에게 투표하는 방법을 지도하면서 공화당이야말로 흑인을 해방한 당이며 민주당은 노예제도의 부활을 획책한다고 선전하였다. 1867년에 남부에는 유니언 리그의 지부가 곳곳에 수립되었으며, 여성을 포함한 성인 흑인 모두가 이 단체의 회원이라고 해도 지나치지 않았다. 이러한 움직임에 대항하여 백인 비밀 결사 단체도 남부의 곳곳에서 생겨났다.[27]

예컨대, 1867년 이후 'the Knights of White Camilia', 'the Invisible Southern Empire', 'the White Brotherhood', 'the Council of Safety', 'the '76 Association', 그리고 'KKK(the Knights of the Ku Klux Klan)' 같은 단체들이 전국망과 지방조직을 가지며 결성되었다. 이들은 폭력에 호소하면서 흑인을 정치 참여에서 몰아내고 백인우월주의를 회복하려고 하였다. 그 중에서도, KKK와 화이트 캐밀리아(the Knights of White Camellia)가 가장 막강

하였는데, 그들은 총칼로 무장하고 남부 마을 여기저기를 밤낮으로 순회하
였다. 특히 KKK단은 밤에 흰 두건을 쓴 일단의 단원들이 십자가에 불을
붙이고 흑인 가정을 기습하여 타깃이 된 사람을 살해하고 목매달았다.

연방의회는 이러한 인종적 폭력조직들의 활동이 확산되는 것을 우려하
며 1870년과 1871년에 강제법(Enforcement Act)을 통과시켜서 해방노의
공민권 박탈행위를 엄중 처벌하려 했다. 이를 위해 대통령에게 영장 없이
무장단체들을 체포하고 또 군대도 소집할 권한을 부여했다. 그리고 '음모
법(Acts of Conspiracy)'을 제정하여 이러한 단체들의 활동을 반란으로 간주
한다고 규정하였다. 이에 따라 수백 명이 체포되어 음모죄로 처벌받았는
데, 예컨대 사우스캐롤라이나만 해도 1년 사이에 백 명이 처벌받고 벌금형
을 받았다. 그러나 이러한 조치는 제한성이 많았다. 왜냐하면 지방차원에
서 폭력조직의 활동을 억제하려는 노력은 유명무실하였기 때문이었다. 예
컨대 1871년에 앨라배마에서는 두건을 쓰고 다른 사람의 재산과 신체에
피해를 입히는 자들을 투옥하고 벌금을 물린다는 법이 제정되었으나 실행
되지 못했다.

1871년 노스캐롤라이나의 순회법원은 이러한 단체에 대해서 조사에 나
섰고 대배심원은 KKK의 규약을 다음과 같이 보고하였다.

과격한 정당인 공화당의 원리에 반대하며, 누구든 이 조직에 대한 비
밀을 누설하는 회원은 배반자의 처참한 운명인 죽음을 면치 못한다. 모든
회원은 권총, 큐클럭스 가운, 그리고 신호 기구를 스스로 마련하여 소지
한다. 클랜의 행동은 밤에 집행되며, 공화당원에 대하여 채찍질과 살해를
가하는 방법으로 이 고장을 떠나라고 경고한다. 그리고 대클랜(Grand
Klan)의 명령 없이는 어떠한 클랜 단원도 습격 행동을 하는 것을 금한다.

그리고 그 주에는 이러한 비밀단체가 1868년부터 많이 존재하며 유력
한 시민들이 이러한 단체에 많이 가입되어 있다고 지적하였다. 이렇게 한

편에서는 조직화된 백인 비밀결사가 있었고, 다른 한편에서는 유니언 리그, 해방 노예국, 연방군 그리고 흑인들이 있어서 남부의 정치적 지배를 둘러싸고 대결했으나 점차 세력은 백인 편으로 기울어갔다.[28]

한편, 연방의회가 1872년에 500명의 남부 연합 부역자들을 제외하고 총사면령을 내린 것은 남부에서 민주당 세력이 활성화하는 계기를 가져왔다. 특히 1873년의 공황을 계기로 남부와 서부에서는 급진적 농민운동이 퍼져갔다. 이 운동은 백인 하층민과 농민을 지도층에서 분열시키는 한편, 흑인들에게 우호적이었다. 이에 놀란 민주당은 흑인들의 정치적 세력을 제거하고 백인들을 다시 결속할 방안을 모색했다.

흑인 세력의 약화에는 공화당의 부패도 한몫했다. 남북전쟁이 끝나면서 미국에서는 산업화가 진행되었고 폐허가 된 남부에서 북부의 산업세력은 기회를 포착하려 했다. 그리고 재건기에는 구제, 교육, 의료, 교통, 건설 등 많은 부문에서 공공 투자가 이루어졌기 때문에 정치권을 둘러싼 부패도 심했다. 게다가 전후 정치판은 공화당 일색이었기 때문에 민주당은 부패의 비난으로부터 벗어날 수 있었다. 민주당은 공화당의 부패 사례를 포착하여 급진적 정권의 타도에 이용했다. 그리고 새로이 사회 활동을 할 나이에 다다른 북부의 신세대들은 흑인문제에 대해 점점 냉담해 갔다. 그들의 주 관심사는 산업화로 미국을 부강하게 만드는 일이었다.

대법원 또한 남부에서 민주당의 부활에 큰 역할을 하였다. 의회가 해방 노예국에 인종차별을 방지하는 기능을 부여하려 하고 헌법 수정조항 제15조를 통과시켜 해방 노예에게 투표권을 부여하려 하자, 대법원은 이를 반대하고 나서면서 앞서 언급한 시행법은 위헌이라고 판결했다. 이러한 여건에서 서서히 힘을 강화해 가던 민주당은 1877년의 타협으로 남부의 정치무대에 다시 복귀했다. 남부의 백인들은 이 사건을 종전의 그릇된 정치관행으로부터의 '구원(Redemption)'이라고 부르며 환영하였다. 그러나 흑인의 지위 향상은 말할 수 없는 타격을 받았고, 그들은 향후 반세기 동안 암흑과 두려움 속에서 헤매며 부분적으로는 노예시절보다 더 어려운 시기를 겪는다.

남부의 부활과 흑인의 수난

1877년의 타협으로 군정이 종식되자 남부의 주들은 그 동안 향상된 흑인의 지위를 무효화하기 위해 주 차원에서 제도적으로 흑인의 참정권을 앗아갔다. 주, 도시, 군들은 교묘한 법령들을 수립하여 연방법의 법망을 피해 나가면서 헌법수정조항 14, 15조에 명시해 놓은 흑인의 시민권과 투표권을 무효화하기 시작하였다.[29]

미시시피를 선두로 하여 남부의 주들은 '할아버지 조항'으로 오로지 조상이 투표권을 가졌던 자에게만 투표인 등록을 허락하거나, 버지니아에서와 같이 인두세를 내는 자나 사우스캐롤라이나 같이 어려운 헌법조항을 묻는 문맹시험을 통과한 자에게만 투표권을 부여하였다. 이 세 가지 조건 중 어느 하나라도 구비할 수 있는 흑인들은 드물었다. 왜냐하면 소득이 있는 자에게만 부과되는 인두세를 낼 만큼 소득이 안정된 흑인은 드물었고 문맹시험은 전문인들이나 대답할 수 있는 까다로운 문제가 출제되기가 일쑤였기 때문이다. 이러한 법령들은 남부의 주들에서 1898년경이 되면 완비된다. 이에 따라 1896년 루이지애나에서는 12만 344명이 투표자 등록을 했으나 1900년에는 5,320명으로 줄어든다. 그리고 앨라배마에서는 18만 1,471명이 3,000명으로 줄어든다. 게다가 그것도 모자라 버지니아에서는 게리맨더링으로 공화당에게 불리하게 선거구 조작을 하고, 투표용지에 후보자의 당 소속 대신에 직책을 명기하면서 흑인들에게 혼란을 유발시켰다. 사우스캐롤라이나에서는 투표함을 여러 개 놓고 올바른 함에 투표용지를 넣지 않으면 무효화시켰다.

흑인의 투표권 박탈이 이루어지자, 거기에서 더 나아가 백인우월주의를 확립시키는 또 다른 조치들이 취해졌다. 민주당은 예비선거에서 흑인을 완전히 배제시켰다. 흑백 인종 사이의 분리주의적인 법은 재건기 때에 잠시 나타났었으나 1868년에는 사라졌었다. 그러나 보수파들이 정권을 잡게 되자 1870년에 미시시피를 선두로 해서 흑·백인 사이의 결혼을 금지하는 법이 나타나고, 1875년이 되면 처음으로 짐 크로우(Jim Crow)법이 나타나

기차·정거장·부두 같은 곳에서 흑·백인의 사용이 분리되었다. 더욱이 민권법이 위헌이라는 판결이 나오면서, 분리정책은 호텔·식당·극장·공원·도서관·이발소·식수대·화장실로 확산되었고, 1885년경이 되면 학교에서도 분리정책이 법적으로 수립된다. 드디어 1896년 플레씨 대 퍼거슨(Plessy vs. Ferguson)의 대법원 판결은 남부에서 관행되던 이러한 분리제도를 합법화하였다. 흑인 피가 1/8만 섞여 있어서 거의 백인 모습을 갖고 있던 플레씨(Homer A. Plessy)는 루이지애나의 흑백 분리법을 시험하기 위하여 기차의 백인 객실에 타보았다. 추방령이 내리고 이를 거절하자 그는 체포되었다. 대법원은 기차에서 흑백 객차가 "분리되어 있어도 동등한(separate but equal)" 설비를 제공하면 합법적이라는 평결을 내렸다. 그 결과 흑백분리제도는 남부에 더욱 견고하게 뿌리내렸으며 민권운동 때까지 지속되었다.

한때는 남부에 퍼진 민중주의 여파로 흑인의 정치적 처지가 나아진 적도 있었다. 예컨대 1892년에 노스캐롤라이나에서는 민중당과 공화당의 퓨전세력이 주의회를 지배했고 민주당은 약화되었다. 그 결과 흑인이 투표권 행사를 하는 것이 수월하게 되었고 그 주에서 흑인들의 관직 진출의 증가를 가져왔다. 남부인들은 이러한 흑인의 세력 강화에 분개했다. 그리하여 1894년 선거에서 민주당이 강제로 조작하여 흑인들의 표를 얻음으로써 민중당은 흑인 표를 얻지 못했다. 이에 따라 민중주의자들은 흑인에 대한 지지가 백인 농민들의 세력을 격리시킬까 봐 우려하면서 이전의 전략에서 방향을 돌려 흑인에게서 투표권을 빼앗는 데에 합세했다. 1896년 농민운동이 가라앉자, 흑인에게서 법적으로 투표권을 빼앗는 작전은 남부의 백인들을 다시 결속시켰다. 가난한 백인들은 흑인문제는 실질적으로 백인들의 발전을 가로막는다고 믿으며 예전의 그들의 지도자 밑에 다시 뭉쳤다.

이러한 상황에서 흑인의 권리향상 운동은 자연히 위축되었다. 이 시대의 대표적인 흑인지도자는 터스키기 기술전문학교(Tuskegee Technical Institute)의 설립자인 부커 워싱턴(Booker T. Washington)이었다. 그는 추상적인 권리를 내세우는 인권운동 대신에 흑인은 백인과 협력 하에 경제적으로 자립하는 것도 모색해야 한다고 강조하였다. 그의 이러한 주장은 기존의 리더십에 위협을 주지 않았기 때문에 백인들로부터 후원을 받았다. 그 학교 출신의 많은 기술자들은 한때는 터스키기 머신(Tuskegee Machine)이라고 불리면서 흑인사회에서 가장 영향력 있는 지도층을 형성하였다.

당시 미국에서는 다윈의 진화론에 힘입어 생물학적 백인우월주의가 유포되면서 진화의 단계에서 흑인들을 가장 저급한 인간집단으로 규정하였다. 또한 전례 없는 기업의 팽창으로 적자생존을 부르짖는 사회적 다윈주의도 확산되었다. 미국인들은 이제 더 이상 흑인문제를 국가적 정치현안으로 취급하지 않고 산업화로 바빠진 정부도 남부의 흑인문제에 대해서는 더 이상 신경을 쓰지 않고 남부에 맡겨두었다. 이러한 상황에서 경제적으로 자립할 능력이 없는 남부 흑인의 처지는 전전(戰前)과 다를 것이 거의 없었다. 오히려 한동안은 더 악화되었다. 이러한 처지는 1세기를 계속하다가 드디어 1960년대에 일어난 민권운동으로 개선되기 시작한다.

3. 20세기의 흑인

미국이 제1차 세계대전에 개입하고, 경제공황을 타개하기 위해 뉴딜정책을 세우고, 제2차 세계대전에 돌입하게 된 것은 흑인들이 지위향상을 이룩하고 민권운동을 시작할 수 있는 터전을 마련하여주었다. 흑인의 도시화, 미국의 국제화에 따라 전개된 민권운동은 한 세기 동안 묵인되어오던 흑백 인종차별 철폐를 위해 상당한 성과를 이루었다.

제1차 세계대전

1917년 윌슨이 독일에 전쟁을 선포하던 당시 흑인은 정규군과 방위군에 각각 1만 명씩 복무 중이었다. 그러나 선전포고 후 70만 명 이상이 입대하였다. 그중 639명은 대위 이하 계급의 장교로 임관하였다. 한편 전쟁

이 발발하자, 미국의 군수공장들은 확장일로에 있었으며 공장에서의 일손은 턱없이 부족하였다. 이 빈자리를 메우기 위해 흑인들이 남부로부터 북부의 도시로 물밀 듯이 쏟아져 들어왔다. 흑인 대탈출(Black Exodus)이라 불리는 이 현상으로 1916년에서 1918년 사이에 50만 명의 흑인이 농촌에서 도시로 이주했으며, 1890년부터 1920년까지 200만 명 이상의 흑인들이 북부로 왔고, 북부 6개 도시에 거주하는 흑인들은 100만 명으로 늘어났다. 뉴욕에는 할렘이 생겨나고, 시카고와 디트로이트 같은 대도시에 흑인 밀집지역이 생겼다. 도시에서 흑인들은 서로 문화 활동을 교류할 수 있었고, 사회 운동을 조직하고, 투표권을 행사할 수 있었다. 이제 정계는 더 이상 흑인집단을 무시 못 하게 되었다.[30]

도시에서 그들끼리 연대감을 강화할 수 있는 여건은 흑인들의 자의식을 재고시켜서 신흑인(New Negro)이 나타났고, 그들이 흑인의 정체성을 주장하는 문학과 예술 활동을 펴나가자 1920년대에는 할렘 르네상스(Harlem Renaissance)가 꽃피었다. NAACP와 흑인도시연대(Negro Urban League)의 기관지 「위기(*Crisis*)」나 「기회(*Opportunity*)」 같은 잡지를 통하여 흑인 문필가들은 시, 소설, 에세이 등을 발표하였다. 당시 파리에서는 입체파 화가들이 아프리카 미술에서 영감을 얻으며 세계적인 흑인 컬트(Negro Cult)를 일으키던 그 당시, 뉴욕시립도서관에서도 흑인미술가들의 특별 전람회가 열렸다. 오닐(Eugene O'Neill)이 『존스 황제(*Emperor Jones*)』를 발표했듯이, 백인 문인들도 흑인의 테마를 주제로 한 작품을 쓰는 것이 유행이었다.

재즈시대라고도 불리는 1920년대에는 흑인들의 음악활동도 눈부셨다. 1917년 다섯 명의 백인이 뉴올리언스에서 흑인 올리버(Geo Oliver)에게 사사한 후 뉴욕에 와서 딕시랜드 재즈밴드를 조직하여 처음으로 재즈를 연주했는데, 그 후 재즈는 급속히 확산되어 듀크 엘링턴(Duke Ellington)이나 루이 암스트롱(Louis Armstrong) 같은 이들이 뉴욕에 모여들어 다운타운이나 할렘의 클럽에서 재즈를 연주하고 작곡하고 음반을 취입했다. 또 고전 음악가들도 그들의 선율에 즉흥적 재즈 톤을 불어넣으면서 재즈를 발전시켜갔다.

　이러한 흑인의 사회적 지위 향상이 백인들의 반발 없이 이루어졌던 것은 아니다. 20세기에 인종주의는 한층 더 과학적 탈을 쓰면서 두개골, 턱, 코 등의 신체적 특징이 흑인을 가장 저급한 인간 군으로 증명한다고 주장했다. 심리학은 I. Q. 테스트가 흑인 지능의 선천적 열등성을 과학적으로 증명한다고 결론지었다. 1920년대에 널리 읽혔던 스토다드(Theodore L. Stoddard)의 저서는 자가 생산율이 높은 미국의 흑인이 백인 주도의 문명에 도전을 하고 있다고 경고하였다.

　그동안 남부에서 흑인의 종속적 지위를 확인시켜놓고 수그러들었던 KKK단의 활동도 1915년에 전국적으로 부활하였다. 인종주의자들은 이번에는 미국의 본질을 수호하기 위하여 집단폭력의 대상에 당시 새로이 대거 이민 온 카톨릭과 유태교도를 첨가시켰다. 1922년 KKK 두목에 오르면서 에반스(Hiram Wesley Evans)는 「미국주의를 수호하기 위한 클랜의 투쟁」이라는 글에서 "인종적 인식을 토대로 국민 총화를 추구하는 것"이 클랜의 목표임을 명시하면서, 클랜은 미국을 수립한 개척자들의 자손들을 위하여 미국을 보존하고 발전시킨다는 신념 아래 행동해 왔으며, 미국이 용광로(melting pot)라는 잘못된 관념을 바로 잡고, 과격분자와 도시적·외국적인 것으로부터 '미국주의(Americanism)'를 수호하였다고 말했다. 그는 또한 미국인들은 유럽인들 중에서도 진일보 개량된 인종이라고 믿으며 미국적 인종주의를 대변하였다.

　　……노르딕(Nordic) 인종을 이룬 복합적 인구는 세계에서 근대문명의 거의 전부를 이루었다. 우리 클랜은 바로 이 인종을 대표한다. …미국의 개척시대가 가져다준 철저한 선택 과정은 신 노르딕(New Nordic) 인종을 창출하였다. 오로지 견실한 신체, 진취적 기상, 강한 정신을 갖고 있는 남녀만이 미국의 개척생활에 감히 뛰어들었다. 거기에서도 가장 훌륭한 자들만이 살아남아서 신 노르딕 인종이 태어났고 그것이 바로 미국의 인종(American race)이 되어서 역사의 정점을 이루었다. 이 훌

류한 인종적 특성은 새로 획득한 땅과 새로 창조된 국가와 더불어 원래
의 미국인들(old-stock Americans)이 후예에게 물려준 그 무엇과도 비교
할 수 없는 가장 가치 있는 유산이다.[31]

숙련공들의 노조였던 미국노동총연맹(AFL, American Federation of
Labor)도 전통적으로 인종차별적 정책을 취하였다. 취업의 길이 막혀 있었
던 흑인들은 파업파괴자(strike breaker)로 흔히 쓰였으며 이 점을 노조원들
은 몹시 못마땅하게 생각하였다. AFL 의장 곰퍼스(Samuel Gompers)는, "무
식한 흑인들에게서는…우리가 사랑이나 존경이라고 배워온 자질 같은 것
을 조금이라도 찾을 수 없다. …이 몸집이 집채만 한 자들은 무식하고 유
해하고, 아주 동물적 근성만 갖고 있다"라는 인종적인 발언을 서슴지 않았
다. 뎁스(Eugene V. Debs)가 이끌던 사회당도 마찬가지였다. 그들은 흑인
들의 문제는 사회주의적 평등이 실현된 후에 저절로 오는 것으로 보고 문
제 삼지도 않았다. 반면에 공산당은 흑인의 인권운동에 이 두 단체보다
우호적이었으나 1920년대 동안은 자본주의를 공략하는 구호만 외쳤을 뿐
흑인을 위한 현실적 성과는 못 가져다주었다.

한편 20세기가 전개되면서 흑인사회에는 반세기를 지도해 왔던 순응주
의적인 자세를 비판하는 움직임이 이미 일기 시작하였다. 1905년 29명의
흑인 목사, 법률가, 언론인, 교육인, 사업가들이 W. E. B. Du Bois의 영도
아래 나이아가라에 모여서 흑인의 권리신장운동을 전개할 것을 천명하였
다. 그는 부커 워싱턴을 비판하며 흑인의 자조보다도 더 중요한 것은 흑인
의 민권을 회복하려는 의식이라고 믿었다. 이 조직은 1910년 백인들과 연
대하면서 점차 NAACP로 발전하였다. 그 기구는 처음에는 취약성을 면치
못했으나 제1차 세계대전을 겪으면서 지도력이 흑인에게 옮겨지고 보다
조직적으로 입법과 법정투쟁을 해나가면서 백인우월주의에 대해 정면 도
전하였고, 현재까지도 가장 영향력 있는 민권운동의 전초기지 역할을 하
게 된다. 이 당시 NAACP가 벌린 운동의 목표는 흑인들의 고용 확대, 남부

흑인들에 대한 법적보호, 반 린치법 수립이었다.

이 시기에는 흑인 민족주의도 부활하였다. 자메이카 언론인 출신 가비 (Marcus Garvey)는 흑인들로부터 출자하여 아프리카에 이민의 나라를 세우려고 검은별 여객선(Black Star ship Line) 회사를 차렸다. 그가 뉴욕에서 모금운동을 위한 시위를 하면, 흑인들이 길거리로 쏟아져 나와 춤을 추고 노래를 부르면서 축제의 분위기를 조성하였다. 그의 기획은 수포로 돌아갔으나 그가 남긴 "흑인은 아름답다"는 정신은 흑인들의 사기를 드높이고 자의식을 제고하는 데 많은 도움을 주었다.

뉴딜과 흑인

인종차별적 사고방식은 한편으로는 뉴딜정책의 수립과 다른 한편으로는 점점 증폭되는 히틀러의 만행과 더불어 1930년대에 들어서면서 다각적으로 공격을 받게 되었다. 미국은 나치즘을 피해오는 자들에게 안식처를 제공하였으며, 미국의 지성들은 인도주의적 시각을 수용하였다. 인류학자 보아(Franz Boas)는 흑인의 선천적 열등성을 반박하였고, 사회학에서는 인간문명의 결정요인으로 환경적 요소를 강조하였다. 심리학자 돌라드(John Dollard)는 남부의 인종차별을 사회적 병리현상이라는 시각에서 보았고, 교육학은 인종차별이 어린이에게 미치는 부정적 영향에 대하여 논하였다. 또 할리우드가 조작해 낸 굴종적 흑인의 이미지도 브라운(Sterling Brown)에 의해 비판받았다. 당시 증가된 흑인 학자와 뉴딜 시대에 대거 진출한 흑인 문필가와 예술인들도 인종편견을 해소하기 위해 활약하였다.[32]

이 시대에는 인종차별 정책을 고수해 왔던 미국의 노동계에도 변화가 왔다. 공산당은 1931년에 일어난 스카츠보로(Scottsborough) 사건으로 흑인을 위한 인권운동에 앞장섰다. 이 사건에서는 8명의 흑인 청소년들이 2명의 백인 여학생을 강간하였다는 증거불충분한 이유로 사형을 구형받았다. 흑인단체를 지원하며 공산당은 즉각 시위운동에 들어갔고 법적 캠페인도 벌여서 상당한 성과를 올렸다. 다른 문제에서도 공산당은 "흑백 노동자여, 뭉치자"라는 피켓을 들고 함께 시위를 하였다. 이렇게 흑인과 공산당의 유태가 강화되자 사회당도 그들의 흑인정책을 바꾸었다. 1933년의 워싱턴의 한 호텔에서 열린 회의에 호텔 측이 흑인대표의 투숙을 거절하자 사회당은 예약을 취소하고 다른 곳으로 옮겼다. 사회당은 점차 흑인들의 반린치, 반인두세 투쟁을 지원하였다.

뉴딜의 와그너 법으로 노조의 단체교섭권이 인정되면서 노조활동이 활성화되자 1938년에 수립된 산업노동자회의(CIO: Congress of Industrial Organization)는 인종 통합의 방향으로 나아갔다. 또한 소련에서 인종평등을 내거는 새로운 헌법이 1936년에 선포되자 '다문화주의'에 대한 좌파인사들과 학생들의 관심이 커졌다. 학생들은 대학에 흑인학을 개설하라고 외치고 ROTC에서 흑백차별을 철폐하라고 요구하였다. 1930년대에 이렇게 흑인들은 노동계, 좌파지식인, 학생들과 함께 공동전선을 펴나가면서 흑백차별에 대하여 미국사회에 문제제기를 하고 있었다. 그들은 반린치법, 반인두세법의 수립과 백인예비선거 폐지, 교육과 군대에서의 인종차별 금지 등을 쟁점으로 삼아서 산발적인 저항운동을 벌렸다. 특히 흑인들이 공산당과 CIO와 함께 했던 활동은 차세대 민권운동가들이 저항의 방법을 연마하는 데 유익한 경험을 안겨주었다.

흑인들은 경제공황으로 타격을 심하게 받았다. 뉴딜 초기의 복지정책에서는 흑인이 수혜 대상에서 제외될 때가 많았으나, 2차 뉴딜 때부터는 흑인들의 수혜가 늘어났다. 루즈벨트는 내무장관 이키스(Harold Ickes), WPA 책임자 홉킨스(Harry Hopkins)를 기용해서 소위 '흑인내각(Black Cabinet)'을 통하여 뉴딜정책의 많은 부분을 운영하였으며, 대통령 부인(Eleanor Roosevelt)도 흑인 권리신장의 든든한 후원자였다. 이들은 흑인들이 뉴딜정책의 수혜자가 되도록 힘을 기울였다. 당시 흑인의 인구는 총인구의 10퍼센트가 조금 넘었으나, 그들은 정부의 구제 프로그램 수혜 대상자들의 10퍼센트를 훨씬 넘는 몫을 차지였다. 1942년에 미국의 주택기획청(the U.S. Housing Authority)이 지은 집의 33퍼센트에는 4,100명의 흑인이 입주하였고, WPA 프로젝트는 1백만 명 이상의 흑인들에게 혜택을 주었으며, 라이트(Richard Wright)나 엘리슨(Ralph Ellison)같은 대표적 흑인 문인들을 발굴해 내었다. 대통령 부인은 또한 흑인지도자들을 백악관으로 초청하면서 흑인들의 정치화를 촉진시켰다. 그 결과 1936년의 대통령 선거에서 흑인들은 공화당을 줄곧 지지해 오던 입지를 바꾸어 민주당으로 대거 전환하였고 현재도 압도적으로 민주당을 지지하고 있다.

뉴딜정책에 관계된 쟁점과 더불어 당시 흑인들이 집중적으로 공략한 것은 반린치법의 수립이었다. 반린치법은 하원을 몇 번이나 통과하였지만, 남북 의원이 동수로 되어 있는 상원에서는 번번이 기각되어 입법화되지 못하였다. 그러나 린치행위는 20년대를 지나며 점점 수그러져갔다. 1902년에 있었던 85건의 살인사건은 1920년에 61건, 24년에 16건, 29년에는 7건으로 감소되었다. 그리고 KKK 단원의 수도 1920년에 10만 명에서 24년에는 4만5천명으로 줄었다. 그러나 경제공황이 닥치면서 린치는 한때 다시 증가하는 경향을 보이다가 30년대 말 이후에는 현저하게 하향곡선을 그리면서 수그러들었다.

제2차 세계대전과 민권운동

제2차 세계대전은 인종주의의 폐단을 만천하에 인식시켰다. 독일의 나치당이 저질렀던 극악무도한 인종말살정책은 세계의 지성인들에게 인종주의에 맹종하는 가치관에 회의를 불러일으켰다. 한편 제1, 2차 세계대전을 겪으면서 아프리카, 아시아가 유럽의 식민지에서 독립을 하며 백인우월주의에 도전하게 되었다. 1953년에 열린 반둥회의는 비유럽계의 세력을 다지려는 결의를 보여주었다.

제2차 세계대전 당시 흑인들은 흑백으로 분리되어 40만 명이 전투부대원으로 참전하였다. 그들은 국외에서는 파시즘에 대해, 국내에서는 인종차별에 대해 투쟁한다는 양면적 승리(Double V.)를 내세웠다. 서부에서 확장되는 군수공장은 다시금 흑인들로 메워졌고 그들은 더욱 조직화할 수 있었

다. 침대차 하역부 노조(Brotherhood of the Sleeping Car Porters)의 의장이
었던 랜돌프(A. Phillip Randolph)는 1941년 군대에서의 흑백통합을 요구하
였다. 그의 주장은 관철되지 않고 군대의 흑백통합은 한국전쟁 이후에야
이루어졌으나, 그의 요구는 군수공장에서 흑백 간의 고용과 임금의 평등을
수립하는 쾌거를 이룩하였다. 이 시기에 인종차별 철폐를 위해 이룩한 많
은 성과들은 다음 시기에도 계속 발전되어 민권운동으로 이어진다.[33]

전후 제대군인들은 점차 민권운동을 용기 있게 지지하고 나서는 흑인
대중의 기층세력을 이루었다. 귀국 후 그들은 제대군인 지원법(G.I. Bill)으
로 대학교육의 혜택을 받고 보다 향상된 직업을 갖게 되었으며, 더 이상
이전의 현실 순응적인 흑인들이 아니었다. 세계적인 외교 판도의 기류도
흑인들에게 유리하게 흘러갔다. 전후 아프리카에서는 많은 신생국들이 탄
생하였으며 국가사절들을 미국으로 파견하였다. 그러나 그들은 남부의 식
당, 호텔, 고속도로 화장실에서 흑인 전용 시설로 퇴출당하고 경찰들로부
터 수모를 당하기 일쑤였다. 당연히 아프리카 국가들로부터 미국정부를
향한 외교적 항의가 빗발쳤다.

게다가 소련은 제3세계로 민족해방전선 전략을 펴나가며 미국의 야만
적 인종차별에 대하여 맹공격을 퍼부었다. 이제 미국은 흑인문제를 남부
의 지역적 자치에만 맡길 수 없는 처지에 다다랐음을 연방정부의 고위급
정치인들은 공감하였다. 이러한 시대적 상황은 아이젠하워 집권기에서부
터 케네디를 거쳐 존슨 시대에 대통령들이 앞장서서 남부의 완강한 저항
에 정면 대결하면서 흑인 민권운동을 지지하게끔 이끌었다. 그들은 대법
원의 호응을 받으며 의회에서는 남부 출신 의원들을 제압하려 했다. 또
방위군을 수시로 투입해가며 거의 한 세기 동안 간과해 왔던 흑인들의 시
민권 문제를 국가적 중대 안건으로 취급하였다.

1) 브라운 판결

브라운 판결(Brown v. The Board of Education, Topecca)은 이러한 미국

정부의 방향전환을 상징적으로 나타낸다. 브라운(Oliver Brown)은 그의 딸이 자신이 속한 흑인 구역에 있는 초등학교보다는 구역을 넘어 백인학교에 가는 것이 훨씬 가까웠으므로 백인학교에 입학허가를 냈으나 거절당했다. 이에 그는 그의 딸이 시민으로서 공정하게 교육받을 수 있는 헌법에 보장된 권리를 침해당하였다고 토페카시 교육위원회를 고발하였다. 당시 NAACP 변호사들은 이 사건 외에도 사우스캐롤라이나, 버지니아, 델라웨어에서 초등교육에 관한 건을 조직적으로 기소하고 있었다. 대법원은 브라운 사건과 사우스캐롤라이나, 버지니아, 델라웨어에서 기소된 비슷한 사건들을 한데 묶어서 인종을 이유로 교육에서 차별받는 것은 헌법 수정조항 14조에 위배가 된다는 판결을 내렸다. 만장일치의 판결문으로 대법원장 워런(Earl Warren)은 공립학교에서 법적으로 허용되는 분리제도는 흑인 아동들의 정서적 발달을 저해하는 불이익을 준다고 발표하였다. 이 판결은 1896년 플레씨 판결 이후 3/4세기 동안 기정사실이 되어 왔던 흑백분리주의를 번복한 획기적인 것이었다. 브라운 판결은 수십 년 동안 꾸준히 법정투쟁을 벌여오던 NAACP의 승리였다.

브라운 사건으로 고무된 흑인들은 이제 법정이나 의회를 통해서 투쟁하던 간접적 방법대신에 평화적 시위운동을 벌이는 새로운 직접행동(Non-violent Direct Action)의 단계로 나아갔으며, 이것을 흔히 민권운동(the Civil Rights Movement)이라고 부른다. 그 목표는 헌법 수정조항 제14·15조에서 보장한 남부 흑인들의 시민권을 회복하기 위한 것이었다.

2) 몽고메리 버스 보이콧

민권운동의 발단은 앨라배마 주 몽고메리의 시내버스에서 팍스(Rosa Parks)여사가 백인에게 좌석을 양보하지 않은 사건으로부터 시작되었다. 그녀는 당시 몽고메리의 NAACP 지부의 위원이었으며 이미 시내버스에서 좌석양보를 거절하여 체포되었던 경력이 두어 번이나 있었다. 이번에도 그녀가 좌석양보를 거부하자 경찰은 시내버스 교통법을 위반하였다고 체포하였으며, 이에 민권단체들이 하루 동안의 시위와 시내버스 승차거부운동을 시행하였다. 그러나 흑인 시민들의 호응이 예상 외로 열렬하게 나타나자 이 시위운동을 킹목사의 지도력으로 계속 이끌어 나갔다. 1년이 넘게 몽고메리 시내버스 고객의 60퍼센트를 차지했던 흑인들은 버스승차 대신에 걸어서, 또는 자가용과 택시의 풀 제도를 이용하면서 출퇴근하였다. 결국 1년에서 보름이 더 지난 1956년 12월 30일에 대법원에서 몽고메리 시의 교통법이 위헌이라는 판결을 내렸다. 시위운동은 킹 목사의 주도 하에 남부기독교지도자회의(Southern Christian Leadership Conference)를 결성하면서 남부 전체에 확산되어서 드디어 남부에서 대중교통수단과 공공시설에서의 흑백차별제도를 폐지하는 큰 계기를 이룬다.

3) 좌석점거운동

몽고메리 승차거부운동 다음에 주목을 끈 민권운동은 학생들이 벌인 백인식당 좌석점거운동(Sit-Ins)이었다. 이것은 노스캐롤라이나 농업전문대학에 재학 중이던 4명의 학생들이 랄리(Raleigh)시의 대형할인매장 간이식당에서 자발적으로 벌인 운동에서 비롯되었다. 그 체인 스토어의 고객은 60퍼센트가 흑인이었으나 그들은 간이식당에서 음료나 햄버거를 먹으며 앉아 있을 수 없었다. 이러한 부조리에 항거하며 학생들은 주인의 질타와 경찰의 동원에도 아랑곳하지 않고 평화적 방법으로 좌석을 점거하여 계속 앉아 있었다. 이 운동은 킹 목사가 내건 비폭력주의를 따랐으나 학생비폭력조정위원회(Studendt Non-Violent Coordinating Committee)가 자치적으로 운영하였으며 전국적 운동으로 퍼져나갔다.

4) 유권자 등록운동

그 다음에는 미시시피 유권자 등록운동(Mississippi Voting Drive)이 일어나서, 흑백학생들이 인종편견이 극심하던 남단의 오지에 가서 가가호호를 방문하며 흑인들의 투표자 등록을 계몽하였고, 폭력과 살해사건이 뒤따름

으로써 전국에 충격을 주었다. 이 유권자 등록운동에 감화를 받은 촌부(村
婦) 해머(Fannie Lou Hammer)는 저항운동을 벌여 백인 일색이던 미시시피
민주당 전당대회에 4명의 흑인을 진출시키는 승리를 가져왔다. 킹 목사도
앨라배마 주에서 흑인들에 대한 투표권 보장을 요구하며 셀머에서 몽고메
리로 가는 시위운동을 1965년 봄에 진행하였다. 셀머의 에드문드 피터스
다리에서 최루탄, 망치, 말채찍으로 무장한 경찰과 주지사 월러스(George
Wallace)에 의해 동원된 200명의 주 방위군의 진압으로 행진은 해산되었
으나, 과잉진압의 풍경은 TV 네트워크를 통해 방영되었다. 이로 인해 많
은 흑·백인들이 시위운동에 지지를 보냈으며, 나흘 뒤에 재개된 제2차 행
진에서는 결국 존슨 대통령의 명령으로 연방화된 4,000명의 주 방위군이
시위대를 보호하면서 몽고메리에 도착, 운집하였다.

5) 자유승차운동

인종평등위원회(CORE, Conference of Racial Equality)를 비롯한 여러 민권
운동단체들이 연대하여 감행한 자유승차운동(Freedom Riders)에서는 흑백
민권운동가들이 함께 버스를 타고 워싱턴 시에서 앨라배마 주 버밍햄까지
남쪽으로 내려가는 운동을 전개했다. 그들은 고속버스와 정거장의 편의시
설에서 흑백분리제도를 폐지한다는 새로 수립된 주간교통법(Interstate
Transportation Act)의 효율성을 시험하려 하였다. 그러나 여행 도중 그들
은 성난 남부 주민과 경찰과 마주쳐야 했고 버스는 불태워졌다. 이 난폭한
장면들도 미디어를 통해 세계에 보도되었으며 민권운동을 지지하는 여론
을 더욱 조성하였다.

6) 워싱턴으로의 행진

이렇게 민권운동은 다양한 각도로 거의 10년 동안 전개되었으며 드디어
1963년 노예해방선언일 100주기를 맞아 열린 '워싱턴으로의 행진(March
on Washington)'에서 흑·백 인구 10만 명이 전국에서 링컨기념관 광장으

로 운집했고 킹 목사가 "나는 나의 네 아이들이 그들의 피부색에 의해서가 아니라 그들의 자질에 따라 인정받는 그 날이 올 것이라는 꿈을 갖고 있습니다"라고 감동적인 연설을 하는 것으로 그 절정을 이룬다.

그로부터 얼마 지나지 않아 민권운동을 지지해 주던 케네디 대통령이 암살되었다. 케네디 서거 직후 존슨대통령은 고인이 추진하고 있던 민권법을 통과시키는 것만이 고인의 명복을 비는 길이라고 의회에 호소함으로써 드디어 오랫동안 남부 의원들의 저지로 통과되지 못했던 민권법이 1964년에 통과되고 그 다음 해에는 투표권법이 수립된다. 민권법은 인종을 이유로 시민권이 침해받지 않으며, 학교와 공공시설에서 분리주의를 철폐하고 연방정부의 재정지원을 받는 기관에서 흑백 간의 고용평등을 의무화하였으며, 이 시책에 따르지 않는 기관으로부터는 연방이 재정적 지원을 철회할 것을 명시하였다. 또 민권법을 효율적으로 시행하기 위해 정부는 소수민족 우대정책(Affirmative Action Measures)을 세워서 연방자금 수혜기관이 고용과 입학에서 평등을 추구하는 구체적 계획안을 제출, 수행하도록 감독하였다. 투표법은 어떠한 시민도 소득세나 문맹시험이나 그 밖의 이유로 투표권을 박탈당하지 않는다고 규정하였다. 이로써 남부에서 흑백분리제도와 차별제도를 합법화하던 법적인 인종차별제도는 종말을 고하였다.

민권법이 수립되어 남부에서 흑인의 시민권이 회복되자 민권운동은 그 목적을 달성하였다. 더 이상 그 운동이 지속될 필요가 없었다. 여기에서 킹 목사는 향후 민권운동을 어떻게 마무리 짓느냐에 대하여 고심하던 끝에 그 운동을 베트남 반전운동과 사회의 하층 노무자들을 위한 운동과 연계시켜 확대하기로 하였다. 그리하여 1968년 테네시 주 멤피스에서 환경미화원들의 시위운동에서 연설을 한 후 호텔에서 쉬다가 저격당하였다.

7) 흑인 폭동

킹 목사가 암살되자, 흑인들의 좌절감은 28개 주 125개 도시에서 폭동으로 폭발하였다. 이미 3년 전부터 로스앤젤레스 교외 와츠(Watts)에서 폭동이 일어나면서, 폭동은 다른 도시로 퍼져갔다. 와츠 폭동은 민권법이 통과된 지 4일이 지난 날 일어나는 아이러니를 보여주었다. 한 흑인 청년에 대한 경찰폭력으로 발단된 이 사건은 34명의 사망자, 1,032명의 부상자, 4천만 달러의 재산피해를 가져왔다. 1967년에는 뉴왁, 디트로이트, 밀워키 등 많은 도시들에서도 대규모 폭동이 연달아 일어났다. 폭동으로 일어나는 재산 피해는 대부분 백인들이 입었으나 사망자 대부분은 흑인이었다. 이 폭동들은 도심에 살고 있는 흑인들의 좌절감이 폭발된 것이었다. 10여 년 동안 흑인 문제가 연일 언론에 보도되고 드디어 정부정책에 변화를 가져다주었어도, 그것은 주로 남부에서의 법적인 문제를 주로 해결하기 위한 것이었지 도심지역(Inner-City)의 열악한 환경에서 살아가고 있는 북부와 서부 흑인들의 경제적·사회적 문제를 해결하는 데는 거의 아무 도움도 주지 못했다. 당시 전국 흑인의 과반수 이상은 이 두 지역의 도시들에서 살고 있었다.

도시의 흑인지역은 빈곤, 폭력, 범죄로 몸살을 앓고 있었다. 도시에서 관행화된 주거지의 흑백격리 현상 때문에 학교는 사실상 분리되어 있는 것이나 마찬가지였고, 흑인 주거지역의 열악한 생활여건에는 미국사회가 도무지 관심을 기울이지 않아왔다. 도시의 경찰들도 흑백청소년들이 서로 다투며 말썽을 일으키면 흑인을 과잉 진압하는 것이 다반사였다. 노예 해방 이래 법적으로 시민권이 이미 보장되어 있던 북부에서도 사실상 경제적·사회적·인권적 차원에서는 흑인의 시민적 권리가 보장된 것이 아니었고 그들이 백인들과 마찬가지로 법 앞에 평등하게 대우받았던 것도 아니었다.

계속되는 도시의 폭동에 대한 진상을 파악하기 위하여 정부에서는 커너위원회(Kerner Commission, A National Advisory Commission on Civil Disorders)를 수립하여 조사에 나섰다. 이 위원회는 미국사회에는 곳곳에 인종차별과 분리제도가 스며들어 있으며, 흑백의 불평등한 분리는 미국의 미래를 위협할 것이라고 보고했다. 이것은 점차 존슨이 '빈곤과의 전쟁(War on Poverty)'을 내걸고 '위대한 사회(the Great Society)'로 향하기 위해 복지정책을 확대시키는 계기를 마련하였으며, 이로써 흑인들이 상당한 혜택을 받았다.

8) 흑인 민족주의

북부 도시에서는 좌절감으로 인해 이미 흑인민족주의가 세를 불려가고 있었다. 흑인민족주의는 말콤 엑스(Marcom X)와 흑인회교도(Black Muslim)들에 의해 주창되어 젊은층에 추종자들을 확대해 가고 있었다. 학생비폭력 조정위원회장 카마이클(Stokely Carmichael)이 1966년 비폭력적 시위운동의 한계를 지적하면서 흑인 민족주의는 세인의 주목을 더욱 끌었다. 흑인 민족주의자들은 자기 방어적인 무력 사용은 정당하다는 기치를 내걸었으며, 민권운동가들이 그동안 신봉하여 왔던 흑백통합주의에 대하여 강열한 회의를 표명하였다. 그들은 흑인만으로 이루어진 자급자족적인 경제활동, 인권운동 그리고 문화활동을 해야 한다고 주장하였다. 또한 제3세계나 아프리카 흑인들과 연계해 나가려고 하였다. 그들은 자의식을 고취시키는 성과를 가져왔다.

그러나 흑인민족주의의 영향을 받아 SNCC나 CORE에서 백인운동가들을 축출하는 등 흑인 인권운동이 점점 과격해짐에 따라, 흑인 민권단체들은 여태껏 통합주의적 민권운동을 지지하던 백인들로부터 정신적·경제적 지원을 잃어버렸다. 킹 목사가 1968년에 암살되고, 그보다 3년 전에 이미 말콤 엑스가 암살되면서 흑인 인권운동 지도부 자체도 방향감각을 상실하고 분리가 일어났다. 또한 1968년부터는 정부가 도시에 사는 흑인인구에 대한 복지정책을 증가시키는 반면, 카마이클이나 블랙 팬서(Black Panther)와 같은 흑인 민족주의 조직들을 법정을 통해 분쇄하였다. 이에 따라 60년대 후반기에 이미 약화현상을 보이던 민권운동은 그 시대 말에는 급격히 약화되었다.

현재의 좌표

1980년대 레이건 정부의 보수 회귀는 사회보장책을 약화시킴으로써 흑인의 복지 문제를 후퇴시켰다. 보수 진영은 소수민족 우대정책은 백인남성에게 평등의 기회를 빼앗는 역차별 문제를 제기한다고 주장하며 그 정책의 폐지를 부르짖고 있다. 1990년대 이후 사회주의의 세계적인 몰락과 9.11 테러공격으로 미국사회는 더욱 보수화되어가고 있다. 이에 따라 흑인 문제는 전면에 부각되지 않고 대체로 답보상태에 머물러 있다.

인종주의가 강하게 표출되던 시기에는 흑인들은 될 수 있으면 순응주의적 형태로 현상유지의 방법을 택했다. 이것은 소극적 대응이라고 비판받을 수 있는 여지가 있으나, 험한 시기에 흑인들이 살아남기 위한 최선의 '적극적 방법'이라고 풀이될 수도 있다. 흑인들은 오랫동안 순응적인 방법으로 고난을 견뎠다. 그러나 제1, 2차 세계대전을 겪으며 여러 가지 상황이 흑인에게 보다 호의적으로 전개되자 적극적 저항으로 돌아섰다. 그리고 1960년대에는 흑인 대중 전체가 민권운동에 참여하면서 미국에서 법적으로는 인종차별문제가 해결된다. 그러나 1980년대에 보수주의로의 회기가 미국사회에 나타나자 흑인의 인권운동은 소수민족 우대정책이 부분적으로 강화된 것을 제외하면 거의 답보상태에 머물러있다. 그들에게 냉담한 시대에 흑인들은 다시금 순응주의의 방식으로 되돌아 간 것 같다.

그들의 저항의 패턴이 어떠했던 간에 그것은 근본적으로는 미국의 정체를 인정하는 보수적인 운동으로 나타났다. 저항운동의 큰 맥을 잇는 노예해방운동이나 NAACP의 법적 투쟁 그리고 60년대의 민권운동은 미국의 헌법에서 보장된 시민권과 독립선언에 명시되어 있는 "모든 인간은 평등하게 태어났다"라는 미국의 건국이념을 믿는 확고한 신념에 의거하였다. 이러한 이유로 미국 흑인의 주류적 인권운동은 미국의 정치와 사회에 대한 체제전복적인 운동이나 미국을 벗어나 다른 곳으로 가려는 도피운동이 아니라 미국 내에서 떳떳한 시민의 구성원으로 동등하게 참여하고 기여하고 대우받고자 하는 미국 흑인들의 보수적 성향을 나낸다.

미국 흑인들의 사회적 지위는 큰 안목으로 보자면 날이 갈수록 상승방향으로 나아간다. 그들의 운명은 비참한 노예생활에서 민권운동으로 시민권을 회복하기까지 많이 진전하였다. 19세기 말 험난한 시기에도 흑인들은 노예제도 하에서 부정되던 많은 권리를 획득하였다. 그들은 자유인으로서 타인과 계약 맺을 수 있었고 주거지 이전과 결혼의 자유도 누릴 수 있었다. 그동안 흑인 학교와 교회도 꾸준히 늘어났다. 이러한 현상을 분석하면서 로비노비츠(Howard Rabinowitz)는 흑인이 미국사회에서 차지하였던 위치는 노예제도 하에서 소외(exclusion)당했던 상태에서 해방 후의 분리(segregation)제도로 향상하고 거기에서 다시 통합(integration)주의로 나가는 발전상을 보인다고 논했다.

민권운동을 거치면서 미국 백인의 흑인에 대한 인지도에는 상당한 변화가 이루어졌다. 시카고대학의 The National Opinion Research Center(NORC)에서 1963년과 1982년도에 각각 실시한 여론조사에서는 흑백 인종 관계에 대하여 다음과 같은 결과가 나타났다. 이 2개 년도에 흑인학생과 같은 학교를 다니는 데 찬성하는 백인은 북부에서는 78%에서 92%로 증가되었고, 남부에서는 32%에서 86%로 상승하였다. 흑인을 저녁에 초대해도 좋다는 백인은 북부에서 61%에서 82%로 증가되었고, 남부에서는 30%에서 62%로 상승하였다. 그리고 흑백 결혼 금지법 수립에 반대하는 사람들은 북부에서는 45%에서 72%로 증가하였고, 남부에서는 20%에서 44%로 향상하였다. 이 수치는 아직도 인종편견이 사라지지는 않았으나 그동안 꾸준히 개선되어 왔음을 보여준다.[34]

50년대 중반에서 60년대 중반에 걸쳐 일어났던 미국의 민권운동은 현재 우리에게 보편화된 개념인 다문화주의를 세계에 확산시킨 일등공신이었다. 민권운동에서 기성 지도자들의 통솔을 벗어나 학생들 스스로의 조직과 운동을 펼친 경험을 기초로 하여 학생운동(Student Power)과 베트남 반전운동이 일어났고, 그 조직에서 여성들이 겪었던 성차별 문제는 결국 여권운동을 일으키는 모태가 되었으며, 이 운동들의 물결은 급속히 유럽으로 파급되어 1968년의 혁명을 일으키는 데 영향을 주었다. 민권법의 보강 조치로 취해진 소수민족 우대정책은 비단 흑인뿐 아니라 점차 스페인계, 동양계, 또 여성에게도 확대 적용되어 미국정부가 추진하는 다문화주의 정책의 핵심적 추진력이 되어왔다. 그리고 그 정책은 미국뿐 아니라 전 세계에 파급효과를 가져와서 소수집단 권리 회복의 견인차 역할을 하고 있다.

미국에서 흑인 문제가 지난 30년간 답보상태를 걷고 있는 것은 애석한 일이다. 흑인 인종차별에 저항하며 최초로 혁신적 성과를 거둔 것은 노예제도 폐지였다. 두 번째의 성취는 몰수당했던 남부 흑인의 시민권을 회복한 것이었다. 앞으로 다가올 세 번째 과제는 흑인들의 사회·경제적 향상의 문제이다. 그리고 그 뒤를 이어 마지막으로 이루어야 할 과제가 문화적 평등일 것이다.

주 ____

1) 흑인 역사에 대한 개관은 John Hope Franklin and Alfred A. Moss, Jr., *From Slavery to Freedom: A History of African Americans*(McGrow-Hill Co., 1994) 참조.

2) 노예제도에 관해서는 Kolchin, *American Slavery 1619~1877*(New York, 1994): 졸고, 「미국의 노예제도: 수립, 성장, 소멸」, 『노비·농노·노예-예속민의 비교사』, 일조각, 1999 참조.

3) Curtin은 유입인구가 950만이라고 추정한다. Curtin, *The Atlantic Slave Trade: A Census*(Madison, 1969), p.11, 13, 28-29, 73, 87, 92-93; 대서양 노예무역에 대한 논의는 졸고, 「미국의 노예제도: 수정주의의 성과」, 『미국사 연구』 제4집, 1996, pp.98-107 참조.

4) 건국기 흑인에 대해서는 Benjamin Quarles, *The Negro in the Making America* (Macmillan, 1964) 참조.

5) 황혜성, 서석봉, 신문수 공역, 『미국의 노예제도 & 미국의 자유: 초창기 신대륙의 생생한 이야기』(*American Slavery American Freedom: The Ordeal of Colonial Virginia*(W. W. Norton & Company, Inc., 1975), 비봉출판사, 1997, p.541.

6) 흑인에 대한 사료는 Mortimer J. Alder. et al. (eds.), *The Negro in American History*, 3 vols.(New York, 1969); Peter Bergman, *The Chronological History of Negro America*(Harper and Row, 1969); John W. Blassingame, *Slave Testimony: Two Centuries of Letters, Speeches, Interviews, and Autobiographies*(Baton Rouge, 1977) 참조.

7) Phillip D. Morgan, *Slave Counterpoint: Black Culture in the Eighteenth-Century Chesapeake and Lowcountry*(University of North Carolina, 1998).

8) Richard C. Wade, *Slavery in the Cities: The South 1820~1860*(New York, 1964).

9) 노예의 생활과 문화에 대해서는 John W. Blassingame, *Slave Community: Planttion Life in the Antebellum South*(N.Y.: 1792); Eugene D. Genovese, *Roll Jordan Roll: the World the Slaves Made*(N.Y.: 1974); George P. Rawick (ed.), *From Sundown To Sunup: Making of the Black Community, in the American Slave*, ed., by Rawick, vol. 1(Westport: 1972); Lawrence W. Levin, *Black Culture and Black Consciousness: Afro-American Folk Thought from Slavery to Freedom*(N.Y.: 1977); Charles S. Joyner, *Down By the Riverside: A South Carolina Slave Community*(Urbana: 1984) 참조.

10) Herbert Gutman, *The Black Family in Slavery and Freedom, 1750~1925*(N.Y.: 1976).

11) Timothy E. Fulop & Albert J. Raboteau, *African-American Religion: Interpretive Essays in History and Culture*(Routledge: 1997).

12) 법률에 대해서는 A. Leon Higginbotham, Jr., *In the Matter of Color: Race and the American Legal Process, the Colonial Period*(New York: 1978) 참조; Jacqueline Jones, *Labor of Love, Labor of Sorrow: Black Women, Work, and the Family Formation*(New York: 1985).

13) Frederick Bancroft, *Slave Trading in the Old South;* Michael Tadman, *Speculators and Slaves: Masters, Traders, and Slaves in the Old South*(Madison, 1989).

14) 이 시기에 대해서는 David M. Potter, *The Impending Crisis, 1848~1861*(New York: 1976), pp.18-62 참조.

15) Ira Berlin, *Slaves Without Masters: The Free Negro in the Antebellum South*(New York: 1974).

16) 4대 노예반란에 대하여는, 김형인, 「미국의 노예반란: 18세기 초에서 19세기

초까지」, 『사총』 43, 1994, pp.220-245 참조.
17) 『신약성서』 마태복음, 7장 12절; 『구약성서』 창세기, 9장 18-27절; 노예제 찬
반논쟁에 대해서는 졸저, 『하느님의 두 얼굴: 성서로 보는 미국 노예제』, 살
림출판사, 2003 참조.
18) James Brewer Stewart, *Holy Worriors: The Abolitionists and American Slavery*(Hill and Wang, 1976).
19) 이 시기에 대해서는 Allen Nevins, *Ordeal of the Union*, 5 vols.(New York: 1947~1971); Erick Foner, *Free Soil, Free Labor, Free Men*(New York: 1970) 참조.
20) Genovese, *The World the Slave Holders Made: Two Essays in Interpretation*(N.Y., 1969); Roll Jordan Roll.
21) Roberrt W. Fogel and Stanley L. E german, *Time on the Cross:The Economics of American Negro Slavery, Evidence and Methods*, 2 vols.(Boston: 1974).
22) Fox-Genovese and Genovese, *Fruits of Merchant Capitalism: Slavery and Bourgeois Property in the Rise and jExpansion of Capitalism*(N.Y.: 1983).
23) Phillips, *African Negro Slavery: A Survey of Supply, Employment, and Control of Negro Labor as Determined by the Plantation Regime*, Forward by Eugene D. Genevese(Baton Rouge, 1969 [1918]).
24) Frank Tannenbaum, Slave and Citizen: *The Negro in the Americas*(New York: 1946); Stanley Elkins, *Slavery: A Problem in American Institutional and Intellectual Life*(Chicago: 1959); Kenneth Stampp, *The Peculiar Institution: Slavery in Ante-bellum South*(N.Y.: 1956).
25) 재건기에 대해서는 Eric Foner, *Reconstruction: America's Unfinished Revolution, 1863~1877* (Harper and Row, 1988) 참조.
26) Peter M. Bergman, "Negro Participation in Constitutional Conventions 1867~1868", *The Chronological History of the Negro in America*(Harper and Row, 1969), p.268.
27) 인종주의에 대해서는 졸고, 「미국흑백인종주의의 특성과 변천: 노예제도에서
민권운동까지」, 『서양문명과 인종주의』, 지식산업사, 2002, pp.155-186 참조.
28) 42 Congress, 2 Session, House Report No. 22, pt.1, 48-49.
29) 이 시기에 대해서는 Leon Litwack, *Trouble in Mind: Black Southerners in the Age of Jim Crow*(Alfred Knopf, 1998); 황혜성, 「신남부 흑인의 소수집단 심리와 극단
적 인종주의」, 『미국학논집』 28, 1995, pp.269-292 참조.
30) 이 시기에 대해서는 Havard Sitkoff, *A New Deal for Blaks: The Emergence fo Civil Rights as a National Issues*(Oxford UP, 1978) 참조.
31) Evans, "The Clan's Fight for Americanism", *North American Review*(1926), pp.33-63.
32) 이 시기에 대해서는 Havard Sitkoff, *A New Deal for Blaks* 참조.
33) 민권운동에 대해서는 Rhoda Lois Blumberg, *Civil Rights: The 1960s Freedom Sturggle* (Twayne Publishers, 1984); Clayborne Carson et al., *The Eyes on the Prize: Civil Rights Reader*(Penguin Books, 1987); Aldon D. Morris, *The Origins of the Civil Rights Movement: Black Communities Organizing for Change*(The Free Press, 1984) 참조.
34) Howard Schuman et al., *Racial Attitudes in America: Trends and Interpretations*(Harvard UP, 1985), p.45, 82, 94, 114.

미국여성과 또 하나의 역사
'평등'과 '해방'을 위한 투쟁

이창신

　미국의 유명한 여성사가인 거다 러너(Gerda Lerner)는 "미국여성사에 있어서 놀랄 만한 사실은 역사가들이 미국여성에 관한 주제들에 너무 무지하다는 점이다."[1]라고 쓰고 있다. 미국여성에 대한 역사연구는 소수의 학자들에 의해서 일찍이 있어왔지만 매우 단편적인 수준에 머물러 있었다. 1960년대의 여성해방 운동의 등장은 미국사회에서의 여성의 의식에 커다란 변화를 가져왔으며 여성사 연구에 있어서도 큰 전환점을 가져다주었다. 이러한 의미에서 여성사 연구는 1960년 이후 사회적으로 무르익어 가고 있었던 여성운동의 하나의 결과라고 볼 수 있다. 운동 이데올로기는 사회운동으로서 지니는 의미, 가치, 목표 등을 구성원들에게 이해시키는 데 중요한 역할을 하는 것으로 1960년대 미국에서는 여성운동을 뒷받침해 줄 이념적 정리가 필요했고 여성사나 여성학이 그 역할을 맡게 되었다. 미국의 역사가 조안 스코트(Joan Scott)는 여성사의 등장이 페미니스트 정치와 밀접한 관계가 있음을 지적하면서 학구적인 여성해방론자들은 좀더 포괄적인 정치적 안건을 제시하기 위해서 여성사 연구의 필요성을 절감했음을 설명하고 있다. 따라서 1960년대에는 정치와 학계가 직접적인 관계가 있었고, 1970년대 중반 또는 후반의 여성사 연구는 정치로부터 차차 분리되어 좀더 학문적인 분야로 정립해 나갔으며, 1980년대 후반에 등장하게 된 젠더(gender) 개념은 어떠한 이념적인 목적과는 거리가 먼 중립적인 용어로 사용됨으로써 여성사가 정치로부터 완전히 분리될 수 있는 계기를 마련해 주었다.[2] 또한 1990년대에 걸쳐 미국여성사 연구에 있어서 주요 특징은 기존의 여성사 연구에 있어서 새로운 역사학의 패러다임을 제시하고 있다는 점을 들 수 있다.

본 장에서는 미국 역사에 있어서 그동안 소외되어왔던 여성들의 역사를 재조명해 보고자 한다. 통찰력 있는 여성사 연구는 위대한 여성들에 대한 단편적인 내용을 서술하는 단계를 넘어서 사회적 권력구조의 연구를 통해서만이 가능하다. 이를 위해서는 우선 시기 구분에 있어서 여성들의 경험상 커다란 변화를 불러온 시기를 재설정하는 것이 필요하다. 이러한 관점에서 19세기 이전과 이후의 시기는 여성 중심의 경험을 바탕으로 볼 때 커다란 차이를 보이고 있다. 우선 19세기 이전 북아메리카 원주민여성들(Native American Women)과 유럽여성들은 사회, 경제, 종교적인 면에서 전혀 다른 경험을 하였다. 19세기는 미국여성들이 참정권운동이나 금주운동 등의 활발한 개혁운동에 참여한 시기였다. 여성들은 각종 개혁운동에 참여함으로써 사회를 경험했으며 이들 중에서 차후 여성운동의 지도자들이 배출되었다. 또한 1920년 연방헌법 제19조 수정조항은 여성들에게 참정권을 부여해 준 분수령으로서 미국여성들은 이후 새롭게 얻은 평등권의 기대와 더불어 혼란의 시기를 맞이하게 되는데 이러한 변화는 무엇을 의미하는가를 분석해 볼 것이다. 수십 년간의 여성운동의 휴지기는 1960년대 여성해방운동의 부활로 새로운 국면을 맞이하게 되는데 이는 이전 시대와는 차별화된 여성해방운동의 진행을 불러왔다. 이 시기에는 특히 급진주의 여성해방이론가들의 활동이 주목할 만 하였다. 또한 1970년과 80년대의 보수화를 겪은 후 1990년대는 소위 제3의 여성운동이 등장한 시기로서 오늘날 진행되고 있는 여성들의 경제적·사회적 변화에 큰 영향을 주었다고 볼 수 있다.

1. 19세기 이전 미국여성들의 경험

15세기와 16세기에 유럽인들이 처음 북아메리카에 도착하였을 때 아메

리카에는 2천여 종의 서로 다른 언어를 사용하는 다양한 아메리카 원주민
(Native American)문화가 존재하였다.[3] 미국 역사에 있어서 최초의 여성들
인 북아메리카 원주민 여성들의 생활은 당시 유럽 여성들과 비교해서 많
은 차이가 있었다. 북아메리카 원주민 여성들은 경제적 활동에 있어서도
식량을 채집하고 경작하며 음식, 도구, 주거지를 만들었을 뿐만 아니라 교
역에도 적극적으로 참여하였다. 원주민 여성들은 종교적 신화와 의례를
통하여 마을과 부족 안에서 또 다른 권력과 지위의 원천을 가지고 있는
등 상징적인 세계 안에서 인간과 자연의 관계를 반영해 주는 존재였다.
대부분의 북아메리카 인디언 창조 신화에서, 여성은 초자연적인 힘과 대
지 사이의 중재자로서 결정적인 역할을 담당하였다. 많은 농업 사회는 생
명의 근원으로 대지(Earth Mother)가 지닌 주기적인 힘을 종교 의식을 통
해 찬양하였다. 원주민들은 주로 수렵 그 자체를 남성으로 관념화된 성스
러운 힘으로 간주하는 경향이 있었지만, 때로는 수렵의 수호신을 여성으
로 표현하기도 하였다.

　유럽에서 건너온 여성들의 경우에는 원주민 여성들에 비해서 사회적, 경
제적 지위가 낮은 편이었다. 그들의 경우에는 엄격한 청교도 질서에 의해
서 모든 행동들이 규제를 받았으며 권리보다 의무가 더 많았다. 유일한 사
회적 참여는 교회 활동에 의해서만 가능하였다. 여성들의 경우 재산권에
있어서도 엄격한 규제가 있었으며 재산소유, 계약체결을 금지했다. 그러나
당시 유럽에 살고 있는 여성들보다는 사회적 지위가 높았다. 미국의 경우
19세기 말엽까지 미국 전역의 기혼여성들은 재산권을 가지고 있지 못했다.
'영국 상례법(English Common Law)'에 의하면 재산상속에 있어서 딸은 아
들의 1/2이었고 '법적 기혼여성(Feme Covert)'의 경우는 재산을 소유할 수
가 없었다. 미망인의 경우는 재산 사용권만 가지고 있었고 남편이 사망했
을 때 미망인이 받은 재산의 몫은 남편 전 재산의 1/3에 해당되었다. '법적
미혼여성(Feme Sole)'의 경우에는 재산 소유권을 가지고 있었다. 최초의 기
혼여성의 재산소유권은 1839년 미시시피 주에 의해서 획득되었고, 1870년

대 말에는 북부 주에서 남부 주까지 재산소유권이 확대되었다.[4]

미국의 역사상 청교도 사상은 미국인의 정신세계를 대표한다고 할 수 있다. 청교도인들은 신앙적인 박해로 인해서 신대륙으로 이주해 정착하면서 그들 나름대로의 종교질서 체계를 유지했다. 하지만 이러한 종교적 질서가 때로는 사회의 이데올로기나 문화를 통제하는 하나의 권력수단으로 이용되기도 하였다. 식민지 시대 뉴잉글랜드 지방에서의 마녀사냥 사건들은 1638년에 발생해서 1692년 세일럼에서 극에 달했던 역사적 사건으로, 당시 사회를 지배하고 있었던 청교도 윤리의 어두운 측면을 단적으로 보여주었다. 1692년 발생한 세일럼의 마녀사냥은 뉴잉글랜드 여성들의 경제, 종교, 사회적 지위와 밀접한 관련이 있다고 볼 수 있다. 16세기 말과 17세기 초 마녀로 몰린 대부분의 여성들은 하층의 여성들이었다는 것이 일반화된 이론이다. 그러나 그들은 마을에서 가장 가난한 여성 계층들만은 아니었다. 식민지 초기 뉴잉글랜드 여성들은 아버지나 남편 심지어 아들과 같은 사회적 지위와 물질적인 풍요를 누리고 있었으나 철저하게 경제적으로 이들에게 의존해야만 했다. 소수의 여성들만이 그들의 재산을 소유할 수 있었고 그 외의 여성들은 그들이 생산 활동에 참여하고 있거나 그 밖의 일을 하고 있을 지라도 경제적인 독립성이나 경제적인 힘과는 아무런 상관이 없었다. 식민지 시대 여성들이 누릴 수 있었던 직업도 매우 제한되어 있었을 뿐만 아니라 직업을 가진 여성들이라 할지라도 기혼여성들이 경제적인 활동으로 인해 얻어들인 수입은 철저하게 남편의 소유가 되었다. 여성들의 경우 경제력은 그들의 결혼상태(marital status)와 매우 밀접한 관계가 있었다. 마녀로 기소된 여성들은 그들의 재판비용을 대기 위해서 또는 그들의 자녀에 대한 재판비용을 대기 위해 가족농지를 팔아야 했고, 재판비용을 지불하지 못한 여성들은 재판이 끝난 후에도 집으로 돌아가지 못한 채로 감옥에 갇혀 있어야 했다. 세일럼의 경우에 마녀로 기소된 몇몇의 여성들은 그들의 부유한 남편 덕에 처형 전에 자유롭게 풀려날 수 있었다. 이러한 경우에는 마녀사냥에 있어서 경제적인 상태가 재

판 과정상 중요한 요소로 작용했었다는 것을 보여주는 것이다. 남편이 없
는 경우에는 재산 소유의 정도가 여성들의 처형에 아무런 영향력을 행사
할 수 없었다. 독신여성들은 그들이 상당의 재산을 소유하고 있었음에도
불구하고 마녀로 기소된 경우가 많았다.[5]

　미국혁명 이전 시기에 정치적 자유에 대한 열정적인 분위기는 이미 성
숙해 있었다. 정치적 권리와 자유 그리고 공정하고 합법적인 정부의 역사
와 의미를 알리는 소책자와 설교가 쏟아져 나왔다. 그러나 자유와 미덕을
옹호하는 표어는 남성과 여성에게 각각 달리 해석되었다. 미국혁명 그 자
체는 정치 활동과 목적면에서 남성적 성격을 띠었지만 미국여성들에게도
큰 변화를 가져다주었다. 전쟁으로 인한 애국심은 그들로 하여금 보다 적
극적인 자세로 국가를 위해 헌신할 수 있는 계기를 마련해 주었다. 여성들
은 적극적으로 영국제품에 대한 불매운동을 전개해 나갔으며 그들 스스로
생필품들을 생산했고, 남편과 아들이 참전함으로써 집안의 가장 역할을
맡아서 해야 했다. 그뿐만 아니라 그들은 폭동에 참가하는 방법 등을 통하
여 그들의 정치적 의견을 개진하였다. 독립선언문을 정점으로 한 영국정
부에 대한 저항은 새로운 주정부와 연방정부의 정치적 관계를 재정립하였
다. 남성 정치가들은 개인과 국가와의 관계를 재규정하였다. 하지만 그들
은 여성과 국가와의 관계에 대해서는 별다른 관심을 가지고 있지 않았다.
여성을 가정 안으로 격하시킨 공화주의 이론과 여성의 실제적인 공적 활
동 사이에서 발생한 딜레마에 대한 해결의 실마리를 제공해 준 것이 바로
'공화주의 모성(Republican Motherhood)'의 개념이다. 이 개념에 따르면 어
머니는 가정의 규율을 지켜 나갈 의무와 시민으로서 자녀의 도덕교육을
책임질 의무가 있으며 그렇기 때문에 어린 소녀들에게 여성들을 위한 교
육의 기회를 넓혀주는 것이 국가의 책임이라는 것이다. 이는 여성 시민의
문제가 가정성 그 자체에 정치적 의미를 부여함으로써 정당화 될 수 있고,
자녀양육을 애국심과 관련지음으로써 조국의 미래에 대해 어느 정도 기여
할 수 있는 능력이 있는 식민지 시대 이상적인 여성상을 의미했다.[6]

2. 19세기 여성개혁운동과 근대여성의 등장

미국에서 여성운동이 등장했던 1800년대는 영토 확장, 산업발달, 사회
개혁운동의 성장 시기였고 개인의 자유와 평등한 교육기회에 대한 주장이
팽배했던 시기였다. 이 시대에는 새로운 단체를 설립하여 새로운 관념을
발전시키게 되었다. 일반적으로 미국의 학자들은 19세기 중엽에 활발히
진행되었던 노예제 폐지 운동, 참정권 운동, 또한 여성 기독교 금주연맹
(WCTU: Women's Christian Temperance Union) 등이나 여성 노조 연맹
(WTUL: Women's Trade Union League)이야말로 미국여성들의 사회, 경제,
정치적 향상을 위해 기여한 것으로 평가하고 있다. 여성의 기회 확대와
관련된 초기의 노력은 교육 분야에서 시작되었다. 1830년대 노예제 폐지
와 관련된 여성운동은 여성들이 최초로 정치적 분야에서 그들의 권리를
시험하였던 여권운동이었다. 노예해방을 위한 일에 가담하면서 여성들은
노예해방을 주장하는 남성들과 정치적으로 평등한 입장에서 운동에 가담
할 수 없다는 것을 인지하게 되었다. 그들은 몇몇 기관의 회원이 될 수
없을 뿐만 아니라 단순히 대중 앞에서 강연하기 위해서도 많은 제약을 극
복해야 한다는 사실을 발견하게 되었다. 세라(Sarah)와 안젤리나 그림키
(Angelina Grimke)자매들이 바로 이러한 운동에 앞장섰던 여성들이다.
1840년 영국 런던에서 개최되었던 반노예 제도를 위한 국제회의(World
Anti-Slavery Convention)에서 엘리자베스 캐디 스텐톤(Elizabeth Cady
Stanton)과 루크르티아 모트(Lucretia Mott)는 노예해방 운동에서조차 여성
들이 차별을 받고 있다는 것을 통감하고 마침내 1848년 7월 14일 뉴욕
주에 있는 세네카 폴스(Seneca Falls)에서 제1회 여권회의를 개최하였고 여
기에서 '여권선언(The Declaration of Sentiments)'7)이 낭독되었다.

19세기 초반 미국여성들에게 일어난 또 다른 변화는 여성들의 경제 참
여로써 뉴잉글랜드 지방의 섬유산업에 종사한 여성 노동자들의 등장이었
다. 1830년부터 1860년 사이에 뉴잉글랜드 지방의 섬유산업은 백인 미혼

여성들의 도움을 필요로 했기 때문에 이들은 직업을 갖게 되었다. 이들 중 가장 공헌이 컸던 그룹이 바로 매사추세츠 지방의 로웰(Lowell) 여직공들이었다. 그들은 독립된 계층으로서의 여성 노동자들의 새로운 경험의 장을 연 그룹으로 이들의 환경은 여성들의 노동환경과 노동운동에 있어 매우 중요한 역할을 하였다. 19세기 초 미국의 뉴잉글랜드 지방을 중심으로 발전한 섬유산업에 참여한 여성 노동자들은 다양한 동기, 즉 가정의 생계를 꾸려가기 위한 또는 자기의 욕구충족을 위해 노동시장에 동참하였고, 또한 결혼자금을 마련하기 위한 소녀들도 있었다. 그들의 생산 활동의 참여는 그동안 주로 가사노동에만 참여해 왔던 과거로부터 탈피해서 한 여성으로서 경제적 독립성을 가지고 사회생활에 참여하는, 커다란 생활의 변화를 가져왔다. 대부분의 여직공들은 기숙사 생활을 해야 했는데 이는 시골에 있는 부모님을 안심시킬 뿐만 아니라 그들에게 있어서도 도시생활에 적응해 가는 데 중요한 완충작용을 해주었다. 때에 따라서 그들은 기숙사 생활을 통해서 누릴 수 있는 학문적 충족, 즉 교육의 기회를 위해서 로웰을 찾아오기도 했다. 이러한 분위기를 말해주듯 이 당시 소녀들이 몰려드는 현상을 '로웰의 열병(Lowell fever)'이라고 일컫는 학자들도 있다. 가정을 떠나 기숙사에 거주하면서 공동체를 형성하였고 이러한 공동체를 통해 서로의 의견을 교환하면서 그들 나름대로의 공감대를 형성해 나갔다. 공장 생활은 때때로 그들에게 큰 고통으로 다가오기도 하였다. 그들은 갑자기 바뀐 환경에서 매우 혼란스러웠고, 때로는 향수병에 걸리기도 했는데 이럴 경우 도움을 준 것은 바로 그들의 입장을 보여주었던 잡지 「로웰 오퍼링(Lowell Offering)」이었다.[8] 공장 생활의 적응 과정에 있어서 그들의 노동환경과 노동조건들이 얼마나 열악한가를 깨닫게 되었고 이러한 어려운 환경 속에서 그들이 살아남을 길은 서로의 단결력이라는 것을 깨닫게 되었다. 이것은 곧 집단적인 노동운동으로 발전하게 되었다. 최초의 노동파업은 1836년에 발생하였고 이 소녀들은 또한 10시간노동 운동의 주도적인 역할을 하였다. 공장은 폐쇄되었고 소녀들은 거리로 쏟아져 나와 그 당시 노동운동가들의 연설을 들었다. 소녀들 간의 결집력은 평소 생활에서 형성된 것으로 노동운동에 있어서 많은 도움을 주었으며 이러한 노동운동을 통하여 이들은 일터의 경험을 바탕으로 한 가치나 태도의 변화를 보여주었다. 1840년대 중반에 <뉴잉글랜드 노동자 협회(NEWA: New England Workingmen's Association)>의 부속기관으로 세라 베글리(Sarah Bagley)를 회장으로 하는 <로웰 여성 노동개혁 협회(LFLRA: Lowell Female Labor Reform Association)>가 창립되었다. 이는 여성노동자들의 최초의 노동조합으로 차후 노동운동뿐만 아니라 반노예운동, 금주운동 등에 큰 기여를 하였다. 이들을 중심으로 형성된 노동운동은 당시 여성들의 의식 성장에 큰 작용을 하였으며, 더 나아가 이러한 운동에 참여했던 지도층 여성들이 수전 앤서니(Susan Anthony)와 엘리자베스 캐디 스탠턴(Elizabeth Cady Stanton) 등과 더불어 여성 참정권 운동의 지도층이 되었다.

　19세기 전반 흑인 여성들의 경험 또한 일반적인 백인 여성들과는 차별화 된다. 흑인노예들은 인종적 억압을 받았다는 점에서는 남녀가 같은 입장이었으나 여성 노예들은 가족의 해체, 성적 착취 또는 출산과 양육 등 남성과 구별되는 그들만의 독특한 경험을 하였다. 흑인노예 여성들은 노예주에 의해 강제로 부과된 노동과 가족을 위한 가사노동에 시달렸다. 노예주들은 흑인 여성들에게 가능한 한 많은 아이들을 출산하도록 강요하였으며 때로는 특정 흑인 남성과 성 관계를 가질 것을 요구하기도 하였다. 출산력의 중요성 때문에 임신 여성의 노동조건이 어느 정도 개선되기도 하였으나 어머니와 자녀 간의 관계를 비롯한 가족생활은 결코 안정적이지 못했고 때로는 심한 위협에 시달리게 되었다. 여성은 남편에게 주인의 매질과 성적 착취에 대한 어떤 보호도 기대할 수 없었다. 여성노예들의 독특한 경험을 형성하는 데는 이들의 결혼 형태도 하나의 이유가 되었다. 이들에게는 농장 외 결혼(abroad marriage)이 보편적이었는데 이러한 결혼으로 부부가 만날 수 있는 빈도는 농장 간의 거리와 주인의 처분에 달린 것이었다.[9]

　남북전쟁(1861~1865)은 정치적, 경제적 측면에서 미국 역사에 있어서 큰 획을 그은 사건으로 간주되어 왔다. 영국의 저널리스트 조지 셀라 (George Sala)는 "역사상 미국의 남북전쟁은 여성들에게 지대한 영향을 끼쳤던 전쟁으로 애국심을 바탕으로 국가를 위해 미국여성들의 능력을 최대한 발휘하게끔 해준 사건이다"라고 적고 있다.[10] 비록 남북전쟁의 여파는 남부와 북부에 다른 양상을 띠었지만, 양측의 여성들은 여러 가지 측면에서 공통된 경험을 하게 되었다. 이 전쟁은 남북 여성들 모두에게 가족과의 이별 등을 통한 고통뿐만 아니라 전쟁 중의 역할들을 통해 새로운 여성들의 영역을 구축할 수 있는 기회를 제공해 주었다. 여성들은 가정, 농장, 병원, 공장, 학교, 사업장에서 각기 색다른 경험들을 하게 되었고 이러한 기회들은 미국여성들의 삶을 급격히 변화시켰다. 많은 남부 여성들은 절대적으로 부족한 식량과 터무니없이 비싼 생활필수품 가격으로 더 큰 고통을 겪게 되었다. 1863년 대다수의 남부 여성들은 식량 가격의 급상승과 식량의 절대적 부족으로 인해 애틀랜타, 리치먼드와 같은 남부 도시들에서 '빵 폭동(Bread Riots)'을 일으켰다. 어려운 상황에 놓이게 된 남부 여성들에게 있어서 전쟁은 고통과 희생의 연속이었지만 그들은 대담하게 이러한 어려움을 대처해 나갔으며 북부의 여성들보다도 더욱 큰 열의를 가지고 전쟁에 기여하였다. 그들은 남편과 아들의 용기를 북돋아주고 군에 입대하도록 격려했으며, 남은 가족들의 결속을 위해 노력하였다. 남부 여성들은 전쟁에 참여하고 있는 남편들을 대신해서 농장경영, 노예관리 등의 일들을 책임져야만 했다. 절대적으로 부족한 노예들과 때로는 저항하는 노예들을 통제하는 일이란 남부 여성들에게 매우 힘든 일이었다. 전쟁으로 인한 사회적 변화는 여성들의 전통적인 성 역할에도 커다란 변화를 불러왔다. 여성들은 더 이상 희생자라는 생각을 버리고 그들 스스로를 위하여 새로운 이미지를 부각시키게 되었다. 전쟁 중 많은 여성들은 평상시 남성들에 의해서 지배되어 왔던 공적인 영역에 적극적으로 참여하게 되었고, 이러한 분야에의 참여는 장기적으로 볼 때 여성들의 사회적 경제적 지위의 향상을 도모하였다. 북부에는 <미 위생위원회(U. S. Sanitary

Commission)>와 같은 조직력을 갖춘 대규모 정부 단체가 있었던 반면 남부 여성들은 나름대로의 자선활동을 통하여 전쟁에 기여하게 되었다. 그들은 교회를 중심으로 한 자선협회 등을 통하여 음식, 의복, 병원 필수품 등을 수집하는 데 총력을 기울였을 뿐만 아니라 <바느질 협회(Sewing Society)> 등을 통하여 전쟁에 기여하게 되었다. 단순한 마을 활동의 참여는 차차 조직망을 가진 단체활동의 성격을 지니게 되었고, 가능한 모든 일들을 수행하면서 대의를 위해 기여하게 되었다. 전쟁 중에 활약했던 여성 단체인 <남부 연합의 딸들(Daughters of the Confederacy)>은 전쟁 후 다양한 여성 클럽들로 변신해 여성 참정권 운동을 위한 많은 여성 지도자들을 배출하였다. 비록 남북전쟁이 노예들의 해방을 가져온 만큼 여성들의 완전한 자유를 가져다주지는 못했지만, 미국여성들은 더 이상 전쟁 전의 모습이 아닌 전혀 새로운 모습으로 변화되었다. 남북전쟁은 미국의 여성들을 좀더 활동적, 독립적인 존재로 만들었으며 궁극적으로 전쟁 동안에 겪은 여성들의 경험은 경제적, 사회적인 측면에서의 진보와 더불어 미국여성들의 삶에 지대한 영향을 끼쳤다고 할 수 있다.[11]

남북전쟁 후 제14차 수정헌법을 통해서 흑인 남성들은 투표권을 부여받았다. 하지만 미국여성 어느 누구도 투표할 권리를 갖지 못했고 여전히 참정권을 획득한다는 것은 요원해 보였다. 남북전쟁은 여성들의 참정권 운동에 있어서 목적과 전술의 문제를 두고 분열하기 시작하였다. 강경파로서 <전국 여성 참정권 협회(NWSA: National Woman Suffrage Association)>가 형성되었으며 온건파로 <미국여성 참정권 협회(AWSA: American Woman Suffrage Association)>가 형성되었다. 이러한 분열은 1890년에 <전미 여성 참정권 협회(NAWSA: National American Woman Suffrage Association)>가 조직될 때까지 약 20년간 지속되었다. <전미 여성 참정권 협회>는 중산층이 배경이 되었고 점차 성장하였으며 매우 조직적으로 운영되었다. 1903년 이후 영국의 에멀린 팽크허스트(Emmaline Pankhurst)와 그의 딸들이 시위행진, 대중집회를 통해서 과격한 참정권 운동을 실시했으며 영국 내각 각료들이 등장하는 공적 장소에서 비난의 모임을 가짐으로써 정치적 주도권을 장악하기에 이르렀다. 1910년 후 영국 참정권론자들은 전술을 단계적으로 확대하여 폭력, 반란, 방화를 행동으로 옮겼으며 미국여성들은 영국에서 벌어지는 일들을 주시하였다. 영국에서 온 참정권운동의 연설자들이 미국 전역에서 인기를 얻었고 대중을 자극하게 되자 전국적 시위가 잇달았다.

1890년부터 1920년 사이 미국사회는 도시화, 산업화, 관료화가 급속히 진행되었던 시기였다. 미국여성들도 또한 새로이 창설된 협회, 기관, 사회운동 등을 통해서 다양한 방법으로 새로운 질서 형성에 기여하였다. 19세기를 거치면서 여성들의 '집단적 결집력' 또한 대중적 추진력으로서 정치개혁과 여성 참정권 획득을 추구하였으며 여성운동의 절정기에 도달하였다. 1890년대 도시화, 산업화는 긍정적인 면모만을 갖춘 것은 아니었다. 새로운 여성계층으로 중산층 여성을 중심으로 한 '신여성'들이 등장하였고, 노동자 계급의 미혼여성 근로자들이 등장하면서 각자 개성을 지닌 여성 그룹으로 자율성을 지니게 되었다. 이들을 중심으로 자발적 여성단체들이 형성되었으며 신여성과 미혼 여성근로자들은 공동체적 가정성에서 이탈하여 자율성, 쾌락, 소비에 대한 새로운 욕구를 형성하였다. 일단 신여성의 등장은 이 시대 여성들에게 나타난 가장 놀라운 변화였다. 대학교육을 받은 여성들은 대개 결혼을 하지 않았으며 경제적으로 독립적인 생활을 영위하였다. 1880년대 4만 명의 여성이 대학교육을 받았는데 이는 전체 학생의 32%를 차지하였다. 19세기 말엽에 가면 대학교육을 받은 모든 여성들 가운데 절반 정도는 결혼을 하지 않았고 늦게 결혼을 하거나 자녀를 적게 낳는 것이 유행처럼 받아들여졌다. 이러한 신여성들의 직종은 교직이나 간호직이 여성 전문직으로 선호되는 경향이 있었다. 이러한 특징은 의상스타일에서도 나타났는데 신선, 발랄한 깁슨 스타일(Gibson Style)의 옷을 입는 여성들이 많았고 테니스나 골프를 즐겼다. 전문직 여성들은 가정 밖에서 선교회 활동이나 여성클럽 활동을 통해서 새로운 생활방식을 창출하는 등 다양한 활동을 하였으며 결혼보다 전문직을 선택하여 가난한 사람들을 보살폈다.

19세기 말 '사회 복지관 운동(Settlement House Movement)'은 넓은 의미에서 도시와 산업화 시대에 인간의 가치를 보존하기 위하여 시도된 폭넓은 의미의 운동이라고 볼 수 있다. 사회 복지관의 기원을 살펴보면 1884년 우선 영국의 성공회 성직자였던 사무엘 바네트(Samuel Barnett)가 빈민들을 구제하고 그들의 삶을 고찰하고자 런던 동쪽의 빈민가 근처에 건립하였다. 미국의 경우는 영국의 영향을 받아서 1886년 뉴욕 시의 동부에 최초의 사회 복지관을 건립하였고 이후 1889년 젊은 대학 졸업생인 제인 애덤스(Jane Adams)와 엘렌 게이츠 스타(Ellen Gates Starr)가 시카고에 헐 하우스(Hull House)를 설립하였고 이는 미국 전역에 아주 빠르게 확산되었다. 1897년에 미국 전역에는 74개의 사회 복지관이 있었고 1910년에는 400개가 넘었다. 대부분은 대도시에 집중되어 있었는데 보스턴 지역에만 40%가 넘는 수가 있었고 또한 시카고, 뉴욕 등지에도 분포되어 있었다.12) 초기에 사회복지관 운영은 대부분 기부금이나 이곳에 거주하는 사람들이 그들의 비용을 직접 충당하는 방법으로 운영되었고 때로는 종교기관과 연계를 맺어가며 운영되어 왔다. 이들의 역할 중 가장 특이할 만한 사항은 대부분이 가난한 이민 지역에 설립되어 사회 복지 기관으로서의 역할을 다해 이민 여성들의 교육 등 그들의 미국사회 내 정착과 적응을 도왔다는 점이다. 또한 이들은 여러 방면의 복지운동을 주도했고 이를 계기로 미국 내 사회 복지관 운동이 시작되었을 뿐만 아니라 이곳에서 활동하던 많은 여성들은 후에 여성운동의 지도자로서 성장하기도 하였다.

3. 참정권 획득과 그 이후의 변화들: '자유인가?' 아니면 '혼란인가?'

1920년 연방헌법 제19조 수정조항에 의해서 미국여성들은 마침내 참정권을 획득하게 되었다. 그것은 오랜 투쟁의 결과였다. 하지만 오랫동안 여성운동의 구심점 역할을 해오던 참정권운동이 막을 내리게 되자 미국여성들은 여성운동의 방향성을 잃어가기 시작하였다. 이러한 과정 중 미국인들은 경제공황의 시련을 겪게 되었다. 경제공황은 미국여성들에게 어떠한 의미로 다가왔는가? 가정주부에게 경제공황은 남편의 직업에 대한 위협이었고 직업을 가지고 있는 여성들에게는 직업존속의 위협이었고, 어떤 시기보다 경제적 관심이 모든 것을 지배했던 시기였다. 경제공황의 위기는 전반적인 미국생활에 있어서 '전통적인 성 역할'이 또 다시 제기되는 계기가 되었다. 여성이 있어야 할 곳은 가정이라는 신념이 다시 강화되었고, 여론에 의해서 기혼여성이 가정 밖에서 일하는 것은 남성의 일자리를 빼앗는 것이라는 믿음을 재확인시켜 주었다. 미국 노동총연맹(AFL) 집행 위원회 결의안에서는 남편이 영구적인 직장을 가지고 있는 기혼여성들은 고용당시 차별되어야 한다고 주장하였다. 대공황의 현실은 미국여성들에게 큰 변화를 안겨다 주었다. 피임이 중산층에서 보편화되었으며, 1936년에는 합법화되었다.

피임은 특히 직장을 가진 기혼여성들에게 많은 변화를 가져다주었다. 대공황 시기에 젊은 층들은 경제적 불안을 이유로 결혼을 연기하였고 감정적 유희보다는 안정을 위하여 데이트를 즐기게 되었고 이에 따라서 출생률은 감소하게 되었다. 경제공황기 가족들에게 있어서도 큰 변화가 있었다. 경제적 어려움으로 인해서 친족관계를 최대한 활용하는 경향이 강했고 가족들이 함께 모여 사는 경우 혼잡한 상황에서 프라이버시가 상실되는 경우도 많았다. 또한 여성들은 최대한으로 가족의 자원을 이용하여 어린이 옷 수선, 텃밭 활용, 재활용 등을 통해 절약운동을 전개해 나갔다. 교육면에서는 여성들의 구직의 어려움으로 인해서 대학이나 대학원의 입학률이 증가되었다. 하지만 석, 박사의 경우 남녀 비율 면에서는 여전히 현저한 차이가 있었다. 경제적 어려움은 항상 여성들에게 가장 먼저 찾아왔다. 직장에서 여성들은 정리해고의 제1순위가 되었고, 특히 기혼여성들의 경우에는 가정으로 돌아갈 것이 강요되었다. 자본주의와 가부장제의 결탁은 바로 보수적인 사회적 분위기를 조성해 갔다. 여성들 중에서도 가장 피해가 큰 여성들은 바로 흑인 여성들이었다. 열악한 노동환경과 임금 수준에도 불구하고 그들은 불가피하게 노동시장에 참여해야만 했다. 특히 이들은 파트타임이나 계절적인 임시직에서의 고용만이 가능하였다. 경제 공황기에 10명 중 9명의 흑인은 농업 노동자나 가내하인이었다.[13]

1941년 12월 7일 일본의 진주만 기습으로 인한 미국정부의 참전 결정은 미국여성들에게 돌이킬 수 없는 변화를 가져다주었다. 제2차 세계대전의 참전으로 인해서 미국정부는 전쟁에 직접 개입하면서 총력전을 펴려면 '후방'에 있는 여성의 협력이 불가피하다는 것을 인지하고 여성의 조직화를 추진해 갔다. 미국정부의 전쟁 참여는 무엇보다도 일상생활을 정치화하였으며 여기에 주된 책임을 맡은 사람들은 바로 가정을 지키던 여성들이었다. 참전 이후 온 국민이 겪어야 했던 가장 큰 변화는 생활필수품의 부족 현상이었다. 미국정부는 공급부족에 따른 가격상승을 억제하기 위해서 가격행정 사무국(OPA: Office of Price Administration)을 설치하여 수요와 공급을 통제하였고 생활필수품목을 설정하여 배급제를 실시하였다. 정부는 또한 여성들로 하여금 '승리의 텃밭(Victory Garden)'을 가꾸도록 요청하였다. 한때 전국적으로 2백만에 가까운 수의 '승리의 텃밭'이 전국 채소 생산량의 1/3을 담당하기도 하였다. 이렇게 미국정부는 후방에서의 평범한 일에서조차 애국심을 이용함으로써 국민주의 열정의 분위기를 조성해 갔다.[14] 여성들은 전쟁의 승리를 위하여 지역사회 동원의 책임을 맡게 되었다. 자원봉사 활동으로 숙달된 여성들은 전시 사회적 요구에 적극적으로 부응하였다. 그들 가운데 3백만 명의 여성이 적십자사에서 자원봉사 활동을 하였다. 1942년에 이르러 경제 상황이 남성 노동자의 가용 공급을 모두 흡수하게 되자, 오직 여성의 고용만이 산업 수요에 부응할 수 있다는 인식이 광범위하게 퍼졌다. 제2차 세계대전 중 여성들의 고용문제에 있어서 특이할 만한 사실은 기혼 여성들의 취업률의 증가를 들 수 있다. 국방 관련 인력 수급을 여성 노동자로 충당하려는 정부의 노력은 상당한 성공

을 거두었다. 집밖에서 일한 경험이 전혀 없는 6백만여 명의 여성이 전쟁
기간 중 유급노동 인력으로 편입되었으며, 수백만 명이 가사, 농업, 서비스
업에서 산업 근로직으로 이동하였다. 이렇게 제2차 세계대전은 대규모 동
원을 통해서 유례없는 많은 수의 여성들을 노동력에 편입시키게 되었고,
그동안 여성에게 부적합하다고 생각되었던 일들이 갑자기 여성에게 완벽
하게 어울리는 일들이 되었다. 특히 제2차 세계대전 중에는 이러한 '애국
시민화'가 정치통제·공적 선전·미디어 등의 매체를 통하여 이루어졌으며,
이러한 면모가 가장 잘 나타난 것이 바로 '리벳공 로지(Rosie the Riveter)'
이다. 리벳공 로지는 방위산업체 분야에서 종사하는 여성을 상징하였으며,
그녀의 얼굴은 수많은 잡지 표지와 광고의 전면을 장식했다. 이러한 이미
지는 전통적인 여성성을 전혀 잠식하지 않으면서도 방위산업체에서 일하
는 여성들의 시민적, 애국적 의무를 강조함으로써 여성들의 대규모 동원
에 이용되었다.

4. '여성의 신비'와 여성운동의 부활

여성해방 운동이란 일반적으로 1960년대 초반 학생운동에서 그 기원을
찾아볼 수 있는 여성운동의 한 분파를 의미한다. 1960년대의 미국사회는
혼란과 동요의 시기로 암살과 폭력, 시위가 만연했고 대학생 중심의 반전
운동이 전국적으로 확산되었다. 또한 젊은이들을 중심으로 한 반문화운동
은 미국의 전통적인 가치를 파괴, 도덕적 가치를 재창조하고자 시도하였
다. 1960년대 사회운동의 분위기에 앞장섰던 급진적인 그룹들은 젊은 백
인 여성들에게 매우 설득력을 가졌는데 그 이유는 그들이 추구하는 것이
남성과 여성의 평등문제였기 때문이었다. 하지만 일을 수행해 나감에 있
어서 남성들은 이러한 그룹 내에서 주도적인 역할을 하는 반면에 여성들
은 전통적이고 부수적인 역할만을 할 수 있었다. 이러한 분위기에서 의식
을 가진 여성들은 독자적인 조직체가 필요하다는 것을 절감하게 되었다.

1960년대 후반 여성해방 운동에 참여한 여성들은 대부분 급진적 페미니스트들로서 심리적인 억압에 초점을 맞추어서 사회구조 속에서 여성의 억압의 기원, 성격, 정도를 분석하는 것을 그 주된 목표로 삼고 집단적 연대의 필요성을 강조하였다. 그들은 대부분 여성문제에 관한 여러 이슈들에 대해 스스로 연구하거나 다른 여성들을 교육시키는 활동에 주력하였다.

1960년 이전의 여성운동이 정치 또는 경제적인 측면에서의 여성운동을 강조한 데 반하여 제2기의 경우는 이전까지 개인적인 것으로 치부되어왔던 미국사회 내의 통상적인 성차별 철폐 개념을 없애는 것이 기본적 성격이었다. 성의 차이, 성 역할 구분은 문화적 소산 또는 사회화 과정의 결과이지 단순한 생물학적 차이에 기인한 것은 아니라는 가정이었다. 성적인 차이라는 점에서 볼 때 1960년대 미국사회는 과거의 사회와는 많은 차이점을 보였다. 그 이유는 첫째, 과거에는 여성들이 많은 시간과 힘을 임신과 육아에 소모해야 했으며 자기 개발을 위한 시간 투자가 거의 불가능했다. 그러나 1960년대 미국여성들은 피임약의 발달, 평균수명의 연장, 출산율 저하 등으로 과거보다 더 많은 시간을 자유롭게 사용할 수 있게 되었다. 둘째, 미국의 경제력 팽창으로 인한 인력 수요의 요청에 따라 흑인이나 여성 인구를 필요로 하게 되었다. 실제로 미국여성들의 대다수는 이미 1950년대부터 직장에 진출하고 있었다. 이렇게 시대적 변화로 인해 가정경제에 있어서 맞벌이 부부를 필요로 하게 되었고 여성 자신의 이중적 역할이 구조적으로 드러나기 시작하였다.

1960년대 여성해방 운동은 인간의 성에 대한 생각과 태도의 변화로부터 기인한 것이었다. 1920년대의 페미니스트들은 여성들의 역할과 도덕에 있어서의 혁명을 불러온 데 반해서 1960년대는 여성들의 성의 중요성에 대해 관심을 갖게 되었다. 여성들의 경제활동의 참여는 여성들로 하여금 그들이 사회에서 이성을 만날 수 있는 폭넓은 기회를 마련해 주었고 1960년대 시판된 구경 피임약은 여성들로 하여금 그들의 임신을 조절할 수 있게 해주었을 뿐만 아니라 좀더 자유로운 성생활을 즐길 수 있도록 해주었다. 젊은 여성들은 자유롭게 성 관계를 맺을 수 있다고 하는 자유분방한 도덕관을 지니게 되었다. 많은 젊은이들에게 있어 혼전 동거는 죄악시되지 않았고, 이에 따라 동성애, 남녀의 역할 구분 그리고 가족관계에 대한 생각도 변하게 되었다.

1963년 베티 프리단의 『여성의 신비』15)는 당시 여성운동의 활력소 역할을 했으며 이 책의 출판은 제2기 여성운동의 시발점이 되었다. '여성의 신비'라고 하는 용어는 베티 프리단이 자신의 책제목에서 유행시킨 용어로써 미국여성들의 삶의 현실과 여성들이 맞추어 살려고 애쓰는 이미지 간의 불일치를 의미하였다. 베티 프리단에 의하면 1960년대 사회는 여성들에게 가사 노동만이 적당하고 그들의 정체성은 무시되어도 좋다는 분위기를 조성했으며, 이에 기여한 사람들은 여성잡지 편집자·심리학자·정신분석학자·인류학자들이었다. 그들은 여성들로 하여금 여성스러움을 자랑으로 여기는 것, 어린 시절부터 자신들의 삶을 남편을 만나고 아이를 낳는 일에 바치는 것이라고 생각하도록 조성하였다. 이 저서는 또한 미국 가정을 '편안한 강제 수용소'라고 묘사하고 '이름 없는 병(the problem that had no name)'을 앓고 있는 미국여성들의 딜레마에 대해 말하고 있다. 비록 여성의 신비가 대중의 관심을 끌었지만 여성운동의 부활에는 또 다른 원인이 있었다. 프리단이 글을 쓰고 있을 때 존 F. 케네디 대통령은 1961년 미국 내 여성의 지위를 조사하기 위한 <여성지위 대통령자문위원회(Presidential Commission on the Status of Women)>를 구성할 것을 명령하였다. 엘리노어 루즈벨트(Eleanor Roosevelt)가 의장을 맡고 에스더 피터슨(Esther Peterson)이 강력하게 지도하였던 이 위원회는 경제, 가정, 법제도 안에서의 여성의 지위를 재평가하기 위하여 발족되었다. 위원회의 위원과 직원 그리고 7개의 전문 위원회가 노동조합, 여성단체, 정부기관에서 인선되었다. 자문위원회는 여성들의 기본권을 침해하는 사회의 편견이나 차별을 없애기 위한 조사에 착수하였다. 1963년 11월 위원회는 미국여성들의 지위와 관련된 조사서를 발표하였다. 과거보다는 좀 덜 결정적인 입장을 취하려고 애썼던 위원회의 보고서는 "남성과 여성을 포함하는 모든 사람을 위한 법 앞의 평등은 민주주의에 근본적인 것으로 이 나라의 기본법에 반영되어 있다"고 선언하였다.

1966년 베티 프리단은 <전국여성협회(NOW: National Organization of Women)>를 설립하였다. 이 단체의 설립자들은 설립의 목표를 여성해방 이론의 구성과 여권운동을 위한 로비활동에 두었고 여성에 대한 차별과 편견을 제거하는 것이었다. 평등권을 인지한다는 것은 법령의 재조정을 의미했으므로 이 조직은 1967년 아주 포괄적인 프로그램을 만들게 되었다. 여기에는 여성에 대한 공정한 임금, 균등한 고용기회의 보장, 낙태의 합법화, 탁아시설의 확충, 남녀평등을 위한 관련 법률의 개정운동 등이 포함되었다. 그러나 이 조직은 1960년대 존재했던 불만과 차별을 날카롭게 감지한 급진주의적 여성해방이론가들로부터 너무 온건하다는 비판을 받기도 하였다. <전국여성협회>를 중심으로 활동하는 여성들은 주로 높은 교육 수준의 중상류층 이상의 백인 여성들이 중심이 되었고, 강한 네트워크를 형성하고 있었으며 대통령 또는 주 위원회(State Committee)의 활동가들로부터 성차별 금지를 위한 입법 활동을 통해서 부각을 나타내기 시작했다. 이 단체는 또한 광범위한 이슈들, 즉 고용·교육·종교·가족·대중매체·빈곤 등과 관련된 여성문제 연구를 위한 소위원회도 구성하였다. 초기 그룹의 행동강령은 오히려 온건했고 중앙 정부와 평등고용기회 위원회(EEOC: Equal Employment Opportunity Commission) 등과 같은 중앙 정부의 관료 조직에 더욱 초점을 맞추게 되었다.

1960년대 후반 급진적 여성해방운동은 "사적인 것이 곧 공적인 것이다"라는 주장과 더불어 여성들 간의 '자매애'를 주장하였다. 급진적 여성해방이론은 1960년대 후반 1970년대 초기 뉴욕과 보스턴에서 처음으로 소개되었다. 19세기에 많은 페미니스트들이 노예제도 폐지 운동에서 그들의 남성 동료들로부터 받았던 대우로 말미암아 여성 자신의 억압을 인식하게 되었던 것과 마찬가지로 20세기 급진적 여성해방론자도 신좌파(New Left)

소속의 남성 급진주의자들로부터 그들이 받았던 경멸적인 대우에 대한 반발로 인해 자각이 일게 되었다. 그러한 구체적인 계기는 1969년 워싱턴에서 있었던 창단식 반대 시위에서 발생했다. 페미니스트들이 그 대회 집회에 참여하고자 했을 때 관중 속에 있던 남성들은 야유를 보내고, 비웃고, 휘파람을 불어댔다. 여성들은 남성 급진조직 안에서 지속적으로 이등시민(second class citizen)의 대우를 겪어오면서 강한 남성 의식에 염증을 느꼈기 때문에 본질적인 민주주의를 표방하면서 본래적인 여성의 동등한 역할을 허용해 줄 여성조직에 관심을 기울였다. 급진적 여성해방론자들은 이러한 모든 문제들이 사회에서 일어나고 있는 억압의 뿌리이고 모델이며 여성해방론은 진실로 혁명적인 모든 변화의 토대가 되어야 한다고 생각하게 되었다. 동시에 동일한 과정 중에 전개되었던 급진적 여성해방 이론의 나머지 명제들 속에는 다음과 같은 의견들이 포함되어 있었다. "사적인 것은 정치적인 것이다", "부권제 또는 남성지배가 여성 억압의 뿌리이다", "여성은 정복당한 계급으로서의 자신들의 정체성을 인식하고 압제자인 남성과 싸우기 위해 그들의 기본적인 열정을 다른 여성들과 함께 하는 운동 속에 쏟아야만 한다", "남성과 여성은 근본적으로 다르며, 다른 스타일과 문화를 소유한다". 1968년 10월 <전국여성협회>의 뉴욕 지부 의장직을 사임한 후 타이-그레이스 아트킨슨이 결성한 그룹인 <페미니스트>는 1969년 여름에 일련의 의견서들을 발간하였다. 이 의견서들에서 급진적 여성해방 이론의 중요한 관점들이 형성되었다. 이때 나타난 기본적인 명제는 정치적으로 압제적인 남성-여성의 역할 시스템이 모든 억압의 원형적인 모델이라는 것이었다. 이 페미니스트 그룹은 또 결혼이 여성 억압의 가장 중요한 형식화이므로 이러한 제도를 이론적으로든 실제적으로든 모두 거부하는 것을 급진적인 여성해방이론가의 일차적인 업무로 생각한다고 주장한다. 이러한 목적을 위해서 페미니스트 그룹은 그들 멤버의 1/3만이 남성과 살 수 있도록 하는 회원 할당제를 정하였다. 이 페미니스트 그룹은 또한 남녀간의 사랑에 대해서도 취약성, 의존성, 고통에의 감수성을 증진시키고 여성이 소유한 인간적인 잠재력의 완전한 개발을 방해하는 것이라고 공격하였다. 이러한 비판은 슐라미스 파이어스턴(Schulamith Firestone)이 그의 저서 『성의 변증법(*The Dialectic of Sex*)』에서 행하였다. 다른 급진적 페미니스트들과 마찬가지로 파이어스턴도 페미니스트 혁명의 일차적인 목적은 생물적인 가족의 전제를 끝내는 것이어야 한다고 생각했다. 그에 따르면 페미니스트 혁명을 성취할 수 있는 주된 방법은 생식수단을 소유하는 것이었다. 그것은 여성을 그들의 생물학적인 운명으로부터 해방시켜 줄 테크놀로지를 사용하는 것으로 비단 산아제한뿐만 아니라 특히 체외 인공수정, 인공 태반 같은 인공적인 발명품을 사용한 새로운 생식수단을 요구하였다.

　미국의 여성해방운동의 특성은 일반적인 운동의 조직, 대표, 지도자 등을 무시하고 개인 각자의 자유로운 자발적, 비조직적, 비지도적 집단을 이루는 30대 여성을 중심으로 미국 여러 지역에서 독립적으로 형성하여 활약하였다는 사실이다. 미국의 여성운동가들은 미국의 정치, 경제, 법률, 교육, 매스컴, 가족 문제 등의 모든 영역에서 성적 차별을 철폐하기 위하여 계몽, 선도, 시위, 항의, 소송 등의 모든 방법을 동원하였다. 이 중 가장 대표적인 것으로는 항의데모(Zap Action)를 들 수 있는데 이는 여성 문제에 초점을 맞추어서 대중의 관심을 끌기 위한 극적인 데모를 하는 것을 말한다. 예를 들면 1968년 9월 7일 뉴저지의 애틀란틱 시티(Atlantic City)에서 개최되었던 미스 아메리카 선발대회에서의 항의 데모이다. 뉴욕의 급진적 여성운동가들은 미인 선발대회라는 것이 여성을 모욕하는 행사라고 규정하고 이에 대항하는 데모를 계획하였다. 이들의 주장은 미인대회는 선천적으로 타고난 생물학적 요인에 의해서 여성의 가치를 결정짓는 것으로, 여성도 부단히 노력함으로써 인간의 가치를 개발할 수 있다는 의지를 말살시킨다고 주장하였다. 따라서 미인대회는 미스 아메리카 자신들뿐만 아니라 다른 모든 여성들까지도 피해를 입힌다고 주장하였다. 미스 아메리카 대회를 반대하는 데모는 1960년 제2기 여성해방운동이 시작된 이래로 대중매체의 관심을 끈 최초의 데모였다. 데모에서 사용된 전략은 급진적 여성운동가들이 주로 사용했던 거리에서 행해지는 히피 스타일의 데모였다. 이들은 여성들이 아름다운 외모를 가꾸기 위해 많은 시간을 할애하는 것에 항의하기 위해 미스 아메리카 선발장 옆에 '자유를 위한 쓰레기통(Freedom Trash Can)'을 마련하여, 미리 준비해 온 헌 브래지어, 핀컬, 하이힐 등 여자들이 예뻐지기 위하여 많은 불편을 감수해야 하였던 것들을 이 쓰레기통에 집어넣는 시위를 벌였다. 1968년의 미스 아메리카 선발대회장 앞에서 그들은 살아 있는 양에게 왕관을 씌우고 여성 억압의 상징물로서 거들, 브래지어, 머리띠를 자유를 위한 쓰레기통에 던져 넣었으며 인형을 경매에 붙였다. 즉, 더 이상 남자를 위한 미의 노예가 되지 않겠다는 뜻이었다. 그들은 "여성은 가축이 아니라 사람이다(women are people not livestock)"라고 항의했다. 그러나 그 당시 이러한 여성운동은 미국 언론에서 진지하게 남녀 문제를 이해하기 위한 것이기보다, 비웃고 비난하는 투로 오도되면서 여성해방운동에 참여하는 여성들은 '브레이지어를 태우는 사람들(bra-burners)'이라는 조소를 받기도 했다.

여성해방 운동과 관련된 주요 논쟁 중의 하나로 낙태문제(Abortion)가 있다. 미국 역사상 19세기 초반 여성들에게 있어 낙태는 큰 문제가 되지 않았다. 모든 인종과 계층의 여성들이 낙태를 할 수 있었다. 낙태에 제재를 가하기 시작했던 시기는 남북전쟁 이후의 시기로 새로이 탄생했던 <미국의사협회(AMA: American Medical Association)>의 영향에 의한 것이었다. 의사 협회에서는 건강상 위험하다는 주장과 더불어 낙태에 대한 시술권 독점을 원했고, 따라서 산파나 의사 자격증이 없는 낙태 시술자들로 하여금 낙태 시술을 할 수 없도록 할 의도가 있었다. 백 년 후 의사들은 또 다시 낙태와 관련된 정책에 있어서 낙태시술이 의료적으로 안전한지 여부로 낙태의 가능성을 판단하도록 하였다. 특히 여성들 자신이 아닌 낙태를 불법화시키려는 의료진들이 낙태 논쟁에 있어 주된 참석자들이 되었다. 낙태권 옹호든 반대의 입장이든 여성들 스스로가 이 문제를 공론화하

는데 큰 역할을 했다. 낙태 문제가 하나의 사회적 이슈로서 재등장한 시기
는 1950년대 말로 보이는데 이때만 하더라도 여전히 낙태의 문제가 소수
의 전문가들에 의해서만 논의되었다. 그러나 오늘날 우리가 알고 있으며
논의되고 있는 낙태의 문제는 소수의 엘리트 남성들에 의한 논의가 아닌
일반인들 특히 일반 여성들에 의해서 논의되고 있는 특징을 들 수 있다.
이렇게 된 배경을 보면 새로운 기술이 개발되면서 여성들이 19세기에는
꿈도 꾸지 못했던 사회 참여를 하게 되면서 여성들의 삶에 커다란 변화가
찾아왔다는 것이다. 여성들이 역사에서 찾아볼 수 없었던 자녀 출생에 대
한 결정권을 가지게 된 것이다. 즉, 그들은 언제 몇 명의 자녀를 출산할
것인가를 결정할 수 있게 되었다.

　　1973년 '로우 대 웨이드(Roe vs. Wade)'의 결정은 낙태논쟁에 있어서 커
다란 변화를 가져다주었다. 이후 낙태 문제를 둘러싼 양측은 낙태옹호
(Pro-Choice)와 낙태반대(Pro-Life)로 나뉘어져 매우 첨예화되었고, 공론화
되었다. 오늘날 낙태운동과 관련된 연구들을 보면 낙태문제는 두 그룹의
여성들이 매우 다른 사회적 배경 하에서 등장했으며 이들은 낙태권에 대
한 다른 생각들뿐만 아니라 다른 윤리적, 종교적 생각을 가지고 있다고
볼 수 있으며 이들은 여성들의 삶의 목적이나 어머니로서의 삶의 의미에
관해서도 매우 다른 생각을 가지고 있었다. 이것은 다시 말해서 낙태 논쟁
을 단순히 낙태 문제뿐만 아니라 어머니로서의 삶의 의미에 대한 논의를
하게 되었다는 것이다. 어머니로서의 역할 또는 의미는 첨예하게 대립된
두 그룹에게 있어 가장 큰 논의거리가 되었는데 이는 페미니스트적인 관
점과 전업 주부로서의 관점으로 나뉘게 되었던 것이다. 따라서 낙태권에
관한 논의는 곧 여성으로서의 삶의 질을 의미하게 되었다. 두 입장은 철저
하게 나뉘는데 우선 낙태 옹호의 그룹은 도시에서 자라난 고학력 수준의
여성들로 남편이 전문직에 종사하며 그들 스스로도 직업을 가지고 있으며,
종교적인 활동을 즐기지 않고 어떤 의미에서는 종교가 중요하지 않다고
생각하는 여성들로 구성되어 있다. 반면에 낙태 반대 그룹은 2~3명의 자

녀를 두고 있고, 고등학교나 대학교 정도의 교육을 받았으며, 주로 전업 주부로서 그들의 남편은 작은 비즈니스를 운영하며, 주로 카톨릭 신자들로서 그들에게 있어 종교는 매우 중요한 영역인 것으로 나타났다. 또한 낙태 찬성의 경우 매우 진보적인 성향을 지니며 주로 민주당을 지지하고, 그 반대의 경우는 사회에서 주로 보수적인 성격과 더불어 공화당을 지지하는 것으로 나타났다. 낙태 찬성과 반대는 그 지지하는 계층의 교육, 직업, 수입, 결혼 상태와 밀접한 관계가 있으며 이들은 서로 극히 다른 세계에서 살고 있으며 다른 가치관과 종교관을 가지고 있는 것으로 나타났다.16)

다양한 사회적 또는 역사적 이유로 지난 30여 년간 미국 내 탁아소의 숫자는 터무니없이 모자랐다. 최초로 대규모 탁아소 건립 움직임이 있었던 것은 제2차 세계대전 중 전쟁에 참전한 남성 노동자들의 빈자리를 채우기 위해 고용된 6백만이 넘는 여성들이 노동시장에 참여한 이후의 시기로 볼 수 있다. 1969년에서 1970년까지 여성운동의 힘을 빌어 탁아소 문제는 아주 중요한 안건이 되었다. 탁아소 시설의 건립을 위한 요구는 다양한 그룹의 사람들로 이루어졌다. 그들은 보수주의자들, 진보주의자들, 중류층 또는 하류층 여성들, 또한 페미니스트들을 모두 포함했다. 탁아소 건립의 필요성을 주장하는 다양한 의견들 중에서 탁아소 건립을 위한 페미니스트들의 주장은 아이들의 양육은 어머니의 책임이라는 전통적인 관점에 도전하는 것으로써 이러한 주장은 가장 많은 공격의 대상이 되었다. 다른 페미니스트 운동과 같이 탁아소 건립을 위한 운동도 단기적인 목표와 장기적인 목표로 나뉘어져 있었다. 단기적인 목표는 어떠한 재정적인 도움을 받더라도 탁아소 시설을 필요로 하는 사람들에게 제공하는 것이었다. 장기적인 목표는 자녀양육과 취학 전 아동 교육에 있어서 급진적으로 다른 이론을 적용하여 교육을 시키는 것이었다.

5. '반동(Backlash)'과 저항 세력의 도전

페미니즘의 정의는 구질서에 대한 도전을 의미한다. 다시 말해서 페미니즘은 정치적, 사회적, 문화적 기관들에 대해 의문을 제시할 뿐만 아니라 인간의 사고 자체에 대한 문제를 제기하는 것이다. 구질서에 대한 문제 제기는 항상 보수주의의 저항을 받아 왔고 페미니즘도 여러 형태의 저항 세력의 도전을 받았다. 우선 기득권층의 남성들로부터의 도전이 있었다. 그 밖에 여성들로부터의 도전 또한 하나의 커다란 저항이었다. 여성들은 흔히 다른 여자들과의 비교를 통해 그들 스스로를 평가하였다. 페미니스트들을 향한 페미니즘에 대한 반격은 '여성들은 가정에서 너무나 행복하다'고 주장하는 것이었다. 이러한 점을 부각시킨 기사는 1971년 1월 "여성의 실수(Feminine Mistake)"라는 제목으로 「에스콰이어(*Esquire*)」잡지에 실렸다. 이 잡지 기사에서는 여성들이 실제로 빵 굽는 것을 진정으로 좋아한다고 쓰고 있다. 이렇게 행복한 전업주부들의 주장은 베티 프리단의『여성의 신비(*Feminine Mystique*)』에 대한 반박에서 비롯된 것이었다. 여성운동에 대한 또 다른 저항은 운동에 대한 조소로서 운동 자체를 비방하는 방법이었다. 이러한 조소로서 여성운동 자체의 중요성을 깎아내리거나 초점을 흐리게 만드는 방법을 썼다. 여성운동가들에 대한 또 다른 저항의 움직임 등은 이들을 사회적인 이단아들로 취급하는 것이다. 페미니스트들은 진짜 여자가 아니다 라든지 아니면 자연스럽지 못하다고 하면서 이들을 다르게 취급하는 방법이었다. 페미니스트들에 대한 편견을 보면 이들을 감정적으로 또는 성적으로 좌절감을 느끼는 사람이거나 아니면 남성을 증오하는 여성들, 레즈비안 등으로 간주하는 것이었다. 이러한 형식으로 여성들에게 꼬리표를 붙이는 것은 종종 여성운동에 참여하는 모든 여성들을 한 가지 성격으로 묶어버리는 과오를 범하게 되었다.

1970년대의 대중매체는 젊은 여성들에게 여성운동의 종식을 확실히 보여주었다. 신문과 잡지는 전문직에 종사하는 커리어 우먼과 주부라는 두 가지의 직업에서 성공하기 위해 노력하는 과정 속에서 지칠 대로 지쳐버린 여성들에게 경종을 울렸다. 많은 신문 기사들이 고소득을 올리는 전문직 여성들이 자녀들과 함께 시간을 갖기 위하여 직장을 그만두는 일들을 연이어 소개하였다. 1970년대부터 여성운동 비전의 단점에 대하여 거론하는 것은 일종의 유행이 되었다. 페미니스트들에 대한 적대감은 항상 그러했던 것처럼 동성애 공포증을 배후에 깔고 있었다. 이 배후의 공포는 1980년대를 통해 에이즈(AIDS)의 위기 때문에 동성애 공동체의 필요성 문제가 일반 대중 사이에서 논란을 일으키게 되면서 공공연하게 드러났다. 어떤 사람들은 페미니즘이 종식되었다고 생각했던 반면, 또 다른 사람들은 페미니즘이 진정으로 시작되고 있다고 생각하였다. 페미니즘은 후퇴하기 시작하면서 일반 대중의 관심에서 사라져갔다. 1982년 평등권 수정조항(ERA: Equal Right Amendment)의 비준 실패 이후 대부분 전국적인 여권단체, 즉 전국 여성동맹, 전국 여성 정치 위원회의 회원이 급격히 줄어들었다. 정부의 지원 삭감은 여성 단체의 회원 감소와 맞물리면서 많은 페미니즘 집단을 파괴하였다. 하지만 1980년대를 통하여 페미니즘의 주변화와 정형화에도 불구하고 대부분의 대학 캠퍼스에서 열정적인 학생들은 페미니즘의 함축적 의미에 대하여 토론하면서 그 명맥을 유지해 나아갔다.

1980년대 말에 대학생들을 중심으로 희미한 불꽃같던 페미니즘에 대한 주장이 1990년대 초에 새로운 페미니스트 세대의 분명하고 뚜렷한 목소리로 변해갔다. 1991년 수전 팰루디(Susan Faludi)의 『반동(*Backlash*)』은 레이건 시대의 반페미니즘에 이의를 제기하였고, 폴라 카멘(Paula Kamen)의 『페미니즘의 숙명(*Feminist Fatale*)』은 여성운동에 관한 젊은 여성들의 무지와 열정의 병존을 탐구하였다. 1990년대 중반에 이르러 제3기 여성운동 물결이 등장하였다. 이러한 경향을 보이는 『차세대 페미니스트의 목소리(*Listen Up: Voices from the Next Feminist Generation*, 1995)』 『페미니즘 제3세대(*Feminism: The Third Generation in Fiction*, 1996)』와 같은 저서들이 출판되기 시작했다. 페미니즘 제3세대는 주로 제2세대의 자녀들로 구성되어 있었다. 이 그룹들은 대부분 제2세대들이 주장했던 여러 이슈들에 매우 친숙했으며 다문화적이며 동성애자들의 인권에도 매우 협조적이었다. 1990년대의 또 다른 큰 논쟁은 여성들에 대한 폭력에 대항하는 것이었다. 많은 페미니스트들은 다양한 형태의 폭력, 가정폭력, 성희롱, 강간에 대한 여성들 스스로의 통제력을 강화시키려고 노력하고 있다.

정치적으로 보수적이었던 1990년대 미국사회에서는 여성들과 관련된 주제 중 특히 성폭력, 낙태문제의 여성의 몸과 관련된 문제가 대중들의 관심을 집중시켰다. 특히 성희롱과 관련된 문제는 1990년대 새로 부각된 논쟁거리가 되었다. 미국에서 '성희롱'이라는 용어가 등장한 것은 1970년대 중반이었다. 1977년까지 3개의 법정 소송이 성희롱과 관련되어 진행되었고, 이 법정소송을 통해서 직장에서의 성희롱이라는 것이 더 이상 개인적인 문제가 아니며 직장 내 성차별의 문제로 간주되어야 한다는 것이 밝혀졌다. 그러나 무엇보다도 성희롱 사례들 가운데 가장 많은 관심과 논란의 대상이 되었던 것은 1990년대의 아니타 힐(Anita Hill) 사건이었다. 이 사건은 의회 청문회를 통해서 성희롱이라는 문제를 미국여성운동가들의 관심 대상으로부터 미국 국민 대다수의 관심 대상으로 끌어올리는 데 지대한 역할을 한 중요한 사건이었다.

1991년 7월 미국의 대통령 부시는 미국 연방 고등법원 판사 클래런스 토마스(Clarence Thomas)를 마셜 전 연방 대법관의 후임자로 지명하였다. 마셜은 주로 민권 사건을 다루었던 민권운동 지도자로서 연방 대법원에 재직하고 있던 유일한 흑인이었다. 그의 후임자로 지명된 토마스는 보수적인 흑인으로 평등 고용 기회국의 전 국장이었다. 이러한 지명에 대해 민주당과 민권운동 단체들이 거세게 반발하고 나섰다. 그 이유는 만일 토마스가 대법관이 된다면 연방 대법원은 더욱 보수화될 것이 확실했고 보수파 대법관들에 의해 지배되는 법원은 흑인을 비롯한 소수민족들과 여성 등 이른바 소외 계층에게 불리한 판결들을 내릴 것이라는 우려 때문이었다. 이러한 분위기에서 당시 법학 대학 교수였던 아니타 힐은 당시 대법원 판사의 후보에 올라가 있었던 클래런스 토마스를 상대로 성희롱과 관련된 법정 소송을 하게 되었다. 아니타 힐은 당시 오클라호마 법과대학 교수인 35세의 흑인 여성으로 자신이 10년 전 토마스의 교육부 민권 국장실에서 법무관으로 일하던 때 클래런스 토마스로부터 성희롱을 당했다고 폭로한 것이었다. 이 소송을 통해서 많은 미국인들은 처음으로 '성희롱(sexual harassment)'이라고 하는 용어를 듣게 되었다. 증언대에 선 클래런스 토마스는 아니타 힐의 주장을 완강히 부인했다. 그는 이 문제가 자신의 명예와 관련된 문제라고 주장하면서 진보세력인 민주당이 정치적 목적으로 자신의 문제를 이용하고 있다고 주장하였다. 몇 번의 의회 청문회에도 불구하고 결국 아니타 힐 교수는 토마스 판사의 대법관 인준을 저지하는 데 실패하였다. 하지만 그녀는 전국적인 여성운동가로 부상하게 되었고 <미국 자유인권협회>, <미국 변호사 협회>, <미국 형사 및 변호사 협회> 등이 모두 아니타 힐 교수의 용기를 공식적으로 높이 평가하였다. 클래런스 토마스 대법원 판사를 기소했던 성희롱 소송 사건이 상원 의원에 의해 기각되었을 때, 수천 명의 여성들은 이에 항의하는 모임을 가지기도 하였다. 공청회 이후 뉴욕 시에서 150개 이상의 여성 단체가 신속하게 연대 개최한 '진실을 말하는 여성: 평등, 권력, 성적학대 관련회의'에는 2천여 명이 참여했다. 이러한 움직임 이외에도 아니타 힐의 성희롱 문제는 여러 파급효과를 불러왔다. 우선 토마스의 인준 청문회가 전국에 중계된 이후 성희롱 문제에 대한 경각심이 증가되어 <평등고용기회 위원회(EEOC: Equal Employment Opportunity Commission)>에 접수되는 성희롱 고발 건수는 엄청나게 증가했다. 사회 저명인사들이 성희롱 사건에 연루되어 그들의 경력에 치명적인 영향을 받기도 하였다. 성희롱에 대한 의식의 변화와 그로 인한 법적인 변화의 요구로 인해 소송을 더욱 쉽게 하고 충분한 보상을 받을 수 있도록 하는 법안이 마련되었다. 무엇보다도 가장 큰 파급효과는 성희롱에 대한 의식의 변화를 들 수 있다. 성희롱이라는 것이 더 이상 가볍게 넘길 문제가 아닌 힘의 우위관계에 따라 형성되는 권력의 문제라는 것이 인식되기 시작하였다.

무엇보다도 오늘날 미국여성계의 가장 큰 화두는 '차이의 정치학'이다. 여성운동은 과거와 비교해 볼 때 인종, 민족적 배경의 차이뿐만 아니라 그들이 주장하고 있는 정치, 사회적 아젠다(agenda)들로 인해 다양한 차이를 나타낸다. 21세기를 향한 여성운동은 지난 세기의 여성운동을 교훈 삼아 보다 평화로운 사회를 위해 서로 협력을 통한 변화들을 추구하고 있다. 지난 몇십 년간 여성들이 하나의 공동체 의식을 가지고 여성운동을 진행시켜 왔다면 이제는 모든 부류의 여성들이 개인적인 생활 문제를 보다 공적인 관심사로 전환시켜 보다 새로운 방식의 움직임을 통해 그들의 다양한 목소리를 통해 여성들의 삶을 향상시켜 나가도록 노력하고 있다.

6. 우리의 역사

북아메리카 대륙에서 여성들의 역사는 아메리카 원주민(Native American) 여성들의 경험으로부터 시작된다고 볼 수 있다. 그들은 유럽에서 건너온 여성들보다 경제적·사회적 또는 종교적으로 많은 영향력을 가지고 있었다. 원주민 여성들은 식량채집과 경작을 주도했으며, 종교적 의례를 통하여 마을에서 어느 정도의 권력과 지위를 가지고 있었다. 이에 반해서 유럽에서 건너온 여성들은 엄격한 청교도 질서에 의해서 모든 행동의 규제를 받았다. 특히 그들은 재산권을 소유함에 있어 매우 제한적이었다. 19세기에 들어서면서 미국여성들은 사회개혁운동에 적극적으로 앞장섬으로써 여성운동의 지도자로서의 자질을 구비해 나가기 시작했다. 여성들은 노예제 폐지운동·참정권 운동 그리고 금주운동 등을 통해서 사회개혁을 위해 노력하였으며, 섬유 산업의 노동자로서 경제적 독립성을 경험하게 되었을 뿐만 아니라 노동운동에도 직접 참여하게 되었다. 미국여성운동은 크게 제1기와 제2기 여성해방 운동 시기로 나뉘어 진다. 1920년 미국여성들이 참정권을 획득은 제1기 여성운동의 종결을 의미한다. 미국여성들은 일단 참정권을 획득한 이후에 여성문제에 대한 구심점을 상실하게 되었고 여성단체들도 파편화되었으며 더 이상 어떠한 응집력을 가지고 여성운동을 지속시켜 나가지 못하였다. 이리하여 1930년대부터 1950년 말까지 약 30여 년간 여성운동은 그 공백기에 들어가게 되었고, 그 사이 많은 미국여성들은 경제 참여와 가정 복귀의 악순환을 경험하게 되었다. 1963년 베티 프리단은 『여성의 신비』를 내놓아 당시 여성운동의 활력소 역할을 했으며, 이 책의 출판은 제2기 여성해방운동의 시발점이 되었다.

1960년대 후반 제2기 여성해방 운동의 시기 이후 여성들은 많은 변화를 목격해 왔다. 이러한 변화들은 때로는 대규모의 운동으로 혹은 개인이나 소규모 움직임을 통해 이루어져 왔다. 현대 여성운동은 이데올로기가 중요한 역할을 했다는 측면에서 볼 때 최근의 역사에 있어서 가장 이념성을 지닌 운동이라고 볼 수 있다. 실제적으로 모든 현대 페미니즘 이론들이 간접, 직접적으로 현재 여성운동과 다양한 주제들과 투쟁과 밀접한 관련을 가지고 발전해 왔음은 이를 잘 증명해 주고 있다. 미국여성들이 참정권을 획득한 후 50년이라는 세월이 지났지만 그들은 새로운 고민을 시작해야만 했다. 그들의 동기는 단지 법률이나 기관의 변화에 그치는 것이 아니고 그들의 가치나 행동, 인간관계, 더 나아가서는 그들 스스로를 바꾸는 것이었다. 여성들은 '평등'과 '해방'을 위해 무엇이 최선책인가 고민했고, 그것을 성취하고자 노력해 왔으며 그 결과는 놀라운 것이었다. 여성들은 무엇보다도 그들의 성(sexuality)에 대한 통제권을 갖게 되었고, 또한 경제적 독립권을 획득할 수 있었다. 무엇보다 이러한 움직임을 이끌어 온 것은 의식화 작업을 담당해 온 여성들의 몫이 컸다고 할 수 있다. 이들은 여성들로 하여금 힘을 기르도록 하였으며 독립성과 여성으로서의 보다 깊은 이해를 도모했다. 교육을 통한 지위향상 또한 빼놓을 수 없는 획득이었다. 문맹을 벗어나는 수준으로부터 고등교육까지 여성들을 위한 교육은 그들의 정보를 교환하고 경험을 같이 나눔으로써 힘을 길러갈 수 있는 중요한 방법이었다. 여성들은 이제 많은 국가의 재정이 빈곤층을 위한 사회사업에 사용될 수 있도록 노력하고 있으며, 직장 여성들을 위한 탁아소 시설의 확충과 가정 내에서 폭력이 없고 성 역할의 구분이 없는 평화스러운 가정을 꾸미는 것을 계획하고 있다. 페미니스트들은 또한 '시민단체(NGO: Non Governmental Organization)'들과의 연계를 도모하고 있다. 여성들을 위한 진정한 변화에 대한 희망은 페미니스트 지도자들에게 국한된 문제만은 아니다. 이것은 문화적·국가적 경계선을 초월한 여성들의 연계에 있다. 그들은 보다 포괄적인 범위에서 이 문제를 두고 노력하고 있다.

반세기도 훨씬 전에 미국여성사가 메리 비어드(Mary Beard)는 그의 저서에서 여성들도 항상 삶의 중심에서 생각해 왔고, 활동해 왔음을 주장했다.17) 이렇게 여성사에 대한 관심은 오래 전에 이미 시작되었고, 1960년 이후로 활발한 연구 성과를 내고 있다. 여성의 역사가 여성의 과거를 얘기하고, 일반적인 시대구분에 대해 이의를 제기하고, 여성들의 사적인 생활을 정치화시키고 있지만 이것만으로는 완전한 여성사 서술을 이룩할 수 없다. 역사의 분야는 보편성을 가지고 있지 않고 어떠한 분야도 독자적으로는 온전한 역사서술을 할 수가 없음은 자명한 일이다. 여성사 서술에 있어서 당면한 과제는 그동안의 여성사 연구를 통해서 여성들을 하나의 독립된 정체성으로 범주화시킨 점을 토대로 이제는 여성들의 역사를 일반 역사 속에 편입시키는 것이다. 이러한 편입은 여성들의 역사를 찾아줄 뿐만 아니라 온전한 역사를 파악할 수 있도록 해주는 것이다. 역사란 궁극적으로 인간에 대한 이해를 그 목표로 한다고 볼 수 있다. 이러한 의미에서 '평등'과 '해방'을 위한 미국여성들의 투쟁의 역사 또한 남의 역사가 아니라 우리의 역사라는 점을 인식하는 것이 필요하다.

1) Gerda Lerner, *The Woman in American History*(MA: Addison-Wesley, 1979).

2) Joan W. Scott (ed.), *Learning About Women: Gender, Politics and Power*(Ann Arbor: The University of Michigan Press, 1987).

3) 우리가 흔히 사용하고 있는 인디언이라는 용어는 콜럼버스가 신대륙에 도착해서 그곳에 거주하고 있던 토착민을 부른 것에서 유래되었는데 1960년 인권운동과 더불어 소수계층 중 하나인 인디언들의 경우도 그들의 정체성 회복을 위해서 아메리카 원주민(Native American)이라는 용어를 사용하고 있다. Arrell Morgan Gibson, *The American Indian: Prehistory to the Present*(Oklahoma: The University of Oklahoma, 1980).

4) Linda K. Kerber & Jane Sherron De Hart, *Women's America: Refocusing the Past*(New York: Oxford University Press, 1991); Marylynn Salmon, "Women and Property in South Carolina: The Evidence from Marriage Settlements, 1730~1830", *William and Mary Quarterly*, 39(1982), pp.655-685.

5) Carol Karlsen, *The Devil in the Shape of a Woman: Witchcraft in Colonial New England*(New York: W. W. & Company, 1987).

6) Linda K. Kerber, *Women of the Republic: Intellectual and Ideology in Revolutionary America*(Chapel Hill: University of North Carolina Press, 1980).

7) '여권선언(The Declaration of Sentiments)'은 인권선언을 모델로 삼아 만들어진 것으로 앞부분을 보면 "우리는 모든 남성과 여성이 평등하게 창조되었고 창조주로부터 몇 개의 양도할 수 없는 권리를 부여받았으며 그 가운데 생명, 자유, 행복추구에 대한 권리가 있다는 것을 자명한 진리로서 선언하는 바이다."라고 적혀 있다. Linda K. Kerber, *Women's America: Refocusing the Past*(New York: Oxford University Press, 1991), pp.528-529.

8) 「로웰 오퍼링(Lowell Offering)」은 교회의 목사이기도 한 찰스 토마스(Charles Thomas)의 지도 아래 출판된 여자 공원들의 잡지이다. 이 잡지는 1840년 10월부터 1845년 12월 사이에 출판된 것으로써 각 장이 4편으로 나뉘어져 있고 16페이지 정도로 되어 있었다. 이 잡지에서 가장 중요하게 여기는 것은 로웰(Lowell)에서 일하는 여자공원들의 직업은 비천한 것이 아니라는 것을 강조하는 것과 자긍심을 갖도록 격려하는 것이었다. Thomas Dublin, *Women at Work: the Transformation of Work and Community in Lowell, Massachusetts, 1826~1860*(New York: Columbia University Press, 1979), pp.45-46.

9) Deborah Gray White, *Arn't I a Woman?*(New York: W.W. Norton & Company, 1985), pp.153-154.

10) George Augustus, *My Diary in America in the Midest of the War*(London: Trinsley Brother, 1865), p.359.

11) George C. Rable. *Civil War: Women and the Crisis of Southern Nationalism*(Chicago: University of Illinois Press, 1989), p.139.

12) Kathryn Kish Sklar, "Hull House in the 1890s: A Community of Women Reformers", *Signs* 10(Summer, 1985), pp.658-677.

13) Jacqueline Jones. *Labor of Love, Labor of Sorrow: Black Women, Work, and the Family from Slavery to the Present*(New York: Basic Books, Inc., 1985), p.45.

14) Penny Colman, *Rosie the Riveter: Women Working on the Home Front in World War II*(New York: Random House Company, 1995), p.13.

15) Betty Friedan, *The Feminine Mystique*(New York: Dell, 1963).
16) Kristin Luker, *Abortion and the Politics of Motherhood*(Berkeley: University of California Press, 1984), p.48.
17) Mary Beard, *America Through Women's Eyes*(New York, 1933).

저자 소개

▪ 김남균

현 평택대학교 미국학전공 주임교수.
미국 털사대학교(University of Tulsa)에서 미국외교사로 석사학위, 미국 노스텍사스대학교(University of North Texas)에서 미국외교사로 박사 학위를 받음.
저서로는 *From Enemies to Allies: The Impact of the Korean War on U.S.-Japan Relations*, 『미국외교사』(공저) 등.
역서로는 『한국전쟁의 국제사』(공역) 등.
논문으로는 「미국의 일본 경제정책에 끼친 한국전쟁의 영향」 등.

▪ 김형인

현 한국외국어대학교 외국학종합연구센터 대우교수.
고려대학교 원예학과 졸업, 미국 뉴멕시코대학교(University of New Mexico)에서 미국의 노예제도를 주제로 박사학위를 받음.
저서로는 『미국의 정체성: 10가지 코드로 미국을 말한다』『두 얼굴을 가진 하나님: 성서로 보는 미국 노예제』 등.
논문으로는 「미국 흑백인종주의의 변천: 노예제도에서 민권운동까지」 등이 있으며, *The Historical Encyclopedia of World Slavery, Macmillan Encyclopedia of World Slavery*에 미국과 한국의 노예제도 항목을 집필 했다.

▪ 이경원

현 대진대학교 미국학과 교수.
서울대학교 농경제학과 졸업, 미 일리노이대학교(University of Illinois) 박사.
저서로는 『국제 곡물시장과 식량경제』『시장에서 만나는 경제이야기』『척화비 위에 피어나는 세계화』『이 강을 건너야 한다』 등.

▪ 이영옥

현 성균관대학교 영어영문학전공 교수.
이화여자대학교 영어영문학과 졸업, 미국 하와이대학교 미국학 박사.
저서로는 *After the Fall: Tragic Themes in Hawthorne and Warren* 등.
역서로는 『소설과 현대』『미국민주주의의 문화사』 등.
논문으로는 "Gender, Race and the Nation in A Gesture Life" 등.

■ **이영효**

현 전남대학교 역사교육과 교수.
서울대학교 역사교육과 졸업, 미국 오스틴 텍사스대학교에서 미국사 및 역사교육 전공으로 철학박사학위를 받음.
저서로는『미국역사학의 역사』『서양문명과 인종주의』『포스트모더니즘과 역사학』 등.
논문으로는「뉴잉글랜드의 가족문화와 신앙」「18세기 버지니아 농장주의 가족, 공동체, 가치관」「구남부의 경제와 사회구성」 등.

■ **이주영**

현 건국대학교 사학과 교수.
서울대학교 사학과 졸업, 서울대·하와이대에 석사학위, 서강대에서 미국사로 박사학위를 받음.
저서로는『미국의 좌파와 우파』『미국사』『미국현대사의 흐름』 등.
논문으로는 「미국 극우파의 성격」「미국 신우파의 역사적 위치」 등.

■ **이창신**

현 덕성여자대학교 교양교직학부 조교수.
덕성여자대학교 사학과 졸업, 미국 오하이오대학교(Ohio University)에서 미국여성사로 박사학위를 받음.
저서로는『현대 미국의 사회운동』(공저) 등.
논문으로는「경제 대공황기 젠더체계와 미국여성」「The 'New Woman' in the American Jazz Age: Freedom or Disillusionment?」 등.

■ **이현송**

현 한국외국어대학교 국제지역대학원 교수.
서울대학교 사회학과 졸업, 미국 오하이오 주립대학교에서 "Sources of Change in Family Income Inequality"로 박사학위를 받음.
저서로는 *Korea Human Development Report* 등.
논문으로는 「미국인의 개인주의와 이타적 행위」 등.

■ **이형대**

현 메릴랜드대학교 아시아분교 부교수.
오하이오대학교에서 미국지성사로 박사학위를 받음.
역서로는『미국지성사』등.

논문으로는 「20세기 미국사회과학의 기원과 모더니즘」 등.

■ 이홍종

현 부경대학교 국제지역학부 교수.
한국외국어대학교 정외과 졸업, 미국 신시내티대학교에서 정치학으로 박
사학위를 받음.
저서로는 『현대 미국정치의 쟁점과 과제』『정치커뮤니케이션원론』『정치
학』 등.
논문으로는 "The Image of Liberated Korea in the American Press"「미국
외교정책과 언론-코리아게이트사건을 중심으로」「정치문화와 권력구조-
미국과 한국의 경우」「뉴미디어와 민주주의: 미디어 기술의 발달이 민주정
치에 미치는 영향의 양면적 성격」 등.

■ 임용순

현 성균관대학교 정치외교학과 교수.
미국 러트거스대학교(Rutgers University) 정치학 박사.
저서로는 『역사를 바꾼 통치자들(미국편)』『한국의 통일정책』『신국제질서
와 한반도 통일』 등.
논문으로는 「포괄적 안보연구」「세계화와 남북통일의 관계」「한국의 대북
군사정책」 등.

■ 정상준

현 서울대학교 영문학과 교수.
서울대학교 영문과 졸업, 하와이주립대학교에서 미국학으로 박사학위를
받음.
저서로는 *Representing the Rosenberg Case: Coover, Doctorow and the Consequences
of Postmodernism* 등.
논문으로는 「쿠퍼의 인디언들」「다문화주의를 넘어서」 등.

■ 정연선

현 육군사관학교 영어학과 교수.
육사 졸업, 서울대 영문과 및 동대학원 졸업, 미국 에모리대학교(Emory
University) 미국학 박사.
저서로는 『미국전쟁소설』 등.
논문으로는 「포스트 모던시대의 미국학」 등.

미국학

초판발행_2003년 9월 20일
2쇄발행_2005년 3월 15일
지은이_김형인 외 12인
펴낸이_심만수
펴낸곳_(주)살림출판사
주소_110-847 서울시 종로구 평창동 358-1
출판등록_1989년 11월 1일 제9-210호
전화번호_ 영업·(02)379-4925~6
　　　　　기획·(02)396-4291~3
　　　　　편집·(02)394-3451~2
팩스_(02)379-4724
e-mail_salleem@chollian.net
홈페이지_http://www.sallimbooks.com

ⓒ (주)살림출판사, 2003　ISBN 89-522-0128-0 03300

값 13,000원